WORLD·HISTORY AND CULTURE·SERIES

·世界历史文化丛书·

墨西哥通史

The History of Mexico

刘文龙 著

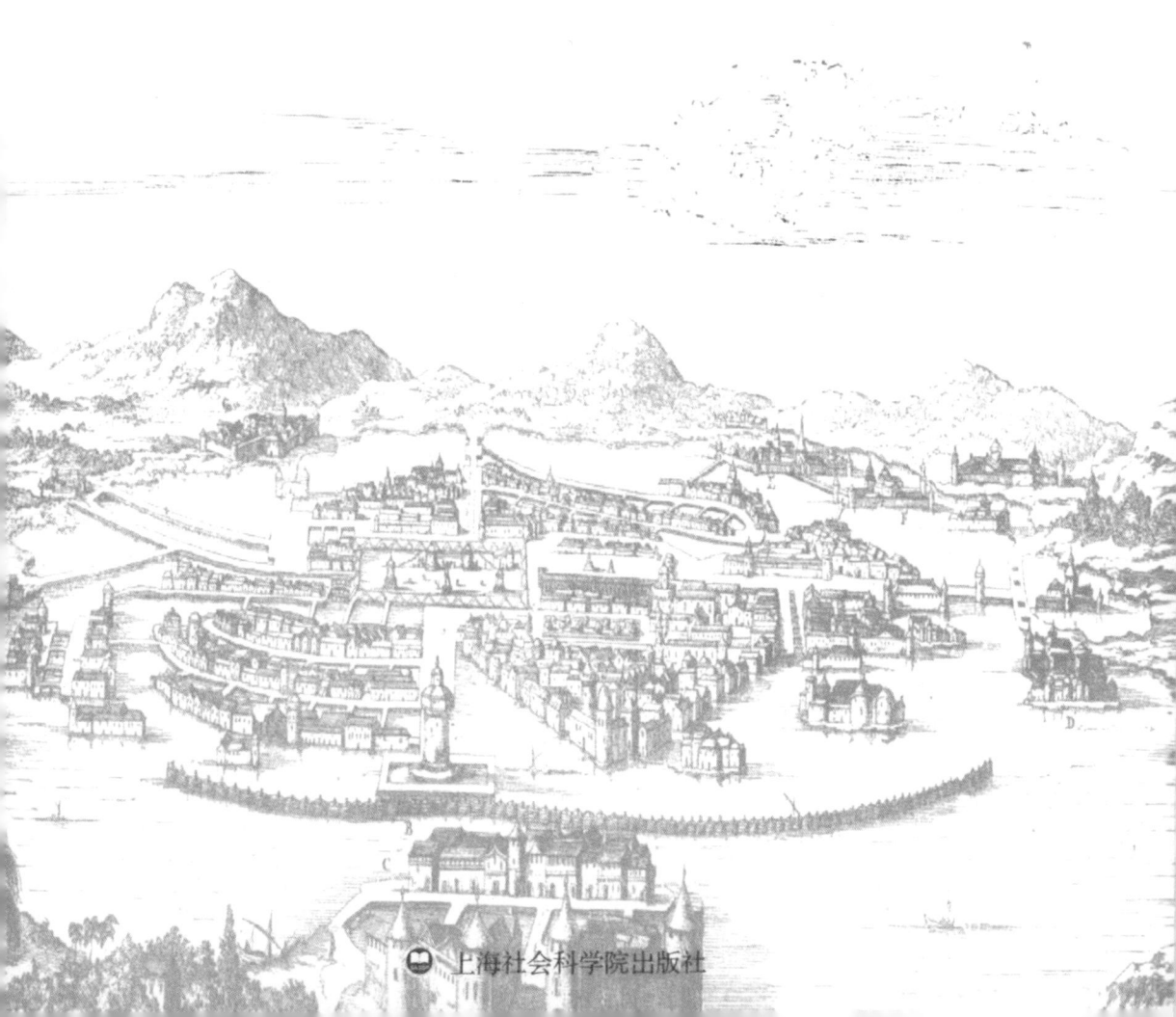

上海社会科学院出版社

目录

1	**第一章　墨西哥人的起源及其早期文明的形成与发展**
1	一、自然环境
7	二、墨西哥人的起源
11	三、璀璨的中部美洲文明
35	四、征服前夕的墨西哥社会
39	作者点评
40	**第二章　西班牙对墨西哥的征服与拓殖**
40	一、墨西卡—特诺奇蒂特兰的征服
47	二、征服者和第一批殖民地开拓者
50	三、第一个殖民地社会和印第安人奴隶制
56	四、16世纪中期的新西班牙
62	作者点评
63	**第三章　殖民地社会与文化**
63	一、殖民地风貌、领土扩张和人口变化
71	二、殖民地印第安人与西班牙人的社会生活
80	三、18世纪后期波旁王朝改革
87	四、中世纪式的精神文化生活
94	作者点评
95	**第四章　独立运动**
95	一、殖民地社会断裂与拿破仑入侵半岛
107	二、1808年3月到1810年9月：大洋两岸政治诡谲的岁月
111	三、民众革命的兴衰
119	四、国家主权易手：土生白人寡头政治集团的执政
126	作者点评
127	**第五章　建国初期的内忧外患**
127	一、新国家艰难的外交承认

132	二、政治分歧与权力斗争
142	三、墨西哥与外国列强的野心
153	四、社会文化的继承与变化
164	作者点评

165　第六章　改革战争与法国的干涉

165	一、圣安纳独裁政权的倒台与自由派的改革
175	二、1857年宪法与保守派的反扑
180	三、改革战争
191	四、法国对墨西哥的干涉
207	作者点评

208　第七章　波菲利奥·迪亚斯政权的兴衰

208	一、共和国的重建
215	二、波菲利奥·迪亚斯登上政坛
220	三、驱动经济发展的"四轮"
227	四、波菲利奥·迪亚斯政权的鼎盛与没落
238	五、19世纪到20世纪初民族文化的孕育
244	作者点评

245　第八章　墨西哥革命：从武装斗争到国家的政治稳定

245	一、革命序幕
249	二、群雄逐鹿与政权更迭
262	三、革命的主角：萨帕塔、卡兰萨和比利亚
273	四、政治统治体系的制度化
280	五、新的土地均分主义、工人运动和石油危机
293	六、城市文化的兴起与壁画派运动
299	作者点评

第九章　1940—1970年：国家的稳定发展　300

一、从"执政协议"到社会对抗　300
二、城乡社会结构的嬗变　313
三、国家保护下的工业化进程　322
四、冷战初期若即若离的墨美关系　331
作者点评　335

第十章　20世纪末期：发展模式的危机与转换　336

一、民众主义的提出与实践　336
二、从稳定政策到经济石油化　342
三、近期经济调整计划　348
四、奇迹与海市蜃楼之间的成就　354
五、世纪末的危机与改革　359
作者点评　367

第十一章　21世纪初政权更迭与历史传承　369

一、2000年大选与政治格局变化　369
二、三足鼎立的政党格局　374
三、新政府经济政策的延续与革新　384
四、贫困化的顽症与扶贫政策　389
五、以经济为中心的全方位外交活动　393
六、福克斯政府时期的中墨关系　399
七、2006年大选及其纷争　408
作者点评　415

参考书目　416

第一章 墨西哥人的起源及其早期文明的形成与发展

一、自然环境

墨西哥合众国,位于北美洲西南部,北与美国接壤,东濒墨西哥湾和加勒比海,西南临太平洋,并与危地马拉和伯利兹毗邻。面积为 1 967 183 平方公里。人口达 1.04 亿(据墨西哥《记事报》2005 年 3 月 28 日)。

墨西哥拥有多种多样的自然条件和丰富多彩的历史文化。它的西北部有沙漠,南部有热带雨林,中部有许多火山。在其悠久的历史中印第安人早在 5 000 多年前就进行农耕活动,且逐步发展了璀璨的古代文明。但是,自 1519 年起闯入这里的西班牙人通过征服与殖民活动,斩断了土著文明发展进程,这不仅带来了种族变化:印第安人与欧洲人的结合,产生了典型的墨西哥人——印欧混血种人,现今这一种族已占全国人口的 90% 以上,而且造成了独特的社会经济和文化发展模式。

最早侵入墨西哥的西班牙征服者科尔特斯曾对那里分布广泛的陡坡地面作了形象的比喻:墨西哥像一块揉皱了的手帕。这种说法尽管有点夸张,但是概括出了该国地理的主要特点。据估计,全国 26% 的土地都有很大的坡度。主要坡度地区包括中央高原墨西哥北部高原受侵蚀的边缘地带,如崎岖的东西马德雷山脉。

从气候方面看,尽管墨西哥的大部分地区处在热带范围之内,但是各地离海洋的远近差异很大,各个方位又受到不同高度、不同植被和多种风向(信风、反信风和飓风)的影响,因此,地理的一切要素都给它的气候留下了痕迹,各种因素的相互结合使得墨西哥具有多种多样的气候,相邻的地区可能有完全不同的气候。

墨西哥地理的基本结构
说明:
　　墨西哥核心部分:A—中部墨西哥:A1—中央谷地部分
　　　　　　　　　　　　　　　　A2—西部
　　　　　　　　B—海湾斜面:
　　　　　　　　C—太平洋斜面:C1—东部　　}最重要斜面
　　　　　　　　　　　　　　　C2—西部
　　　　　　　　　　　　　　Na—东北部
　　　　　　　　　　　　　　Nb—北部高原
　　北部斜面:　　　　　　　Nc—西北部　　}扩展的斜面
　　　　　　　　　　　　　　Nd—下加利福尼亚
　　　　　　　　　　　　　　Ne—地中海气候地区
（画有波纹线部分相应是西马德雷山脉、东马德雷山脉和南马德雷山脉）
东南部:Sa—瓦哈卡
　　　　Sb—冲积平原
　　　　Sc—恰帕斯多种地形
　　　　Sd—尤卡坦

　　正是在这种复杂多样的自然条件下,墨西哥各地的地理给人们提供了可以利用的各种机会:在不同气候的土地上发展,因为气候条件像男人和女人一样极好地互为适应和补充,使得人员和产品自发地进行日常交流。因此,有人认为,能为人们所利用的多种气候的结合,是墨西哥发展的有利条件之一。

第一章 ● 墨西哥人的起源及其早期文明的形成与发展

然而,在墨西哥也存在不利的自然因素:大部分地区都过分干燥,不适于农业生产,而有些地区却水涝成灾。据该国水利资源部估计,全国有71%以上的地方是气候干燥或半干燥的,有1.45%是很潮湿的,其余是次潮湿的地区。在比较干燥的北部,植被稀少,降雨也较急骤,土壤受侵蚀严重;再加上牛羊放牧时的践踏,更加剧了侵蚀作用。而南部的塔瓦斯科低地的边缘地区是全国雨量最多的地方,特别是圣克里斯托巴尔山和图斯特拉高地年平均雨量在4 000毫米以上,那里只有在2月和3月是不太潮湿的季节。所述地区基本上是森林密布的环境,这就是古代奥尔梅卡和玛雅文明形成和发展的主要自然条件。

但是,墨西哥的心脏,最重要的历史文化活动的舞台,是在中部地区。在此存在大地和气候的"真正交汇点",地质学家将它定位在北纬19°,并称之为火山轴(它还有其他许多名称:塔拉斯科—纳瓦体系、新火山轴线、横断火山带等)。墨西哥最高的山峰,山顶上终年白雪皑皑的奥里萨巴火山(5 750米)就在东马德雷山脉与北回归线之南横亘全国的火山轴交叉的点上。排列在这条火山轴上还有一系列著名的火山,如墨西哥谷地中的伊斯塔克西瓦特尔(5 286米),其西面的内华达—德托卢卡(4 392米)、科利马(4 265米)等。这些火山耸立于一系列封闭的构造盆地上,其中不少盆地过去都是更新世的湖泊,它们有些被坡度中等或陡峭的森林高地分隔开。这就是中部墨西哥的主要组成部分,它是历史的中心、地理的心脏。

从许多世纪以前起,墨西哥中部及其充满活力的斜坡整体在人文地理中就已经具有现实意义。在上述的空间内存在交流产品的简易性,同时拥有大量互补的地理环境。比如,在西特拉特尔特佩特山顶峰,我们能看到热带范围内的各种景观:覆盖着冰川的九平方公里土地,白雪皑皑的数公里长的山坡和各种种类的森林,还有小溪、河流与小山谷,以及拥有多种气候和产品的谷地和荒凉的土地。在全地区,一边是高原,另一边则是炎热的平原和海洋。在临海的一边,人们的视线几乎一直被遮蔽:海上的云雾被潮湿的海风吹向内陆,撞向山坡,因此,山体和海岸总是湿漉漉的。相反,在山的另一面,山坡则十分干燥,因为那里的土地没有受到高原及东部墨西哥湾湿风的影响。这一现象在墨西哥谷地也能觉察到,但是在普埃布拉和伊达尔戈地区特别明显,有时候只是一座小山丘,一面很干燥,而其背面却很潮湿,所以山坡的朝向就决定了气候的差异。

中部墨西哥不仅拥有多种多样的自然条件,而且不少地方成为了历史舞台。除了首都墨西哥城之外,普埃布拉谷地由于其丰富的经历和事件,也成为重要的历史中心之一。该谷地中乔卢拉不仅是一座拥有丰富的印第安文化遗产的市镇,而且也是西班牙人征服的见证,因此是一座当之无愧的历史名城。普埃布拉,西班牙人创建的一座重要城市,他们称之为"天使之乡",但是该城大多数居民是混血种人,历史上西班牙人与土著人的混血带来了人口的平衡和独特性。然而,在谷地的最高处和北部地区,特拉斯卡拉地区和偏远的火山东坡地区的人口中印第安人却占大多数。

普埃布拉谷地,由于其平缓的地貌和多样的风光,为通往外部的道路建设提供了良好的条件。从殖民时代起,从墨西哥城到沿海的韦拉克鲁斯的通道都经过普埃布拉,它是来自墨西哥湾的旅行者遇到的第一座内地大城市。现今它是谷地通往东南部和几乎所有的墨西哥湾沿海地区的出口处,而克雷塔罗则是通往西部和北部的出口处。

像所有的内陆盆地一样,墨西哥盆地曾有自己的湖泊,而现在只有特斯科科和松潘戈的湖泊保留下来,但是环绕两个湖泊的土地已十分干旱且含硝量大,它们无助于人们想象那里的古代景色。古代谷地的一些地方曾有广阔的淡水湖和咸水湖,它们都曾有肥沃的绿色土地和人烟稠密的湖岸。现今人们所走过的谷地主干部分,已建起了城市,人们所看到的只是树林消失的山坡,所以,现代人很难想象古代墨西卡人选择类似的地方作为他们社会的基地。尽管我们并不知道确切情况如何,但是可以推测,在西班牙人征服后不久,自然环境发生了可怕的变化,当时人们砍伐了许多山林,引起湖泊水位不断下降,到20世纪环境更趋恶化,几乎一切都遭到破坏,只剩下谷地自身的这个自然特点。现在还能找到墨西哥城郊外某些非都市化的空洞。沿着伊斯塔尔科或索奇米尔科路途,在平坦而泥泞的土地环境中残存的少量水坑,使人想起了墨西哥城南面曾分布着湖泊,其上修筑有"水上园地"——一片生产大量蔬菜和鲜花的人工园地。

除了湖泊地区外,现在的墨西哥城南郊在20世纪初还分布着河流或运河交错的田野。从谷地的西南部阿胡斯科山上流下的水量,足以运转工厂和灌溉田野。又曾有适量的泉水供给居民生活。同时各个山坡上种植果树,道边的树荫掩映着大路。在城北,更易找到谷地曾经有过的自然景色的见证。但是,随着不规则的都市化的推进,现在只剩下稀疏的空间

第一章 ● 墨西哥人的起源及其早期文明的形成与发展

种植玉米和蔬菜,还生长着一些树木,如尖叶落羽杉,但随着土地湿度的减少,它们慢慢干枯。从特拉尔内潘特拉到松潘戈和帕丘卡,在干旱的土地上长有胡椒树,以及巨大的龙舌兰和仙人掌,此外在浅灰色的农舍周围种有玉米。只有少数例外:一些有灌溉的富饶农田种植奶牛饲料草。以上情况表明,城市的增长逐步导致自然植物群和动物群的灭绝,几乎破坏了谷地所特有的自然环境。

普埃布拉谷地、墨西哥谷地和托卢卡谷地组成了三部曲。三者之间尽管存在差异,但是聚焦为一种地理场景,成为嵌入中部墨西哥的心脏。托卢卡谷地,整个墨西哥最高的地区,有着十分简单的构造,是一个东南至西北的狭长谷地。借此同埃尔巴希奥相通,而后者又是它的延续。其他周边为群山所环绕,群山中无数的山涧和溪流沿着山坡而下,注入流经谷地的河流,其十分规则的平均海拔高度为 2 600 米,这就是莱尔马河。它是谷地的轴线,虽然水量不大,但是拥有广阔的河床,且形成一些沼泽,这就使人们感到它很壮阔。托卢卡是谷地中唯一的大城市;在其地区首府的功能方面没有任何一个城镇能与之竞争。过去托卢卡并不是一座在经济上突出的城市,且在地区经济之内没有发挥超群的作用,而现今它的工业却十分强大。实际上地区的所有道路都交汇于这座城市,全谷地的居民都来到该城进行贸易,处理行政管理问题或继续学习。所有的道路上都车水马龙;此外火车里也挤满了旅客。往来托卢卡的国内交通极为繁忙,并且其运输线路的数量令人印象深刻。尽管墨西哥谷地拥有千万以上人口的首都,但是它没有可与托卢卡相比拟的自然环境的平衡和内在联系。两者的差别在于:墨西哥城进行大量的国际性活动,而托卢卡谷地有着更积极和平衡的内部生活。

托卢卡谷地也有其大火山,内华达—德托卢卡火山对于气候和降雨规律来说是一个首要的因素。事实上,人口最多的谷地南部的水文规律也取决于内华达山。北部,比如特马斯尔辛戈,气候比较干燥,但是群山周围较潮湿。这一现象表明,一些重要山峰拥有十分茂密的树林,它们有利于深层的地下泉水的维持,同时也带来了降水。除了谷地南部的人口分布在河岸之外,各村庄主要聚集在潮湿的山坡上。

古代奥托米人和墨西卡人曾共同居住在这个地区。从一开始奥托米人就集中在最高和偏僻的地方,特别在山地的东北部,那是一片寒冷而又多产的土地。西班牙人征服之前,奥托米人处在偏远地区,这就保证了他们社会的残存。其后,混血种人很快入住谷地的中部地区,它们极其适宜于谷物种植和牲畜饲养,并逐步吸引了纳瓦人的到来,现代纳瓦人只保留了自己很少的特点。相反,没有受到侵扰的奥托米人维持并保留了几乎稳固的村社。他们处在联邦区的边缘地带,特别是在最北面的相当孤立的地区。

在墨西哥城与托卢卡范围的北部,两者之间的交通十分发达,一些道路通往北方的其他谷地,且汇集于蒙特苏马河。在那些谷地,人工开凿了墨西哥河谷,以引导水流。这些谷地架构在火山轴上,是中部墨西哥的脊柱部分,且提供了通往海湾斜坡的几条最重要的出口通道。在中部墨西哥的北部,约在北纬22°以北地区,是平均海拔约1 000米的盆地与山脉交错的地带,这就是闻名于世的拍摄西部传统影片背景的所在地;以南地区一般海拔在2 000米以上,这就是全国最广阔的中央高原。在接近西马德雷山脉部分,地壳的上升作用与近世的火山作用使山脉变得更加高耸,而盆地则呈现封闭状态;但在东部,盆地或内流盆地中的冲积层逐渐升高,使山坡比较平缓。峡谷出口处的冲积扇,已成为最有吸引力的农耕地带。

位于墨西哥西北部的下加利福尼亚半岛多为崇山峻岭,被墨西哥人称为"瘦臂"。它由一系列倾斜的巨石构成,景色迷人的悬崖俯瞰着加利福尼亚湾,而西面的山坡则比较平缓。东部平坦的冲积地只是零星分散的,而西部则较多,包括濒临太平洋的大片沿海阶地。

现在我们把目光转向墨西哥的南部。南部高地属中等高度,其山脊在2 000米左右,而河床分布在600米到800米的谷地,那里的大部分地面崎岖不平,其中瓦哈卡谷的平坦地较大,此外还有特华坎等一些较小的构造洼地,在这些土地上人们长期进行精耕细作。瓦哈卡谷地与其南面的恰帕斯盆地遥遥相对,一些河流给两地带来冲积物,而盆地的北面是居高临下的恰帕斯高地的崖壁,那是一片高低不平的石灰岩层上布满着小岩坑和洼地的高地。毗邻的尤卡坦半岛地势近200米,但也布满了陡壁的洼穴。在恰帕斯,洼穴为那些逃避外界压迫的印第安人提供了庇护地。

从地理位置看,墨西哥拥有独特性和优越性:一方面,它是北美洲和拉丁美洲的连接点;另一方面,东西两边濒临大西洋和太平洋,这为它的历史发展提供了各种机遇和挑战。此外,复杂而多样的自然环境是墨西哥形成、发展并保持至今的悠久而富有特色的文明模式的重要条件之一。

第一章 ● 墨西哥人的起源及其早期文明的形成与发展

二、墨西哥人的起源

长期以来,人们一直在讨论美洲的第一批居民从何处而来,何时发生这一壮举。虽然现在还有人猜测黑人、闪米特人、(源于高加索的)白种人和其他一些人种遗迹,但是大多数学者都赞同具有蒙古人种特征的人类群体是美洲最初的发现者和居住者。

那么,这些人究竟如何来到美洲呢?这个问题曾引起人类学家们的争论。虽然有人认为移民是越过了南太平洋的岛屿而到达南美洲或中美洲的,但是大多数人主张移民的主要道路是经由白令海峡。实际上,西伯利亚的楚科奇半岛的最东端杰日尼奥夫角和阿拉斯加的西沃德半岛最西端的威尔士王子角之间距离仅80多公里,且在半中间有两座岛屿:格兰岛和小迪奥梅德岛,在白令海峡的这部分从11月到6月有冰冻覆盖层,特别是在11月至3月冰层很厚,所以在冬季人们可以步行穿越海峡。20世纪80年代初,苏联学者在靠近美洲的楚科奇半岛考察原始村落遗址时,发现了大量石器,其中有箭头、石刀、石针等。这些研究成果也间接证明了一些亚洲原始部落通过白令海峡迁入美洲的理论。还有学者指出,约在4万年以前和在1.8万年之前,由于后退中的威斯康星冰川作用,在白令海峡形成了走廊,这样人们就有可能从亚洲进入美洲。

现在有确凿证据表明,在美洲北部人类的存在是在3万年前,也许更久远些,而具体在墨西哥约2.1万年,委内瑞拉1.6万年,秘鲁1.8万年,智利1.3万年,巴塔戈尼亚1.27万年。这些数据都是取自碳14对人类活动的产品材料或是直接对其活动遗迹进行测定的结果。据学者推测,从阿拉斯加进入北美洲的移民作扇形展开,但其主流可能通过落基山脉沿着西海岸继续南进。他们部分人来到墨西哥和中美洲,越过巴拿马而进入南美洲。在这漫长的迁移过程中,初期人靠渔猎和采集为生。

约在2.1万年前来到墨西哥的移民,其缓慢迁徙及其文化上的一系列适应过程,都需要漫长的时间。已发现的所述时期房屋残存物和烧烤过的动物骨头,主要分布在墨西哥盆地中的多岩石小丘上,小山位于现今墨西哥城到普埃布拉的高速公路的北面,即古代恰尔科湖岸边。1966年墨西哥国家人类学与历史学院史前史系开始发掘这个遗址,并确认了两个房屋遗址,从其中一个房屋中获得了足够的木炭用于检测。经测定,其日期为 2.4 万年到 2 万年之间。在该遗址中已找到了堆积的几种动物骨头,它们相互间没有解剖关系;同时有些石制器具是用当地老的河滩上有圆斑的石头制作的。这样,可以肯定在 2.2 万年到 2.1 万年之前有人生活在这个地方。

墨西哥人正是在 2 万多年前开始了所谓的石器时代的文化进程。因为其大部分发现物都是石器,所以应采用一种技术工艺准则将这整个时期称为石器时代,其生活方式是打猎和采集。有关学者已发现了 6 处遗址,从其文化内容看,属于不同种类。其中两处:墨西哥州的特拉帕科亚和普埃布拉的考拉潘峡谷中的巴尔塞基略,由碳 14 直接测定日期。这两处之外还有尚未测定日期、但已被认定的四处,因为它们有相似的石器。其特点是惯常利用大石块,它们都经过掷摔敲打、以石琢磨的技术加工,呈现出几乎锋利的边沿和不同平面的尖头。还有体积较小的石器,甚至具有从一边到另一边轮流击打和琢磨过的一些边沿,以及初级的异面形状。此外,还发现有石折刀,有时一块碎石片打了榫眼,被改装为带有锋利边沿的器具,或者具有凹凸线条形状,称作齿形石具。实际上,在这一文化阶段人们采集不同产物、植物和动物,很少依靠打猎。为直接占有的经济制度所规范的社会单位,其规模不可能很大;而据推测,其最小的组合是家庭,最大的组合是群体,但是关系十分脆弱,因为人口稀少且不得不过游牧生活。石器时代的结束可以确定在 1.4 万年之前,因为到 1.1 万年已进入较为复杂和富有特色的另一文化阶段,这就是所谓的"新石器"时代。它又可划分为两个阶段:低级是从 1.4 万年到 9 000 年;高级从 9 000 年到 7 000 年之前。

低级新石器时代已证明存在于相当多地方。从最重要的 19 个发现物看,有 11 个是在地面上,它们都具有很明显的表面特点。据研究,查拉帕湖的发现物是一整套

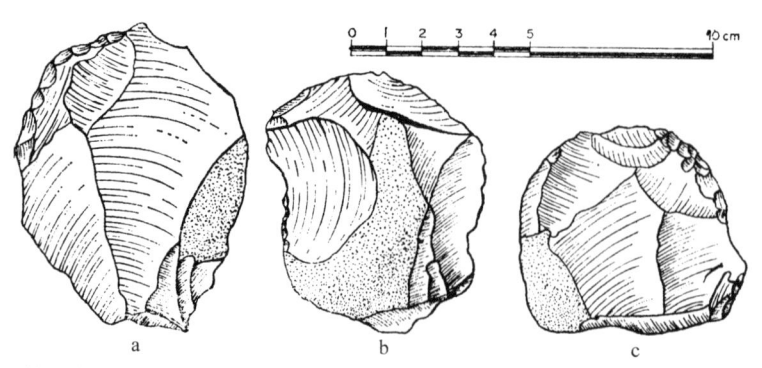

石器时代(？—14000 年):a 和 b:刮具　c:刮具—擦具

第一章 墨西哥人的起源及其早期文明的形成与发展

大体积的摩擦工具。其他发现的石器主要是有凹槽形的尖端工具,它们具体分布在圣华金、瓜伊马斯、科罗拉多牧场、萨马拉尤甘、拉丘帕罗萨、蓬提塔—内格拉、威科牧场、圣塞瓦斯蒂安—特波纳瓦斯特兰、圣马科斯和特拉斯卡拉。在其余8处,都有被发掘的石器;只有一处特科洛特洞穴还没有直接测定日期,因为在其下面各层存在称为"圣胡安综合体"的遗址,其中有相当多的东西可以纳入这一阶段。

高级新石器时代以11处为代表,其中9处已被发掘,只有两处帕雷萨—法尔贡和米特拉是地面发现物。这一时代的石器没有清晰的表现力,同先前的石器十分相似,难以区分;但是它们在整体上具有更好的文物价值。这一时期已出现用于投掷的石尖头,其中最典型的是叶状尖头和带凹槽尖头。通过雕琢,在石尖头两边凿成两条凹槽,这就可以使尖头更好地固定在柄上。据研究,这种技术在美洲已得到发展,它始于所谓的克洛韦斯尖头,终于福尔索姆尖头。此外,还有所谓的莱尔马尖叶状尖头。其特点是磨光下部1/3的边沿,并将它捆在柄上。雕琢的主要工具是石器,但也有较软的工具,如木棍或大骨头,这些工具可使石片变得更薄,或使一些石器具有较少曲线而更为锋利的边沿。因此,石头雕琢技术的改进带来了各种用途的一系列工具。

这一时期棱柱形核心的石刀增多,有可能已广泛使用。由于其价廉实用,直到征服时期印第安人还在使用。据一部编年史说,当入侵的西班牙人还没有钢折刀时,他们就把石刀当作刮脸刀。有些骨制品表明,已采用摩擦技术,借此进行刨平和磨光,以生产较美观的穿刺和裁剪的工具。改进的技艺更多地用于生产手段,因此也变革了生产方式。这有利于生存手段的增加和人口的增长。由于这一文化阶段的遗址数量远多于先前阶段,这间接证明人类活动范围的扩大。

在新石器时代人们已偏重于打猎经济,但是采集并不变得次要。采集产品比打猎所能提供的东西更加多样和丰富,因为前者包括各种植物和许多小动物,以及昆虫、蜗牛等。

低级新石器时代末期,由于海平面升高,出现大种类哺乳动物灭绝的明显迹象,一些地区趋于炎热和干旱。大种类动物的消失或它们迁至其他地区,严重地影响到有赖于打猎的人类群体。高级新石器时期用于投掷的石尖头难以置信地增多。如果这是打猎已发展到要求各种特别的投掷工具,或者这涉及文化成分的变化,那么至今还没有得到明确的答案。

所述时期石器的发展是明显的,如带鳍的投掷石尖头已经过复杂的加工,并具有更强的功能,与此同时,带凹槽的石尖头已完全消失。现在已出土了磨子、碾砣和研钵等器具。

高级新石器时代末期沿海地区生活专门化:开发海洋资源已很明显。在墨西哥沿海某些地方已找到巨大的海洋贝壳堆,与其堆在一起的还有动物和鱼的骨头;此外,还有炉灶和石头工具。有些人类群体已知道从一系列海产品中获取食物。在一些地方海洋生活专门化持续很长时间,如在下加利福尼亚甚至存在到公元18世纪。现今某些地方作为季节性开发,这种专门化依然存在。

从现今某些发掘的遗址看,在打猎和采集的第一阶段,人们已在利用一些植物产品。当然,保护有机物质的条件并不经常具备,然而,在塔毛利帕斯的南部和西南部以及普埃布拉州的东南部,已找到了洞穴和小地窖,在它们的底层还保存有丰富的食物残余。据推测,墨西哥环境的多样性和发展阶段的差异,造成了部分地区农业的出现。

在新石器时代,人们的食物有鳄梨、牧豆树籽、小米、苋和到处都有的仙人掌果。在高级新石器时代,可能由于保存条件改善,发现许多残留的植物,表明那时的食物已有小辣椒、南瓜、菜豆、李子、数种金合欢属植物、仙人掌科多汁果实以及龙舌兰的肉质叶,也许已酿制成麦斯克尔酒。食用野生玉米可能始于这一文化阶段末期。还有许多植物,其茎、叶或果实为人们所利用。

从采集向种植的过渡,应是经历了对某些野生植物简单看护的阶段,使之个性化,并为之除掉竞争植物;除了不让劫掠者偷盗外,还需获得关于本地的动植物的更多知识,并在适宜的土地和时间播下种子。学习生产将要食用的东西的这一过程,被称为"新石器革命",标志着人类历史的基本时期之一。

在史前新石器时期,初期大量食用野生玉米;从这一文化阶段的后半期起,出现被认为是栽培的第一批玉米,它们同野生玉米很相似,但是其颗粒更大些。可以说,人们在寻找最大的玉米棒子时,就是采集中的选择,虽然无可否认这只不过是对植物的初步照料。同时,在其周围进行除草,以减少其竞争者;人们还为野生玉米寻找更好的土地。据推测,这一文化阶段的末期所谓史前的两种祖传玉米品种至今在墨西哥的某些地方还在种植,它们就是纳尔—特尔种和前恰帕洛特种。可能只是在那个时

第一章 ● 墨西哥人的起源及其早期文明的形成与发展

期才开始栽培玉米的。

农业的肇始终结了一个文化阶段,同时也给另一个阶段奠定了基础,在其初期可觉察到另一个重大变革:陶器的出现。古代墨西哥各地的陶器具有相当多的共同要素,特别是它们都处于原始状态,在造型方面共享同一个文化基础:一些容器经常模仿自然界所提供的某些样式。

三、璀璨的中部美洲文明

湮没在墨西哥各地的大量文明遗迹长期不为人们所知,只是进入19世纪后期欧美学者才逐渐揭开美洲古代文明的神秘面纱。学者们借助考古发掘和其他科学知识与技术,收集到16世纪西班牙人或土著人的历史资料、人们尚未完全搞懂的象形文字古抄本,找到古代遗迹和文物,这样逐步勾画出了中部美洲文化形成和发展的轮廓。

中部美洲(Mesoamérica),这既是一个地理概念,又是一个文化术语。20世纪初期一些德国学者,特别是爱德华·泽勒(1849—1922)首次使用了"中部美洲"一词,意指墨西哥的中部、南部和与之毗邻的中美洲北部土著文化高度发展的地区。具体说,其北部界限是:西北濒锡那罗亚河,东北为帕努科河,而其中北部并未越出莱尔马河流域;南部界限是流入加勒比海的莫塔瓜河、尼加拉瓜湖南岸和哥斯达黎加的尼科亚半岛。

关于中部美洲文明形成之前的历史,我们并不从定义方面详细讨论这个地区漫长的数千年文化发展过程,而只是勾画出它的发展概貌。简言之,在其漫长的历史进程中这些地区的先民逐渐成为定居的农耕者,他们种植玉米、菜豆和其他多种可食或可用的植物。他们一般居住在村庄,制作陶器,织布和编篮,制造石器,为亡人举行葬礼,创建了部落组织和尚未成为宗教的巫术。这数千年是十分重要的前提,但这只是中部美洲地区迈向文明历程的前奏。经过考古学家的努力,在某些地区发掘到公元前1300年人类居住的聚居点,这样学者就开始提出关于文明初期的这些村庄的社会政治、经济和宗教发展的假设。正是从此时起可以描绘出一个文化区域:中部美洲。在这里诞生了推动其文化演变的基本要素。

这样,中部美洲就像一切第一个摇篮中的文明一样,在度过一段漫长的原始时期,人们逐渐步入初期文化进程,他们借助农业提高其生活质量,积累各种知识,并形成新的思考方式,这些是各地区差别的创始者,同时也是点燃未来文明的火花。现代学者研究指出,几个地区具有共同特点的例证,以及各个时期代代传承的文化要素,勾画出了中部美洲这一地理和文化概念及其历史过程。由于一个和另一个地区之间的差别是表面多于实质,而各地之间的相似性又是这一文明的重要特点,所以在一个共同框架内不同文化的共存,各地区间的相互影响是所述文明发展的前提条件之一。同时,一种文明容纳了过去原始阶段所没有的一系列要素,这样在向高级阶段过渡中逐渐出现文化要素的多样性和复杂性。中部美洲各民族的文明,特别是奥尔梅卡、玛雅和阿兹特克文化正是在上述条件下形成和发展起来的。

奥尔梅卡文化

公元前13世纪到前3世纪,在墨西哥湾沿岸几个地区:韦拉克鲁斯南部、塔瓦斯科北部及其周围土地上的居民创造了灿烂的奥尔梅卡文化。同时,在瓦哈卡、恰帕斯和危地马拉也出现了可称作奥尔梅卡化的文化,因为它们具有所述文化的相似特点和源于本地的、且很先进的其他特点,这些地方特点与前者存在明显的差异。此外,在有关地区现代学者还找到了古代奥尔梅卡人拓殖的一些村庄遗址,它们具有奥尔梅卡文化中最简单的成分。据研究,奥尔梅卡文化的主要中心地区面积约1.8万平方公里,这是按照其文化和地理特点确定的。从地理角度看,所述地区的高度相当齐整:平均约为500米,是数条水流缓慢的大河穿越的群山。由于每年强降雨,土地经常被淹没。同缺水的地区相反,这里的土地水量过多,是中部美洲的唯一现象。这不仅造成重要的经济后果,而且也带来宗教特色。在所述的自然条件下,奥尔梅卡农业一般是暗沟型的,同时在河岸边和这个地区常有的沼泽形成潮湿型农业。许多居住中心建在由水环绕的小岛上,每年充沛的雨水可以进行天然灌溉,同时带来肥沃的污泥。

虽然还不能确切地估计该地区的居民人数,但据测算,约有35万人。众多的人口是古代文明的基础,同时也提出了组织和生计问题,这就迫使社会寻找生存与发展的途径。为此,需要一个充实而强大的经济基础,以及复杂的政治与宗教观念。我们尚不清楚奥尔梅卡人所讲的语言情况。由于土地潮湿,至今还没有发现一具人体骨骼,以供学者对重要中心地区的人的体型提出看法。在现代时期,只是通过雕刻家的表现手段,或按照该地区现代人的特点(古代居民的直系后裔及保留了其种族某些特

第一章 ● 墨西哥人的起源及其早期文明的形成与发展

点的居民),学者们借助想象力来重新描绘古代奥尔梅卡人的体型特征。

在已发掘的奥尔梅卡遗迹中,拉文塔最为重要。它建于面积为5平方公里的小岛上。在中心部分,用于宗教仪式的建筑物是用非石料材料建成的,因为在这个地区没有石料,其建筑样式明显是中部美洲型的。那时已经建起了金字塔,或者说,在坚固的地基上修建庙宇和房屋。在拉文塔举行仪式的院落也许是世界上最早的下陷型的院子,它们是以后大型下陷院落的先例。拉文塔的巨大建筑按照严格的规划分布着,即沿着一条中心线修建房屋,组成城市的轴心。这条中心线的重要性不仅体现一种细致的规划,而且也显示出依据基本方位知识的宗教仪式方向。同样,摆放供品的习惯同建筑物式样或中心线或一座院落的系统关系,必然会影响到以后中部美洲历史文化特点的形成。

将奥尔梅卡文化视为中部美洲文明的滥觞主要是依据它的雕刻品的卓越成就。巨头、祭坛、石碑和其他许多物品不仅具有巨大的美学价值,而且也显示出令人惊讶的先进技术。请注意,雕琢这些巨石作品所需的石料在本地区是找不到的,而是从遥远的地方把这些石料搬来、置放好,并雕琢加工,这就需要付出巨大的努力和组织活动。这样,奥尔梅卡人就开创了古代美洲雕刻的传统,除了在玛雅人地区之外,确实在造型艺术方面还没有以如此娴熟的技术进行创作的活动,直到两千年后在阿兹特克文化中才出现相似的作品。除了巨雕之外,还有一些精细的玉石雕刻,借此来表现男女怪异形象和物品。奥尔梅卡人以同样风格修建宏大的建筑时,有时将大小雕刻品作装饰。他们还经常创作猫科动物与人类特点相结合的形象,这种风格一直传承

人与美洲虎形象相结合的石雕

于中部美洲历史中:变形的头骨、钻孔的隔膜、残缺不全的牙齿等等。怪物,虽然不经常出现,但是直到晚期,甚至在遥远的地方——墨西哥的西部,或者说,在边远地区也有类似的作品。甚至晚至蒙特苏马时期,在主要形象周围环绕有侏儒和驼背人,有时他们可看作为施行妖术的人。

据考古发现,奥尔梅卡风格已传播到广大地区,也许这是由于在该地区内人口的增长造成居民逐渐向外迁移的结果。这种传播不可能在原始农业的基础上实现的,而是需要其他经济活动来加以推动的,这就是整个中部美洲未来的一个特点:对外贸易。虽然还没有直接证据,但是现在人们已经知道,在主要中心地区的许多偏远地方有纯粹的奥尔梅卡物品,并且奥尔梅卡风格对那里的居民已产生可感知的直接影响。那里,有可能通过奥尔梅卡人贸易输入某些天然产物,然后在本地加工,生产出成品再输出。在奥尔梅卡地区不出产的大型石料或玉石的生产和输出入过程也许就是这样形成的。

中部美洲的贸易并不完全是和平的成果,有时是残暴征服的结果。至少以后年代那里的居民之所以敢于大范围经商,是因为其军队支持他们的大胆行动。征服一个地区曾是一种习俗,或者说,至少对某些关键点的占领,可在那些地点建立商业交易网,同时强收贡品,这对于主要中心地区来说,是一个可靠的财富来源。

现在,人们尚不清楚奥尔梅卡军队的情况及其可能的军事胜利,但是可以想象其战争的作用。无疑,贸易、战争和贡品表明他们拥有一种较先进的组织,甚至有人称之为"国家"。有些

位于拉文塔的奥尔梅卡巨头像

学者认为,城市国家联盟可能是从遥远时代起中部美洲的政治特点之一,这可能始于奥尔梅卡人时代,所述时代末期中部美洲被一分为二,一边是玛雅人群体,另一边为墨西卡人群体。

虽然从几个世纪之前起就可能在主要中心地区存在一种历法,但是直到奥尔梅卡时代末期还没有出现夹杂着文字的石刻。这表明它不是奥

第一章 ● 墨西哥人的起源及其早期文明的形成与发展

尔梅卡人的直接创造物,而是瓦哈卡和危地马拉高原的奥尔梅卡化居民的发明。

　　中部美洲宗教的另一个重要特点:崇拜人形诸神,在奥尔梅卡宗教中也存在相似情况。关于它们是否是主要中心地区奥尔梅卡人雕琢的诸神像,存在不同看法;此外,一尊独石雕像是否代表一个神,也是有疑问的。但是,奥尔梅卡人主要崇拜的对象是美洲虎;直到圣坛本身也是美洲虎的形象。在石雕方面,更频繁出现的形象是人性化的美洲虎,人形美洲虎或孩形美洲虎,这不是动物形象,而是远离现实的一种怪物,就是在人身上添加了独特的成分,甚至在一种动物身上加上另外一种动物特点。这样,两道眉毛惯常添上鸟的羽毛,而嘴里有蛇的两裂舌头。美洲虎象征着热带丛林、生命和来世的恐怖和神秘。这种特别的崇拜在中部美洲长久存在。到阿兹特克时代,特佩约洛特利神,土地深处和深夜的象征,只是在日食期间威胁、吞噬太阳本身的猫科动物。它栖身于土地的心脏:山中洞穴,其形象被刻在玉石上,是奥尔梅卡人的最初雕刻品,并一直保存下来。也许这是美洲土著人认为玉石比黄金更加珍贵的理由。

　　瓦哈卡谷地的早期居民也许是奥尔梅卡化人群体的最好实例。20世纪中期在那里发现了不少于三个阶段的遗迹:最早始于公元前1200年,所述时期一种相当简朴的本地文化,受到奥尔梅卡成分的影响。最后一个阶段始于公元前900年,其发展程度相

拉文塔的4号祭坛,雕有坐在美洲虎口的人像

当于奥尔梅卡文明,那里的居民逐步创造了新的文明成果,就是四种最著名的发明。第一,有人工灌溉的意识,已不是简单地利用肥沃的河岸边沿。第二,在阿尔万山出现了石料建筑物,这已不是像奥尔梅卡主要中心

地区那样只利用泥土,而是采用石料,特别是突破了墨西哥湾沿岸自然条件所带来的局限性:仅利用树的主干和潮湿黏土。第三,到阿尔万山的第一时期末,已用象形文字来表达,在与坦桑特斯建筑物一起的石碑上夹杂着象形文字和相当发达的历法。如果这不是中部美洲最古老的象形文字和历法,那么可以肯定它们能进入最早之列,其首批遗迹存在于危地马拉和恰帕斯。

韦拉克鲁斯南部的奥尔梅卡武士石雕像

与主要中心地区的奥尔梅卡人不同,阿尔万山已有一系列不同的神。那里出土的著名的骨灰盒刻画出一些神的形象,它们具有中部美洲历史文化全部演变的特征,如雨神、太阳神等。部落巫术,正在演变为一种地区宗教。这样,初期瓦哈卡谷地文化并不满足于单纯模仿奥尔梅卡文化,而是出现某些创新成分。

总之,奥尔梅卡文化成就构成了中部美洲早期文明成果的重要部分。大约在公元前3世纪,因内部动乱,奥尔梅卡文化渐趋衰落,这是所述地区上升路线中出现的第一个裂隙。自然,奥尔梅卡主要中心地区永远丧失了它的优势,这个文明大核心的亮点逐渐移向其他地区。

古典时期文化

第二大时期,即欧美学者所谓的古典时期,始于公元之初,延续到公元900年,这是中部美洲文明最兴盛的时期。从编年史看,它又可划分为两个阶段:第一,从公元之初到650年,由特奥蒂瓦坎主导;第二,由几个相互联系较少的"国家"统治。从地理上可划分为两个地区,它们之间存在相当多的、但非决定性的差异,因为两者都保持了源自其共同基础的一系列特点,并且持续发展了它们的历史。这两个广阔的地区就是东部的玛雅文化区和特万特佩克峡谷之西的特奥蒂瓦坎文化区。在中部美洲的这一地区,虽然特奥蒂瓦坎为一些敌对的城市所环绕,但很快处于领先地位,并且变成高原和整个同名地区无可争议的首都。它代表着特奥蒂瓦坎文化主要中心地区和中部美洲其余地区的不同特点。这一文化的中心

第一章 ● 墨西哥人的起源及其早期文明的形成与发展

地区是由墨西哥谷地、普埃布拉谷地、特拉斯卡拉或现今伊达尔戈州的毗邻部分构成的,它们具有纯粹的特奥蒂瓦坎文化,而没有同各地方成分相混杂。相反,在中部美洲西部的其余地区,特奥蒂瓦坎的影响尽管扩散到无数居民群体,但他们保持了自己的文化形式,这样就出现了文化的混杂性。

特奥蒂瓦坎是代表中部美洲文明的一座城市,表现为一种古代都市文化,成为一种文明的最显著标志。不仅其规模,而且其内部布局,都是中央高原古典文化的最佳例证,在其鼎盛时期(约公元 5 或 6 世纪),面积为 20 平方公里,居民至少达 5 万人。

特奥蒂瓦坎的"长羽毛的蛇神"庙

最新发掘表明,在整个城市确实居住过稠密的人口。据研究,在部落社会内部已形成一个政治实体,拥有一支军队。此外,在居民中已存在明显不同的社会阶层,以及各种职业和手工艺集团,或制陶或雕琢玉石。有些史料证明,各种物资从一地向另一地频繁流动,也就是形成了密集的贸易活动,通过商人贸易,其文化成分扩展到很远的地方。这就解释了在该城出现其他民族聚住区的原因。至少,现今可以确认,城中曾存在瓦哈卡人居住区,因为通过考古研究已找到来自瓦哈卡的许多物品。此外,还有玛雅人居住区。

由于交流活动,特奥蒂瓦坎人的宗教思想也以各种形式影响到同时代和后世的中部美洲其他民族。事实上,特奥蒂瓦坎人崇拜的几个神灵,也受到其他一些民族的信奉。主要神灵有水神夫妇:特拉洛克和查尔丘特里奎,长羽毛的蛇神:盖扎尔科亚特,火神:休特库特利,花神王子:霍奇皮利。与宗教崇拜相联系的各种艺术风格和形式也对周围地区产生明显的影响。

有关史料表明,当领导集团变得越来越缺少创造精神,并日益成为压迫者时,特奥蒂瓦坎逐渐衰落。这可能引起暴动或内部分裂,至公元4世纪其发展轨迹出现第一条裂隙,到650年最终衰败,当时该城已丧失了它在中部美洲的领导地位。也许其内部分裂招引了外部征服者的入侵。

特奥蒂瓦坎的玉石雕刻品

现在我们把目光转向中部美洲东部地区,这就是举世闻名的玛雅文化区。概括地讲,中部美洲存在多种文明,它们都是平行发展的。如同特奥蒂瓦坎,光彩夺目的玛雅文明将古代美洲文化带到前所未有的高度;但是与特奥蒂瓦坎不同,它没有一个主要的文化辐射中心。在玛雅地区有相当多的仪式中心,它们相互之间有联系,但是没有一个中心居于统治地位,因此它们都对文明作出了贡献。玛雅文化形成和发展地区包括现今墨西哥的尤卡坦半岛、坎佩切和塔瓦斯科,恰帕斯东半部和金塔纳罗奥境内;危地马拉的佩腾地区及其毗连的高地;洪都拉斯的西部和整个伯利兹,总共约32.5万平方公里。这个广大地区具有极为多样的气候、植被和地形。简言之,从远古时代起,就具有让人类生存和发展的各种生态系统。

玛雅文化地区可划分为三个具有不同生态系统的自然区。首先,南部的玛雅地区:由山脉及其间的高原和南部的中美洲山脉构成。其次,中部地区:由危地马拉的佩腾省内的盆地及其相邻的山谷组成,包括尤卡坦半岛的南半部。再次,北部地区:由尤卡坦半岛北部构成,其地势平坦、低矮、开阔,含石灰石的土地上覆盖着灌木和野草。这些地区的自然地理特点,明显影响到玛雅文明的发展进程。

玛雅人大致由同一种族的几个集团组成,因此他们具有相似的身体

第一章 ● 墨西哥人的起源及其早期文明的形成与发展

特点,讲同一语系的各种语言(现今在玛雅人居住区还在讲 24 种玛雅语),传承同一文化习俗,但是在不同的地区,玛雅人已形成了各自的特点,并显著地影响到各地区的文化景观。

关于玛雅语族的划分,在现存的各种理论中,有一种意见倾向于将它们划分成三大群体:史前危地马拉—尤卡坦语族,分布于危地马拉的南部高地和尤卡坦半岛北部低地。史前恰帕斯语族,分布在恰帕斯高地,延伸到塔瓦斯科,并通过佩腾的南部而至洪都拉斯的西部。瓦斯特卡语,分布在韦拉克鲁斯北部低地和圣路易斯波托西的东部山地。关于这一语言分布地区远离玛雅文化地区的问题,目前学者尚未揭开其奥秘。据推测,很可能是在公元前 1200 年前后传播过去的。一般来说,玛雅文化的编年史同中部美洲文化发展史有着相似的进程。但是由于多种原因,它可更准确地划分为若干时期。在整个中部美洲地区,各种史前拓殖的模式几乎是相同的。但是,长期以来考古学家相信,玛雅文化区内的一些典礼中心是无人定居的地方;他们认为,所述中心的寓所不是供人长期居住的,只是为了举行某些仪式而让祭司临时寄宿的地方。然而,当代考古学家已证明,祭司和贵族确实长期居住在这些典礼中心四周的宫殿里,实际上,他们是非分地占用了这些建筑。

尤卡坦半岛上契琴伊察金字塔

多年来考古学家调查研究了这些宗教典礼中心,因此现今人们已相当了解玛雅统治阶层和所述的中心的生活模式,但是还不十分了解像农耕者那样的被统治者的生活状况,而 20 世纪后期在玛雅文化区的考古学家就主要从事这方面的调查研究活动。新近研究所提供的材料正趋向准确、全面而深入地揭示玛雅文化的全部发展史。

20世纪80年代初在伯利兹北部（佩腾地区范围内）的奎利奥地区，考古工作者进行了发掘，通过碳14对玛雅木质文物的测定，学者们确定其存在的时期约为公元前2450年到2750年之间，或公元前26世纪，因此比迄今人们所认为的玛雅文化的发轫时期要早一千多年。但是，所述的历史时期不仅带来了编年史调整的困难，而且也产生了一系列的历史问题。长期以来，人们把奥尔梅卡文化视为中部美洲多种文化的"始祖"，视为玛雅文化的母体，因奥尔梅卡文化为以后玛雅文化的发展提供了必要的基本成分。根据在奎利奥所发掘的文物，玛雅文化反而比奥尔梅卡文化早一千多年，所以这就要求必须进行大量的调查研究，以便调整现存的编年史。

玛雅文化遗产——石碑

然而，在奎利奥考古发现带来问题之前，根据多种理由，玛雅文化编年史已较明确地划分为若干时期。其主要理由有两条：第一，由于在玛雅地区已进行了大量的调查研究，并取得了分层学的成果，同时还拥有大量很有用的整套陶器，因而大致可以确定古代文化的各个时期。第二，由于对玛雅人所标明日期的碑刻作了大量细致的研究，学者已破译了记载他们全部编年史的图画文字，并把玛雅历法日期换算为格雷历的年月日。因此，我们可以把传统的玛雅编年史较准确地划分为三大历史时期：第一，前古典时期，约从公元前1500年到公元317年。第二，古典时期，从公元317年到889年。第三，后古典时期，从889年到1697年，该年最后一批有组织的玛雅人为西班牙人所征服。本书使用的"玛雅文化"这一术语仅指古典时期的文化，即被破译的中部佩腾低地上碑刻的第一个时期的文化。

前古典时期。在所述阶段玛雅人经济是建立在玉米农业基础上的。危地马拉高地是玉米农业向玛雅文化区的中、北部地区扩散的中心，

第一章 墨西哥人的起源及其早期文明的形成与发展

也是前古典时期整个玛雅文化的中心。在危地马拉西海岸和危地马拉城附近发掘的器皿是中美洲最精美的原始陶器,同时人们还发现了前古典时期的宝石雕刻品以及一些独石碑。

在美洲发展原始农业后的千年中,农业生产技术取得了很大的进展。在此基础上,玛雅人逐步形成了共同的生存模式,并发展了具有正式礼仪的宗教。由于宗教肖像画的发展,在一些地方出现了独特的假面具、舞蹈者和别具一格的人头和美洲虎形象。

尤卡坦半岛上契琴伊察美洲虎庙的木雕过梁

帕伦克出土的文物:a)玉石雕像 b)粉饰面具 c)粉饰面具侧面

中部地区的玛雅人是中部美洲各地区的印第安人集团之一,到古典时期之初,他们已达到较高的社会文化发展水平。在印第安人群体中,玛雅人在某些方面是很突出的,但在另一些方面又落后于其他集团。然而,玛雅文化的主要特点在于:其居民已取得了智力上显著的进展。首先,到古典时期,在美洲它拥有比其他任何一种文化范围更加广大的地区,玛雅人在图画文字、历法、建筑和艺术方面取得明显的进步。其革新的历法和统一的宗教标志得到迅速的传播。同时,其陶器形式也有了一系列的变化。这一切使玛雅人在广大地域达到了文化的高度一致性。其次,与宗教仪式有关的一切物品的壮观形式同其生活用品的简陋形成了鲜明的对照。再次,低地玛雅人口稀少,每平方公里仅12人。在前古典时期之前,尤卡坦半岛可能已由游牧部落占据,而在玛雅文化发轫之前一千年该地区已出现玉米栽培。

古典时期。所述时期之初玛雅文化中心是在其中部的佩腾,这一地区的文明持续了572年。在这段漫长的时期,祭司在图画文字、历法、宗教艺术和建筑方面保持着垄断地位。同中部美洲其他地区相比,玛雅人的政治组织已取得了很大的成就,即奴隶主的神权政治得到了确立。

在中部玛雅地区,古典时期可划分为两个阶段:古代和近代。古代时期始于公元317年,结束于593年。起源于佩腾地区的突出的石拱顶建筑形式,伴随着玛雅人刻有日期的石碑扩展到了最大的范围。虽然建筑艺术得到持续不断的完善,但是其石碑雕刻没有显著的变化。近代时期始于593年,止于889年。这一时期建筑和其他艺术活动增加,同时在中部玛雅地区的东部和西部出现了巨大的宗教建筑物。但是,从这一时期起约到公元900年,以佩腾为代表的玛雅文化迅速衰落,不再雕刻石碑,并停止有组织的宗教活动。在中部地区的西部宗教雕刻被毁坏;同时,在整个中部地区宗教中心逐渐遭到破坏。中部玛雅文化的衰落是个待解之谜。对此,学者们曾提出各种假设的原因:地震、气候变化、传染病、外族征服、德行和智力枯竭、社会衰败、政治瓦解和经济崩溃、农业生产承受不了人口的压力等。由于这个地区的文化衰落,玛雅人开始离开故土向尤卡坦半岛北半部迁移。

关于中部玛雅文化的衰落和玛雅人北迁的问题,还有研究认为,根据玛雅的碑刻编年史,上述的历史现象由来已久。因为从公元5和6世纪起玛雅人就向尤卡坦进行了几次不同路线的迁移,这样早就把该半岛"玛雅化"了。

玛雅人北迁的后果之一便是契琴伊察的建立,这一名称表明其创建者是伊察人。据玛雅编年史,692年伊察人曾在该地居住了200年后迁往东南方,而在今坎佩切城南部定居下来。在928年和948年之间,这些伊察人后裔与托尔蒂克人相融合,而在968年和987年之间重新缓慢地迁向契琴伊察。同时,托尔蒂克人很快离开了该城,而在尤卡坦半岛的东

第一章 ● 墨西哥人的起源及其早期文明的形成与发展

北部建立了另一城玛雅潘。此外,另一些移民建立了乌斯马尔城。这三座城市形成了一个联盟,称为玛雅潘同盟。

后古典时期。这一时期玛雅人的活动中心已由佩腾迁往尤卡坦,同时玛雅文化经受了来自墨西哥中央高原操纳瓦语的托尔蒂克人的入侵及其影响。在古典时期结束时,托尔蒂克人来到尤卡坦的北部定居下来,这构成了特别重要的历史事件。首先,强加了不同于玛雅古典时期传统的城邦政治结构。其次,托尔蒂克移民同属于古典时期的玛雅人集团相融合,这样在整个尤卡坦半岛都使用玛雅语。反之,这些移民也把墨西哥谷地的文化传统带到玛雅文化区。托尔蒂克祭司在宗教仪式中使用其原来的宗教肖像画和器具,按照墨西卡风格建造庙宇,并带来自己的神话传说。而据当时的玛雅传说,由库库尔坎领导的托尔蒂克人来到尤卡坦半岛,在玛雅语中的"库库尔坎"一词正是托尔蒂克文化中的英雄,就是纳瓦语中的"盖扎尔科亚特"——长羽毛的蛇神。从1200—1540年间,在尤卡坦半岛存在着由玛雅家族和托尔蒂克家族统治的几座城市,同时它们之间又曾多次发生过战争。1194年玛雅潘打败了契琴伊察之后,开始了前者的霸权时代。而在1441年乌斯马尔城又打败了玛雅潘。此后,由于遭受一系列的灾难:飓风(1461年)、瘟疫(1480年)、大批人口死亡(1496年)和其他自然灾害(1515—1516年),所有的大城市都被遗弃。这样,在西班牙人入侵时,尤卡坦半岛已是一片支离破碎而衰微贫穷的土地。

现在,我们从横向概述一下古典时期玛雅文化的主要特点。首先,宗教思想与礼仪趋于复杂化。在玛雅人引进农业、发明历法、雕刻编年史和创造图画文字的几个世纪期间(约从公元前353年或235年起),玛雅宗教缓慢演变,随着个性化的众神的创造,初期的祭司、更为丰富多彩的仪式和更加正规的神殿开始出现。

在祭司发明了历法、图画文字和记载编年史之后,玛雅宗教变得更加复杂化和形式化了。这样,从公元3世纪初起逐渐形成由职业祭司创造的神学哲学,并建起了日趋重要的天文台。

公元4世纪玛雅文化已在佩腾中部和北部得到发展。从此,玛雅宗教变为一种极为复杂的崇拜,它把原始的自然力人格化,并同天体神化哲学结合在一起,从而形成时令的崇拜。虽然这种宗教已传播到了平民中间,但是其高度深奥的哲学思想尚未被人们完全理解。在最高统治者的领导下,在严格的教规指引下,仅由天文家、数学家、预言家和礼仪师组成的祭司阶层来解释其宗教思想,并由他们加以传播。

玛雅宗教具有强烈的二元论倾向:善与恶之间的斗争,永恒地影响到人类的命运。善之神产生雷鸣、闪电和雨水,使得玉米结果和丰收;而恶之神所拥有的权力带来死亡和破坏,它们造成了干旱、飓风和战争,毁坏玉米,使人饥饿和贫穷。玛雅古抄本就描绘了这两种力量之间的斗争:雨神恰克在看护幼树,而其后的死神阿普切则走来折断了树木。玛雅人认为世界是由十三重天构成的,土地位于最底层。其中每一层都由上一层的十三神之一管制。此外,地下是由九重世界组成的,其每一层也都由下一层的九神之一支配,而最底下的九层世界则是由死神阿普切统治的。

德累斯顿古抄本第 74 页:被水毁坏的世界

古代玛雅宗教的主要目的是祈求生命、健康和生计。人们以各种方式祈求和宽慰众神。实际上,一切重要的仪式都是从斋戒和禁欲开始的。供奉牺牲是玛雅人崇拜的重要形式,包括从简单的食物供品、各种装饰物等,直到以人作牺牲,供品的多少和品种视具体情况而定。

玛雅众神在三个古抄本中都绘有具体的形象。玛雅人信仰的创造之神乌纳库看来在人们的生活中不起重要的作用。而其子伊察姆纳却被认为是最重要的神,是与太阳神关系密切的天神和昼夜之神。玛雅人确信,他是世界上第一位祭司,图画文字的发明者,同时他给土地起了各种名字,并把土地分派给玛雅人。而雨神恰克也是土地的保护神,他与一定的颜色和方位有关:红色恰克位于东方,白色位于北方,黑色位于西方,黄色位于南方。玉米神尤姆卡什也很重要,其形象被画得年轻有力,有时其头上饰有玉米穗,是农耕者的保护神。

宗教在玛雅人的生活中起着十分重要的作用。祭司阶层不仅通过宗教控制了平民的社会经济活动,而且支配了精神文化的各个领域。实际上玛雅的建

第一章 ● 墨西哥人的起源及其早期文明的形成与发展

筑、图画文字、编年史、数学、天文等都与宗教活动密不可分,并都随着宗教的演变而发展。

玛雅人在城市建筑方面取得了显著的成就。一般说来,在古典时期其城市是宗教中心,主要是作为聚会、崇拜和供奉祭品的场所,可能由少数祭司和官吏以及奴隶长期居住。有的城市规模很大,如公元前3世纪到公元9世纪坐落在佩腾湖畔的蒂卡尔城,占地达130平方公里,主要是由一系列庙宇组成的。其中各种建筑物共3 000多座,石碑200块和石柱80根。其庙宇建在斜截棱锥形的金字塔顶部平台上,有的高达50米,极其壮观。蒂卡尔集中表现了玛雅城市的一切建筑特征:鳞状叠盖的尖顶,饰有鲜明现实内容的浮雕,无窗阴暗的房屋,还有球场等设施。古典时期的城市还有今洪都拉斯境内的科潘,它是古玛雅人的天文中心。另一座著名的城市是帕伦克,建有太阳神庙,高达11米。后古典时期的重要城市都分布在尤卡坦半岛的北半部,其中著名的有契琴伊察,建有许多作为神庙的高大金字塔形建筑和供祭司贵族使用的宫室,库库尔坎金字塔最为雄伟壮观,高30米,四方对称,底大上小,四边棱角分明。金字塔外部呈阶梯形,共分九层,顶部建有一座高六米的方形坛庙。四面各有宽阔的石阶,直达坛庙。这座金字塔是为适应宗教和农业的需要而建造的,是经过精密计算和设计的产物。玛雅潘是位于尤卡坦西北部的重要城市,它不是宗教仪式的中心,而是拥有近1万人口的居住中心。该城不仅是要塞,而且也是政治行政中心。

所有的古代玛雅城市都有一个或几个球场。在契琴伊察就有一个全墨西哥最大的球场,其长95米,宽35米。球场两侧有两堵8米高的墙,在墙中央上方有两个大石圈,墙下有两座供观众站立观赛的平台。球赛中有两队参加,球员应把球投入石圈内。球是用森林中采集的橡胶制成的。实际上,球赛具有宗教礼仪作用,通过比赛人们可以了解神的旨意。

雕刻和绘画是同宗教建筑密切相关的。玛雅人无论在半身雕刻还是在浅浮雕方面都取得了重要的成就。每20年树立的石碑一般都有浮雕装饰,有时整块石碑雕琢成人的形象。许多浮雕表现出复杂的场面,富有表现力和现实主义感。玛雅绘画中对人物的形象刻画很成功,人物有各种各样的姿态,栩栩如生。这些绘画既有装饰作用,又有宗教和历史的丰富内容。玛雅人一般采用壁画形式。此外,陶器和金属圆盘上也有绚丽的画面。

据新近的研究,随着宗教的发展,到公元之初玛雅人已有了图画文字。最早的铭文见诸公元 4 世纪的石碑上。这些图画文字只有祭司才能识别和运用。除了古城废墟中的许多石碑铭文之外,还保存下来三本玛雅古抄本,主要涉及历法内容,这就是《德累斯顿古抄本》、《马德里古抄本》和《巴黎古抄本》。它们因在欧洲三个地方被人发现,所以分别以欧洲三个地名命名。这些古抄本可能是在西班牙征服美洲时由僧侣或士兵带回欧洲的。它们都是用长榕树皮带制成的:先被压平,并浸透了树脂,然后涂上一层熟石灰。就在这种皮条上描绘了图画文字、数字、众神和动物形象,所用颜色一般是黑、黄、绿、蓝和肉色。其中《德累斯顿古抄本》最为珍贵,从 1735 年起就收藏于德累斯顿图书馆。其长 3.5 米,折为 78 页,主要是一篇天文学论著,但是也含有许多预卜和宗教仪式的陈述。现代学者由此破译了玛雅历法的内在结构。保存在马德里国家图书馆的《马德里古抄本》,长 7.15 米,折为 112 页,基本上是一本预言集,作为占卜祭司的备忘录。而属于巴黎国立图书馆的《巴黎古抄本》已残缺不全,仅 1.45 米,折为 22 页,涉及"卡通"众神及其十一个连贯仪式的内容。这些古抄本的图画文字同佩腾及其邻近地区石碑上的图画文字是一致的,也与 16 世纪首先闯入尤卡坦的西班牙神父德兰达的著作中所描绘的文字相一致。由于这些图画文字的一致性,现代学者推断出了南部玛雅人和尤卡坦半岛玛雅人之间文化上的密切关系。

金塔纳罗奥的空利切太阳神怪面塑像

在科学方面,与宗教密切相关的历法和数学取得了巨大的成就。玛雅历法产生于纪元之前。其历法把一年分为 13 个月,每月 20 天,一年为 260 天,每天都有自己的名称。此外,玛雅人还制定了太阳历,其时间的推算要比现今世界通用的格雷戈里历准确。目前天文学测算的太阳历年

第一章 ● 墨西哥人的起源及其早期文明的形成与发展

为365.242 2平太阳日,格雷戈里历年平均长为365.25日,而玛雅太阳历年平均长为365.242 0日。按照该历法,玛雅一年的计算是从冬季太阳的位置开始的:一年为18个月,每月20天,外加5天,共365天。每个月的特有名称主要表示不同的农事活动。玛雅人的年代记法是比较古老的循环计算法(4年一小轮,52年一大轮)与比较近期的纪元计算法的一种结合。他们有自己的纪元,开始于一个神话的年代(可能是最后一次洪水末期),相当于公元前3113年。玛雅人一方面指出从这个开始日期起所经历的天数,在末尾还要加上按循环计算法推算出来的一个日期。他们还可以推算出日食的时间,知道月亮和行星运行的周期。

与计算年代和记载日期密切相关,玛雅人在数学方面取得了显著的成就。他们通过手指和脚趾的并用来进行计算,因此采用了二十进位计算法。玛雅人在世界上最早使用"零"这个概念,他们用贝壳的模拟符号作为"零"的符号。玛雅人的基本记数符号有三个:·一点表示一,——一横表示五,⬭一个椭圆形符号表示零,或另一个数增加20倍。用这三个符号可写出任何数字,如:⸚表示6,⸛表示19,⬭表示1×20=20。但是为了推算时间,玛雅人又灵活地调整了二十进位法,如在⬭下面加上⬭就不是1×20×20=400,而是1×20×18=360。这一运算程序看来与他们计算一年365天太阳历年有密切关系。

尤卡坦的乌斯马尔省政府宫的假拱门

为了保存和传播知识,玛雅人已设有专门的学校,供祭司和贵族子弟学习。青年的教育掌握在祭司阶层手中。青年们主要学习祭司的占星术,也就是学会预言未来的本领。占星术包括一部分有用的知识,如气象学、天文学、数学等知识,因为作为祭司不仅需要预言个人命运、出征成败等,还需要预言下雨、旱情和各种天文现象。此外,还要学习历史、神话和宗教仪式。

墨西卡(阿兹特克)文化

中部美洲第三大时期文明的核心是在墨西哥谷地,公元15世纪到16世纪初在所述地区形成并发展为中部墨西哥一种最强大的土著文化——墨西卡(阿兹特克)文化,它是在不断吸收各种先进的文化成分的基础上成长起来的。在西班牙征服之前,墨西卡人通过近百年的军事扩张,统治了墨西哥中南部的广大地区,形成了有讲多种语言的众多民族聚集居住的酋长国,其中包括有在现今的普埃布拉州和韦拉克鲁斯州的托托纳卡人和瓦斯特克人,以及瓦哈卡州的米斯特卡人和萨波特克人,他们都以不同方式屈服于墨西卡人。

墨西卡文化的形成和发展进程大致可划分为三个阶段:第一,约从公元9至13世纪初,墨西卡人祖先由北向南迁移,后定居在墨西哥谷地。第二,约从14世纪初至15世纪初,墨西卡人建立了特诺奇蒂特兰,并不断增强自己的经济和军事实力。第三,15世纪初至16世纪初,连续对外进行军事扩张,最终成为墨西哥中南部最强大的酋长国。

第一阶段是墨西卡文化的孕育时期。墨西卡人声称阿兹特兰—奇科莫斯托克是他们的发祥地。实际上,他们的祖先原属于墨西哥北部的原始游牧部落集团之一,统称为"契契梅克人",约从公元9世纪开始,他们缓慢地由北向南迁移,其间不断接受其他印第安人部落文化的影响,而在13世纪初定居在墨西哥谷地。关于墨西卡人的起源地有不少说法,其中之一认为,他们的起源地叫做"阿兹特兰"或"鹭之地",由这一地名产生了"阿兹特克"的名称,因此墨西卡人也称阿兹特克人。据说,阿兹特兰位于墨西卡尔蒂坦岛,该岛坐落在今墨西哥的纳亚里特海岸的滨海湖内,至今岛上还有个地方叫阿兹特兰。在墨西卡人迁出神秘的阿兹特兰之前很久,他们一直过着游牧生活。但是按照另一种说法,墨西卡人起源于名叫奇科莫斯托克的地方,其意为"七洞穴"或"母体",位于库鲁阿坎。经考证,该地区确定在今墨西哥的瓜纳华托州的尤里里亚附近。实际上,阿兹特克人来自今瓜纳华托州的一个地方,它位于萨拉曼卡、塞拉亚、萨尔瓦铁拉和尤里里亚之间的四边形地区内。其南迁的原因,目前尚未搞清。据推测,古代美洲土著居民一般都有南迁的倾向,其目的是为了寻找有更好的食物和气候条件的居住地。

第一章 ● 墨西哥人的起源及其早期文明的形成与发展

墨西卡人由北向南迁移有个漫长的过程,同时沿途不断接触和吸收其他较先进的印第安文化,为其以后的发展准备了物质和精神条件。他们曾在特纳尤卡居住过一段时期,同那里的奥托米人接触,学习农业技艺;后于1230年在特斯科科湖岸边定居下来。在一个历史时期,由于墨西卡地方的两支部落侵入其领土,因此墨西卡人接受了前者带来的特斯卡特利波卡神的崇拜、图画文字和一系列重要的知识的影响。上述的入侵者变革了契契梅克人的生活方式,从而把特斯科科变为一种新文化的摇篮。

墨西卡人最初在特斯科科湖岸边定居时,受到谷地其他部落的轻视和剥削。到1299年或1323年,他们占据了具有战略价值的查普尔特佩克山,并继续吸收邻近部落居民的文化,学会了先进的农业技艺,如"奇南帕"(水上园地)技艺,创造出了古抄本或图画文字书、历法、周期性节日,甚至十分粗糙的石头建筑。很明显,在这一时期墨西卡人已从游牧生活逐渐过渡到定居和从事农耕活动,并通过学习和吸收其他部落的文化成分来创造自己的独特文化。

第二阶段是墨西卡文化的形成时期。在这一阶段,墨西卡人以特诺奇蒂特兰为基地,着重增强自己的经济和军事实力。其部落首领、太阳神和战神威济洛波齐特利曾预言:雄鹰叼着一条长蛇站在仙人掌上的地方,就是墨西卡人的永久定居地。按照神的预言,1325年他们在特斯科科湖的小岛上建起了特诺奇蒂特兰,即今墨西哥城的前身。现今墨西哥的国旗、国徽和货币上的图案都绘有雄鹰叼着一条蛇屹立在仙人掌上。这里原是一片潮湿的沼泽地,缺乏资源,但是比较安全,

1519年的特诺奇蒂特兰(即今墨西哥城)

其建筑物都建在桩基上。长时期墨西卡人都谨慎地避免同邻近的部落作战,以保存自己的实力。由此,他们开始走上强盛的道路。

到14世纪末,特帕内克部落一直统治着墨西哥谷地,其中心是阿茨卡波察尔科城。为了推翻特帕内克的统治,特诺奇蒂特兰、特斯科科和特拉科潘在1434年结成一个联盟。参加该联盟的每个部落都有平等权利,一切共同行动都由三个部落的酋长开会决定。根据每个部落在同特帕内克人作战时所提供兵力的多少,决定其取得战利品的份额。他们一般把战利品分成五份,墨西卡人和特斯科科人各得两份,特拉科潘人得一份。

阿兹特克贵族参拜蒙特苏马的队伍

在摧毁阿茨卡波察尔科城之后,三部落联盟成为墨西哥谷地的最强大力量。墨西卡人在胜利后获得了特斯科科湖岸的大片土地,为其以后向外扩张建立了巩固的基地。他们所得的土地都赏给最出色的战士,而战败者沦为奴隶。由此,墨西卡部落中形成了人数众多的富有显贵阶层,他们为掠夺更多的财富而热衷于对外征战。

在这一时期,墨西卡人进一步发展"奇南帕"的农业经济。实际上,为了解决缺少土地的问题,他们学会采用"奇南帕"种植方法,就是建造水上园地。所谓的"奇南帕"是用湖边沼泽淤泥堆积在木排上而形成的人工小岛,一些木桩生根扎入湖底地内,这样木排就固定在水面上。而水在木排缝隙间流动,形成了天然水渠。在播种前只要添加一些新鲜淤泥,就可以

第一章 ● 墨西哥人的起源及其早期文明的形成与发展

保持泥土的肥力。墨西卡人和谷地的其他居民就用这种方法把雨季淹没而无法耕种的沼泽地变为肥沃的良田,以增加农业生产。在墨西哥谷地,"奇南帕"农业一直传承至今。

第三阶段是墨西卡文化的发展时期。在这一阶段墨西卡人连续不断地对外进行军事征服,将其影响扩张到今墨西哥的中南部,从而建立了强大的酋长国。到最高酋长伊茨夸特尔(1428—1440年)时期,墨西卡人进入早期的阶级社会。这个酋长命令建造连接湖岛和陆地的路堤,创立并调整世俗和宗教制度,且开始征服和统治邻近的其他部落。他死后,其侄蒙特苏马一世(外号叫伊卢卡米纳)继位,成为另一个伟大的统治者。在内部,他巩固了特诺奇蒂特兰的地位,还注意城市规划,提出修筑一条水道,把查普尔特佩克山冈的泉水引入城市中心,这样该城有了可靠的饮水供应。此外,为了预防雨季湖水泛滥,在城东面又修筑了高大的堤坝。对外,他进一步扩张,征服了瓦哈卡和海湾地区,并奴役托托纳克人,将其肥沃的土地变成墨西卡人的未来粮仓。实际上,1450—1454年,墨西哥谷地的持续干旱是这次征服的重要原因之一。

墨西卡人经过近百年的连续不断的对外征战,到16世纪初统治了墨西哥中南部的广大地区,建立了以特诺奇蒂特兰城为中心的酋长国。虽然墨西卡人原是北方落后的游牧民族,但是他们南迁到墨西哥谷地后不仅吸收了其他土著部落的文化传统,而且也创造了新的文化成果,这就使得墨西卡人在较短的时期内取得明显的政治、经济和军事优势,迅速征服了其他部落,在广大的地域建立了政治和军事霸权。

实际上,到墨西卡文化发展时期,其社会已有系统的政治等级制度。其中最基本的单位是"卡尔普利",主要职能是管理土地;它有一个咨询机构:元老议事会,其组成的人数视居民的多少而定。"卡尔普利"最重要的行政机构叫做"卡尔波莱克",主要负责分配居民的土地和食物。与之直接联系的是"卡尔皮斯克",就是贡赋的收取人。若干"卡尔普利"组成一个部落。称作"特拉托拉尼"(发言人)的20个氏族代表拥有立法权,他们经常在特拉洛霍坎开会,以商讨民事和犯罪问题,批准各首领的任命和决定军事行动。后来只是在特别重要的情况下,才召开这种议事会,其成员减为四人。

墨西卡社会原有两个最高统治者:"特拉卡特库特利",为军事首领和祭司;"西华夸特尔",主要负责召集会议,分配贡赋,维持社会秩序,监督法律和宗教礼仪的执行。但是，到15世纪末，后者已从属于前者，权力日益集中到一个最高统治者手中，最终蒙特苏马二世成为独揽大权的酋长国元首。"特拉卡特库特利"形式上是由议事会选举的，但是实际上该职位是由一个家庭成员世袭的，因为议事会的成员都是这个最高统治者的亲属。

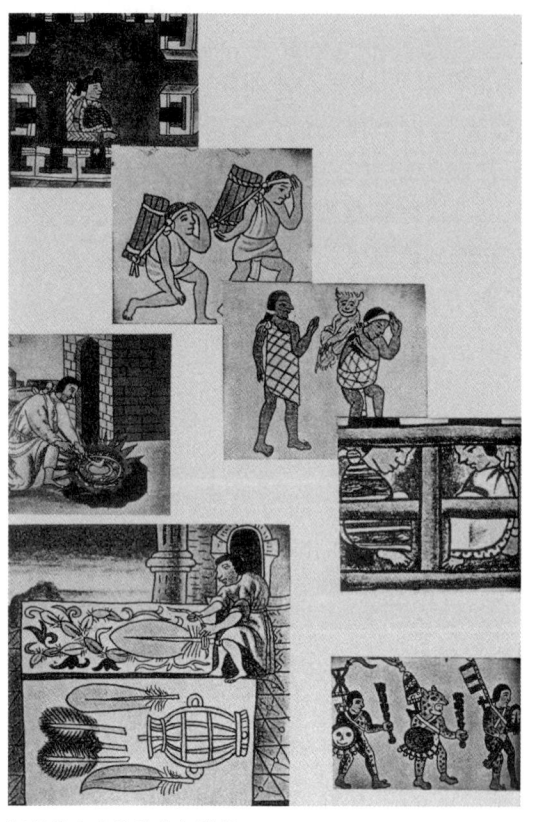

阿兹特克人的社会与服装

同世俗首领相联系的祭司在墨西卡社会中占有重要的地位，因为宗教已渗透到人们日常生活的各个方面，每个人都须参加繁文缛节的礼仪，社会地位的提高在很大程度上依靠宗教服从。但是，世俗首领掌握了礼仪的领导权，所以很难把祭司同世俗权威完全分开，实际上他们是相互依赖的。

武士是个特权阶层，他们一般拥有大量的土地和财富。抓住作牺牲的俘虏是武士最大的光荣，制服敌人并把他们拽到后方，就会得到最高的荣誉。按照抓到战俘的人数，各种武士穿着不同的服饰。最幸运的武士可加入鹰武士队或虎武士队，可参加特别的舞会或礼仪。有时，建立功勋的武士可得到土地的赏赐，或经常获得氏族贡赋的最大份额。因此，武士们有稳定的社会地位，在氏族议事会中拥有最大的影响，甚至可成为该机构的成员。

在墨西卡社会经济中，商人发挥重要的作用。通过对外征战开始同其他地方集团接触，宗教以及其他方面物质需求的增加，这些因素促使商人阶层的形成。商人的足迹遍及中部美洲各地，他们通过商品交换建立了广大的经济联系网。他们从墨西哥谷地向外贩运黑曜石、布匹和绳索，而在热带地区换取贝壳、羽毛、玉石、可可和其他产品。后来商人还发挥

第一章 ● 墨西哥人的起源及其早期文明的形成与发展

政治和军事作用,如刺探将要征服地区的情报,报告有关部落应缴贡赋的份额。由此可见,商人阶层地位重要且特殊。因此,他们可供奉自己的神灵,并居住在特殊的宅区。

由于初级技术的发展,各种新的职业吸引了原先从事简单农业的人。这样,部分农耕者脱离了农业,而成为制陶工、首饰匠、纺织工和羽毛制品工匠。墨西卡社会的巨大复杂性要求更细的分工,所以又出现了雕刻匠、泥水匠和画匠。这些手工艺者的出现,标志着墨西哥谷地的社会经济已取得了显著的进展。

在墨西卡社会中,奴隶阶级处于社会的最低层,他们包括自愿为奴者、战俘、沦为奴隶的罪犯和被父母卖为奴隶者。原先,战俘一般用作牺牲,后随着经济的发展,一些有技艺的战俘作为家庭仆役或被迫在村社劳动。罪犯奴隶,是因各种罪行而丧失自由民地位的人,包括包庇叛变者、叛徒的家属、抢劫自由民者、私自出卖他人财产者、偷窃他人财物而10年未还者等。罪犯奴隶是主人的私有财产,一般被当作被窃物品的抵偿者。

此外,一些穷人也沦为奴隶,因为他们缺少土地和需要食物,或因懒惰而无法维持生计,或因赌博和卖淫。同时还出现了债务奴隶,但是如果奴隶死于劳役或主人非法占有其部分财产,那么就算已偿还了债务。为了避免发生此类情况,奴隶主就让奴隶住在自己的家里,只作个人的仆役。除了战俘之外,奴隶制度并不特别严厉:奴隶可以成家,有自己的财产,甚至可有自己的奴隶。奴隶的子女可成为自由民。最重要的限制是,奴隶丧失选举部落领导者的权利。一般说来,大批奴隶被驱使建造巨大的宗教建筑。

确实,由于在墨西卡社会中平民被严密地组织起来,统治集团才有可能利用大量劳动力修建大型工程。比如,墨西卡人在城市规划和建筑方面取得了杰出的成就。经过两个世纪的不断努力,其首都特诺奇蒂特兰成为古代美洲最大的城市。到1519年其面积达到13平方公里,人口约10万。建在特斯科科湖岛上的这座城市有三条大路与陆地相通。同时各条运河便于独木舟的划行。墨西卡人还修筑了一个水库,同时设法阻止咸水湖水污染饮用水。在这座城市拥有巨大的建筑群。主要的金字塔式的大庙高达57米。墨西卡人在蓝庙里供奉雨神特拉洛克,而红庙供奉战神威济洛波奇特利。但是,16世纪初这个宗教仪式中心被西班牙人毁坏,在其废墟上建起了天主教堂和其他建筑物。

墨西卡人还留下一块巨大的历法石,或称太阳历石,是一块重24吨、直径3.6米的独石,1760年在墨西哥城中心被发掘,是墨西卡人最杰出的雕刻品。其中央雕有太阳神托纳乌蒂的形象,他伸出的舌头像把黑曜石刀,表示要喝人血和吃人心。其周围有四个图案,代表墨西卡人所认识的史前时代。其宗教历法通过图形表示出来:一年有18个月,每月20天,共360天。但是,墨西卡人还沿用托尔蒂克人历法:一年18个月,每月20天,另加5天,共365天。每52年为一轮。每轮之末,举行盛大的"新火"仪式予以庆祝。为此,祭司对金星和其他行星的运动进行持续不断的观察。

从其巨型历法石上,我们可以解读墨西卡人关于超自然力和宇宙之间关系的观念,他们认为世界已经历过四或五个时期或太阳时期。据其观点,第一时期,主神是"特斯卡特利波卡",他最终变为太阳,同时美洲虎开始吃人。第二时期,"盖扎尔科亚特"是主神,末期飓风破坏了世界,人变成猴。第三时期,以火雨告终,但雨神特拉洛克把光明带给世界。第四时期,水之女神查尔丘特利奎主宰世界,大水泛滥,人变成鱼。现代世界由太阳神托纳乌蒂统治,但它将为地震所毁灭。由此推测,洪水、火山喷发和地震所产生的巨大灾难曾危害了古代墨西哥的各个原始村社。

在特诺奇蒂特兰城,雨神特拉洛克和战神威济洛波齐特利一起被供奉在大庙里。前者是特奥蒂瓦坎时代的一位古老的神灵。他的眼罩、犬齿和生长在嘴唇上的涡状物使之形象奇特,因此他成为墨西哥谷地中人们最熟悉的神灵。由于他管制雨水,所以人们认为他对人类的生存极其

直径3.6米的太阳历石,表现世界的历史

第一章 ●墨西哥人的起源及其早期文明的形成与发展

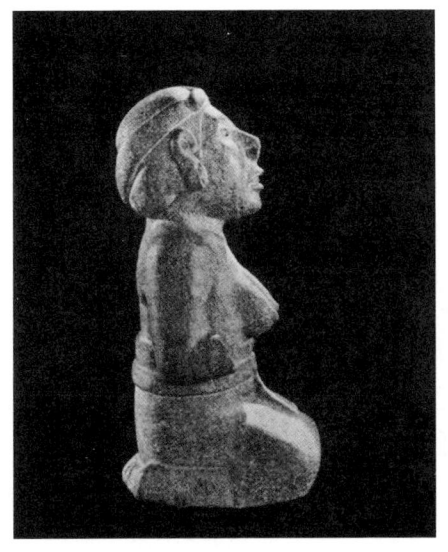
塑造为年轻女子形象的玉米女神

一米多高的巨头——战神姐妹

重要。而战神威济洛波齐特利的预言则指引墨西卡人定居在墨西哥谷地,也是鹰武士的保护神。除此之外,盖扎尔科亚特——长羽毛的蛇神,又是文明之神和金星,他在各地也都受到广泛的崇拜。他在不同的地方成为不同的神灵,同时其相应的职能和外貌也不同。特奥蒂瓦坎和契琴伊察两地的雕刻表明,他是受人普遍崇拜的长羽毛的蛇神。而有关的地方编年史提到,在纳瓦语和玛雅语中,"盖扎尔科亚特"和"库库尔坎"两个名称具有同样的意义。此外,墨西卡的编年史和神话都提到,盖扎尔科亚特曾是教化托尔蒂克人的伟大国王,但是他启程去了东方,有朝一日会返回故土。当西班牙人从东方——墨西哥湾侵入这片美洲土地时,所述的土著神话对印第安人的斗志起到了瓦解作用。

四、征服前夕的墨西哥社会

以上各节按照所能收集到的考古文物资料,概述了中部美洲文明的发展进程,同时也描述了由开化民族所居住的文化区域情况。可以说,到征服前夕,墨西卡文化是中部美洲文明的一种综合体。墨西哥—特诺奇蒂特兰城的墨西卡人已变为墨西哥中南部的政治统治者。这样,他们所组织的政治制度和接受其影响的其他居民的文化,就构成了西班牙征服前夕的历史近景。这一切不仅勾画出了征服战争的背景,而且也诠释了初期西班牙殖民政权为何采用土著人的某些社会制度。

西班牙人来到时,在构成现今墨西哥的领土上存在着巨大的社会与文化的多样性。各地区的基本差异就是中部美洲已开化的各印第安民族与墨西哥北部及埃尔巴希奥大部分地区的印第安狩猎者—采集者之间的不同社会结构和文明发展水平。征服之后不久印第安采集者趋于灭绝,但是西班牙的扩张矛头仍将指向更遥远的北方地区。由于上述原因,未开化的土著人对于现代墨西哥民族的构成很少或没有发挥作用,在他们所占据的地区人口密度很低,这是决定以后所构成的社会类型的一个重要因素,那里将发展新的经济资源,如采矿业和畜牧业。中部美洲地区是吸引西班牙征服和开拓殖民地的要素,因此那里的土著居民构成了墨西哥民族结构中土著的基本成分。经过漫长的发展进程,在这个地区土著社会生存了下来,他们从征服之前约两千年就已普遍达到文明水平,也就是说,其文化类型特点是:密集耕作的生产体系和发达的手工艺,有能力维持众多的人口,居民中存在劳动分工,出现城市和农村之间的差别,主要从事物质财富生产的劳动集团与从事分配和统治的少数人集团之间的差别;一个能生产文化精品的社会,诸如维持记录登记的制度(虽然还没有字母文字),高度精确的历法,宏大的建筑物,技术精湛的艺术品和需要专业祭司参与的一种复杂的宗教。这一文明包括了帕努科河与莱尔马河以南的墨西哥中部地区,甚至延伸到萨尔瓦多境内。在这个地区有中部美洲传统的最高文化精品,如大型建筑、石雕和图画古抄本。向西北直到锡那罗亚,向东南直到尼加拉瓜和尼科亚半岛,都有中部美洲传统的延伸,但都只是简单的成分,并没包含墨西哥中部地区的文化精品和社会的复杂性。中部美洲文化的最简单成分也存在于中部地区内的某些飞地,及因其孤立、缺少生态潜力而没有构成文化发展中心的地方。它们是主要中心发展中处于边缘状态的一些印第安人的避难地;像米却肯的沿海地区或瓦哈卡的一些山地,它们至今仍然处在全国的主要社会文化变革的边缘。

中部美洲的特点是土著居民的语言极其多样,且在狭小的地理空间分立为一个个社会政治单位,至今他们仍然保持着同样的特点。其语言的复杂性是世界上最突出的:不仅存在大量不同的语言,而且分属于十分

第一章 ● 墨西哥人的起源及其早期文明的形成与发展

不同的语系。最重要的语言之一是尤托阿兹特克语,包括了墨西哥西部的数种语言和阿兹特克语,还有在中美洲讲的多种方言。这个语系还包括了远在美国西南部的几个印第安群体的语言,而其他几个语系包括了只在中部美洲居民中交流的语言。讲瓦斯特科语的尤卡坦半岛玛雅人和讲恰帕斯高地及危地马拉各种语言的玛雅人,组成了玛雅语系成员,同时他们的语言与托托纳科语、米塞语、地峡地区的索克语相联系,这些语言组成了所谓的大玛雅语的最大语言主干。在墨西哥中部操马萨瓦语的奥托米人和马特拉琴卡人,组成一个语系集团,语言学家们将它命名为奥托曼克语集团。除此之外,还有许多语言在此无法一一列举。除了语言的多样性之外,这些印第安人的基本政治单位的范围有限。最大范围的政治单位都很少集权化,它们所包容的居民都有不同的文化和语言的亲缘关系。然而,通过军事联盟、贸易、宗教朝拜,甚至通过打仗的方式确立的不同政治单位之间存在复杂的关系网,它们把中部美洲的大部分地区变成为一种有效的社会体系。

在这种巨大的地区社会文化多样性之内,在征服时代,它们每一个单位所达到的人口、文化和政治发展水平都与不同地区的生态潜力之间存在一种明显的关系。尤卡坦半岛和佩腾地区采用暗沟耕作的地区,在过去时代曾兴盛过玛雅文明,而到征服前夕其人口和文化却趋于衰退。尤卡坦半岛已分裂成几个独立的领地,它们相互之间战争不断,那里已不再有任何新的创造成果同过去时代不朽的建筑相媲美。无疑,中部美洲的文化、政治和军事中心是在墨西哥高原的中央谷地,这一定位明显是同更好的自然资源联系在一起的:基本上是有灌溉的长期型耕作地区,特别是在墨西哥谷地采用梯田和"水上园地"种植技艺;同时还有莫雷洛斯和乔卢拉的灌溉农业区。这里既是城市集中的地区,也是各部落联盟组成墨西卡(阿兹特克)酋长国的政治和军事总部所在地。因此,征服前夕墨西哥社会的性质及其地理分布构成了可以解释西班牙征服和开拓殖民地进程的基本背景。

16世纪的西班牙,同海外扩张初期的其他欧洲国家一样,并不是去寻找处女地来安置过剩的人口,而是要寻找可以与之贸易的富饶之国,并且如有可能,就进行掠夺和征服。同样很早就被发现的墨西哥北部土著人口稀少的地区,如加利福尼亚,并没有吸引任何西班牙征服者。像中部美洲,不久之后的秘鲁这些地区,由于拥有众多的已开化的土著居民,所以成为西班牙最早征服的目标,后来变成为在美洲的西班牙殖民地的中心。在西班牙人来到之前,中部美洲居民已积累了可观的财富,特别是其首领手中的财宝和贵金属、贵族手中的珍宝、庙宇中的崇拜和装饰物品,这一切后来都成为征服战争中西班牙人直接占有的目标。中部美洲居民人数众多,且有一定水平的生产技艺,在被征服后,通过利用土著文明中同样的生产体制和赋税,他们可以成为西班牙人的剥削对象。首先借助多种强迫劳动制度,而后通过自由雇工制,土著居民被迫变成西班牙人经济生产单位的必要劳动力。与此同时,被征服的印第安人大批地皈依了天主教会,这一事实激励了西班牙人的传教活动,从而使得征服事业神圣化。

　　征服之前土著政治组织的某些特点使得征服战争进展十分顺利。土著居民生活在等级社会中,同时在统治者与被统治者之间存在极为明显的差别;土著农耕者已习惯于服从和缴税,事实上,征服前的政治单位已形成了有效控制的行政管理组织。此外,中部美洲在政治上没有统一,存在渐进式承认外来集团统治的大量单位。在土著首领之间征服掠夺和征服战争已是司空见惯的现象,多次发生的此类战争使得一部分土著人陷于外来统治,被迫缴纳贡税,以及接受不同的宗教信仰。西班牙征服者及时地利用了这种形势。另一方面,土著人的政治分裂使得西班牙人找到了盟友,并利用其来削弱墨西卡人的实力,因为一旦控制了他们的政治中心,地方酋长和农民群众就顺从地接受新的统治者。征服一结束,西班牙人就试图恢复被墨西卡人征服的另一些土著首领的权力,并成功地利用了土著议事会,以便通过印第安酋长本身建立一种间接统治的制度。一旦建立了西班牙的统治,中部美洲地区的物质资源便成为欧洲人向墨西哥北部和埃尔巴希奥的最原始地区扩张的手段。虽然这些地区土著人并没有能够吸引西班牙征服者的财富,但是后者很快发现了墨西哥的矿藏和畜牧业的潜力。对于西班牙人创建的新企业和城市来说,墨西哥中部已开化的居民可以变成矿山和农村的最重要劳动力。曾经帮助西班牙人征服特诺奇蒂特兰的特拉斯卡尔特卡人,以及塔拉斯科人、奥托米人不久构成了开拓人烟稀少地区的主力军。

　　可以说,16世纪的中部美洲是欧洲人易于征服的一个地区。它的充分开化的状况能够吸引西班牙人的扩张,但是在军事技术方面是相当落后的,其政治组织也不可能在相同时代像北非和东亚各地人民那样挫败

第一章 墨西哥人的起源及其早期文明的形成与发展

伊比利亚人的征服和开拓殖民地的意图。然而,中部美洲的居民及其文化是墨西哥民族构成进程中的一个基本先例和成分。在整个殖民时代土著人口,特别是在农村占居民的大多数,因此中部美洲文化在印欧混血种人和土生白人中留下了痕迹。

作者点评:

在地理大发现之前,印第安人通过漫长的历史演变进程,在美洲各地创造了极其多样、差异极大的文化形态,为世界文化宝库增添了可贵的物质和精神财富。

直到15世纪末和16世纪初,在整个美洲,印第安文化几乎与其他大陆的文化毫无联系和交往,处于完全隔绝的状态。因此,古代印第安文化的最基本特点之一便是单质演进,也就是说,每个印第安群体在独特的自然环境中,完全依靠自身的生存和创造能力以及共同的生活方式,发展成为一个个单独的文化实体,它们基本上没有受到外来文化因素的影响或干扰。然而,在古代美洲文化最发达的地区:中部美洲和南美洲安第斯山地区,各民族之间已出现某些文化碰撞、交流与融合的现象。

然而,到16世纪初,与已进入资本主义社会初级阶段的西欧文明相比,美洲最发达的文明核心玛雅、墨西卡(阿兹特克)和南美洲的印加"帝国"在物质和精神创造方面都表现出根本的落后性,特别是在物质文化方面存在致命的弱点:所述的美洲文明核心仅跨入铜器时代,那里的印第安人虽然能用青铜制成工具,但是不懂得制造和利用铁器;他们也不会制造和使用车轮,同时没有用来帮助人们干活的家畜,如牛、马、骡、驴等。由于这种根本的落后性,入侵的西班牙人可以在短时期内征服美洲广大地区,摧毁其主要的文明核心。

第二章 西班牙对墨西哥的征服与拓殖

一、墨西卡—特诺奇蒂特兰的征服

率领少数西班牙人入侵墨西哥的首领是著名的征服者埃尔南·科尔特斯(1485—1547)。他出生于西班牙的巴达霍斯,曾在萨拉曼卡学习法律。1504 年到 1511 年,他一直在加勒比海的圣多明各岛上效力于都督奥万多;还曾随同迭戈·贝拉斯克斯征服古巴。1519 年 2 月,受古巴都督贝拉斯克斯的派遣,科尔特斯率领一支远征队:508 名士兵、110 名水手、16 匹马和若干门炮,搭乘 11 艘船只从古巴起航,前往墨西哥进行征服活动。此前,1517 年和 1518 年先后由弗朗西斯科·埃尔南德斯·德科尔多瓦和胡安·德格里哈尔瓦率领的探险队已经侦察了墨西哥的尤卡坦半岛的海岸,这两次探险的目的仅是探测和实物交易。而科尔特斯的远征队却是去真正征服墨西哥的。1519 年 4 月 22 日,其远征队在尤卡坦半岛附近的科苏梅尔岛上遇到了前支探险队迷路的一个西班牙人阿吉拉尔,此人在与印第安人共同生活期间学会了玛雅语。经过同土著人几次冲突之后,远征队继续沿着海岸行进。在坎佩切,科尔特斯不仅接受了土著人赠送的许多礼品,而且还得到了一名印第安女子玛林琴。这名女子讲的母语是纳瓦特尔语,同时因长期生活在尤卡坦地区,所以她还会讲玛雅语。这样,科尔特斯就掌握了最好的武器。由于玛林琴和阿吉拉尔能够连续把纳瓦特尔语译成玛雅语,再译成西班牙语,反之亦然,所以科尔特斯开始了解这片神秘的土地。

第二章 ◉ 西班牙对墨西哥的征服与拓殖

在沿海的一个地点,他决定建立一个基地:创建"基督受难十字架的富饶之镇"(即今韦拉克鲁斯)。科尔特斯接受了这片土地上最强大的"君主"蒙特苏马送来的礼物:两个有车轮般大小的巨型金银圆盘,上有日月雕刻。此外,还有金银珠宝、衣料和羽毛制品。伴随着礼品,还有一个要求:"科尔特斯,请离开,不要继续前进。"科尔特斯以炫示力量来回答印第安"君主"的使者,他让马匹奔驰,大炮轰鸣。使者回禀蒙特苏马说,新来者骑在巨鹿身上,使得两者合二为一,看上去就像一个骑手或一个坐骑。但是,使者还特别强调说,新来者掌握了火焰。科尔特斯并没有止步,他开始向内地进军。借助于两名翻译,他察觉到了土著居民之间存在严重的敌对。不久,他学会了如何利用土著人之间的对立。远征队来到特拉斯卡拉。在打败了西科坦卡特尔之后,与其居民建立了同盟。蒙特苏马仍然坚持其先前的要求。但是,科尔特斯决定继续向特诺奇蒂特兰挺进。他借口得到可能有埋伏的情报,而选择了经过乔卢拉的道路,以提前惩戒土著人。在乔卢拉的屠杀之后,科尔特斯继续向墨西哥城进军。1519年11月12日,在城门口他受到蒙特苏马的接待,其所有人员都驻扎在宫殿里。印第安"君主"继续用礼品来填满西班牙人的欲壑,并叫人向他们展示贡品清单和地图。但是,科尔特斯利用谋略,把印第安"君主"软禁起来,并且喧宾夺主,迫使他承认西班牙国王的统治权。

在短短的半年时间科尔特斯就在墨西哥谷地取得如此大的进展,其原因之一是他有非凡的才干:审时度势,出奇制胜。从表面上看,墨西卡联盟有一个强有力的主宰,并且拥有有组织的统治机构。然而,正是这种来自特诺奇蒂特兰的中央控制和组织程度为科尔特斯提供了机会,并为他迅速利用。实际上,墨西卡人对墨西哥中南部其他民族的统治:索取大量贡物和不断要求供应人祭,引起后者的强

科尔特斯接待最忠于征服者的印第安集团:特拉斯卡拉显贵

烈仇恨,这使得科尔特斯可以宣称,他向内地进军是为了拯救被征服的部落。这样,他借助与特拉斯卡拉人的同盟,借道较友好的地区,而向特诺奇蒂特兰进军,同时也得到反对墨西卡统治集团的印第安人武装的支援。

蒙特苏马容许科尔特斯进入特诺奇蒂特兰城的原因是一个待解之谜。有的历史学家认为,墨西卡"君主"在不能确定新来者的来历及其使命的情况下接待西班牙人,这给他带来引狼入室的后果。但是,按照另一种说法,蒙特苏马的行动受到墨西卡神话传说的影响,有可能这个君主认为科尔特斯就是传说中托尔蒂克人的国王盖扎尔科亚特,从东方来要求收复他的国土。还有一种可能性,按照使节享受豁免权的惯例,墨西卡人接待了西班牙人。此外,另有一种可能性:如有必要,将科尔特斯诱入内地,就能较容易地消灭他。

蒙特苏马及其显贵出迎科尔特斯

正当在特诺奇蒂特兰发生这些事件之时,留守在韦拉克鲁斯的科尔特斯后卫队的一名信使前来报告,由潘菲洛·德纳瓦埃斯率领的一支西班牙远征队已抵达,受命前来逮捕科尔特斯,并将他押回古巴。1520年5月,科尔特斯决定对抗这支远征队。然而,此前他已有把握俘获蒙特苏马。在命令佩德罗·德阿尔瓦拉多守住特诺奇蒂特兰之后,科尔特斯便离开了这座城市。他突袭并打败了纳瓦埃斯,且将后者的部下招安到他的麾下。但是,正当此时,他又得到了特诺奇蒂特兰的墨西卡人发动起义的消息。

5月23日墨西卡人在广场举行节日庆典,阿尔瓦拉多乘机下令攻击,墨西卡人死伤无数。这一暴行引起墨西卡人的反抗。在所述的城内,墨西卡人在一位新首领夸特莫克的领导下,攻打阿尔瓦拉多。6月30日夜,赶回来的科尔特斯指挥西班牙人沿着城外的堤道撤退,但其部队已遭受惨重的损失,只有小部分西班牙人侥幸逃脱。据说科尔特斯突围后在

第二章 西班牙对墨西哥的征服与拓殖

一棵大树下痛哭。因此这次事件后来被称为"可悲之夜"。科尔特斯回到特拉斯卡拉之后,建造了一支船队,并以此赶走了特斯科科湖上的墨西卡人独木舟,使得特诺奇蒂特兰城的墨西卡人得不到粮食供应。

战败的西班牙人撤出后,特诺奇蒂特兰城遭受可怕的瘟疫侵袭。纳瓦埃斯远征队中的一个黑人得了天花病,城中传染病迅速蔓延。这样,墨西卡人因瘟疫而大量死亡。1521年8月,西班牙人开始发动进攻。虽然被围困的墨西卡人已饿得十分羸弱了,但他们还是顽强而勇敢地逐街逐屋进行战斗;他们没有屈服,直到其京城变为一片废墟,其神像被击倒,而夸特莫克本人最终被俘虏。

这些是事实的陈述,但是事实的背后隐藏着历史学家们想要发现并加以诠释的更复杂的进程。现在让我们沿着所述的事件线索,来探究其中深层次的内容。首先,科尔特斯为其征服的合法性而斗争。从西班牙征服者的视角看,当科尔特斯来到韦拉克鲁斯并建立"富饶之镇"时,就为他作为征服者的主要权威的合法性而迈出了必要的一步。在新大陆的发现和征服的整个进程中,不可能为远征提供经费的西班牙王室同个人签订了一系列协议书,借此容许他们自己提供资金和执行远征。同时保留了被发现土地的统治权和物质利益的1/5。反之,让执行征服的首领对新土地及其上的居民享有一系列的利益和权利。但拥有进入墨西哥领土的权利的人不是科尔特斯,而是古巴都督迭戈·贝拉斯克斯。这样,当科尔特斯建立一座城镇,不仅公开否定由贝拉斯克斯设定的其远征最初目的:只是侦察和实物交换,而且建立了将产生其权威的新基础。据研究,在西班牙古老的市政传统中,在创建一座城镇时,人们必须选举其代表和组成一个市议会。这样,科尔特斯的部下都变成为独特的当权者,而只承认西班牙

1521年5月26日征服者开始围困特诺奇蒂特兰,8月13日该城陷落

王室是其最高当局。按照所述的传统，由于科尔特斯本人创立了这个新的权威机构，所以他将得到征服新土地的权利。因此，科尔特斯认为，让王室承认这个市议会的新职能是十分重要的。由于这个原因，他对选中的市长的任命表达了新城居民的意愿。所以，他的第一个想法就是派遣一位诉讼代理人，以同朝廷进行直接沟通，而不再服从来自古巴的决定。科尔特斯懂得，如果得到国王的许可，那么贝拉斯克斯就不可能对他的征服活动要求任何权利。正因为这个利害关系，当他身在墨西哥—特诺奇蒂特兰，得知其老熟人潘菲洛·德纳瓦埃斯（他们曾一起战斗于征服古巴的战场上）带有逮捕令，已踏上韦拉克鲁斯的海岸之时，他就马上离开内地前往沿海新城镇。科尔特斯放弃了对墨西卡人的和平征服，而去迎战他所认为的主要敌人。这就清楚地表明，墨西哥的征服并不是一次没有内部冲突的、有组织的群体行动。

其次，从西班牙人来到之日起，土著贵族之间的分裂具有极大的重要性。当西班牙人已兵临墨西哥城门时，蒙特苏马召集其侄卡卡马及其弟奎特拉瓦克进行咨询，听取他们关于接待西班牙人的最适宜的方式之时，奎特拉瓦克坚持一些人的意见，认为无论如何不应接待西班牙人。卡卡马——西班牙历史学家将他描写为"有勇气有尊严的凶猛小青年"——坚持另一种意见，他辩解说，如果西班牙人已在城门口，那就应该像接待其他君王的使者那样接待他们。卡卡马认为，如果已在墨西哥城下的西班牙人想要打扰蒙特苏马，那么"就可以像勇敢的人们那样，惩罚他们的胆大妄为"。蒙特苏马接受了卡卡马的意见，而奎特拉瓦克发出最后的宣言："屈尊我们的神了，你们已不能进入你们所造的屋子了，有人从你们手中夺走王国，当你们想要补救时，连岁月都无法弥补损失了。"蒙特苏马看到其他许多贵族都表现出赞同奎特拉瓦克的态度时，偏偏命令后者去接待西班牙人，并让他们留宿于伊斯塔帕拉帕，以避免任何持异议者的公开表态。

同样，科亚纳科奇的兄弟伊斯特利索奇特与卡卡马之间因特斯科科王国问题，而早有敌对情绪，现在因西班牙人的到来而矛盾尖锐化。伊斯特利索奇特早就对其兄弟怀有敌对态度，以至"在边界上驻有警备人员"，当西班牙人到来时，他决定公开同科尔特斯结盟。按照《拉米雷斯古抄本》中收集到的古文篇章，伊斯特利索奇特邀请西班牙人访问特斯科科。据传说，他为了同科尔特斯结下友谊，接受了天主教洗礼，取教名为"埃尔

第二章 ● 西班牙对墨西哥的征服与拓殖

南多",而其母亲约科琴得悉这一消息时说:"他已丧失理智了,让一批基督教徒大胡子这么快地战胜了。"科尔特斯给西班牙国王写信说,堂·埃尔南多·伊斯特利索奇特是"十分爱西班牙人的,并知晓陛下优先授予他采邑权利的恩惠"。另一方面,夸特莫克最终将伊斯特利索奇特斥责为叛徒。正是由于后者的合作,西班牙人才认出和抓住特拉科潘王国的继承者特拉莱潘克察尔,蒙特苏马之子特拉卡威潘琴和奎特拉瓦克之妻帕潘琴,他们都下决心保卫墨西卡人。

土著统治者家族中这种分裂可以帮助解释以下问题,为什么蒙特苏马派遣使者在火山脚下会见科尔特斯,而该使者企图废黜君主,以避免西班牙人进军墨西哥城。墨西卡贵族中的这些分歧也可以解释蒙特苏马的某些摇摆态度,但是一般人将此只归咎于他的性格。其游疑和摇摆反映了一种内部斗争,一个统治集团的瓦解。关于应对西班牙人采取何种最适宜的政策,这个集团始终没有达成一致意见。

正如奎特拉瓦克所说,许多墨西卡人认为,在墨西哥城西班牙人受到款待这一事实本身就意味着失败。当时人们已普遍怀疑这项应对西班牙人的政策是否明智。一部分土著贵族同其"君主"的决裂,很快反映在违抗其命令方面。由于西班牙人寄宿在蒙特苏马的宫殿中,君主就下令提供给养;但是,"受命的负责人不仅不予理会,而且很生气,不予尊重,不尽力,不服从"。然而,这种拒绝的态度只存在于部分贵族中,而另一些贵族承担了供应西班牙人的责任,"他们提供了所需要的一切,虽然由于害怕才提供的"。在西班牙人进行了大庙屠杀之后,又逮捕了特拉特洛尔科国王伊茨夸琴与蒙特苏马,试图压制墨西卡人的愤怒情绪。此时,土著民众表示不承认蒙特苏马的权威,他们对其"君主"表现出鄙夷的态度:"蒙特苏马这个卑劣者说的是什么话?我们已不是他的臣民了。"

土著贵族的团结破裂之时,由于战争本身进程的发展需要,在墨西卡人中产生了一个新的领导层,但在失败突然降临时它无法得到巩固。在城市围困的最后几天里,避难于特拉特洛尔科的下层民众完成了自卫的职责,"我们只剩下很少东西,我们只有看管好自己的房屋……"在墨西哥城被围困的最困难几天中,夸特莫克本人把阿威索特尔的徽章和指挥官的头衔授予"职业染匠"奥波奇琴,希望他把战神威济洛波奇特利的意旨付诸实践。

最后,当墨西卡人的政权断裂时,老的联盟也开始解体。老的盟友遗弃了特诺奇蒂特兰的同盟者,"以求保全自己,苟延残喘"。许多人害怕被西班牙人认作是墨西卡人的盟友,相反,墨西卡人想要把自己变成为其他地方的人。在墨西哥城围困结束之前,已有一些人开始与科尔特斯结盟。在阿卡奇南戈,夸特莫克去会见科尔特斯时,只有少数几个贵族陪同他,而特诺奇蒂特兰的首领特拉琴科在阿卡利安公开叛变,受洗礼后取基督教徒名字"胡安·贝拉斯克斯",在夸特莫克死后他被科尔特斯任命为墨西哥城领主。

在阿兹特克城市的废墟上重建新西班牙未来的首府

在征服后的几年间,围困墨西哥城时曾经帮助过西班牙人的土著人一直炫示自己,并借此向西班牙国王要求某种恩惠。比如,在1563年的一封信中索奇米尔科的酋长辩解他曾帮助过科尔特斯。当特诺奇蒂特兰还在被围困时,科尔特斯就已派遣一些指挥官去内地其他地区进行征服活动。1521年到1524年之间对古老的"墨西卡帝国"的征服基本结束。科尔特斯本人在夺取了墨西哥城之后,便马上赶往帕努科,以同加拉伊达成关于这个地区的统治权的协议。

在第一批被征服的地区中还有科亚察科亚尔斯(1521年),是由贡萨洛·德桑多瓦尔领导征服的领土。1522年,克里斯托弗尔·德奥利德率领远征队进入米却肯王国和萨卡杜拉地区。其远征队的一部分分离出去,转往科利马,在遭受失败后,桑多瓦尔只得重新出征平息该地(1523年)。

由于墨西卡人的政治权力已被彻底摧毁,其文明发展进程已告终结,因此,墨西哥——古老的印第安文明的摇篮开始了一个新的漫长的殖民统治时期,其起点是一小群西班牙冒险家、征服者,同时也是第一批殖民地开拓者的阴谋与武力交织在一起的行动。

二、征服者和第一批殖民地开拓者

西班牙收复失地运动的结束与美洲的发现和征服在时间顺序上相距并不遥远。因此,收复失地运动(反对异教徒的战争)的理论和实践看来在墨西哥的征服活动中再现了。西班牙"边界"土地上拓殖的有形方法在新世界的殖民地化过程中进行了"大试验"。从这种透视出发,可以确认西班牙收复失地运动中所产生的一些制度被移植到了新世界;据研究,征服者的态度就是那场斗争的遗产之一:西班牙人在对摩尔人取得大胜利时呼叫其保护神"圣地亚哥!"(亦即"圣主保佑"!),而西班牙人同印第安人冲突时他们也呼叫"圣地亚哥!"现在美洲许多新城镇的名称上留下了"圣地亚哥"这个古老的痕迹。墨西哥的征服也复活了西班牙收复失地时期所坚持的天命论特点。埃尔南·科尔特斯在其《陈情书》中热忱地宣称,战斗中的成就不应归因于征服者,而是"上帝之手……和马匹"。在多个场合,贝尔纳尔·迪亚斯讲述了一些征服者如何相信自己看到了保护神圣地亚哥的形象先于他们战胜了土著人。

当讲到"征服者"时,人们总想到一些著名人物,如:科尔特斯、蒙特霍、阿尔瓦拉多、纳瓦埃斯、迭戈·德奥达斯等,然而,据研究,仅参与征服墨西哥中部的人数至少有两千人。在第一波冲击后,参与征服墨西哥的持续浪潮的人数越来越多,这些征服者同时也是殖民地的第一批开拓者,他们最终融化在默默无闻的人群中。在寻求荣誉和体面的活动中他们前景黯淡,不久便投身于集体冒险的行动中,随着时间的推移,他们逐渐组成第一个殖民社会。

但是,作为一个社会命运的变革者,无论是军官还是步兵都发挥了重要的作用。这样,人们就会提问:究竟是哪些人书写了 16 世纪墨西哥的历史?如果按照 1509 年塞维利亚贸易署和后来西印度理事院编制的控制前往美洲的旅行者的名单,那么我们就能了解到一批征服者和第一批殖民地开拓者的姓名,也就能大致了解墨西哥的征服者和第一批开拓者的社会成分及其地理来源。但是,我们应当谨慎对待官方的登记名单,因为在 16 世纪前期很多人都是通过非法途径前往美洲的,此外所保存的名单也是不完整的。在西班牙有关的档案中没有 1518 年、1520—1525 年、1530—1532 年、1541 年、1543 年和 1547 年的情报。这样,在墨西哥的未来征服者和开拓者的历史中缺少关键年份的情况报告。尽管存在这些缺漏,历史学家还是能够按照这些名单所提供的数据进行分析。

墨西哥被征服后,在西班牙出现了前往美洲旅行的热潮。在征服中大有所获的消息传到半岛后,移民开始涌向新世界。在1533年到1539年前往美洲的西班牙人骤增,在这六年期间就有8 000人;而1509年到1529年期间仅有3 902人。这一切表明了特诺奇蒂特兰陷落后新土地引起了人们的兴趣。同样,1540—1549年,当得悉秘鲁被征服的消息后移民浪潮转向新的目的地。直到16世纪中期新西班牙(被征服后中部墨西哥的名称)几乎丧失了对移民的吸引力。然而,首先在塔斯科尔后在萨卡特卡斯发现了矿山,这就改变了移民浪潮和殖民地的前景。因此,墨西哥殖民地的第一批开拓者一波接一波地涌来。这对近代墨西哥的历史很重要,因为这些移民持续不断到来给开始形成的殖民地社会带来了很多独特性。新来者将成功地取代在主要的经济活动中的主角——土著人集团。由于最好的地段已被人占据,另一些人只能凭运气逐渐定居在其他土地上,他们连续不断地开辟16世纪西班牙殖民地的新"边界"。根据新近的调查,新西班牙的征服者来自西班牙的安达卢西亚(29.3％)、老卡斯蒂利亚(19.3％)、埃斯特雷马杜拉(18.3％)和新卡斯蒂利亚(7.8％)。这就是西班牙向美洲输送的第一批人员,并通过他们传播了富有伊比利亚半岛的地方特色的文化成分。

确实,大征服者的声望左右了他们的同乡步其后尘的决定。征服者的首批事业直接或间接地影响到其他人想到美洲土地上碰运气的打算。但是,这些个人决定被纳入更深层次的进程。西班牙所有地方的特点是具有相似的发展水平。在西班牙收复失地运动后不久,卡斯蒂利亚高原便大力发展畜牧业,其后果是农业衰退,由此出现了从事牲畜饲养的农村大地产集中和随后小农业主破产的尖锐倾向。从15世纪末期起,正是在这些地方开始了向城市大规模移民。而所述的移民都是破产的小农业主或是被王室解放的住在领地上的农奴。此时西班牙城市迅速成长,而墨西哥未来的征服者正是从这股移民浪潮中走出来的,对于这些人来说,为打破西班牙社会对其造成的边缘状态,向美洲进军的办法是摆脱困境的唯一选择。此外,由于塞维利亚建立了王家办事机构,这座港口变成了与美洲殖民地相联系的唯一中心。内地所有地区的人都来到塞维利亚,并在那里住上一段时间,同时为正在被发现的新大陆的表面阔气所吸引。

第二章 西班牙对墨西哥的征服与拓殖

这些移民都很年轻,他们大部分是单身汉,不少人刚学会签写自己的名字,在追求功劳和地位方面几乎从不奢望西班牙的贵族身份。因此,1554年总督路易斯·德贝拉斯科写道:"在这片土地上居住着普通人,骑士和绅士都很稀少,这并不是一件坏事。"在第一批移民中,也登记有少数妇女(1509年到1538年约占获得乘船许可证者的10%),一些已婚女子以与其丈夫团聚为由而来到美洲,但是她们从未实现同其丈夫团聚,而是住在第一批女子修道院,或某些妓院里(根据1526年起小西班牙岛上有关文件所提供的证据)。

征服者群体是一波接一波地来到墨西哥的,他们的社会构成十分不同。加入科尔特斯队伍的人都不是古巴的委托监护者。有人将他们描述成一无所有者,可以毫无牵挂地投身于发现新土地的"冒险"中。他们一般是穷人和负债者,与兄弟亲戚一起乘船而来,从而形成了"类似于骑士团"的社团。与此相对照,受贝拉斯克斯派遣去制服科尔特斯的纳瓦埃斯队伍,是由在古巴已发财致富的人构成的。他们所有人几乎都受都督的庇护,这些人最终要捍卫自己的既得利益;其中许多人在被科尔特斯打败后宁愿回到古巴去,而不想拿所赢得的东西作新的冒险的赌注。在夺占墨西哥城之前,加拉伊的战败者、其他远征队的迷路者,慢慢为其他队伍所吸收,因此从其构成看,征服者群体的社会成分很混杂。但是,如果我们按照史书所说的,似乎征服者队伍就像铁板一块的集团一样行动,既没有裂痕,也没有对抗,直到他们构成委托监护者集团,那么事实并非如此。

据新近的研究,美洲征服者的个人与集体的前途是受到控制的。关于征服者个人经历的研究也直接表明,那时开始孕育的殖民地存在复杂的结构。一些征服者很快结束了生命。在围困墨西哥城期间,有一批人死于战斗或被墨西卡人当作祭神的牺牲品;另一些人死于西班牙人手下;还有一些人继续进行征服或去发现新土地。由于当时殖民地社会尚未成型,同时美洲拥有广阔的地理空间,所以征服者个人活动范围十分广大。各种找寻活动在继续,一些人不断流动去探测、发现新土地,这一切都为了实现一次"辉煌的征服"。反映在个人活动地点方面的这种不稳定性,显示了不同个人思想意识上的差异。许多最早的征服者作为虔诚的天主教徒而结束其一生。另一些人,如西班牙士兵莱尔马(后来墨西哥的一条河以他的名字命名),则对在西班牙人中间生活感到厌倦,并讨厌科尔特斯,因此他选择了被战胜者的世界,跟随印第安人一起离去,从此人们便不知他的去向。

通过标明征服者的居住地,我们可以看出第一个西班牙殖民地的最大特点。1520年到1530年之间,征服者们定居在海岸附近。第一批城市的建立具有战略意义:韦拉克鲁斯、帕努科、夸察夸尔科斯,它们都是同大洋彼岸西班牙往来的关键地点。由于巩固了这块殖民地,所以建城活动可以推向太平洋沿岸。16世纪初期,定居在太平洋沿岸就意味着保持同东方进行贸易的可能性。哥伦布最初所寻找的路线仍然是吸引征服者的理由。从太平洋沿岸的"港口"自发地驶出一些小船去探测西北海岸。在科尔特斯的带领下,征服者们来到加利福尼亚湾。不久,开始出现火山山脉南部的第一批采矿中心:首先是苏尔特佩克,后来是特斯科科。一些征服者将定居在那里,从事探测印第安人的老矿山,他们或者使得表面矿脉枯竭,或者在一些河里淘金。墨西哥历史上长期存在的探矿者预先在这里大显身手。

1530年到1540年是西班牙殖民地重新定位的时期。征服者们重新转向高原。普埃布拉的建立,具有特殊的社会意义,它吸引了许多西班牙人群体,他们在普埃布拉和阿特利斯科谷地努力创建第一批农业开发地。这些老的征服者将使普埃布拉谷地变成为美洲第一个商品农业中心,16世纪墨西哥的"粮仓"。但是,更多的西班牙人宁愿留在墨西哥城。他们都是城里人,从城市控制周围的农村。附近农村地区的财富将被吸引到城市。住在城市将有机会获得某些公共职位,担任地方长官或市政议会议员,可以保持特权;担任诉讼代理人可以领取薪金和王家金库的俸禄。在城市可以集中经济权力、社会权力,特别是政治权力。

三、第一个殖民地社会和印第安人奴隶制

当1523年科尔特斯接到国王的命令:禁止在新西班牙设立委托监护制之时,他已拥有实际权力来挑战西班牙王室和保护他已建立的制度。在墨西哥高原征服结束之前,西班牙征服者在向印第安人传教的同时,开始了殖民地化或经济开发活动。他们首先如饥似渴地到处寻找金银财宝,而王室则在美洲坚持推行其扩张计划。然而,印第安人对贵金属的冷漠及其对金属大矿脉的无知,至少把矿山的开发活动推迟了10年。起初西班牙人以欧洲的小商品换取土著人的贵金属,实际上这是一种抢劫行

第二章 西班牙对墨西哥的征服与拓殖

为。在发现了矿藏之后,征服者就驱使印第安人去开采贵金属矿产。然而,就像中世纪西班牙一样,在征服之初的美洲,人们还是把土地看作为财富的基本形式,而耕作土地的劳动力则是处于第二位的。在西班牙王室还没有实行赏赐土地之前,征服者就自行把印第安人分派给士兵"监护"了,实际上是强迫印第安人以其赋税来维持士兵的生活。这就是美洲的委托监护制的先声。

然而,委托监护制的起源可追溯到收复失地时期的西班牙。在阐述17世纪美洲的"监护者"的权利和义务之时,应指出这一词汇是源于拉丁语的commendo,其原意是"收到需要照料的寄存物"。因此,委托监护制(encomienda)接近于罗马法中的托管地制(commendatio),后者是中世纪创建的采邑模式之一。但是,在美洲委托监护制是一种接受土著人劳务和捐税的制度,而不是一种土地制度。西印度总督尼古拉斯·德奥万多(1502—1509)引进了一种新制度:把加勒比岛上的印第安人分派给西班牙人"监护",而后者负责在基督教信仰方面训导他们。无疑,奥万多统治时期委托监护制这一术语使用并不普遍。此人曾是西班牙的阿尔坎塔拉骑士团的拉雷斯骑士团长,十分熟悉伊比利亚半岛上分派给骑士团的那种领地制。1504年曾到过圣多明各岛的科尔特斯吸收了有关印第安人提供劳务及其向国王纳税的做法;而兵役则是起源于卡斯蒂利亚骑士团的经验。所有这些因素都构成了墨西哥的委托监护制,而其最终的形式是由科尔特斯在1524年颁布的《监护者条例》中加以确立的。

墨西哥的委托监护制是给征服者的一种恩赐:监护者及其第一代继承人可接受被监护的印第安人赋税;为换取所述的受益,监护者应宣誓在宗教和世俗方面"照管"被监护者的利益,保卫其居住的地区。起初,国王恩赐仅限于两代人,而没有像封地那样永久性的特点,也不涉及对土著人的管辖权或治理权;当王室颁布法令禁止其向被监护者索要个人劳务时,监护者的政治权力便进一步削弱了。

对于征服者来说,委托监护制在战略上是必要的:如果没有这一制度,在"保留土地"方面就没有物质刺激了。科尔特斯的态度大致勾画出了16世纪前半期征服者们试图强加的一种社会:一种"被征服的"社会,其奖赏就是无限地剥削被统治者,尽管违背王室的决定。"被征服的"社会诞生于军事斗争中。其第一批统治集团正是出现在征服事业的参与和胜利的时刻。实际上,这个独创社会的尚武精神的特征,容许征服者们滥用维持其生存的制度——委托监护制。这一制度最终成为控制土著社会组织的有效手段。比如,接受赋税的形式仿效了古老的印第安统治结构。"监护者"占据了原先印第安酋长的驻在地,因此,他们实际上居于古代社会金字塔的最高地位,是土著酋长及其下属的最高首领。

　　委托监护制造成了在新西班牙的征服者队伍中新的社会统治集团的出现。这种监护权授予的不平衡造就了新西班牙第一个殖民社会的几个集团。在关于《征服者与第一个殖民社会》的研究中,维克托·M.阿尔瓦雷斯成功地确定,1540年驻在新西班牙的1 200名征服者中,只有362名拥有委托监护权,占总人数的30.2%。据分析,在考虑征服时期个人资历和提供给王室的"劳务"的前提下,授予一定的委托监护权。这样,最好的监护地区授予以下人员:拥有先前的军事经验,在征服战争中发挥重要作用和为维护征服事业提供可观的经济贡献,也就是"大头领"。在获得委托监护地区的53名征服者中,每人每年拥有1 800比索的收益,他们占征服者总数的4.4%,是征服活动的明显得益者。其中最突出的是18名征服者小集团,其委托监护地每年产出3 000比索以上,他们占总人数的1.5%。正是在这个集团中我们可以找到"大头领"。科尔特斯拥有27 000名臣民,他的监护地区包括特斯科科、查尔科、奥通巴和科约亚坎。佩德罗·德阿尔瓦拉多领受索奇米尔科地区被监护的2万名印第安人的赋税和劳务。到1530年,墨西哥谷地30名委托监护者中的一些人领受18万名印第安人的赋税。

　　这个"大头领"集团领受了最大数量的客栈、磨房和牧场的收益,在殖民地管理中担任了最高级的公共职务:先锋官、地方长官和诉讼代理人,并且作为墨西哥城市政议会成员时瓜分了城内最好的房基地。就是这个征服者集团最终执行其经济职能:积累资本、投资于新的贸易事业,控制了城市粮食供应和什一税的收取。这个集团懂得利用其殖民地社会的领导人地位所提供的便利条件,一些人既是高级官僚,又变成为私营企业主。他们代表西班牙王室,并向它提供有关情报,最终在美洲领导了有利于其个人利益的王室行动。

　　由78名征服者构成的第二个集团,领受了每年产出850到1 800比索的赋税(占总人数的6.5%)。这个集团正是由大征服者的"仆人"和"亲属"组成,他们对征服事业作出的贡献较少。当他们以一定代价来到美洲时,在军事斗争中从没有发挥过重要作用。这个集团领受了"中等"

第二章 ● 西班牙对墨西哥的征服与拓殖

监护地作为奖赏,与其说是房基地和菜园,倒不如说是牧场和客栈,他们满足于担任较低的公共职务:市议会的文书、城市营造师。由于他们不能居住在自己的监护地,所以必须从事其他一些活动,如当医生、锯木工、建筑师,以维持较多的生活来源。这个集团承认自己直接依附于大头领,因为他们懂得自己缺少政治权力。

第三个集团由 95 名征服者构成,他们每年领受了 150 到 850 比索的委托监护地,占总人数的 7.9%。他们不惜代价来到墨西哥充当"弩弓手"或"班长",从未担任过重要职务,后来从事小本生意、裁缝和赶马帮来维持生活。最后一个集团包括 19 名征服者,他们领受少于 150 比索的委托监护地,也没有享受其他类型的恩赐。他们组成了马匹和生产工具的业主,但不是地产主。有的担任小官吏或副职职务。这些征服者可以从事任何工作:卖肉者、木匠;有一个人成为市政议会的看门人;另一个人,小号吹奏者,名叫安东·莫雷诺,有一次,当宗教法庭法官来到时,他敢于挑战"革出教门"的威胁,拒绝吹号,因为教会没有提前付钱,"不应当让我喝西北风过日子"。这个集团所有的人都靠王家金库的薪金维生。许多人离弃了首次征服的地方,而去危地马拉或秘鲁碰碰运气。

此外,各个征服者集团最终形成封闭型结构。在 1530 年到 1550 年之间,所有的社会地位升迁都是通过嫁妆或继承权实现的。随着时间的推移,这种状况加强了同家族相联系的特权。马丁·迪尔西奥就是典型一例,他是随同科尔特斯的征服者之一,领受了很好的监护地,获得了土地、磨坊和菜园的恩赐;购置了松潘戈的矿山;后来,作为当时最富有者之一,获得了携带武器的许可证,身边一直跟着两个保镖。他同总督门多萨的妹妹联姻,后者特许他购置其矿山附近更多的土地;他还让一个女儿同贝拉斯科总督的儿子结婚。

由于确立了构成征服者社会的各个社会集团,所以 16 世纪大部分时间由征服者提出的一切政治要求都有利于少数人。这样,就出现了"征服者们的普遍利益",实际上他们构成了由大监护主的小集团创立的一个政治派别。现在有的学者认为,"征服者们"只组成一个集团,因为这样符合大征服者、监护主的利益。永久享有委托监护权的要求得到所有的征服者支持,但是实际上只使一小部分人受益。从科尔特斯的伊武埃拉斯之行起,征服者集团之间利益的不同就强烈地表现出来。当时,埃斯特拉达和阿尔波尔诺斯(或以努尼奥·德古斯曼为首的墨西哥第一个检审法庭)

之间的斗争,引起西班牙王室剥夺征服者的委托监护权、审判权,并将他们放逐(如科尔特斯本人),从根本上损害了大监护主集团的利益。在征服者社会巩固的暴力对抗年代,为了捍卫科尔特斯集团的利益,豪尔赫·德阿尔瓦拉多通过在圣多明各修道院修筑工事,举行武装暴动。经过一系列激烈的对抗和这种"无政府"阶段之后,王室通过一系列限制措施,抑制了某些征服者集团的政治优势,并最终控制了美洲征服者的初期社会。

当把西班牙人和征服者集团与被统治的土著社会包括在一个社会整体之时,第一个殖民社会的复杂性就更加明显了。这两者之间的首次关系通过委托监护制而形成,但是在这个殖民社会的最初年代,所述制度尚未完全定型。起初,委托监护制与奴隶制之间的差别并没有得到确认。1523年王室下达给科尔特斯的训令事实上澄清了战俘的劳役制。在墨西哥直到1524年才为人所知的1522年王家敕令,容许购买或换取、"赎回"印第安奴隶。虽然具有不同于罗马法的基础的奴隶制在古代印第安社会中为人所知,但是西班牙人却是肆无忌惮地获取印第安奴隶。至少到1530年在一些村庄应缴贡赋的名单上还有印第安奴隶的名字。1529年科尔特斯从托卢卡地区的一些村庄接受了60名印第安奴隶。在两年间,努尼奥·德古斯曼在他本人主持第一个检审法庭时期,得到威索琴戈的300名奴隶。赎金许可证带来了过度行为。实际上,很难阻止一个西班牙人给一个自由印第安人打上奴隶的火印,然后将他出卖,科尔特斯在科约亚坎便采用过这一办法。

1521年1月到1522年5月,在特斯科科和墨西哥两省西班牙人捕获的奴隶产出26 986比索。有位学者估计,如果那时每名奴隶的价值是2比索,那么在这一时期就有13 500名印第安人变为奴隶。据巴托洛梅·德拉斯卡萨斯揭露,在新西班牙和中美洲有300万印第安奴隶。而另一方面,莫托利尼亚则坚持认为,在新西班牙有近20万印第安人变为奴隶。官方的统计报告也不能让人更好地了解这个问题,因为支付给王室的五抽一税的官方登记册很容易隐瞒真实情况。在这种官方报告的基础上,来自墨西哥城、帕努科、图图特佩克、萨卡特兰和夸察夸尔科斯的印第安奴隶人数如下:1524年,3 025人;1527年,225人;1528年,2 655人;1530年,2 155人。

因此,人们尚不清楚这个问题的真相,虽然可以肯定在各个地区捕获奴隶的情况是很不同的。在帕努科(一个既无矿业又无农业的地区),努

第二章 西班牙对墨西哥的征服与拓殖

尼奥·德古斯曼发展了一种有利可图的交易,仅一年内他就向安的列斯群岛输送了 1 万名印第安奴隶,以此来换取商品和牲畜。在这个地区的交换关系中,15 名到 100 名印第安奴隶换取一匹马。贡萨洛·洛佩斯将萨瓜尔帕和阿华卡特兰两个村庄约 3 000 名印第安人变为奴隶,然后把他们卖给采矿场。1521 年到 1535 年奴隶制的黄金时期,编年史都讲到"奴隶畜群"问题。

奴隶制损害了年轻男性印第安人。强迫劳动的残酷性,从一种气候下的一个地区被迫远距离迁往另一个地区,造成了年轻人大量死亡。1540 年,在墨西哥州的苏尔特佩克采矿场,利用的 50 名印第安奴隶中 17 人原籍在危地马拉;1549 年,塔斯科采矿场的 115 名印第安奴隶来自危地马拉、瓦哈卡、科利马、帕努科、特拉斯卡拉、乔卢拉和墨西哥城。

第一个殖民社会公开采用了土著人奴隶制。奴隶买卖作为一种经济活动,印第安人的赎金带来了丰厚的利润。第一批贵金属开采:淘金或开采银矿,就是以这种独特的劳动力为基础的,在一定程度上生产量的增减视矿场奴隶的多少而定。科尔特斯所有的甘蔗种植园拥有 193 名印第安奴隶和 130 名黑人奴隶。在第一个殖民社会的所有集团中:王家官吏、土著贵族、监护主和商人都有印第安奴隶这笔财产。苏马拉加大主教或巴托洛梅·德拉斯卡萨斯也都有印第安奴隶。

第一个殖民社会时期,印第安奴隶似乎是一种永不枯竭的资源,没有任何限制地使用他们。但是,随着时间的推移,土著人口的减少造成了奴隶价格相应上涨。16 世纪中期,巴托洛梅·德梅迪纳在银矿业中试验一种新的加工程序:汞齐法,这项技术可以减少一定数量的劳动力,这就使得印第安奴隶制渐趋消亡,同时也带来了贵金属生产的增加。由于上述原因,1548 年颁令废除土著奴隶制,而殖民社会毫无抗拒地接受了这项法令。1554 年总督路易斯·德贝拉斯科谈及这个问题,"王家和个人年度收入在数量上已下降,可能是因为曾是奴隶的印第安人获得了自由,他们被解除了个人劳务"。1555 年到 1561 年,解放了 3 205 名印第安奴隶,他们所有人都变成为"雇工",寄宿在其老主人的地产上。

由此看来,第一个殖民社会是借助奴隶制和委托监护制而靠当时丰富的土著劳动力才得以维持的。在这些被监护的印第安人基础上,西班牙人加强了他们的征服事业。征服远征队的首领在其监护地找到了维持其军队的后备人员。例如,佩德罗·德阿尔瓦拉多召集了其监护地索奇米尔科几千名土著人,以带领他们去征服帕努科和危地马拉。以这些被监护的印第安人为基本队伍,营建了很快覆盖内地领土的所有城市,起初西班牙人打算遗弃墨西哥城,但在1522年利用土著劳动力开始重建。

四、16世纪中期的新西班牙

16世纪中期第一个殖民社会经受了基本的变化。首先,土著居民遭受惨重的损害。所述时期各种资料都一致表明,由于西班牙人和土著人的接触,土著人口急剧下降。一些研究者在衡量这一损失规模时,推算了西班牙人来到之前美洲土著居民人数,最终得出了相互矛盾的一系列统计数字。保尔·里凡特(1930年)和罗森布拉斯(1954年)认为,前西班牙的美洲人口密度很低,同样,1492年到1650年土著人口只不过从1 300万减少到1 000万。然而,道本斯在20世纪30年代前后开创的学派却主张,西班牙人来到之前美洲土著人口约9 000万到1.2亿,到16世纪中期整个美洲人口减少到450万。在这一学派内更为稳重的一些学者,如S.F.库克和W.博拉则认为,仅中部墨西哥的人口变化如下:1519年,2 530万;1523年,1 680万;1548年,260万;1595年,130万;1605年,100万。

以上数字表明,所使用的方法和资料来源的不同造成了统计数字的巨大差异,这种情况也同16世纪起巴托洛梅·德拉斯卡萨斯神父与莫托利尼亚关于对待印第安人态度之间的差异有一定联系。最初的问题是对意识形态的关注多于对人口的关注,也就是说,土著人口越多,相应下降就越大,表明对印第安人造成的损失就越大,而征服者的残酷性就越厉害。因此,围绕16世纪巴托洛梅·德拉斯卡萨斯神父肇始的西班牙人虐杀土著人的黑色传闻的论战至今还在进行。

确实,16世纪的美洲出现了近代世界历史上最严重的人口危机。所以,直到18世纪后期美洲人口还不可能恢复到西班牙征服前的估计水平。如何解释这种人口下降呢?欧洲人的到来打破了美洲的生态平衡。他们输入了土著人尚不知晓的疾病,如前文已提到使得墨西哥城居民大量死亡的天花传染病;16世纪编年史揭示了连续每10年发生一次可怕的传染病和瘟疫,它们袭击毫无保护的土著人。同时,也打破了征服前的食物生产平衡。土著劳动力,特别是受到分派劳役制影响的年轻男性居民,被大规模地强制从农业转移到其他活动(开采矿产、建筑城市工程等)。由于耕作面积缩减,因此任何歉收都会引起灾难性后果。同样,西班牙畜牧业的引进补偿了土著农业的破坏。16世纪期间粮食匮乏、传染病和大量死亡,就像日历一样标明了新西班牙土著人所经过的生活日程。

土著人聚集在村庄的政策有利于传教士和殖民者,因为聚集在一个村庄比分散在农舍更有利于宣讲福音和征收赋税;但同时这一政策也带来了不平衡。粮食的匮乏更多地影响到集中在村庄和城镇的土著人,他们难以得到基本的供应,而过去他们分散在田野有一定办法渡过难关。

传染病、粮食匮乏、强迫劳动,这一切在征服之前可能已是众所周知的现象,但还不足以解释所述的大规模人口危机。除了这些不平衡之外,在16世纪美洲还出现一种"厌倦生命"的现象,这在美洲历史上是没有先例的。征服打破了传统的生活环境、信仰、习惯、活动的连贯体系,并试图建立另一种完全不同的体系。在这种新的体系内,土著人处于毫无保护的地位,在整个社会内没有确定其作用的社会补偿手段。通过这种透视,我们可以理解印第安人为逃避新体系的残暴压迫,为什么会以逃跑和醉酒为重要的手段。索里塔写道:"在整个西印度这群普通人逐渐减少和消亡……他们丧失了家园,流浪于群山之间,一些人因沉重的赋税而忧伤绝望,最终自缢身亡。"在《N. P. S. 编年史。在新西班牙省的阿古斯丁(1533—1592年)》中提到杀婴罪的情况,还讲述了一名"男巫"如何怂恿一群印第安人在米却肯集体自杀。索里塔报道了米塞斯印第安人和琼塔莱斯印第安人如何数年拒绝生育。在科利马,莱布龙·德基尼奥内斯访问期间,调查了几个土著部落下令中断任何生育的情况,他们的目的是想在一代人之内消灭其部落成员。这样,系统的流产、夫妻禁欲、集体自杀等做法揭示了"厌倦生命"的现象。在安的列斯群岛,这一现象的结果是土著居民被完全毁灭。在第一个殖民社会时期,土著人口的减少从根本上损害了以无限制剥削土著劳动力为基础的社会体系。这就迫使西班牙王室调整和修改它的一系列政策。

16世纪中期费利佩二世登基为西班牙国王。其先辈胡安娜女王和卡洛斯五世都对殖民地采取"放开"的总政策,并给予第一批征服者以可观的奖赏。相反,费利佩二世则开创了日益加强中央集权的政策倾向,并将美洲的利益掌握在王室的手中,且公开反对征服者的领主式的野心。16世纪中期这两个进程的交汇:土著人口的减少和王室日益加强的中央集权,清楚地反映在委托监护制和贡税上。1542年,《新法》缩减过度的委托监护权,并且将"按照监护主所发挥的功能"授予的委托监护权集中在王室的手中。因此,打断了扎根于西印度的官僚政治实践:提供公共职位(市议会议员、省长),以印第安人"劳务"替代薪金。《新法》禁止设置新的委托监护地,更重要的是,将这一制度的有效期限制在一代人:监护主死后,印第安人将转交给王室,其后代没有继承权。第一个打击集中在征服者的领主野心方面。

因此,可以理解征服者对已在美洲实施的《新法》持激烈反对的态度。在新西班牙开始出现造反的意图,但并未达到秘鲁的征服者暴动的地步,紧接着殖民地经济迅速收缩。为了缓解矛盾,1545年《新法》被撤销。但是,中央集权进程已经启动:监护主不得干预贡税的设定,收税标准转由王家官员负责。慢慢地空置的监护地收归王室。1549年到1550年之间禁止通过贡税途径获得个人劳务。过去由监护主、印第安酋长、省长、市长、司法机关、教士、修道士、修道院和教堂所收取的各种捐税,现在缩减为仅一种标准的捐税。此外,新定的捐税以印第安村庄现有人口为基础,而取消了压在"已死亡者"身上的一切负担。立法中出现了过去所没有的"保护"印第安人的含义:捐税不是"收取",而是"请求支付";捐税应在本地村庄支付,并且任何运输均由监护主负责;禁止昔日提供给监护主家的琐碎生活用品(木柴、木炭、草)作为贡税。

这样,由监护主所设置的制度基础一个又一个地受到削弱。同时,在16世纪中期反对这些变革的各种事件也都出现了。最后一个事件是1565年马丁·科尔特斯的谋反。作为对马丁·科尔特斯及其同谋的最严厉指控,就是对谋反者的审判案卷所指出的,马丁保持了"挂出旗标"的习惯,这清楚表明"他的领主野心",当时他没有权利这么做,因为他是"王家的臣民",同时还拥有一批扈从。但是,这一事件就像在其他类似情况中一样,一个谋反运动的重要性不在于它的罪名,而在于镇压的规模。结果,新西班牙当局在墨西哥城大广场,对两名主要被告人,当时殖民地的首富:阿隆索和希尔·德阿维拉兄弟执行死刑判决;放逐科尔特斯的私生子,谷地侯爵的兄弟;查封了侯爵领地的财产;这一切表明,王室十分关注殖民地的谋反和对立利益的力量。

按照西班牙王室的中央集权化路线,16世纪中期在殖民地应把总督当局视为国王的个人代表。总督是军事首领、整个领土的最高司令官、政治首领和最高行政当局;他作为教会的次要赞助者,分享教会权利的最高

第二章 西班牙对墨西哥的征服与拓殖

权威。政治集权的路线勾画出了阶梯式的行政结构。总督任命省长,在最小的行政区任命郡守和大镇长,但他们作为法官也是检审法庭的属员。这些低级官员作为西班牙当局与土著人之间的中间人而行动,他们在承担捐税收取的职责时发挥了政治和经济控制方面的重要作用。这种中间人的职能使他们很快受到腐蚀。16世纪中期已不是监护主,而是这些低级官员、国王代表成为抽打印第安人的鞭子。当然,这并不意味着权力已经易手:在随后年代老的监护主转变为郡守或大镇长。16世纪后半期中央权力控制进程持续深化。与此同时,西班牙王室开始进入财政困难的漫长周期,它必须在殖民地获得最大的利益。为此,王室实施一系列强制性措施,1571年设置贸易税,加强控制殖民地的各种活动,使之有利于宗主国。

16世纪中期起,基督教传播的主导权和内涵也发生了变化。过去宣讲福音的第一代传教士拥有最大的行动自由,而在后半个世纪他们逐渐丧失了传教活动的重要性,王室开始实行教区管辖制度,树立大主教的权威。有段时期曾以土著语言教育西班牙人,而1550年王室致信多明我会和圣奥古斯丁教派的省教区大主教,使之接手美洲的教化活动,这标志着另一倾向的开始:土著人的西班牙化。

在墨西哥建立起来的教会基本上是同中世纪的欧洲教会一脉相承的。其结构还是特伦托宗教会议(1545—1563年)以前的结构模式。从一开始在墨西哥确立的教会结构和思想就是在中世纪西班牙成长起来的独特的结果,实质上沿袭了早期教义学说的传统。因此,墨西哥的天主教会在以西班

1536年在墨西哥城创办了美洲第一家印刷所

牙人为主的城镇中有效地维护了天主教的正统传统,而在印第安人居住区它成功地使得土著人接受了基督教学说,这样它又成为欧印两种文化

走向融合的一支重要力量。

　　由于两个种族、两种文化和两种宗教逐渐趋向调和与融合,在墨西哥出现了不少新型的民间节日和习俗传统,它们大致有三种类型:第一,部分民间节日是基督教与土著宗教的某些成分相互融合的结果。其主要特点是:根据土著宗教礼仪历法确定基督教节日的日期,并尽可能把欧洲人的习俗与美洲印第安人的传统结合在一起,从而产生了独特的墨西哥传统习俗,如亡人节。第二,一些节日基本上继承了基督教的习俗传统,但搀杂有少量的土著成分,如主显节。第三,在基督教学说的影响下,产生了欧洲所没有的独特的墨西哥民间节日,如客店节。墨西哥的许多宗教节日反映了阿兹特克人通过历法确定的古老礼仪和祭祀。例如,在其历法第二个月的西佩·托特克节,现在相应是日期可变动的狂欢节;而其历法第七个月期间,特拉洛克人的女神威西托西瓦特尔的节日,现在相应是纪念圣体的天主教节日。第十四个月期间,或格雷历11月初,古时墨西卡人携带食物、松木柴和箭支来到其亲属坟墓前进行悼念;而到殖民地时期,天主教传教士鼓励把土著人的悼念亡人仪式与基督教的亡人纪念结合在一起,这样就形成了墨西哥风格的亡人节。因此,它是两种文化、两种宗教相融合的产物。在具有传统文化的居民占优势的地区,在这一节日中人们把基督教和古代印第安人的供品混合在一起(一般都有食物),从而形成了一种重要的混合仪式。

　　由于历史文化的传承,在现代墨西哥的每年11月2日亡人节,人们还按照传统习俗祭奠亡人。据描述,节日前夕,商店里摆满了骷髅状的玩具、糖果和糕点。在一些家庭里,人们用鲜花、传统食物布置成美丽的祭坛,在有的家门口还以扎成真人大小的骷髅欢迎宾客。报纸征集为骷髅而写的诗文,而其大部分祭文则献给当代诺贝尔奖金获得者或在任共和国总统等名人。小学生在校园里为自己的老师立木碑,题碑文。11月2日人们手拿扫帚、鲜花和吉他来到墓地。扫完墓后,人们就在墓地内野餐、弹唱。当晚,身穿黑袍、装成小鬼的孩子手捧自制的骷髅头在街上向行人乞讨,甚至登门索赏。在墨西哥城东南部的米斯基克镇,在亡人节之夜墓地上每块墓碑前都点燃几支蜡烛。万点烛火、无数的十字架和芳香的鲜花与金秋的星光交织成了美丽的夜景。

　　随着征服和殖民活动的扩展,欧洲—基督教文化传统在美洲逐渐占据主导地位。因此,在墨西哥还形成了以欧洲古老传统为主的节日。比如,在主显节(1月6日)这一天,人们分吃面包圈和祝贺在其中得到小瓷人或代表圣婴的面团的幸运者。这个节日起源于欧洲:至少从14世纪起就存在于西班牙的纳瓦拉王国。这一天孩子们分食含有一颗蚕豆的糕点;如谁有幸碰到蚕豆,那么人们就幽默地宣布他为蚕豆王,并在一年内接受人们的致敬和礼物,这样此人就"脱离了最卑贱的身份"。又如,圣烛节(2月2日)可能起源于摩尔人;但在中北欧它构成了基督教之前崇拜富饶之神宗教的两大节日之一(其女祭司开创了女巫思想)。圣烛节也就是圣母献耶稣于主堂瞻礼节;这天人们把祝福的蜡烛保存下来,以帮助垂死者,或者让人免遭雷电袭击和魔鬼暗算的危险。

最后,在基督教学说的影响下,在墨西哥产生了独特的民间节日,这就是客店节。据研究,这一节日仅起源和流行于墨西哥。按照传统,在圣诞节前夜之前的八个晚上人们庆祝贞女玛丽亚随其夫约瑟在一家客店的马棚中"投宿",即从12月16日到12月24日;有人认为,这九天象征着贞女玛丽亚怀胎九个月,但是实际上这是对所谓的阿基纳尔多古老的九天弥撒的另一种修正的解释。另一方面,在墨西卡的宗教历法中,每年从第十五个月开始(根据每年不同情况,该月始于格雷历的12月3日到11日之前)20天后(或12月22日到30日之间),就是墨西卡人的"潘克尔扎利斯特利"或举旗节,即纳瓦人的诞辰节:墨西卡神威济洛波奇特利的生日。因此,虽然这两个节日的每年准确日期不一定一致,但它们都是庆祝神的诞生。此外,在西班牙征服之前采用土著历法的阿科尔曼正是客店节的起源地。据传,阿科尔曼的圣奥古斯丁修道院院长迭戈·德索里亚修士在罗马得到教皇西斯托五世(1585—1590)的教谕:从12月16日到24日在墨西哥主持所谓的阿基纳尔多九天弥撒。据说,至少从1586年起,圣奥古斯丁教派已在其教堂—修道院内,在圣诞节前连续九天举行宗教仪式,新牧师首次做弥撒直到黎明时分。阿科尔曼的修道士利用这些弥撒向印第安人灌输新宗教教义,而在这九天中,印第安人同时也庆祝墨西卡神的生日。但修道士根据《福音书》的解释,认为"圣灵怀胎"的贞女玛丽亚随夫约瑟从纳萨雷特到伯利恒登记户籍而求宿,因城中客店全部住满,无处安身,最后在客店的马棚中生下了耶稣。起初,修道士在教堂的内院表演这一情节;不久之后,阿基纳尔多弥撒伴之以管风琴音乐、村夫歌谣,配之以手鼓、铃铛、铃鼓、小钟和印第安哨子。而在现今的客店节期间,每天晚上亲朋好友轮流做东组织庆祝活动。每个参加者都手持蜡烛,排成长队,以玛丽亚和约瑟像为前导,按一定路线游行一圈。其间众人高唱圣歌,为圣母及其夫求宿。这一活动的高潮是打彩罐。装满水果、糖块、花生和玩具的陶罐或彩色硬纸罐用绳索悬吊在半空中,参加者蒙上眼睛(象征信仰)用木棍轮流敲打。彩罐被打碎后,大家一拥而上,哄抢礼品。最后,主办者用"塔马尔"(玉米面粽子)和甜茶招待客人。圣诞节前夜,家家摆设圣诞树和圣诞马槽。同时家人团聚,共进丰盛的晚餐,主要食品有火鸡、玉米面粽子和圣诞色拉。如今,这一习俗已传播到墨西哥各地,并成为该国富有宗教和民间特色的重要传统节日。

作者点评:

16世纪初西班牙人在墨西哥进行的征服和殖民活动,一方面给土著居民带来了痛苦、流血和破坏,并中断了印第安人的文明发展进程,这无疑是一场历史悲剧;另一方面,西班牙人为了巩固其政治统治和开发殖民地经济,把欧洲的物质和精神文化产品也输入墨西哥,使其社会发生了翻天覆地的变化,并打破了这一地区千百年的封闭状态,而把它同世界其他地区的发展进程逐步联系在一起,无疑这在客观上是具有进步意义的。近代墨西哥社会文化形成的过程是一场历史的悲喜剧:两个种族、两种文化经历了最初的激烈冲突之后,逐渐地走上了融合的道路。从此,在墨西哥民族国家形成的历史进程中孕育和滋养了一种新型文化,即印欧杂交型文化。

第三章 殖民地社会与文化

一、殖民地风貌、领土扩张和人口变化

如果一名征服者在战胜特诺奇蒂特兰后不久便离开了新西班牙,且不参与随后的探测和征服活动,那么他在1550年和1560年之间重返时就会发现那里十分不同于往昔的环境。曾被西班牙军队占据的印第安人城镇现在已转变为西班牙人的城市;原先位于多岩石和崎岖不平地点且适于防卫的土著村庄,现在迁至平坦地方,并且具有不同于过去的生活。过去人烟稀少的地方和山谷现今正在建造修道院,其周围居住着传教士所驯服的印第安人。在村庄和道路上能碰到新型的人们;在过去只有人行走的道路上,现在能遇上牲畜和马帮。这样,对于这名征服者及其同伴来说,他们曾经发现和占据过的新土地,现在已是事过境迁的、变革中的城乡环境了。

　　实际上,最早被征服的土地和村庄中的西班牙移民定居地构成了殖民地生活的主要舞台,是以后缓慢、局部前进的基地。北方的契契梅克人使得西班牙人的任何定居都变得很困难:既无物资,也无人力,无法稳定生活。陌生的土地就是边疆土地,是必须逐步赢得和确保的地方。这就是17世纪新西班牙领土扩展事业,应当看到它的某些独特之处,某些因素可用来解释这一事业的重要性;但是,先前西班牙人占据并守卫的各个地方,现在借助各种方式用作北方殖民地化的基地。

　　第一批征服者一直生活到1580年是很难实现的,而该年正是墨西哥人决定性的一年,因为那时已巩固了第一代征服者亲眼所见的渐进式变

革;此外,到那时已经最终占据了更加广阔的领土。到1580年,已修建起了一批主要城市,从那里行使权力,设置行政管理机构,一批重要的文化中心、医院和加工居民所需的制成品(马帮业用具、布匹、绳索等)的场所出现。突出的城市有墨西哥城、普埃布拉、瓦哈卡、瓜达拉哈拉,此外还有不断增加的其他城市,如1563年创建的杜兰戈。韦拉克鲁斯港和阿卡普尔科港用于正规的海外贸易。日益繁忙的道路相互连接,与此相一致的是墨西哥城,它已成为向外辐射的中心。

墨西哥城大教堂

一位从南到北,从危地马拉到墨西哥城的旅行者已可使用一条长途马路,它已经过一定的规划,并提供休息场所和更换马匹的地方。这是一条漫长而令人疲劳的道路,却是一条可靠的道路,人们日益频繁地加以利用。1630年,一位耶稣会教士贝尔纳韦·科伏神父写信给住在秘鲁的一位朋友,谈及关于他从危地马拉到墨西哥城的旅行。在行程中恰帕斯、特万特佩克、瓦哈卡和普埃布拉都是引起他关注的地方。他并没有讲述旅途艰辛。他记述,在特万特佩克碰到"将带到墨西哥城的千头小牛的启程"。在特万特佩克和瓦哈卡一些谷类作物、大批小牲畜和其他活动及产品,都吸引了他的注意力。他赞叹墨西哥城的宏大,但是数年前已被水淹,且遭受相当大的破坏,当时在街道上划行独木舟。这些突出了城市的排水工程不足和预防水灾的堤坝已遭破坏。那时排水工程损耗王家金库的大量资金和千万土著人的生命,后者被迫从遥远地方来到这座城市承担徭役。从1608年起,通过工程人员的规划和计算而开始的这项城市改造工程,持续到17世纪末期。这样,以后各任总督都不得不继续进行这个浩大的工程,因为城市居民坚持居住在墨西哥"谷地"的最低部分,并反对任何改变现实的意图。在征

第三章 殖民地社会与文化

询了市政议会的意见后,有人提出从 1624 年(该年发生了可怕的火灾)起,放弃原先的城市地基,而在较高的塔古巴雅建造城市,更好地预防水灾。但是,居民们坚持住在原地,他们争辩说搬迁就意味着放弃房屋和财产。每年人们都担心雨季的来临。因此,直到殖民时代末期,人们还在谈论排水工程及其巨大的代价。

建于殖民时期初期的特拉特洛尔科的圣地亚哥教堂和修道院

如果通往新西班牙中部的南方道路在 17 世纪是人们惯常的选择,那么经过墨西哥城直达韦拉克鲁斯,这条由西向东的道路也是常用的。那时主要路线是从阿卡普尔科通往新西班牙首都的道路。阿卡普尔科,从 16 世纪起就是著名的港口,是运往菲律宾、秘鲁和危地马拉货物的装卸地,也是中国帆船航运的目的地,以及与西班牙其他殖民地贸易的商埠。该地尽管冠有城市之名,作为港口而具有重要的地位,但是阿卡普尔科曾是一个贫穷的小渔村,由于各种船只的抵达而周期性地繁荣起来。它曾是集市贸易地,同新西班牙的其他港口一样,适于商人的活动。1697 年一位意大利旅行者杰梅利·卡雷里就描述过它的状况:"至于阿卡普尔科这个城市,我想应该称之为一个低贱的渔村,这比南海和中国的第一市场这个虚假名称更好些,因为它的房屋低矮而丑陋,都是用木头、泥土和麦秸搭成的。"然而,中国帆船的抵达和秘鲁商人的同时来到(他们赶来参加贸易),推动了港口的短暂变化。卡雷里在其《日记》中评论说:"搭乘秘鲁船只来到的几乎所有商人都上岸来求宿;为了购买中国商品,他们自己带来了 200 万比索。由于这个缘故,[1月]25 日,星期五,阿卡普尔科从一个简陋的乡村变为住满人的城镇,先前由黑白混血种人居住的茅屋,现在全由大方的西班牙人占据了。26 日,星期六,除此之外,又来了大批墨西哥商人,他们带来了大量金钱和欧洲及本国货物。"新的旅行者接踵而来,教士、官吏和名人的到来使得这座临时城市繁荣昌盛起来，而当金钱和俸禄花光后他们离开这座城市时，该城又回到黑白混血种人村庄的卑贱地位。

从阿卡普尔科前往墨西哥城的行程约需十四天，是通过长途马路完成的。旅行者和商人抓紧时间赶路，以避开坏天气，并在墨西哥城办事，他们在那里出售大部分中国商品；另外相当多的部分流向韦拉克鲁斯，这些商品装上前往欧洲的船队。抵达墨西哥城的旅程是由驮运货物的马帮完成的；到达墨西哥城之前像契尔潘辛戈和奎尔纳瓦卡这样的一些城市是旅途中适于停歇的地点，那里有客栈、休息地，并可更换马匹。继续前往韦拉克鲁斯的人们利用相似的运输工具赶路，但是这条道路交通更为繁忙。

17世纪重大的事件是对北方的征服，而从16世纪起这就作为一项巨大冒险事业而展开。打开北方的道路缓慢而又不确定，人烟稀少、平坦而又陌生的土地使得冒险的旅行者必须采用星盘，以确定那些陌生荒凉土地的度数和方位。某些道路是通向一些王家矿区的；但是由于易受契契梅克人的袭击，所以必须由士兵和护卫队押送大车和马帮才能行进。正常情况下，只要用很短时间就能抵达圣巴巴拉，但是由于印第安人的侵扰，需用四个月，而返程更加缓慢，因为要将装载贵金属的大车押送到铸币厂。卡雷里说，1697年5月7日他曾看到大车进厂，"45 000马克（一马克等于八盎司）帕拉尔白银装在很多车上，它们在路上耽搁了六个月；而8日，星期三，237马克22K黄金运往圣路易斯波托西，以铸成西班牙古金币"。

从16世纪中期起，行进如此缓慢的这些道路被慢慢打通，当时征服者们深入到尚未开化的印第安人地区，而后者的战争和袭击技巧是令人生畏的，因此征服活动持续到殖民地时代末期。1580年西班牙人曾抵达圣巴巴拉，随后数年征服了新墨西哥难以对付的契契梅克人的土地。

这些冒险活动的闻名不仅在于其开端，而且还在于随后的定居阶段。当士兵和矿业主前进时，也伴随着传教士、牧业主和拓殖者的进展。他们所有人都在逐步创建社会和经济方面十分复杂的中心，而他们又有赖于向矿山前进的步伐。但是，后来矿山并不是决定土地占领的因素，因为矿脉枯竭后附近的许多城镇和牧场已能自行生存了。但是，采矿中心附近的地方不仅因这些中心的影响而发生变化，而且矿场的影响还扩展到过去被征服的其他地区。位于墨西哥城、萨卡特卡斯和瓜达拉哈拉之间的埃尔巴希奥，由于同遥远的采矿中心的贸易而得到发展。活跃的商人、农

第三章 殖民地社会与文化

耕者和手工业者居住在这个地区,把它改造为首要的粮仓。社会变化正是发生在 17 世纪:以精神征服时代为特征的修道院等大型建筑正处于停建状态,转而修建一般生活设施。因此,有人把 17 世纪看作为萧条的世纪;但是,他们没有考虑到其他因素:不太宏大的建筑的发展;在真正的城镇和乡村棚户区的改造;可以从水库的阶梯水坝取水灌溉的工程,和在所述时期开工并持续修建的日常使用和改造的其他中小型工程。

在某些地区殖民渗透活动仅由传教士进行。西部仍然是精神征服的土地,耶稣会教士把这个地区一直保持到 1767 年他们被驱逐之时。17 世纪西班牙人经过多次探测才成功地占领了这个地区;在东部,士兵和方济各会教士在各种变革方面没有多少作为,但是在 17 世纪末他们确立了新西班牙的漫长边界和新莱昂、新比斯开亚和新加利西亚王国。17 世纪确定的新西班牙各王国和各省的领土一直维持到以后几个世纪;此外还确立了北部边界,完成了南部和中部人口最密集地区的占领和教化。

殖民地时代以一场人口灾难开始,可能是始于 1576 年(或 1574 年),主要摧残了土著人口,直到 1579 年其破坏力才减弱。根据当时的数据,土著人的死亡人数高达 200 万。16 世纪末另一种普遍的传染病再次打击新西班牙。在随后几年,直到 17 世纪前半期,人口持续减少。按照 S.F.库克估计,在传染病蔓延之前,土著人口升至近 450 万;而至 1597 年,降至 250 万,至 1650 年仅 120 万。人口如此急

坎佩切残存的城墙和堡垒

剧下降是 1576—1579 年之前多次传染病袭击的结果,同时也是从征服时代起土著社会因遭受文化铲除、社会经济失调而产生的后果。但是大范围的传染病确实是最严重的打击。按照某些学者的研究,人口的恢复是缓慢的,到 1700 年土著人口刚达到 200 万。

尽管以上描述是粗线条的,但是可以肯定这最接近于现实。过去记载的基本事实是:由于西班牙人占领新的土地,土著人口重新分布。除了

传染病之外,西班牙人还带着牲畜和作物侵入土著村社的土地,迫使土著人迁出人口稠密的村庄,而去遥远的地区去寻找适于生活的地方。研究证实,从16世纪起西班牙人逐渐占据了埃尔巴希奥和北方的土地,17世纪最终实现了占有。埃尔巴希奥的周围地区,如图拉-西洛特佩克、米却肯和其他地方的居民迁移到这个新的农业、牧业和商业活动的中心,按照捐税账单推算,这些村镇人口在减少,而同时居住在克雷塔罗和瓜纳华托之间的人口在增加。在1643年到1646年之间,奥里萨巴和瓦图斯科地区土著居民人数增加一倍;这是地方人口自然增长的结果。在北方,在王家矿业中心土著居民迅速增加,这是强制移民的结果。西班牙人实行所谓的集合制,就是把分散居住的土著人集中在一个地点,他们争辩说,这样可以更好地"进行管理和基督教化"。1582年起便命令分散的印第安人实行集合制。由于土著人的抗拒和西班牙人企图夺取印第安人被迫放弃的土地和村社而胡作非为,阻碍了这项政策的实施,因此1595年放弃了这项政策。殖民地总督加斯帕尔·德苏尼加曾强行实施印第安人集合制,不仅针对分散居住的印第安人,而且还强迫其他印第安人放弃其村庄和村社,从而把土地留给贪婪的西班牙人,这样当局就把这些"空地"赏赐给西班牙人。当时出现了保护动迁的土著人财产的无数事件,但是土著居民为传染病所削弱,被迫远离其土地,面对西班牙牧业主和农业主的进逼,他们只得步步退却。这一状况表明,土著人口的恢复始于1650年之前(大部分历史学家都赞同该年土著人口处于最低水平),而1670—1680年将近200万。还应指出,土著人口的貌似增长,实际上可能其大部分是生活在印第安人中间的印欧混血种人的增加。

　　由于西班牙同欧洲其他国家常处于政治和宗教战争状态,因此它对外国人一直保持警惕,而只允许西班牙人合法地进入其美洲殖民地。即使在伊比利亚半岛内,对加泰罗尼亚人和非卡斯蒂利亚及莱昂王国的人也都加以限制,但是所述时代各王国的人们可以设法绕过禁令而来到美洲。通过特别许可证、批准书等途径,不少非西班牙的欧洲人成功地进入美洲各个殖民地,但是新西班牙并不向非西班牙人开放。法国人、佛兰芒人、德意志人等情况是例外,在有关这些国家人员信息的文件中他们或是旅行者或是临时批准入境者。从1580年起,西班牙和葡萄牙王国处于联合状态,有葡萄牙移民进入西属美洲,但是从1640年起严格加以限制,当时敌对状态已打破了两者的联合,数年中下令葡萄牙人离开西班牙殖民地。

第三章 殖民地社会与文化

从殖民地初期起,新西班牙的白人居民不断增加。到1570年可能有63 000名居民被合法承认为"西班牙人";1650年人数增加一倍,到1750年接近60万。除了移民之外,这一增加人数是由于土著居民增强了抵御疾病的能力;同时也由于强加给印第安人的劳动强度有所减弱,改善了他们的食物和人口在全境的分布。

另一方面,这些"白人"居民并非全部来自欧洲,因为出生于西班牙的人和土著人合法婚姻的子女可视为"西班牙人",同样具有7/8西班牙人血统的印欧混血种人可视为"西班牙人"。在城镇的居民名册上,"西班牙人"家庭的家长,把许多出自合法婚姻的印欧混血种人列为"西班牙人"。此外,这批"西班牙人"队伍因一些印欧混血种人成功地被认可而壮大,因为土生白人比印第安人享有更优越的社会地位,特别是在新西班牙社会内,印欧混血种人和其他血统的人备受歧视。

17世纪以来白人居民的分布变化很大。白人特别集中和增长于大城市,如墨西哥城、普埃布拉、瓜达拉哈拉和瓦哈卡等。1580年,杜兰戈附近地区,在王家矿业中心,37座城镇总共只有1 171名居民。到1630年,有49座城镇,居民人数上升到5 030名。17世纪时期,其他王家矿业中心,如瓜纳华托、萨卡特卡斯、圣马丁和苏尔特佩克,其人口增加。此外,还应当考虑到17世纪在其他地区发展起来的土生白人和印欧混血种人居民群体。例如,在埃尔巴希奥,出现了一些在营寨基础之上的农耕者、畜牧者和商人的城镇,而所述营寨曾是重要的人口中心。它们并不是全都获得城镇头衔的,但实际上都是拥有自己组织机构的真正居民点。另一些地方,如在新加利西亚的大部分(现今的哈利斯科州),其白肤色的居民,使得当时

尤卡坦一景:十字架,精神征服的象征

的编年史家都感到惊讶,因为这些分散的白人居民在官方文件上没有记载。换言之,并不是所有的白人居民集中点(类似土著人、黑人和各种混血种人集中点的情况)都在记载人口及其统计的文件中得到反映的。

众所周知,在新西班牙生活的第一批黑人是随同西班牙征服者而来的;随后输入的黑人人数越来越多。随着时间的推移,这种输入成为常见和无节制的活动。第二任总督路易斯·德贝拉斯科在1553年写给费利佩二世的信中讲到黑人奴隶贩卖到新西班牙的情况:"陛下命令不要过多特许黑人入境,因为在新西班牙已有二万多人,且将大量增加,这么多(黑人)将给这片土地带来混乱。"

确实,在殖民时代初期非洲奴隶贸易不断增加,因为土著居民大量减少造成了采矿业的衰落和农村劳动力的大幅下降。1580年总督恩里克斯使其继任者看到所面临的严重问题,因为这片土地上的财富出自矿山和农活,而这些工作只能由印第安人承担。他所建议的补救办法正是用国王的款项购买黑人奴隶,将他们有代价地分派给矿业主、甘蔗园主、磨坊主和其他西班牙企业主。从此增加非洲奴隶的合法输入,授权新西班牙每年输入5 000人。但是,每年准许从韦拉克鲁斯输入的人数从未达到这一数字;按照某些说法,在1590—1610年之间每年平均达到3 500人;据估计,1615—1622年输入29 574人。如果注意到高死亡率和横渡大西洋时人数减少,那么黑奴总数就更大。

关于黑奴人数演变的状况难以搞清。在这些年份,曾下令奴隶主出示奴隶款项的证明材料,并且当局强制计算奴隶和自由黑人数量。但是,这些措施的证据是不可信的,因为奴隶主为了逃避捐税而隐瞒了奴隶人数,同时,一些官吏经常受贿。自由黑人并不受主人管束,为了避免支付捐税或提供劳务,他们被隐瞒起来,而当局时常抱怨这一不可避免的现象。还有资料提到,黑人奴隶经常逃到群山和森林里,在那里形成了所谓的茅屋村庄,从此成为出没于山林的拦劫者团伙。许多自由黑人也因害怕沦为奴隶而逃亡,他们经常同流浪汉和盗贼为伍。

在目前墨西哥人口方面,人们质疑最多的是黑人人口,因为只是在沿海某些地方黑色人种特征才较明显。但是,17世纪旅行者的印象是:在新西班牙的许多地方都有黑人存在,在一些城市如墨西哥城、普埃布拉、瓜达拉哈拉、克雷塔罗等,都有相当多黑人。在王家矿业中心,在东部和西部沿海的几个地方黑人人数占优势。实际上在漫长的历史进程中由于持续的混血,土著人和白人集团逐渐吸收了黑人,使之趋于消失。在20世纪的墨西哥只有在高原才能见到黑人和黑色人种成分。关于17世纪黑人的分布情况,我们以萨卡特卡斯为例,到1600年,在该地有1 022名黑奴,4 606 名印第安仆役或雇佣劳动者和1 619 名分派制印第安人或被迫在矿山提供劳务的印第安人。也就是说,在劳动者中有近15%的人是黑人;而自由黑人、黑白混血种人和具有非洲人血统的其他混血种人还不计算在内。阿基莱·贝尔特兰在其关于黑人人口的研究中估计,在17世纪的新西班牙人口中黑人占有一定的比例。他的数据如下:1580年,20 569人(0.6%);1646年,35 089人(2.0%);1792年,2 131人。到18世纪末,黑人居民的重要性下降,因为土著人、白人和印欧混血种人人口增加。

17世纪混血种人人口增长。在殖民时代仅把西班牙人和土著人的子女视为混血种人,他们最早出现于16世纪中期。1554年,总督路易斯·德贝拉斯科写信给费利佩二世,对这一现象表示担忧:"印欧混血种人人数有很大增加,他们都出自如此低下和如此放肆的恶劣行为,人们已对他们和黑人感到担心。对这一切已无法纠正和惩罚,也无法像往常那样对他们惩罚。印欧混血种人在印第安人中间长大,由于他们一半血液是印第安人的,所以后者就收留他们,庇护他们,并供他们吃饭;但是印第安人却从他们那里得到很恶劣的待遇和卑劣的样板。"对于这些既非印第安人又非白人居民的歧视看法,后来其他当权者和总督也都予以肯定。按照记述,1580年马丁·恩里克斯认为,印欧混血种人(几乎是印第安人)、"黑白混血种人、自由黑人和其他下贱者"对于保持新西班牙的和平与秩序都是最大的威胁。

印欧混血种人,西班牙人和土著人的子女,从17世纪开始把他们称为"阿芙洛混血种"(afromestizos,这一名称更多地出现在18世纪的文件中)。现在还很难确定印欧混血种人居民在新西班牙境内的分布情况。突出的事实是他们分布在所有地方。

二、殖民地印第安人与西班牙人的社会生活

西班牙王室和主管美洲殖民地事务的西印度理事院在各种法律和政府法令中试图把殖民地社会的所有成员都包括在一种社会和政治组织内,然而,17世纪在这个领域事实上存在两种秩序:印第安人和西班牙人的秩序。前者实际上是被统治的主要对象,因为他们由弱者构成,遭受西班牙人贪婪攻击。而西班牙人作为殖民地社会和政治的主体,不需要用特定的西印度法律,而是用卡斯蒂利亚王国的一般法律对其地位和行为加以规范。

在征服墨西哥前后,西班牙在欧洲内外展开了反对异教徒的多次宗

教战争。因此,为所述战争激励的西班牙殖民者坚持认为,必须让印第安人加入最纯洁的基督教会。为此目的,他们力图不让印第安人与来到墨西哥的西班牙人混杂在一起,因为这些凶猛而有事业心的人"更想要利用印第安人,但后者没有受到基督教学说的训诲,需要拯救"。为了这一意图,按照西班牙市政管理模式,在印第安人村庄创立了村政会。在人口稠密且最早为西班牙人所占领的地区,则保留那里的印第安传统领主的土地和特权,但另外任命省长、市长、市政议会成员、法警和村社的其他显职。殖民当局的目的是在保留土著酋长制的情况下变革现存的秩序,因为印第安人所具有的和谐生活的"本领和理性"保障了当局的和平统治。

正是在西班牙这一政策引导下,1524年到1571年天主教各教团在墨西哥成功地进行了所谓的"精神征服"。因此,在土著村庄生活中,除了同殖民当局的政治关系之外,天主教组织及其各种因素是十分重要的。同新西班牙土著社会接触的第一批教士指出,印第安人古老的村社精神及其宗教观念有助于天主教的传播,所以土著人毫无困难地接受了天主教的影响,并被传教士组织起来,以举行新的宗教礼拜和接受新的道德训迪。

这样,修道士的传教活动渗透到印第安人生活的各方面,而一些村庄甚至成为以后来到新西班牙的天主教士的行动基地——农村牧师持续加强土著村庄的宗教组织和信仰的起点。因此,天主教士可以借助土著酋长进行宗教活动,所以他们对拥有世俗权力的上层土著居民产生了重大影响。在教士和酋长的驱使下,村社所有成员都参与建造印第安村庄的小教堂或教堂。随着各村庄的天主教崇拜和教义传播的广泛展开,殖民当局开始任命教堂的教义警官或督察员,他们负责村社宗教义务的履行。教义警官拥有很高威望和经济特权,如免除捐税和劳务,但他们如同村社的官员一样贪婪。在许多情况下,由于殖民当局强调进一步加强印第安人的宗教虔诚和土著人同传教士的频繁交往,教义警官必须持续巡视其教区,同时他们拥有很大的权力,用来达到教化土著人的目的。当时在一个名叫"阿尔塔米斯特卡"的地方,有个事件令当地的大镇长十分恼怒:有个刚当选为村长的印第安人,必须放弃教堂督察员的权杖,因为他不能同时身兼两职。但是这个"傲慢的"印第安人将村长的权杖扔在地上,并说同另一个权杖相比,这根权杖毫无用处。这件事发生于1661年,该年在整个阿尔塔米斯特卡地区印第安人举行暴动,反对大镇长。

一些宗教崇拜的辅助人员,如唱颂歌者和宗教节日弦乐器演奏者,都

第三章 殖民地社会与文化

享有类似督察员的特权,特别是在村社赢得了威望。作为专门职业者,他们都在宗教事务上很勤奋地协助天主教士对各土著村庄的控制。尽管存在这一切,但是在一些土著村庄还是发生了反对天主教士的事件。在某些地方,甚至印第安人与教士的关系趋于紧张,这表明17世纪初一些土著村庄开始出现厌恶天主教的情绪。从此西班牙天主教会以精神征服为特征的传教热情逐渐冷却下来,许多教士,甚至最典范的天主教团的教士也陷入16世纪末和17世纪初的失望情绪中。但是,无论如何,印第安人对上帝的信仰态度得到维持,且趋于坚定,虽然同时存在一些渎神的行为。从墨西哥整个社会来看,信神是17世纪的主调;宗教节日和崇拜无论是在印第安村庄还是西班牙人圈内都很盛行。社会生活中,以各种基督教名称的命名,以及新创立的宗教团体日益增多。这样,在整个殖民时期,民间欢乐或悲伤的表达,以及社会生活常规或习惯,如果没有宗教崇拜的外衣和信仰的背景,都是不可思议的。有位学者在谈到西班牙人统治下的墨西卡人时指出,在土著村庄创立的宗教团体已成为印第安平民的避难所,无依无靠"保护神"的具体化身,它们不同于西班牙人城市中强有力的、排他性的宗教团体,后者是组合在行会内手工业者联合的纽带,是城市社会中名望的源泉。确实,土著村庄的宗教团体没有排他性和行会性,它们拥有自己的威信和荣誉的源泉。这一切表明,到17世纪,西班牙殖民当局通过各种手段,使得印第安人基本上实现了基督教化。

从政治统治领域看,所述时期传统的印第安社会已处于瓦解状态,同时征服后头几十年期间西班牙王室对印第安人的政策:保留旧的土著政治单位,已渐趋失效。要把印第安人结合进新的殖民地社会生活中的压力日益强大,最终无法抵挡。一些印第安人移居城市,充当西班牙人的仆人和雇工,他们逐渐被西班牙化了。与此同时,在西班牙化的城市之外,一个新的印第安社会正在形成。随着土著人新的地方长官辖区和居留地的建立,一种不同于征服前政治结构的新的社会政治单位悄然成型。如前所述,此时印第安人大多数已皈依了基督教,他们开始采用某些欧洲生产技术,培育输入的动植物,并且进入周围地区的货币经济。然而,这种新社会仍然保持了某些传统成分。在西班牙官员监督下,印第安人通过大体上自治的市级机构来规范自己的生活。某些较为成功的印第安人自治单位自身形成了一定的抵抗力,以对付外来者的入侵。他们拥有村社的钱柜,使之积累为财政储备,可用来缴纳贡赋和履行其他义务。印第安人还学会以合法的所有权凭证来保卫自己的土地,并学会进行请愿和游说,来捍卫或要求权益,这些都是在西班牙统治的社会中谋求政治上生存的必要手段。结果,印第安社会的单独发展,满足了西班牙殖民地的经济需要,土著人实际上成为王室的财政和劳务的主要来源。

在西班牙殖民统治下,印第安人必须以硬币或实物或兼用两者支付赋税,这在其生活中占有中心地位。在16世纪50年代的新西班牙,由于受到各种政治、经济因素侵害的印第安村社无力支付分派给他们的苛捐杂税,所以殖民当局不得不重新规定赋税水平。从16世纪60年代起,收取赋税的组织为一批新的官员、土著地方长官所掌控,他们或是来自半岛的西班牙人,或是土生白人,仅任职二或三年,王室指望他们成为其可靠的代理人。这些新的地方长官的职责不仅要收取赋税,而且还要执行审判,以及组织劳力从事公共和私人工程。然而,他们充分利用手中的权力牟取私利,在收取赋税时进行敲诈勒索,还利用部分劳力为自己的事业效劳。实际上,他们像君主那样生活在印第安人中间。因此,传统的印第安社会中最危险的敌人正是那些贪赃枉法的白人官吏。

17世纪期间,在许多印第安村社,黑白混血种人、印欧混血种人和其他外来者成为土著政治机构的当权者。这样,为保留印第安社会,王室所设想的秩序日益遭到破坏。确实,在一些地区酋长和头领成功地长期占据当权者的地位,并保持了特权,但这只是他们同西班牙人达成的交易,作为交换条件,前者必须出让土地,同意让平民百姓承担过多的捐税和劳务。在土著人口稠密的瓦哈卡就曾出现上述情况。同印第安人村庄的政治组织相对应的经济组织是村社,那个时代的殖民当局文件中讲到土著经济问题时就采用"村社"这一名词。土著村社的主要世袭财产是土地。虽然村社所拥有的土地一直受到外来者(放牧者、西班牙人、黑白混血种人、印欧混血种人、宗教人士、其他村社的成员)的侵扰或侵占,但是长期以来土著人对土地一直持有眷恋和捍卫的态度,因为村社土地作为其共同的物质基础,有助于加强村庄的社会内聚力。实际上,由于在土著村庄出现政治文化的同化和传统秩序解体的进程,所以印第安人如要保持村社公地的存在,那就只有求助于殖民当局的"保护",但是这种行动一般是以印第安村社丧失土地和水源而告终。

尽管存在所述问题,但是在当权者的头脑中印第安村庄和村社的模式仍然是唯一可运作的土著基层社会经济单位。实际上,印第安村社面临着种种危险,甚至趋于消亡,然而新西班牙的总督和各级当权者,以及大洋彼岸的西班牙王室和西印度理事院还是在不停地颁布法令要求善待"可怜的"臣民印第安人,保护他们,努力避免不正义。这一切只不过是一纸空文,事实上印第安人的处境在不断恶化。

在墨西哥殖民地时期,西班牙人群体分布在新西班牙全境;城镇是有威望和有各种称号的白人居民生活区,其居民是有名望的"住户",或者"西班牙人"家族的族长;也就是说,是不像印第安人那样有纳税义务的臣民。他们都可以追求市政议会的职位,而印第安人、印欧混血种人、黑人或其他血统的人是没有这种权利的。从法律上看,"西班牙人"不仅是指生于美洲的白人(即土生白人),而且还指合法婚姻的印欧混血种人和仅有微弱印第安血统的人(即"卡斯蒂萨女子"与西班牙男子所生的子女),以及肤色已弱化的有色人种血统的人,都能通过各种手段,或因其财产或其他途径已取得名望的人都可以登记为"西班牙人"。

真正政治上重要的职位(总督、法官、王家及地方检审法庭的律师)一般保留给来自半岛的西班牙人,例如,在整个殖民地时期,总督的职位一直由半岛人担任。这些职位不仅有确实的声望,而且被授予实权。但是,正因为如此,他们应当谨慎行事,以免遭遇不幸和被革职,因为殖民地官场里充满着尔虞我诈、争权夺利的现象。能真正满足荣誉感的是取得卡斯蒂利亚贵族封号,但"真正的贵族"在美洲是十分稀少的。由于西班牙朝廷的经济困境,土生白人购买贵族封号是有可能的。新西班牙的王家财政署的记账单揭示了17世纪获得卡斯蒂利亚贵族头衔的名单,如,1616年12月10日批准授予圣地亚哥·德卡利马亚伯爵称号,后来他还成为菲律宾先锋官。

在新西班牙,贵族和政治权力是不对称的;头衔给予荣誉,它的取得是花钱买来的,然后必须每年支付名为"长枪"的税金,所谓"长枪税"就是以金钱取代贵族的古老义务:作为武装人员为捍卫王国安全而去救助国王。新西班牙贵族是软弱的,但是很高傲。与卡斯蒂利亚的贵族不同,高傲是美洲贵族共同的"世袭遗产"。对于许多人来说,他们的贫困实际上使之丧失了从西班牙朝廷买来的头衔,只剩下作为美洲贵族成员和绅士的虚名;某些土生白人认为,为西班牙国王赢得这片土地的贵族,理应比卡斯蒂利亚贵族更有价值,更应受奖赏。然而,事实上他们徒有其名。

为了让其世系及其世袭的贵族称号永存,征服者和殖民者都以有关个人权利的中世纪制度——长子继承权为依据来保护这一切。该制度是仅有利于一人(一般为长子)的,是不可转让的财产永久限定继承的制度;它有避免承袭财产被分割的"优越性",因为这种财产是荣耀门第的基础。在历史上,西班牙的西哥特人一般按照事先确定或法律规定的某些条件达成有关长子继承权的协议,其目的是保护家族财产不被分割。在美洲,1498年哥伦布把这种制度引进了安的列斯群岛。同年,经西班牙国王特许,哥伦布建立了他的长子继承权,其中包括从其舰队司令、总督和地方长官职务中所产生的权利、什一税和年金。哥伦布的后代只是由于对君主不敬罪而遭惩罚,才丧失了这一权利的。

墨西哥长子继承权的第一例是经国王特许、于1535年1月9日科尔特斯在科利马为其长子和继承人而建立的特权。这一权利包括其一切财产和收益在内的谷地侯爵领地、耶稣医院的保护人、在"南海"及其岛屿和陆地征服者已拥有或将要拥有的权利。曾是谷地侯爵领地的一切财产的管理人卢卡斯·阿拉曼提供了一项奇怪的资料:按照长子继承权,1562年经费利佩二世授权,第二代侯爵转让限定继承的墨西卡国王蒙特苏马新宫的财产(今国家宫),最后以总共33 300比索的价格将房产卖给了王室。18世纪末,侯爵领地每年产出80 000多比索的收益,是佩德罗·德阿尔瓦拉多创立的领地收益的十三倍以上,比阿特利斯科的公爵领地收益更多。然而,墨西卡国王蒙特苏马后代的长子继承权,是由蒙特苏马的曾孙佩德罗·蒙特苏马于1567年创建的,这是以他放弃"墨西卡帝国"的权利作为交换条件的。所述的长子继承权包括印第安人赋税和蒙特苏马与图尔特南戈伯爵领地及伊卢坎(图拉)子爵领地。蒙特苏马二世的另一后裔移居半岛的卡诺-蒙特苏马在1571年创建了第二个长子继承权,其产业在塞维利亚和卡塞雷斯。墨西哥的几例长子继承权都产生于16世纪,由征服者、监护者和矿业主创立于1550—1588年之间,包括房产、庄园、矿山、牲畜、奴隶和相应的收益。17世纪又建立了一些长子继承权,而到18世纪增至62例,以致王室出来干预:它不仅重申了1573年和1585年对这个问题的处理办法,而且实施严格的新限制。

18世纪末墨西哥最后一批长子继承权是由比凡科和巴列亚梅诺侯爵建立的。1789年起,规定须证明拥有不少于4 000比索的年收益者才能建立一项长子继承权,显然这是要限制其数量的增加。特帕伯爵的长子继承权在1797年建立时,所拥有的财产包括:在墨西哥的房产和龙舌

第三章 ● 殖民地社会与文化

兰庄园以及在西班牙的大葡萄园等,其全部产业价值高达 140 万比索。在有称号的贵族的长子继承权中财产最少的一例是梅斯基塔尔侯爵,1786 年估计其财产为 27 500 比索。显然,这种特权的形成是国家经济发展的严重障碍,因此西班牙朝廷于 1820 年废除了长子继承权,从而把相当大的一批限死的财产变成为可流动的财产。在墨西哥,1822 年禁止创立新的长子继承权。1823 年 8 月 7 日议会决定征用长子继承权财产、酋长领地、托管遗产、慈善救济机构和现存的过世俗生活的牧师财产,准予赔偿蒙特苏马的后裔。虽然同年 9 月 30 日梅里达市长还承认蒙特霍的长子继承权的有效性,但是政府已开始解决棘手的谷地侯爵领地的财产问题,而直到 1856 年其不动产还不能被全部征用,后来政府通过其出售而获得了大量款项。

最后,在墨西哥还存在两种独特的情况。首先,在殖民地存在着所谓"灵魂的长子继承权"这种土生土长的奇怪形式。实际上,这只不过是一种虔诚信奉宗教的活动,即一个人留下一笔遗产,以便在他死后为他做安魂弥撒,这一做法被看作是为其自己的灵魂建立一份"长子继承权"。1568 年,富有的矿业主阿隆索·德比利亚塞卡建立了两份长子继承权:第一份给其女儿,即继承人;第二份为自己的灵魂的继承而立。他把大量的财产委托给耶稣会教士,让他们为其灵魂的安息而长久地主持弥撒。据估计,宗教裁判所保证"至少在百年中为他主持 36 400 多次弥撒"。其次,1562 年特拉斯卡拉地区的土著人寄给国王一份布告(收在《西印度函件》中),请求国王向该地区的印第安首领和贵族授予建立长子继承权的特权。事实上,该地的社会制度承认四种土地所有制形式:特卡利(teccalli)、皮尔卡利(pilcalli)、维维卡利(huehuecalli)和约特基瓦卡利(yaotequihuacalli),前两种大致相当于长子继承权和祖传财产。有两封信可说明这一问题。第一封是普埃布拉地方长官、市议员贡萨洛·迪亚斯·德巴尔加斯于 1566 年 5 月 20 日致卡洛斯五世的信,讲述了一些行政问题,其中他劝告国王不要剥夺印第安酋长和显贵们古已有之的长子继承权。在同一世纪末的第二封信中,圣奥古斯丁教团修道士佩德罗·华雷斯·德埃斯科瓦尔提请国王费利佩注意,不要剥夺印第安酋长和显贵们的庄园和长子继承权、世袭财产和地产,因为这不利于"良好的统治",同时也不利于殖民地的安定。

实际上,16 世纪末和 17 世纪初,在西班牙人社会内部一些人通过不同的途径,如在农牧业和采矿业活动中发财致富,从而跻身殖民地的上流社会,购买贵族称号,家族联姻关系,等等,构成一个新大陆的贵族阶层。尽管一开始西班牙王室为了维护自身的利益而阻止美洲的贵族阶层的形成,但是在1630年迫于经济需要的压力,它改变了政策,授权总督在美洲出卖贵族头衔。这样,王室在一个又一个领域内为了眼前的财政利益而不断改变原先的政策。然而,这也反映了殖民地本身的变化,因为土生白人权贵不顾王室的限制,还是巩固了自己的地位。

据研究,到16世纪末,土生白人权贵阶层是一种混合体,"建立在旧居民点、新的财富和有影响的亲属关系的基础之上"。征服者——美洲的第一代权贵确立一种世代相传的继承权的企图,后因西班牙王室的阻遏而破灭。据1604年的一份文件说,在1 326名墨西哥的征服者中生活到当时的后裔仅934人;征服者中只有极少数人,主要是舰长和骑兵获得了大量财富和委托监护地。他们都住在像墨西哥城或普埃布拉那样的大城市;而大多数人在艰难岁月中去世了,或默默无闻地住在远离主要城市的小居民点。

除了一小批成功的征服者之外,还有不少早期移民通过各种手段,在美洲新的环境中获得了成功。例如,有些人在朝廷中有重要的亲戚关系,像新西班牙的鲁伊斯·德拉·莫塔、阿尔塔米拉诺和塞万提斯·卡绍斯家族,因此得到庇护,且发财致富。此外,王室官员,特别是财政官员,如:阿隆索·德埃斯特拉达、罗德里戈·德阿尔诺斯,他们拥有重要的财政大权,因此可以使其家族同新西班牙的杰出移民联姻,后来成为新贵。实际上,每个新总督的随从人员和检审法庭的法官也都借助有利的关系,达到鸡犬升天的目的。例如,1590年离任的新西班牙总督向其继任者讲述,瓜达拉哈拉检审法庭的检察官在没有获得王室许可的情况下就同其女儿结婚,而当有人力图剥夺其职位时,检审法庭就出来保护他。随着时间的推移,殖民地名门望族的核心持续吸收成员,尤其是那些采矿致富的人。在某些家族联姻中,委托监护主的富孀起了决定性作用;这种联姻带来了相互关联的家族网。他们利用长子继承权来防止家族财富的分割。

在新西班牙,许多名门望族因同总督行政机关及宗主国西班牙有影响人物建立了密切关系,从而在殖民地为自己家族奠定了牢固的权力基础。比如,两位总督路易斯·德·贝拉斯科(父与子)的经历就说明了这种现象。小路易斯本人经历了土生白人的文化教养,在其父任总督期间(1550—1564),他的童年和成年在墨西哥度过,尔后担任总督(1590—

第三章 殖民地社会与文化

1595);1601—1611年再度出任总督后,回到西班牙。在半岛,他获得萨利纳斯伯爵头衔,并担任西印度理事院主席,直到1617年去世。这个实例表明,贝拉斯科家族与土生白人权贵的长期密切关系,使得该家族有机会不断获得特权和位居要津。

在殖民地的西班牙人社会中,有时与重要官员的良好关系可以影响重大案件的判决,特别是为控制干旱地区最宝贵的资源:水源而出现的诉讼案件。土生白人权贵一般占有生态良好地区的灌溉地,因此也垄断了城市的粮食供应。不仅如此,他们及其亲属占据市政议会成员和市长的职位,并且长期影响当地的政界。此外,西班牙人之间的亲属关系,逐步形成的寡头统治集团与总督行政机构各部门以及同宗主国的贵族和王室官员之间错综复杂的利害关系,必然使得西班牙王室难以推行与殖民地寡头统治集团的利益相冲突的任何政策。因此,1598年费利佩二世去世后西班牙的中央政府权力的削弱,这反过来又增强了墨西哥的寡头统治集团权力。费利佩三世统治时期,殖民地的特殊利益集团已取得了政治支配地位,与此同时瓜达尔卡萨尔侯爵主持的墨西哥总督辖区政府(1612—1621)组织松弛、贪腐成风,王室官员同名门望族之间产生摩擦,使得少数特权阶层进一步发财致富。

17世纪初开始,寡头统治集团的地位不断增强,连新任的总督也削弱不了他们的权力。1621年秋,新任总督赫尔韦斯侯爵抵达墨西哥城,试图改革辖区的体制。但是,在短时期内,总督行政机构的重要部门都与之疏远,因为官员们感受到改革计划的威胁。一些官员还同当地地主有盘根错节的关系,后者控制了墨西哥城的粮食供应,并操纵玉米和小麦的价格,使之上涨。当总督试图降低价格和制裁不法商人之时,辖区内一些最有权势的人物都起来反对他,其中包括检审法庭和墨西哥大主教。此外,赫尔韦斯还因企图制止走私和强迫贷款而引起商人社团和首府贸易署的不满。与此同时,他还坚持王家官员应及时将赋税的资金上缴王家金库,而不让他们将资金挪用到一些企业活动,但是这种限制破坏了辖区的矿业所依靠的信贷体系的运转,进而使得殖民地经济陷入危机之中。

在这种形势下,总督与大主教之间的个人冲突,逐步演变为以赫尔韦斯为一方同王家官员、高级教士和当地寡头为另一方的对抗,这使得墨西哥城的形势日益紧张。最终,1624年1月15日反赫尔韦斯分子唆使群众攻击了总督府邸,迫使总督逃进方济各会修道院避难。结果,检审法庭接管了总督辖区政府;这样,西班牙王室不得不派遣一位新总督;虽然赫尔韦斯为了挽回面子,在继任者抵达后,他礼节性地复职了一天,但是这改变不了既成事实:一个联合起来的强大地方势力,可以挫败坚持西班牙王室政策的总督。正如一位史学家所指出的,1624年墨西哥城的骚动,"代表一种对王室在西印度权威的更具戏剧性的挑战,胜过其在17世纪所面对的任何其他挑战"。"寡头统治集团正处在使自己在整个西印度,无论是较发达的地区或是边境地区,得到承认的过程,并且正在制定出各种有效的抵抗形式,以对付来自远方的王家政府的命令"。

三、18世纪后期波旁王朝改革

1700年,西班牙国王卡洛斯二世死后无嗣,按其遗嘱,法王路易十四之孙、安茹伯爵费利佩继承西班牙王位,称费利佩五世。由此西班牙发生了王朝更迭:波旁王朝取代了哈布斯堡王朝。18世纪中期起,波旁的君主们开始在整个西班牙帝国推行改革,寻求重新构造半岛的内部结构及其同殖民地的关系。其主要目标是西班牙王室重新掌握过去授予各个集团和社团的一切属性的权力,并承担王国的政治、行政和经济的领导责任。这种新政治的基本原则是同所谓的"开明专制主义"政治相一致的,它的要义包括王权至上论或君主利益居支配地位,国家利益高于个人或社团;推动合理化的农业、工业和贸易;发展科学技术和传播知识及艺术。改革纲领的实施要求国家拥有一种新的行政组织和一批新官员。为实现所述的目标,西班牙的波旁君主采用在法国已设置的监政官制;同时,在有知识的中等阶层队伍和外国人中间广泛招募新官员。至于美洲,七年战争(1756—1763)以英国人夺取哈瓦那而告终,西班牙在最后阶段被打败,这一严酷现实迫使波旁君主考虑实施从1743年起就宣扬的新政策。其主要措施由何塞·德尔·坎皮略-科西奥在其《美洲经济管理新制度》(1789年发表)中加以系统化:取消西班牙港口加的斯对美洲贸易的垄断,将殖民地土地分派给土著人,促进采矿业,扩大西班牙制成品的美洲市场。然而,从1760年起波旁君主决定在美洲实施目标更为广泛的政治经济改革措施:改革殖民地行政管理机构;收回授予社团的权力,推动经济贸易活动,特别是让殖民地最大限度地向宗主国提供财富和资金。

积极推行全盘改革的君主是卡洛斯三世(1759—1788),从18世纪

60年代起他的改革主张给殖民地带来一系列新的制度和措施。具体负责实施美洲改革的高级官员是西班牙的马拉加人何塞·德加尔维斯,他在1765至1771年任新西班牙的督察官,1776至1787年为西印度大臣。波旁王朝推行改革的要旨是加强控制殖民地。改善和加强从一个多世纪前起就由西班牙王室单独掌控的殖民地经济、政治和行政管理机制;并将这种机制置于忠诚于王室的西班牙官员的领导和监督之下;最终使得殖民地的各种政治、经济和军事要素服务于宗主国的任何目的和需要。这些就是波旁王朝改革的主要意图。正如某些史学家所指出的,从改革实施之日起,墨西哥在实际和严格意义上都成为名副其实的西班牙王室的殖民地,因为它的依附和服从从没有像现在这么严格。除了这个后果之外,改变殖民地现存政治经济结构的各种措施带来多种进程。按照波旁王朝的主张,在殖民地不得存在与君主权力相敌对的社团和个人权力,也不能有危害西班牙国家最高利益的世俗和教会特权,因此波旁王朝的首要改革任务便是收回过去哈布斯堡王朝已授予各个僧俗社团的权力和特权。

在新西班牙,无论是道义力量还是财富及其所起的政治作用方面,最强大的社团是天主教会,特别是罗马天主教会的修道士。很快殖民地教会感受到削弱其法国、葡萄牙和西班牙的兄弟教会那样的冲击,成为西班牙王室官员的王权至上论攻击的牺牲品。从18世纪前期起,波旁王朝通过禁止在美洲建立新的修道院(1717年)试图减少罗马天主教修道士的力量;其后,1734年,下令基督教团在十年之内不得再接纳见习修道士;1754年禁止教团干预遗嘱的编写。1760年起对教会的攻击达到最猛烈的程度。耶稣会,因其拥护教皇主张:教会不受国家控制,争取教会在高等教育中无可争辩的影响,保持其巨额财富及其独立特性,最终成为最富有战斗性的教团,所以1767年王室突然将耶稣会教士驱逐出所有的美洲殖民地。在新西班牙,虽然对近400名耶稣会教士的驱逐同其他地区一样执行得迅速和有效,但是在帕茨夸罗、乌鲁亚潘、圣路易斯波托西和瓜达拉哈拉都发生了民众暴动,同时遭到刚从西班牙派来的正规部队的猛烈镇压。督察官何塞·加尔维斯领导驱逐耶稣会教士和镇压暴动者,并以空前严厉的手段惩罚了暴动者:86人被绞死,73人被鞭打,117人被流放,674人被判处各种刑罚。

在新西班牙,波旁王朝在这第一个行动之后,紧接着实施一系列限制罗马天主教修道士享有的司法权和个人豁免权的措施。尽管这些措施引起墨西哥教会人士的抗议,但是王室还是决定在世俗监狱中囚禁犯有多种罪行的数名教士,并持续限制殖民地社团中最强大的教会的特权。无疑,对教会打击最严重的措施是1804年12月26日颁布的敕令:《关于转让不动产和收取宗教活动及慈善机关资金以加强王家代金券》。从1798年起波旁王朝就开始在西班牙实施的征用政策,通过这个敕令扩展到新西班牙(和美洲所有殖民地)。同发生在西班牙的情况一样,王家法令在美洲的执行具有明显的意图:削弱维持教会的经济基础,因为它命令没收从出售教会不动产中得到的资金,以及教会在殖民地所拥有或经营的流动资金。

波旁王朝对构成社团的世袭遗产保留者的权力及特权的打击,不限于教会。其后还针对最重要的社团:墨西哥城商会,由于所谓的自由贸易法的实施,和其他城市商会的成立:韦拉克鲁斯(1795),瓜达拉哈拉(1795)和普埃布拉(1821),墨西哥城商会丧失了巨大的垄断权。这一打击还伴随着对其政治和行政领域参与权的限制,因为从1754年起就撤销了商会对墨西哥商业税的管理权,不久"王家监政官条例"(1786)命令撤销大市长设置,而大市长曾是商会的主要合作者。但是伴随着削弱强大社团力量的行动,波旁王朝的许多改革还加强了已形成真正社团的另一些集团,如矿业主获准创立特别法庭(1776),建立一家银行(1784)和一所矿业学校(1792),等等。另一例是军队,由波旁王朝创建的正规军很快变成为一个享有特权的社团,军队拥有其自己的司法权、法院和管辖权。

在打击了教会之后,波旁王朝试图加强军队这一团体,其目的是以军队取代教会,作为其控制美洲的主力。1764年,两个团的西班牙军队在新西班牙登陆,以长期驻扎在殖民地。1767年这支军队负责执行将所有的耶稣会教士驱逐出境。18世纪初正规军总共近5 000人,1803年达到3万人。波旁王朝需要一支直接从属于君主的军队,这支军队在1810—1821年的镇压民众的斗争中更趋重要,这就是支配19世纪大部分历史的军队的力量和特权的起源。

1767年督察官加尔维斯提出了其监政官辖区的最初计划,经过十九年,1786年颁布条例,在新西班牙创建十二个监政官辖区:杜兰戈、瓜达拉哈拉、瓜纳华托、墨西哥城、瓦哈卡、普埃布拉、圣路易斯波托西、索诺拉、米却肯、韦拉克鲁斯、尤卡坦和萨卡特卡斯。在这一阶段及其后,这个方案成为许多批评和抗拒的目标,殖民地的某些官员试图阻止其全面实施。初期抗拒来自各任总督本人,他们一直反对将其部分权力和职能转让给监政官。起初,这些新官员的任命是在总督缺席的情况下,在西班牙

第三章 殖民地社会与文化

完成的,因此分割了总督的权力并削弱了其形象;而总督认为自己应是国王在殖民地的全权代表。从布卡雷利(1771—1779)到雷维利亚·希赫多(1789—1794),各任总督都提出了这些和另一些理由来阻止监政官辖区的创建。此外,王家检审法庭、司库和负责收税的王家官员、杰出教士和精英分子都加入到抗议的行列。同总督一样,他们所有人都拒绝从军队或行政机构招募来的这些新官员(后者是渗透着新思想的更年轻的人)上任,除了排斥他们之外,都表现出不合作态度。

王家检审法庭,位居总督之后最强有力的世俗机构,也成为改革目标。这个法庭在很多问题上充当总督的顾问和咨询机构;当加尔维斯担任督察官之时(1765—1771),该法庭由法官和典狱长组成,其大部分是土生白人,虽然条例规定其成员应是西班牙人。1769年七名法官中六名是土生白人;四名典狱长中至少有两名土生白人。十年之后,由于加尔维斯的努力改组,王家检审法庭的构成如下:法官,五名西班牙人对四名土生白人;五名典狱长是西班牙人,无土生白人。随后几年加尔维斯仍然坚持缩减土生白人在这个法庭的参与比例。尽管他过去一直坚持阻止美洲地方权力和利益形成的主张,但是当他被任命为西印度大臣后却允许土生白人参与竞争司法、教会和行政机构职位,他颁布法令:美洲检审法庭和大教堂牧师会职位的1/3提供给土生白人。

另一个重要的集团:高级官员、司库和职员,他们掌管了总督辖区收取捐税的王家金库,几乎全由波旁王朝引进的新人所取代。1776年加尔维斯的一项法令让新司库掌握新西班牙最重要的24个乡村。不久之后,负责收税的官员班子和王家财政整个分支系统都经受了变革。这些改革意图是增加其有效性,收取更多的钱财和创建一个更独立的机构。

最后,当时引起最大反响的行政改革之一便是废除大镇长职位。这些行政区官员原先负责收取其管辖区内印第安人村庄的捐税。其职权还包括了解印第安村庄中民事和刑事司法权方面的重大问题。无论是大镇长还是郡守,其首要职责是关注和保护印第安人,为此他应经常视察其行政区的所有村庄,听取印第安人的不满意见,请求和进行必要的补救。大镇长应住在其行政区的首要村庄,任职期间禁止同其管辖区的人贸易、结婚,禁止谋取钱财。但是,就像在哈布斯堡王朝时代几乎所有官员所发生的情况一样,低薪金诱使大镇长践踏16世纪起其职位的基本原则。大镇长是从低军阶的军人或很少有经济资源的行政管理者中招募的,但不少人都怀有很大的野心。

这一政策带来很多弊端。首先,因为这种行政管理政策支持豢养依赖于中央政权和付给报酬的官员,然而大镇长事实上是租借或购买来的职位,这就使之利用职权来谋求个人利益。第二,因为这一政策也反对个人垄断,但大镇长的任务之一便是在一定的地区行使贸易垄断权。最后,波旁王朝辩解说,分派劳役制是印第安人遭贬黜的主要原因之一。依据这些理由,督察官加尔维斯要求废除大镇长及其助手职位,建议由隶属于监政官的副代表取而代之,他们领取薪金,而禁止他们从事贸易和垄断活动。虽然这项建议受到总督布卡雷利和其他高级官员和商人的攻击,但它还是被编入1786年的《王家监政官条例》作为一项法令,其中第十二条废除大镇长职位和辖区及禁止分派劳役制。

然而,1786到1804年这些规定的实施遇到了问题。一系列自然和人口灾害(1779和1785—1786年农业危机及其后的流行病),西班牙和英国之间的战争带来战舰封锁,殖民地与宗主国之间贸易的中断,影响到出口农业,特别是瓦哈卡地区生产的胭脂虫。这一切因素的交汇造成该地区的生产和捐税下降,以及新西班牙居白银之后胭脂虫这项最重要出口收入的下降。因此,墨西哥城商会的商人和其他许多捍卫旧制度的官员利用这一形势争辩说,这种经济萎缩的原因是废除大镇长职位和土著人分派劳役制,因此他们多次请求国王和西印度理事院恢复过去的制度。他们的请求未被接受,但是引起人们怀疑和研究《监政官条例》的规定。

尽管各种抑制因素阻碍了波旁王朝的行政改革的执行,但是这些措施改变了旧制度,并影响到传统权力集团的构成。应当强调,行政机构改革和新官员输入的基本目标是带来新西班牙经济变革:进一步加强殖民地同宗主国经济关系。因此,经济改革实施方面并没有出现像政治改革那样的游移不定,相反,经济改革执行得迅速而有效。可以说,1765到1786年,20年间确定和实施了这些改革的主旨。十年后产生了明显的成果:新西班牙成为西班牙帝国最富有的殖民地,是贡献给宗主国收入最多的殖民地。王家年金的修正和整个财政部门的重组是波旁王朝关注的主要目标。当卡洛斯三世登上王位时正碰到"不可言喻的混乱的王家年金"问题。为了立即整顿这些部门,督察官加尔维斯开始让官员停止工作,并建立更有效的监督和控制程序,1776年完成了账目评审团的重组。

账目评审团原有的全体人员都被解除职务,而设置新的职位和职能,

第三章 殖民地社会与文化

他们都得到很高的薪金报酬(三名大会计,每年 3 500 比索;结算会计六名,2 500 比索;另六名财务主任,1 800 比索)。1792 年账目评审团又是新一轮改组的目标:其全体人员增至近 40 名官员,并得到增加薪金的待遇。1785 年通过引进复式簿记制,会计账簿方法得到改善。最终,在雷维利亚·希赫多的管理下,实现了混乱的王家财政部门系统化。

除了这些改革,王室还推行了其他措施,以夺回捐税的控制权和改善收税制度。过去,由于缺少一批职业管理人员,西班牙王室被迫将许多管理职能授予一些社团和个人,其中有捐税的收取。为了收回有关权力,1763 年废除了韦拉克鲁斯海关的租约,1776 年王家财政部门进驻总督辖区内其余收税中心。从此时起,任命了 24 个最重要村庄负责收税的新官员。他们每个人都配一名会计、数名抄写员和警卫,对所有的销售收取 6% 的捐税和龙舌兰酒特别税。各海关收取商业税和商品进出港口税。在采矿地区,还有财政官员负责收取各种捐税。总之,到 1776 年,只有在遥远或十分偏僻的地方继续沿用私人收税形式,以其所收税款的 14% 作为工作报酬。这一广泛的财政改革带来了王家收入的巨大增加。

在实现这些变革的同时,还创设了新捐税和增加王室收入的新形式。在前者中可以列举数种:对杂货型小商店收取的捐税,是从 1631 年起就已下令收取的,此后,1730 年和 1750 年再次重申,但只是在压制了商人的反对后从 1780 年起此项命令才生效。商业税还扩展到过去不收税的数种商品上。这些新捐税尽管涉及面不广,但还是引起了墨西哥城和内地城市的骚动和抗议。另一些导致王家收入增长的措施是创设由国家操纵的专卖或垄断。实际上在西班牙和墨西哥早有垄断多种商品(水银、盐、纸牌、印花纸、冰霜、彩票)的经营和销售,但是波旁王朝拓宽了新的空间。如组织烟草专卖形式说明了当时创设的其他垄断的意义。到 1769 年,建立了墨西哥雪茄烟和香烟王家制造厂,并在普埃布拉、克雷塔罗、瓦哈卡、奥里萨巴和瓜达拉哈拉建厂。这些由烟草专卖公司经营的单位,支配全国的雪茄烟和香烟的生产,因此,从 1766 年起不准再建私营厂或工场。到 1775 年私营烟场已消失,销售雪茄烟和香烟的商店已由王家专卖公司经营的专卖处所取代。烟草产品的生产和销售的垄断损害了包括烟草种植者的贫苦阶层的利益。因此,1766 年 7 月 17 日在瓜纳华托发生了民众暴动,参与叛乱者除了要求废除服兵役登记之外,还反对专卖办公室及其职员,要求关闭烟草专卖处和取消新的商业税。尽管存在这些问题及与种植者的冲突,王室仍然全力支持烟草专卖,这正如一个专卖公司经营者所说:"这个公司是国王在美洲殖民地所拥有的宝贵珍宝。"

　　无疑,最重要的经济改革是改造西班牙和美洲之间的贸易体制。正如某些学者指出的,这场改革具有使得西班牙和殖民地经济"国有化"的意图。其目标是:1. 收回从17世纪起给予欧洲国家的贸易特许权(结束英国人向殖民地输入奴隶和商品的特权;消除在直布罗陀、加的斯和各殖民地的走私渠道);把作为外国财团中的塞维利亚挂名者,变成为真正的西班牙商人;并结束安达卢西亚的塞维利亚和加的斯的垄断,两地曾控制了同殖民地的所有的交易。2. 为了满足西班牙和欧洲的需求,改善殖民地原料的开发体制,并将该体制扩展到先前开发不够的领地,如布宜诺斯艾利斯、加拉加斯和哈瓦那。3. 促进半岛的农业、工业和制造业的发展,其目的是让西班牙的,而非欧洲列强的商品和产品成为同殖民地贸易交流的基础。这些改革使得"军事防卫现代化"的政策具体化,这是从18世纪初期就开始宣示的政策,但只是从1762年起,即英国人夺取哈瓦那和马尼拉之时,才变得有效。虽然在新西班牙并没有实施所有的改革,但是一些改革实施的影响是很大的。最明显的后果是:准许几个美洲港口直接同西班牙交易,加的斯和墨西哥城商人垄断断裂,支持新商人和新商会,废除控制土著产品出口贸易的大镇长制,自由贸易思想渗入土生白人的思想意识。

　　从波旁王朝确立的经济改革目标来看,其改革政策确实取得了显著的成果,以下数据可以说明问题。1765年新西班牙的收入达到6 130 314比索,1782年则增加了三倍,总共为19 594 490比索,到1798年达到21 451 762比索。从经济部门看,新西班牙经济增长也很显著,虽然同西班牙相联系的经济部门增长更为强劲。这样,铸币生产在18世纪初年产量很少超过400万比索,1804年达到2 700万比索。至于对外贸易,在1728—1739年从韦拉克鲁斯进入的船只仅222艘,而在1784—1795年泊在该港口的船只1 142艘。特别是从1792年起这些船只中有很大部分是美国的。增长显著的另一些部门是专卖收入、商业税、捐税和租税。这一切表明,波旁王朝所设计的改革达到了其双重使命:一方面,殖民地贡献给宗主国的经济成果增加;另一方面,使得殖民地更依赖于西班牙。但是,这些改革和政治行政变化也引进和开启一系列加强控制的机制:打乱了殖民地社会现状,产生了无法预料的后果。

第三章 殖民地社会与文化

四、中世纪式的精神文化生活

基督教伴随着西班牙征服者的入侵而传播到了墨西哥。尽管在其移植过程中基督教的某些外部形式作了修改,并对美洲土著宗教作了调和与妥协,但是其基本的学说、典礼、仪式等方面还是承袭了西欧天主教会的传统。

如前所述,在新西班牙建立起来的教会基本上是同中世纪的欧洲教会一脉相承的。其结构还是特伦托宗教会议(1545—1563年)以前的结构模式,是反宗教改革的神学与教义的结晶,也是从天主教的卫道者西班牙移植过来的产物。西班牙不仅特别表现出不受新教改革的影响,而且还采取各种措施以防止异端的渗入。由于这个原因,墨西哥的天主教会在以西班牙人为主的城镇中有效地维护了天主教的正统传统,而在印第安人村庄它成功地使得土著人接受了基督教学说,这样它又成为印欧两种文化走向融合的一个重要因素。

墨西哥教会为了维护其正统性,它严格地规定了有关的宗教仪式,并按照西班牙的规则进行宗教活动,如祷告、弥撒、唱宗教赞美歌等。教会所采用的《祷告经文集》,是它为教徒规定祈祷时间的每日祈祷书,是最典型的中世纪产物。据研究,在16世纪前半期的法国最早出现了该书的手工着色的精美抄本。它是天主教徒必读的书本,如科尔特斯在征服和探险过程中一直把它带在身边,每天早上都按此书内容祷告。1556年英国商人罗伯特·托姆森为向宗教裁判所证明其正统性,就出示了从英国带来的一本书《祷告经文集》。此外,保存在墨西哥的卡尔潘痛苦圣母画:七支剑插在胸部,是在1532年法文《祷告经文集》插图的直接影响下产生的偶像画。1572年又出现了印第安语译本《我主每日祈祷书》。从祷告时间表看,在中欧,从14世纪起就由机械钟指明所规定的祈祷时间;而在墨西哥,从16世纪中期起在多明我会的最大修道院里,按照沙钟(由上下两个玻璃器皿构成,通过其中的沙流量来计时),每日准时地进行祈祷,在早、晚祈祷之后,修道院的祈祷持续半小时。

墨西哥的教堂承袭了西班牙的礼仪传统。早先作为塞维利亚的附庸,墨西哥主教管区(至1550年变为大主教管区)沿袭了西班牙教堂的典礼实践和习惯,其中含有混居在摩尔人中的西班牙人礼拜仪式惯例,如印第安新教徒学唱托莱多和塞维利亚两地和摩尔人混居的西班牙人歌曲,并以管风琴伴奏。1565年第二次墨西哥宗教会议规定,在墨西哥的教堂里神职人员须按照塞维利亚的弥撒书和每日祈祷书唱歌和说教,但次年因接到特伦托的法令而停止采用这一惯例,统一按照罗马的仪式实践。至今在墨西哥国家图书馆还收藏有名为《和摩尔人混居的西班牙人哥特式弥撒》的弥撒书。虽然1566年已停止采用这一仪式,但是墨西哥主教管区仍然模仿塞维利亚的其他传统。例如,1576年莫亚·德孔特雷拉斯大主教在致国王的信中提出,大教堂的受俸教士需要12人,他们日夜两班主持塞维利亚传统的教堂唱诗班领班的仪式。次年国王在复信中批准把教堂神甫人数从6人增至12人,以便举行与塞维利亚著名的唱诗班领班相同的仪式。

此外,墨西哥还沿袭了中世纪的弥撒仪式。据研究,弥撒圣祭——古老的欧洲天主教仪式的核心,早就随着第一批征服者传入墨西哥,因那时至少有一名教士随行而至。关于无圣餐弥撒,是在没有祝圣人员或司仪教士被任命为牧师时举行的一种变相弥撒。在这一仪式中既不读也不唱教会法规,既没有祝圣也没有圣餐,它是中世纪最常用的礼拜仪式,特别是在为死人灵魂祈祷和结婚仪式中的披纱礼时采用的。在墨西哥向土著居民传教时,就采用了这一仪式:如果有个宗教节日传教士未到,那么一个"爱祷告的"印第安人就可以披上圣衣,登上祭坛,主持无圣餐弥撒。1555年第一次墨西哥宗教会议抨击了这种做法,认为这虽然不属于异教性质,但也是一种胡作非为的做法。

最后,在墨西哥人们普遍以赞美歌来表达宗教的虔诚。殖民时期,中世纪欧洲的宗教赞美歌广泛流行。在各地如发生重大事件或举行庄严的仪式时,人们就唱起最庄严和最古老的宗教仪式赞美歌《上帝颂》。据说,在把耶稣钉在十字架上的图像和圣玛丽亚偶像置于被占领的特诺奇蒂特兰的土著圣殿时,征服者科尔特斯及其随从就跪着热泪盈眶地唱这首歌。长期以来,唱《上帝颂》在墨西哥已变成一切重要的世俗仪式的基础。如国王宣誓及其诞辰庆典,新总督履职或新检审法庭成立典礼,人们都高唱这首歌。在纳亚里特和哈利斯科,印第安人也用墨西卡语唱这首赞美歌。

在殖民时期的墨西哥,其文化活动都处于宗教社团的控制之下。在印刷业还没有形成之前,一般在修道院内设有一个叫做"抄写室"的地方,在那里抄写、涂饰和保管手稿。方济各会修士除了进行启蒙教育、教唱宗

第三章 ● 殖民地社会与文化

教歌曲和宣讲基督教学说之外,还有手稿涂饰工作,这是在特拉特洛尔科的圣克鲁斯修道院和其他地方拥有的一门加工艺术。作为史学家、语言学家或神学家的一些传教士,曾把一批印第安人训练成抄写员,让他们加工、抄写和涂饰手稿。在这些工作中,印第安人从书写形式到艺术表现形式都模仿西欧人采用的技巧,用大写哥特体美术字母(安色尔体字母)和精心描绘的花边来美化手稿。比如,他们既用纳瓦文,也用西班牙文给萨昆神父抄写第一批有关特佩普尔科的报告书及森波亚拉和伊斯塔帕拉帕的编年史等。方济各会修士的门徒用各种各样的字体书写,其中有小写、大写、间断体和哥特体。手稿抄写并没有因为印刷术的引进而在墨西哥绝迹,相反,1614年起得到本笃会修士的推动。

修道士还把中世纪教会学校的传统全盘搬来,在其各种教育机构里,方济各会修士和其他少数僧侣,强令其印第安门徒按照教规和修道士的生活体制安排学习和生活,这被认为是传授学识的必需条件。1558年在致西班牙国王费利佩二世的信中,佩德罗·德甘特修士描写了圣约瑟学院的土著学生每天是如何生活的:在早祷之后,参加弥撒和吃节俭的早餐;此后开始做功课(书写、唱歌、学习教义、职业教育等),在到食堂吃午饭前唱午祷;下午有另一些功课,随后唱晚祷和吃晚饭,紧接着唱全天最后一次晚祷。在学习一小时教义之后,除了受命半夜起床同修道士一起在弥撒室做祈祷的人之外,其他人一直睡到破晓。节日里唱感恩歌,每星期学生上三次课,接受基督教教义的教育。《方济各会古抄本》表明,方济各会修士领导的其他学校的课程都与此十分相似。如同西班牙的萨拉曼卡、阿尔卡拉和其他大学的学生一样,特拉特洛尔科的学生穿戴统一的制服:身着蓝色或紫色长袍,其上有绿披肩,左胸佩有圣地亚哥十字架和王冠,头戴紫色风帽。墨西哥的学院教育,不仅与欧洲的学院教育有相同的经历,而且也要求年少的学生一律使用拉丁文。

墨西哥的大学教育也起源于殖民地初期,其教学目的、内容和形式都是从欧洲移植过来的。16世纪中期,墨西哥的大主教和总督都多次指出本地需要创办大学,以就地培养神学家、文人和医生。通过高等学府,一方面可以把文化教育领域最纯正的基督教精神传播到美洲,另一方面可以培养殖民地所需要的政治和宗教人才。中世纪欧洲的大学是一种行会或团体,或是教师的(像在巴黎),或是学生的(如最古老的波洛尼亚大学),或是师生共有的(如在萨拉曼卡),它产生于12和13世纪法学、哲学和神学教育的高潮中。在近代由经院哲学加以系统化的这种教育,同古代著名的学校,如雅典的学校没有任何联系,并不是由此而发展出来的。《古西班牙七法书》给以后的大学下了定义:"建于某地,是具有学习知识意愿的师生所共处的机构。"它既适用于萨拉曼卡大学(建于 1230 年之前),也适用于 1553 年正式开办的墨西哥大学。同时也从这部法典中产生了西班牙和墨西哥大学法。据说,1545 年后征服者科尔特斯在其遗嘱中提出,以塞维利亚的圣玛丽亚·德耶稣学院为榜样,在墨西哥的科约亚坎创办一所学院,传授神学、教规和民法,以培养美洲教会的未来的显贵。可是,征服者的后代并没有执行这个遗嘱。

　　早自 1538 年起,总督门多萨、主教苏马拉加和墨西哥城市政议会为在墨西哥创办一所大学而活动。卡洛斯五世接受了前两人的意见。1551 年 9 月 21 日,由费利佩王子在托罗签署了在墨西哥创办大学的敕旨,但是由于各种手续的经办和大西洋两岸相距遥远,直到 1553 年初才开始创办工作。在西班牙王室有关文件中,授予墨西哥大学享有与萨拉曼卡大学相同的许多特权,如免税权、豁免权等,但没有授予在西班牙的大学所享有的司法权,也没有授予其毕业生以免税权。当然,后者无关紧要,因为在美洲并不交纳同样的捐税。此外,在 1562 年另一份敕令中,对美洲的一切大学都明确取消了上述限制。这样,美洲的大学规章就类似于萨拉曼卡大学。1553 年 1 月 25 日,墨西哥大学正式开办,同年 2 月 10 日墨西哥检审法庭为此作了正式说明,并于 6 月 3 日开学。它按照中世纪欧洲大学的传统科目,设置了神学(包括学习《圣经》)、教规、民法和艺术(语法和修辞学)。不久又增设了医药和土著语言,实际上这两个科目也是按照中世纪传统设置的。长期以来,大学就是教会的一个机构,在圣马丁日选举其校长,其主要节日是圣卡塔利娜·德锡耶纳节,而它们所选择的保护神是圣彼得和圣保罗。在殖民地,大学的最高庇护者是总督。1554 年,总督贝拉斯科第一确认,大学是国王赐给这片土地最大的财产和恩惠。1595 年,通过授予"教皇的"称号,教皇克莱门特八世把这所大学列为当时最好的一批大学之一,它们可首先接受教皇教谕,而这一特权仅授予波洛尼亚大学、巴黎大学、牛津大学和萨拉曼卡大学,这表明罗马教皇承认墨西哥大学的神学家和法学家的高质量。

　　16、17 世纪墨西哥大学的内部组织,从一定意义上讲,它也是欧洲中世纪传统在时间和空间上的延续。按照建校敕旨的规定,墨西哥大学在其内部组织方面,遵守当时萨拉曼卡大学实行的1422年由教皇马丁五世颁布的章程。为了让该章程更好地适应殖民地的现实,墨西哥大学作了相应的修改,取消了校长或助理选举中的某些限制,更严厉地对付反抗活动,更严厉地监督教授义务的履行。显然,这些新规定只是对萨拉曼卡大学章程的完善和补充,它们都在1672年生效。墨西哥大学的职位设置和萨拉曼卡大学是相同的,两校都实行校长负责制。从1597年起墨西哥大学的校长由教士和世俗人士交替担任。然而,直到1645年还规定校长应是独身者。在萨拉曼卡和墨西哥,大学法都承认校长在学术领域内有审判犯罪的权限,但不包括实施流血刑罚,如判处死刑或截肢。两所大学都设有牢房,但很少使用。

在墨西哥大学,考试也类似萨拉曼卡大学。两校都使用同样的字母表示考试的及格与不及格,相应为A和R。在1570年后,墨西哥准许一切"博士"和"副博士"观看考试,而在萨拉曼卡只有指导答辩者的教授才能参加。欧美大学的毕业仪式也都相同,是中世纪骑士制的翻版,博士学位与骑士等级可以相提并论。当博士学位获得者是世俗学生时,学监给他佩带镀金宝剑和穿上有一双镀金靴刺的靴子。墨西哥大学曾举行过三次授予学位的仪式:第一次在1563年,当时堂·布拉斯·德布斯塔曼特接受了教规博士学位,由第二代谷地侯爵马丁·科尔特斯作教父;第二次在1569年,由后来的总督贝拉斯科第二作保护人,巴托洛梅·德弗里亚斯-阿尔沃诺斯成为第一个法学博士;第三次在1586年,堂·弗朗西斯科·德·贝拉斯科指挥官作保护人,堂·路伊斯·德比利亚努埃瓦·萨帕塔接受了教规博士学位。如果毕业生是属于教会的,那么他就接受一顶黑色教士四角帽,一本书(作为其读书能力的标志),一只戒指(作为同科学相结合的象征),一个亲热的吻,这些行为是起源于封建的授职礼仪。殖民地里的大学还有一种庆祝毕业的习俗:以讲笑话作为结束语,由一个博士或副博士发表具有中世纪优美风格的讽刺性讲演,即用博士学位取得者和其他参加考试者的俏皮话和诙谐语编出一段笑话;并预先用西班牙文而非拉丁文,以学院式的语言而非迎合低级庸俗趣味的语言写成书面材料。1567年形成的,并在美洲的其他大学流行的这种习俗,一直持续到18世纪后半期,当时已达到过分精雕细琢的地步,直到讲求用词要符合韵律。此外,在殖民地时期还盛行一种中世纪古老的传统,就是新毕业生为向校长、学监、保护人和教授表示敬意,须贡献一份斋日点心。按照 1577 年 12 月 17 日的决定,与萨拉曼卡大学一样,大学校务会明确规定了这一做法。点心单应由学监审查通过,而在此之前,毕业生应向接受敬意者分发糖果和蜜饯;为了强调其和睦相处的特点,严禁在宴会上携带武器。同中世纪的学生一样,墨西哥的大学生活富有小夜曲的意境,他们有时具有拉丁民族的情趣,有时欢闹,制造壮观的场面(主要在墨西哥大学门前的广场上被斗牛追逐而奔跑)。他们课余唱歌、喝酒,有时进行流浪汉式的艳情冒险。

墨西哥大学的学习计划实际上与萨拉曼卡大学相似,仅作了某些修改。如同西班牙,它要求学习三学科和四学科的知识;为了达到高级研究水平,学生需学习人文学科基础上的七艺、神学和其他重要的知识。墨西哥大学于 1553 年 1 月开办时,相应设有四个传统的系:艺术、教规、民法和神学。同年 9 月增设医学系。同萨卡曼卡大学一样,墨西哥大学的两个神学教授职位、两个教规教授职位和文法首席教授职位,都宣布为长期的,也就是说,就任上述职位的教授在工作 20 年后可领取养老金。

在整个殖民地时期,墨西哥大学最重大的科学贡献是土著语言的研究。实际上,大学教学大纲中包括了土著人的纳瓦语的教学并非出自对土著文化的重视,而是当时需要把大量的宗教会议决议和教皇法令翻译为土著语言。从长远观点看,这门课的设立是为了培养向印第安人宣讲基督教义的人才。重视对被征服者语言的学习,在欧洲早已开始,其最早的推动者是光明派神学家、西班牙的圣赖孟多·卢利奥(1235—1315),后来他在北非遭受迫害。由于他的请求,1311 至 1312 年的宗教会议规定,那时已存在的四所教皇大学创设阿拉伯语、希伯来语和迦勒底语的学科,这项决定后来得到了克莱门特五世的批准。这也就是巴黎大学和萨拉曼卡大学语言学院的起源。显然,向墨西哥土著人传教,阿拉伯语和希伯来语是多余的,而美洲土著语言的学习却是必要的。这样,在西班牙,为了便于伊斯兰教徒皈依基督教,格拉纳达首任大主教催促其教士学习阿拉伯语。而在墨西哥,堂·巴斯科·德基罗加把教士学习塔拉斯卡语作为任命他们的条件。其后,弗朗西斯科·德卢纳修士在巴利亚多利德的圣尼古拉斯学院开设了奥托米语和纳瓦语两门土著语言课,它们一直存在到 18 世纪末。西班牙王室也推动了美洲所有的大学和修道院研究土著语言。1577 年,费利佩二世命令在建立大学和检审法庭的地方开设土著人的"通用语言"课,1580 年又重申了这一规定,而掌握所述的通用语是

第三章 殖民地社会与文化

接受牧师职位的必备条件之一(但这一准则并未完全执行)。与此同时,还要求从事研究教义和担任有俸圣职的教士也要掌握这门语言。在墨西哥大学,纳瓦语和奥托米语这两门科目并没有马上设立,而是直到1627年才设置,1640年才正式授课。

在美洲的征服和殖民地化时期,欧洲特别是西班牙的宗教剧和传统舞蹈随着基督教的传播而流传到了墨西哥各地,这些艺术形式就逐渐成为墨西哥民间艺术表演的重要组成部分。其中一些艺术形式与土著成分相混合而成为具有独特风格的民俗文化形式。比如,摩尔人与基督教徒舞,是最典型的半仪式性表演形式,它从16世纪起就把古代印第安成分同第一批征服者和殖民者所带来的欧洲成分融合在一起,曾流行于墨西哥大部分地区。除此之外,还有其他一些舞蹈也都是印欧文化相混合的结果。如丑角舞,在中世纪西欧,一批丑角身穿花花绿绿的衣服,用小铃铛作装饰,为了谋生而从一个宫廷到另一个宫廷进行表演。它移植到墨西哥后,成为只是一种节奏相当单调的舞蹈。它从索诺拉传播到了瓦斯特卡,并流行于现今美国的亚利桑那某些地区。带子舞,是一种祈求富饶的仪式,就像北欧许多最古老的舞蹈一样,在收获庄稼的季节,人们围绕着一根象征男性生殖器的竖立的木棒跳舞,舞蹈者可给这根木棒结上或解下许多五光十色的彩带。这种舞蹈特别流行于墨西哥中部和尤卡坦半岛。砍刀舞,起源于西班牙的萨拉曼卡,其中古典和中世纪的成分融合在一起。而在斗牛士舞和棍子舞中也存在同样的情况,它们起初来自西班牙,尔后由印第安人加以改编,赋予一种新奇的特点,从而成为一种独特的艺术形式。

墨西哥多种多样的音乐歌曲、各种民谣,都直接起源于15到17世纪的欧洲曲调。所述的曲调都汇集在福切-德博斯克的《15世纪卡斯蒂利亚歌曲集》、1551年《爱情的花园》和1625年由迭戈·维拉汇编的《情侣曲》中。这些保存下来的卡斯蒂利亚的歌曲和现今墨西哥歌曲的民间形式具有同样的韵律(八音节诗句)和题材,而两者之间的差别仅在于外部形式——其移植过程中的产物,实际上其内容没有什么变化。在现今墨西哥,这些音乐接受了地方名称:哈拉维舞、哈拉纳舞、瓦潘戈舞等。例如,15世纪西班牙的曼恰的塞基迪亚舞曲,随着时间的推移而具有一种色情的甚至淫荡的色彩,那时人们把它称作吉普赛人的哈拉维舞。它以这个名称流传到了墨西哥,不久便被宗教裁判所揭发出来,并受到教会的指责。尽管如此,它们还是流传了下来。到19世纪初,主要在米却肯和哈利斯科该舞曲特别兴盛起来,当时其形式之一塔帕蒂亚舞被普遍认为是墨西哥的民族舞蹈。从17世纪初起,墨西哥民间语言中方丹戈舞曲(源于安达卢西亚)意味着"无赖的欢乐或吵架",也就是说,其动作十分剧烈。它主要流行于瓦斯特卡和普埃布拉山地,并由此演变成为现今叫做瓦潘戈舞的各种形式。与此同时,墨西哥的土生白人或印欧混血种人的三种舞蹈也传到了欧洲,并十分流行。它们是萨拉班达舞、恰科纳舞和孔雀舞,后一名称是由于这个舞蹈中模仿火鸡的庄重步伐而命名的。

墨西哥民俗表演

作者点评:

殖民地时期是墨西哥漫长的历史发展进程中最大的一个转折点。在这300年间,由于西班牙征服者和殖民者的侵入,墨西哥种族、社会和文化总体都发生了全面、彻底和深刻的变革:印第安文明单质演进的进程宣告结束,而从欧洲移植而来的各种社会文化要素占主导地位,在此前提下,逐渐形成了印欧两个种族两种文化的混合结构。

在1500—1700年间,亦即墨西哥殖民地的政治经济结构趋于定型之时,孕育殖民地的母体:西班牙仍然背负着沉重的中世纪遗产,没有、也不可能使其内部结构近代化,并且它自身在经济上长期依附于西欧强国。正是在这一历史背景下,西班牙扩张到大西洋彼岸,在没有强大的经济实力和基础上创建了殖民地,这样给墨西哥带来了经济上的依附性、政治上的专制主义。总之,"是落后的母国将其自己的落后性传给了它的殖民地后代"。

第四章 独立运动

一、殖民地社会断裂与拿破仑入侵半岛

19世纪初,新西班牙总督辖区(墨西哥)的面积十分辽阔,其北部领土包括现今美国的西南部,南部边界与现今的危地马拉和伯利兹毗连。1814年墨西哥拥有人口612.2万(1810年美国人口为724万),占西属殖民地总人口的1/3以上。总督辖区首府墨西哥城是西半球的最大城市,1811年拥有居民168 811人,为西班牙帝国的第二大城市,仅次于马德里。

18世纪后期是殖民地社会的黄金时代,同时也突出了它的依附性结构特点。殖民地的经济基础是导向宗主国的出口部门。西班牙的政策正是着重支持和加强这个部门。但是,同一时期这个部门所达到的高潮也带来了同国内市场相联系的生产部门的缓慢增长,而这并不直接有利于王室的殖民地政策。正是在这些部门之间的不稳定关系背景下,新西班牙社会政治精英的不同集团之间逐渐产生了裂隙。

出口经济体制建立在矿产开采和财政及贸易部门运转的基础上,贵金属生产及其向宗主国的出口给王室提供了巨额资金。18世纪后半期,特别是从1770年起,采矿业达到了新高潮。1740年到1803年之间开采的黄金和白银数量增加了三倍。18世纪最后30年间出现了最大的增长,当时每年白银生产从1 200万比索增至1 800万比索。19世纪初,采矿业生产值从2 300万比索增至2 800万比索,这几乎相当于农牧业全部产值。同采矿业相对应的是操纵对外贸易的各贸易公司的昌盛。殖民地

最大的财富都集中在这两个集团的手中。设在墨西哥城和韦拉克鲁斯的几家商号控制了对外贸易,并同加的斯的企业保持了紧密的关系。1778年"自由贸易"法令打破了加的斯港口的垄断:为部分开放殖民地贸易,王室取消新西班牙同其他美洲国家的贸易限制,从而贬低了加的斯港口的重要性,因此也损害了韦拉克鲁斯的商人。但是,最终推动了新的贸易行的增多,并且使得最富有的批发商受益。与1778年相比,19世纪头十年,通过韦拉克鲁斯的贸易几乎增加了两倍。在这一时期出口商集团作为主导经济的阶层得到加强。它已达到了经济权力的顶峰,而社会威望只相当于与之关系密切的大矿业主。

矿业主和商人的许多财富都紧密地联系在一起。"自由贸易"法令的用处之一,便是让一些商人将其强大的资本投入采矿业。出口商入伙采矿业,使其资本成为最好的信贷来源。所谓的"白银贩子"向矿业主购买贵金属进行出口,并且经常向矿业主提供所需的贷款。另一些人直接给矿山充当庄家,这样就控制了很大一部分采矿业。因此,许多矿山业主开始作为商人和银行家的生涯是毫不奇怪的。矿业主和出口商组成了经济上称霸于殖民地晚期的集团。在精英队伍内,他们是唯一能持续积累巨大资本的集团。他们的霸权是同维持一种"飞地"经济联系在一起的,因为他们的一切利益来自对宗主国的出口。这样,其特权状况在于新西班牙的依附地位。无论是首府的,还是外省的大商人的大多数,都出生于欧洲,而在矿业主中间既有出生于土生白人家庭,也有半岛人。比如:萨卡特卡斯的大多数矿业主是西班牙的移民,而土生白人家族则控制了瓜纳华托的大部分矿山。这样,在这个特权集团的内部土生白人与半岛人之间没有多少对立。他们无论在利益方面,还是在家族纽带方面都保持着密切的关系。有些西班牙移民经常在贸易

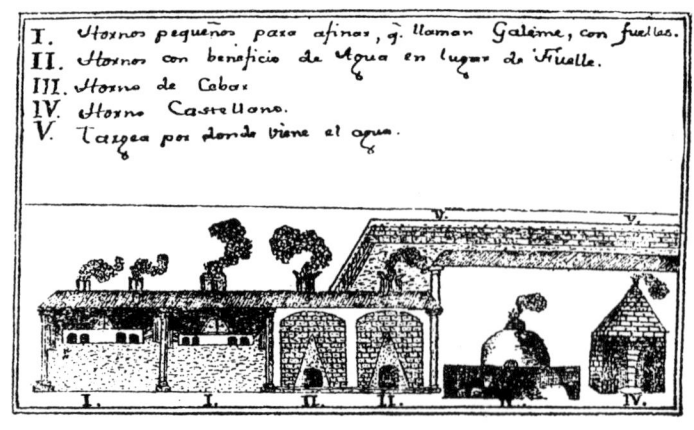

苏马特兰矿山的熔化炉

界工作几年后,同某些土生白人矿业主的女儿结婚,而后他就变成为矿业主。这样,欧洲人与土生白人之间的差别在一代人中间得以消除。

共同的利益将政治官僚阶层同这个集团联系在一起。绝大多数重要的行政和军事岗位,以及教士职位都委派给西班牙的移民。比如,1808年,欧洲人占据了以下职位:总督及其所有的属员、总管家、秘书、代秘书和高级官员、王家检审法庭的主管、大多数法官和法庭庭长、三名检察官、除一名之外的所有监政官、矿业局长、税务局长、所有的市长;在军队内,最高司令官、所有的陆军少将、准将、司令、陆军上将和大部分陆军上尉和军官。从波旁王朝实施行政改革起,政治官僚人数又增加很多。殖民地末期这种社会不公正日趋严重,欧洲人占据要津同新西班牙的人口构成形成强烈的反差。西班牙的经济控制与垄断,以及王室的不公正的种族政策,都造成了殖民地的强烈不满。在殖民地,存在三个主要种族集团:白人、印欧混血种人和印第安人,他们具有不同的法律和习惯身份,每个集团承担不同的财政义务,具有不同的社会经济特点。殖民地末期全部人口中,印第安人占60%,混血种人22%,白人18%。白人集团又划分为生于美洲的土生白人和生于欧洲的西班牙人(在墨西哥被称为"伽秋平人"——带靴刺的人),前者占总人口的17.8%,后者仅为0.2%,15 000人。但是,这极少数西班牙移民却控制着政府和军队中的高级职位。这些西班牙人中约有7 500名军人,6 000名官员和商人,1 500名教士。但是,西班牙女子移民很少,墨西哥城仅有217人,因为欧洲移民倾向于娶富裕的土生白人家族女儿为妻。尽管欧洲人早已占据了殖民地社会的要津,但是波旁王室依然对墨西哥不放心,它借助监政官制来加强对征税的控制和对殖民地各种活动的监视,并让西班牙年轻人在美洲担任要职。这个政治官僚阶层,同高级教士和军队高级军官一样,接受王室的直接任命和俸禄。为了保护既得的权力和利益,他们与矿业主及商人特权集团一起共同维护同宗主国的依附性纽带。

除了上述阶层之外,殖民地寡头集团还包括了同内部市场相联系的集团,特别是在农业方面。大部分土地上散布着牧场和土著村社,形成了生产率很低、消费有限的经济。然而,还有约5 000座大庄园,它们为国内或小地区市场而生产。土地集中在土生白人庄园主手中的进程在加速。大庄园主也构成一个特权集团,他们大部分人依靠交由管家管理的农村地产的收益而生活在城市里。1779年到1810年间,由于玉米价格持续上涨,庄园主获得了最大的利益。这样,初步具备了农业部门的资本积累的条件。同投入矿业的资本相比,农业效益不仅很少,而且还取决于农产品价格的周期性波动变化。更坏的是殖民地经济从未得到自由活动空间。在危机年代,庄园主完全依赖贷款来维持生产。他们大部分人长久负债,其地产承受长期贷款的重负。他们所依赖的金融资本控制在教会手中,而教会不仅拥有农村大地产,而且扮演了农业银行的角色。

由水道环绕的"水上园地"

教会巨大财富有三个来源。第一,收取城乡地产的年金。据估计,殖民地的一半不动产属于教会。第二,什一税,尽管从1780年起已减少,但还是提供了一大笔收入。最后,其主要的经济基础在于对私人地产的典押契约征收的资金。教会直接所有的财产估计值为300万到500万比索,而它所经营的"宗教活动和慈善机关"项目资金则达到4 500万比索。每项宗教活动的主持收入和每个宗教社团都类似一家银行,它们都有丰富的资金来源。教会向庄园主、工场主和小商人提供利息小而期限长的大笔资金。这样,在教会和庄园主之间存在着相互依存的紧密经济关系。特别是在危机年代,教会的贷款对地主来说是至关重要的。此外,通过抵押,教会控制了大量农村地产。这样,教士就构成了一个社会集团,其经济利益导向殖民地内部的市场。在这个意义上,他们成为地产主、工场主和小商人休戚与共的合伙者。

如前所述,18世纪后期波旁王室的改革给西班牙带来了巨大的红利。19世纪初,新西班牙向宗主国提供了其全部殖民地收入的3/4。而在殖民地遭受最大的"放血"的集团便是教会。1798年,对教会投资设置特别税,教会被迫向西班牙王室的持续战争提供资金。新西班牙的精英

第四章 独立运动

不停地抗议这种持续剥削和强征的政策。无论是墨西哥城的市政议会，还是高级教士的代表都多次请求减少捐税，废除阻止生产的法律，并消除妨碍市场扩大的障碍，但这一切都是徒劳的。除了充耳不闻之外，对新西班牙经济实施更可怕打击：1804年12月26日王家法令，规定上缴宗教活动和慈善机构的一切资金，并要求通过出售已到期贷款的田庄来兑现抵押。这样所获得的钱款应汇往宗主国。在西班牙本土早已实施的这项政策，给王室带来了十分有利的结果，但是，在殖民地情况却十分不同。一半农业掌握在庄园主手中，而其大部分地产都被抵押出去；法令的实施可能使他们处于破产边缘。按照米却肯当选主教曼努埃尔·阿瓦德-盖波估计，被命令上缴的资金总共占殖民地生产资金的2/3以上。可以想象，这一对付新西班牙内部经济核心部分的措施所引起的愤懑。阿瓦德-盖波的呈文"以米却肯商人和庄稼人名义"，表达普遍愤怒的看法。他重申这项措施对庄园主和商人的严重性，及对教会的伤害；同时，抱怨在殖民地资本化所遇到困难的苦涩。此外殖民地各地的许多集团都要求撤销这项法令。尽管出现这些抗议，这项王家法令还是得以实施，它给新西班牙王家财政署提供了1 000万到1 200万比索，也就是说，几乎是教会所有资产的1/4。而这项法令的最大受害者是教会和农村地产主，特别是中小地产主。许多庄园只得拍卖，无数小地产主遭受破产。除了出口部门之外，所有的经济部门的投资都明显收缩。最终，西班牙摄政团听取了各种不满意见，于1809年1月14日下令停止执行该法令。

18世纪末和19世纪初，新西班牙的依附性地位更得到加强。一方面出口部门的高潮加强了经济上占主导地位的各个集团，但是在一定程度上也激励了面向国内市场的生产；另一方面，王室增加了对殖民地的直接取利率。社会在迅速变革。在精英队伍内，两个不同集团的利益越来越趋于多样化。一方面，已握有霸权的各集团聚集在依附性体制的周围，他们是矿业主、出口商、政治官僚阶层；另一方面是有志于推动内部市场的各集团：教会、庄园主、外省商人和初期工业集团。虽然后者也得益于普遍的繁荣，但更多的是遭受殖民地制度所强加的障碍和强征。毫不奇怪，他们开始认为自己是宗主国掠夺政策的牺牲品。由此，他们的态度也趋于对抗出口阶层。尽管其特权地位激励他们保持现存的社会秩序，但是他们越来越察觉到其前进道路上的政治和法律障碍。法律障碍给他们造成的麻烦和王室缺乏对他们的理解，都促使他们倾向于改良主义立场，即受到一个中心思想的启发：政治和立法结构与现存的社会和经济状况的协调。精英队伍中这种集团的多样性同各种族的差异并不一致。虽然在出口和行政部门半岛人占主导，但是庄园主和工场主中土生白人，寡头家族中混血种人却是常见的成分。这不涉及出生地和血统，而是殖民体系内不同利益将他们分隔开来。"土生白人"与"西班牙人"之间的对抗从没有主宰过一些特权家族的命运。

与各种限制对着干，内部市场的相对增长，城市工业的初期发展和官僚阶层的增加，都有助于中等阶层的小商人和行政管理人员、文书、律师的某些增长。此外，中下级神职人员人数是很多的，他们大多数人都缺少俸禄和个人财产。在经济上，这些人并没有同寡头整合在一起，而是属于服务部门的中等阶层。神职人员分成两类：由占据教会高位或者在教会的田庄、宗教活动和慈善机构的管理中占据重要职位的教士构成的高级教士，和由外省城乡教区牧师和学校教师组成的中下级教士；两者之间存在的社会地位和经济权力的差别是很大的。中下级教士大大少于高级教士所享有的经济特权。除了军人和法律界，教士生涯也是许多出身寒微家庭的土生白人后代所追求的目标。由于摆脱了所谓不体面的体力劳动，但又无多少财产和资本，律师、小官吏和贫穷教士构成了具有一定重要性的中等阶级。他们占据了第二等级的地方行政长官职位和神甫职务及几乎所有小城市的行政管理职位。他们认为，西印度立法的禁令和西班牙人的政治垄断构成了一堵不可逾越的高墙，迟早会堵塞其赚钱的体面生涯。他们经常比欧洲人受到更好的教育，但是不能晋升高级职位，而是被堵死在比较贫困的地位，这是与他们的渴求和文化不相称的。中等阶级比其他人更能意识到，在这个社会里不可能施展自己的才华。他们在现实世界没有自己适当位置，这迫使他们逃避到艺术和知识的理想王国。19世纪初在新西班牙有一个"有学问的"重要集团，他们都是贫穷的土生白人，从事律师业务、行政管理、牧师，沉溺于阅读神学和法学著作。由于他们大部分人被放逐在外省城市，因大家都不满现实而聚集成为一批知识精英。他们在经济上没有多少收益，但是这些知识分子独揽了新颖的武器：启蒙思想，他们几乎所有人都握有这一武器。在殖民地社会他们没有靠山，他们怨恨现存制度：让他们面对移民而来的"伽秋平人"，强烈感受到不平等和不公正，这一切引导他们反对现存秩序。在他们的思想中孕育着变革的种子。

第四章 独立运动

劳动民众由印第安人和"有色人种"群众组成,是社会金字塔的基础,只能在极端贫穷中挣扎。18世纪末财富的增加使得寡头得益,同时使得社会矛盾更加尖锐化。曾到新西班牙旅行的洪堡说,在各地都能看到"在财富分配、文明、土地耕作和居民方面如此可怕的不平等"。在农村,通过侵占土著人村社土地而实现的庄园扩展,增加了失业和有利于庄园主所需的债役农奴制的创设。当谷物价格持续上涨之时,雇工的工资却长期停滞。所有的印第安人虽然被免除了什一税,但必须向王室缴纳特别人头税,并受到歧视性待遇。比如,他们不能签定五杜罗银币以上的公共契约,不能自由出卖其劳动力。米却肯主教安东尼奥·德圣米格尔修士描绘了一幅阴暗的印第安人现状的画面,他总结道:"王国的几乎所有的财产和财富都在白人手中。印第安人和有色人种群众耕种土地,为富人服务,只靠干力气活而生活。由此在印第安人和白人之间产生了这种利益的对立,在占有一切的人与一无所有的人之间,在主人与奴隶之间如此容易地产生相互仇视。"实际上,印第安人被判定为永久"幼年"状态,卑贱地生活在缺吃少穿和悲惨的境地,并受到其他阶级的凌辱。除了这种不幸,印第安人和有色人种群众还周期性地受到饥饿的威胁。周期性的农业大危机:庄园主囤积少量玉米成为难求之物,结果普遍化的饥饿像流行病一样破坏了全地区。将要追求独立的一代人正是生活在所述的灾难周期:1785年和1786年间庄稼歉收造成了无数人死亡。后来加入起义队伍的许多牧师当时都惊恐万状地参加了由教会组织的社会救援队,来帮助饥饿和生病的群众。

同农村的雇工相比,矿工虽然在极端严酷的环境中劳动,但是有较多的报酬。他们构成了自由流动的劳动力。每天领取四雷亚尔工资(而雇工领取一个半或二雷亚尔)和所开采的一小部分矿石。但是,18世纪末其条件恶化。实际上,许多矿业主开始减少或取消劳动者提取一部分矿石的权利。制造业的劳动者状况也许比矿工更坏,工作日没有规则可循,工人没有任何保障,在许多企业工人必须像囚徒一样住在工厂里,受到苛刻的纪律约束。但是,19世纪初更加严重的问题是城市平民阶层过多增长。在18世纪的最后几十年,人口显著增长,同时农村失业日益增多,而城市就业的压力也在增加,扩大了寻找工作的劳动大军。人口普查表明,只有很少城市居民从事生产活动。比如,洪堡指出,在墨西哥城至少有3万名失业者、衣衫褴褛者和流氓。毫不奇怪,在某些情况下城市平民举行暴动。比如,1767年由于驱逐耶稣会教士,特别是在瓜纳华托,发生民众暴动,其影响很大。在另一些情势下,策划谋反和酝酿起义,但没有任何谋反计划取得成功。殖民地的无产者缺少组织和学识,没有适宜的手段来揭示其所受的伤害,也没有足够的文化来策划其行动计划,更没有明确地意识到其受压迫的地位。正是其他的社会阶级成员通过唤醒他们的觉悟,来指出他们的行动方向,这个阶层正是土生白人的"有学问者"。

  正如某些学者所指出的,从土生白人的自我意识发展到民族意识的历史过程是漫长的,这种意识直到18世纪后期作为波旁王朝改革的一个反面成果而出现在流亡的耶稣会教士和土生白人革命者的言论和著作中。关于土生白人形成民族意识的过程,有位美国历史学家作了以下概括:"在长久的殖民地时期,拉丁美洲人,尤其是上层人物的心理状态发生了重大变化。在伊比利亚出生的人面前那些自卑感没有了,产生了平等感,然后产生了优越感。同时,一种效忠于自己所在地的土著主义思想成熟了,发展为民族情感。"

  墨西哥独立革命启动的方式是独特的:它借助欧洲的国际冲突而拉开其分离运动的序幕。这正如英国学者所分析的:"法国对西班牙君主国的侵占触发了殖民地脱离西班牙的运动,虽然这个运动由来已久。而且具有比较复杂的根源。正如一位墨西哥爱国者所说的,'拿破仑·波拿巴……西班牙语美洲如今享有自由和独立应归功于你。是你将两个大陆绑在一起的锁链砍了第一剑'。这当然不是拿破仑的本意。"显然,长期处于西班牙专制君主统治下的墨西哥,其内部的革命力量十分弱小,所以,只能借助外部力量来间接启动独立革命的进程。事实上,三百多年以来西班牙君主集一切权力于一身,并按照中世纪法律和习惯以及"君权神授"理论专制地统治美洲,而不给殖民地任何民主权利。王室就是国家,所有权力由王室掌管。王室制定、执行法律并作出法律裁决。一方面,王室拟定出管理帝国的总方针;由于所述的历史原因,在西班牙语美洲"王权至上论"始终支配着土生白人贵族的思想,他们没有、也不可能对王权提出公开的挑战。在这样的背景下,拿破仑军队入侵伊比利亚半岛,首先动摇了西班牙君主制的基础,从而撞击出了墨西哥独立革命的火花。

  19世纪初,在英法争夺欧洲霸权的过程中,拿破仑实施大陆封锁制度,试图以经济战来摧毁英国对欧美的贸易。为此,拿破仑出兵伊比利亚半岛,以完善其欧洲大陆的封锁制度。

第四章 ● 独立运动

拿破仑通过滥用枫丹白露条约,于 1803 年 3 月占领了马德里。尔后,将西班牙王室成员诱骗到巴荣纳会晤,迫使卡洛斯四世取消其退位,其后又迫使他转让自己的权力;同时又勒令费尔南多七世发布类似的声明。卡洛斯四世等人被带到孔皮埃涅,而费尔南多七世被监禁在瓦朗凯城堡。尔后,波拿巴就将西班牙王冠授予其兄约瑟夫,在巴荣纳召集一个西班牙政务会,并向它提供预先准备好的宪法。这样,西班牙专制君主国的最高代表一旦被监禁,波拿巴"就完全可以放心地接收西班牙了"。但是,这项政策的后果远远超出拿破仑的政治预计。

拿破仑,"由于他看到西班牙只不过是一具气息奄奄的尸体,他痛苦而惊讶地发现,虽然西班牙作为国家已经死亡,但是西班牙社会却充满着生机,在各地区充满了抵抗力量"。在西班牙,并不是所期待的国家"平静",而是爆发了一系列起义,反对法军占领国家领土。当起义被粉碎后,又变为反对法国占领者的长期游击战争。

欧洲一系列事件对美洲殖民地产生深刻的反响,因为这一切直接影响到西班牙殖民地统治者与土生白人阶层之间的力量平衡。国王代表宗主国的"国家中央权力",因此构成殖民地思想意识和政治行政机构的核心,所以国王之被监禁导致西班牙在两方面的地位受到严重削弱:其一,没有从全国范围确定什么机构或人物作为国王在美洲的合法继承者;也就是说,已出现专制君主国各级权力机构的最高权威的消失,但由此也带来了最高权力的扩散。其二,殖民政权的军事潜力已经缩减了现有的"宗主国兵员",因为宗主国的军事形势已不容许它向殖民地派遣增援力量。

欧洲一连串事件就这样改变了美洲殖民地各种力量的相互关系,总的形势已十分有利于试图夺取各地政治权力的土生白人阶层。这个阶层对所述的极其有利的历史时机加以及时而有效的利用。由此看来,独立革命的启动,就是由欧美大陆一系列事件所产生的震荡促成的。

1807 年 11 月到 1810 年 9 月这 22 个月是从征服时代以来伊比利亚美洲历史上最关键的时刻。巴黎和伦敦,里斯本和马德里,以及在墨西哥城、哈瓦那、加拉加斯、里约热内卢和布宜诺斯艾利斯的美洲同时代人都意识到这一点。在西班牙,已不可能正常地进行王朝更迭了,因为这不仅涉及半岛上竞争的各个压力集团的重新组合,而且也关系到如何避免美洲殖民地出现剧烈震荡的重大问题。因此,我们想以这个关键时刻作为起点,来阐述欧洲一连串事件是如何启动拉丁美洲(包括墨西哥)独立革命进程的。

19世纪初,由于各种政治经济因素的作用,在大西洋两岸所发生的一些重要事件中内外矛盾经常交织在一起。在这种背景下,特别是在具有依附性经济或导向出口经济的地区,其内部的变革力量经常借助外部因素而发挥决定性作用。墨西哥独立革命的启动过程便是典型一例。

1807年,英法之间的多次摩擦的紧张局势最终引起拿破仑决定占领葡萄牙,没收英国财产,特别是夺取停泊在里斯本宽阔港口的大量葡萄牙商船。在英国战舰护送下,葡萄牙王室和显贵乘船仓皇逃往里约热内卢。次年1月逃亡的葡王打破了已实行几个世纪的贸易垄断制度,开放巴西所有港口,准许同友好或中立地区进行直接贸易。实际上,这就意味着英国从此可以直接同巴西进行贸易。

葡萄牙王室流亡巴西和英国经济加紧渗入葡属殖民地,引起西属美洲土生白人思考变革现实的问题。与此同时,源自英国的走私品通过美洲各地流入墨西哥的韦拉克鲁斯,冲击着西班牙殖民地的贸易垄断制度。这种急剧变动中的现实,又进一步从政治上刺激起土生白人乘机夺取政权的欲念。

1808年3月到5月之间,西班牙的波旁家族已丧失了统治权。这样,西班牙当局一直担心的巨大震荡终于发生了:由于中央首脑机构瘫痪,半岛各地爆发起义,也产生了分裂;同时,美洲各殖民地也出现了类似的动荡:各地自行控制行政权或建立"政务会"(Junta)统治。更为严重的是,在没有任何起平衡作用的中央权威的情况下,各殖民地自立的宪制政务会授权采取对宗主国经济起破坏作用的经济决定。

殖民地各个压力点上的土生白人显贵认为,真正的革命时刻已经来到。一方面,近代殖民主义表明,即使一个殖民地对宗主国的物质和心理上的依附关系已很微弱,但是短时期内也不可能轻易地被割断。特别是殖民地的"传统主义者"——来自西班牙的商人、官吏、军人和教士,他们是西班牙与美洲之间亲和力的体现者。在美洲,他们长时期借助语言、宗教、商务等活动将欧洲的西班牙人和美洲的土生白人联系在一起,以达到捍卫殖民制度的目的。事实上,他们坚持几个世纪的殖民传统——拥有征服美洲和支配殖民地资源的权利。即使是自由贸易这种最温和的形式也使他们惴惴不安,害怕扩大已被打开的经济利益的缺口。但是,另一方面,美洲土生白人认为,殖民制度是不合理的,因为在这种制度下,来自欧洲的西班牙人分享了原来属于美洲人的各种权力,如对劳动力、资源、贸易、收益的控制权。

特别是18世纪后期波旁王朝改革,尽管带来一定的经济增长,但是也损害了包括土生白人阶层在内的美洲人的利益。正如墨西哥学者所指出的:"最严重的损害是波旁王朝所强加的课税政策。为了支付其持久的战争开支,王室大大增加其税金和强征。从1780年起推行的行政机构改革,建立了监政官制度,趋于进一步加强和控制课税制度。税金特别加重了资本积累能力差的阶层的负担:庄园主、下层教士和初级制造业者。课税改革给王室提供了巨大的红利。按税金项目每年近1000万比索运抵西班牙。19世纪初,新西班牙给宗主国提供了其殖民地全部收入的3/4。殖民剥削达到了最高点。"这一切不能不激起美洲土生白人的不满和愤慨。

但是,尽管如此,大部分土生白人宁愿等待宗主国发出信号:准备对殖民制度作必要的调整,以满足土生白人压力集团分享更多权力的要求;同时又要保护他们既得的特权和现存的基本社会经济结构。正是上述的抑制因素推迟了土生白人作出让殖民地与宗主国分离的决定。然而,在西班牙和美洲发生的一连串事件成为土生白人作出分离的最后决定的催化剂。土生白人逐渐觉察到西班牙的新当权者事实上已拒绝了他们在殖民地实行某些调整和变革的建议。在未被法军占领地区建立的西班牙第一个政治领导集团——塞维利亚政务会(La Junta de Sevilla,1808年5月至9月),通过单方面窃取对殖民地的控制权,原封不动地保持殖民地的贸易制度,这很快揭示了西班牙新的领导集团维持殖民地现状的企图。为了劝阻土生白人通过组成地方政务会或"议会"而迈出与宗主国分离的第一步,1808年夏,塞维利亚政务会向哈瓦那、墨西哥城和加拉加斯派遣其代表,这些人随身都带有训令,可以监禁企图组成政务会的任何土生白人,西班牙新的领导集团试图以此来阻吓殖民地土生白人显贵首领的分离活动。在此过程中,一名古巴将军险些被解职;在墨西哥城,新西班牙总督由于坚持分离倾向,被当地商人集团中的阴谋分子解职,不久被指控犯有反叛罪而被押送到加的斯监禁起来;在加拉加斯主张建立革命政务会的土生白人杰出人物在1808年11月被逮捕,此外,检审法庭的一个名誉法官被解往西班牙受审。西班牙新领导集团的这些粗暴行为,从反面教育了大多数土生白人,并打破了他们试图走温和改良道路的幻想。

实际上,塞维利亚政务会代表了安达卢西亚的商业和农业利益。在几个世纪中,这个集团同殖民地保持着牢固的关系,其成员在美洲投资、贸易、开发矿山和庄园,在政府和教会中担任要职,主要依靠殖民地金库开支津贴而生存。因此,对于他们来说,殖民地的任何分离征兆都意味着其财富和特权将化为乌有。半岛和美洲的传统主义者求助于塞维利亚政务会以及他们与加的斯的关系,力图维持殖民地的现状。但是,更有洞察力的利益集团和在美洲特权较少的西班牙一些地区,开始将注意力转向中央政务会(La Junta Central)——1808年9月取代了塞维利亚政务会的新的西班牙中央政权,它代表了西班牙国家的、而非个别地区的利益。至于美洲土生白人,他们相信,面对殖民地要求变革的呼声,特别是修改有关殖民地贸易制度的立法要求,中央政务会作出让步的可能性更大。1809年中期,经过一段游移不定的时期之后,中央政务会正在考虑一项总政策:通过西班牙船只,殖民地各港口可以同友好或中立国家进行直接贸易。此前,1809年1月22日,它曾宣布西班牙与美洲之间权利平等,并准备任命各王国与美洲各省在最高政务会的代表。为了召开总国会,需要任命一个摄政团。1810年2月14日政务会向美洲各地发出了派遣代表参加会议的通知。国会政府的第一个行动是庄严宣布:"两半球的西班牙领土组成一个相同的君主国、一个相同的民族和一个家庭,无论是出生在所述领地上的本地人,还是欧洲人或海外人,都同这个半岛上的人们享有平等之权利。"

在否定了塞维利亚政务会保护它的殖民地特权之后,在有关财政和贸易问题上,同加的斯政务会发生了日益严重的对抗,中央政务会准备研究修改贸易制度的问题。但是,由于反法战争的最后失败,中央政务会逃往加的斯,它被一个摄政团所取代,但是后者很快成为加的斯政治的俘虏。这一切使得焦急等待的美洲土生白人感到震惊。到1810年,殖民地土生白人精英的耐心耗尽,希望西班牙实行改革的希望破灭,终于他们决定迈出分离的第一步:在加拉加斯(4月)、布宜诺斯艾利斯(5月)建立了土生白人自治名义下的革命政务会,9月在墨西哥高原,即在瓜纳华托采矿中心附近爆发了大规模的民众起义。越来越多的美洲人意识到殖民制度的不正义不公正,只有推翻这一制度,美洲才能取得政治经济的解放。

二、1808年3月到1810年9月：大洋两岸政治诡谲的岁月

如前所述，1808年，在西班牙帝国历史上前所未有的一系列事件表明了帝国的软弱性，同时也可能开辟通向变革的道路。而在大西洋彼岸，面对这个严峻的现实，新西班牙两个对立的派别给予不同的回应。首先，得到出生于欧洲的官员和大商人坚定支持的王家检审法庭认为，全社会应维持现状，不得有任何变更，直到王室的合法继承人重新登上王位。殖民地政府只能按照现行章程运作。全国由保留国王代表资格的高级官僚阶层掌管，一切都悬而未决。主权还由费尔南多窃取，虽然很快他下落不明，但是作为臣民应无声地服从。这样，欧洲帮派企图阻止任何变革的可能性。另一派更为复杂且有不同色彩，由中等阶级和富裕的土生白人构成主体。他们拥有自己的堡垒：墨西哥城市政会，由两名有学问的土生白人：弗朗西斯科·普里莫·德贝尔达和弗朗西斯科·德·阿斯卡拉特领导，并得到唯一的土生白人法官和地主哈科沃·德比利亚乌鲁蒂亚的支持，市政会发觉形势已变化，认为最终有可能实现政治改革。8月5日它建议总督何塞·德伊图里加拉伊：召集类似西班牙已建立的公民政务会，在无国家元首期间以费尔南多七世的名义掌管最高权力。这个市政会提出了最高权力的基础问题。无疑，它承认费尔南多有权登上王位，也表示服从他；但是，采用一种改变其统治意义的主张：最高权力是由国家以不可逆转的方式授予国王的。卡洛斯和费尔南多的逊位都是无效的，国王不能任意摆布各王国。阿斯卡拉特坚持认为，"国家和国王之间存在一个契约，国王不在位时，由国家执掌权力；一旦国王复位，人民直接行使的权力即自行停止"。

然而，欧洲帮派认为，这是叛逆性言论，会严重威胁到西班牙对殖民地的统治权。他们极力贬低新西班牙的政治地位，甚至认为它不能像半岛上的各省和各领地那样，在危机期间建立省级政务会，以国王的名义进行统治。因为墨西哥是殖民地，没有任何合法的自治权，所以它必须继续扮演宗主国的金银供应者的角色。王家检审法庭认为，提议召集公民政务会有可能引起人们对1789年法国三级会议的联想。

与此种论调相反，墨西哥城市政会通过普里莫·德贝尔达之口，提出另一种"代表大会"主张。因为真正的人民代表在市政会，所设计的政务

会应该基本上由"所有的市政会的世俗和教会的代表"构成,虽然也应当有其他社会集团和政府高级当权者的代表。这样,"代表大会"设想为市政会所炫耀的"人民代表"范畴扩大到国家层次。这实际上是比传统的西班牙民主思想更有意义的主张:市政会自治一直被视为民主的堡垒,与专制主义相对立的力量。无疑,在新西班牙,人们对殖民地初期市政会所发挥的重要作用和本地代表大会还记忆犹新。另一方面,正是市政会的文人复活了西班牙城镇代表大会的思想。他们所说的"人民"是指市政会的代表,其成员由每个城镇具有一定教育和社会地位的"正直的人"组成。一般是律师和小业主,他们控制着各城镇议会。建议还添加教士会议,其中中级教士成员可以发挥重要作用。这样,控制所有市政会的中等阶级为积极参与国家政治生活而第一次打开了一条通道。从此,将有许多不同解释的"代表大会"思想,成为中等阶级寻求获得部分政权的主要政治工具。

在举行的一些会议上,改革派看来占大多数,并得到总督本人的支持。然而,土生白人寡头的许多代表表现出胆怯和游移不定。面对给他们造成如此多伤害的王室政策,创立一个可以表达其决定性声音的机构是他们乐观其成的;但是他们害怕激进化思想和产生颠覆性力量。实际上,就像施恩会修士梅尔乔·德·塔拉曼特斯的著作所解释的,要预见到市政会的温和思想可能走向更危险的地步。在市政会土生白人代表之前,塔拉曼特斯就看出所建议的"代表大会"是走向独立的第一步,他认为王位空缺给国家重新构造带来了空间。当国王不在位时,"国家立即获得合法管辖权,就像王室的其他所有特权和权利一样"。因此应当求助于国家之声,"古今一切政策都可视为社会的基础和起源"。在其《谨慎的忠告》中指出:"这个王国的独立时刻已经接近,应该努力使所组成的代表大会自行带来这种坚实、持久独立的种子,并且毫无困难地坚持下来,而又无任何流血。"显然,塔拉曼特斯的这种思想比此时此刻市政会领导者所表达的目标走得更远,同时还有人不停地指出一条易于走通的道路。比如,宗教裁判所法官普拉多-奥维赫罗预见到这种危险性:"虽然在王国内还没有人宣布反对王室的一种独立精神,但是在想要这个王国及其权利同宗主国平等时,这些政务会走向平等时,这种精神已表达相当清楚了;如果它们获得这种平等,那么这就是一步一步走向完全独立的第一步。"严格地讲,这不是墨西哥城市政会使得保守派不安的主张,而是它所预告

第四章 独立运动

的前景。

在总督召集的一次会议上,一片阴影第一次笼罩在与会者身上。当普里莫·德贝尔达结束讲话时,坚持认为最高权力已落在"人民"身上;当时法官阿吉雷就要求他澄清所讲的"人民"是谁。这位议员回答说,"构成当权者的(人民)"。因此阿吉雷"反驳说,这些当权者并不是人民,他吁请总督和市政会注意,最高权力应该落在最初的人民身上——这位议员所推论的原则;他并没有澄清自己的概念,因为……曾经存在印第安人宗派的一批长官,他们中间有一位蒙特苏马皇帝的后裔"。概念混淆普遍化了。大主教利萨纳——市政会论点的同情者,现在转而支持王家检审法庭。关于改革尝试,有人开始担心其他社会阶级的染指。某些人写道,印第安人已不想缴纳捐税。而总督本人警惕地看到有人开始谈论"独立",甚至议论"共和国"的问题。据说,有一天,在墨西哥城市政会门前一个印第安人自称是蒙特苏马的后裔,他要求继承其祖先的王位。在这种征兆下,欧洲帮派找到了最好的辩护词,来阻止任何变革。庄园主和高级教士担心造成真正的"人民"干预,而不是有学问的土生白人代表所主张的"人民"。

危机开始了。1808年9月15日,由富有的西班牙大庄园主加夫列尔·德耶尔莫领导,并得到一些大贸易行职员辅佐的一个阴谋分子集团发动政变。他们逮捕了总督伊图里加拉伊,解除其职务,并召集王家检审法庭,重新任命佩德罗·加里瓦伊为总督,此人是一个易于为人操纵的老兵。在等待费尔南多国王返回王位期间,他承认西班牙中央政务会,并中止所有的改良计划。从此时起,王家检审法庭进行铁腕统治。土生白人集团的主要发言人普里莫·德贝尔达、阿斯卡拉特、塔拉曼特斯都被监禁;土生白人法官哈科沃·德比利亚乌鲁蒂亚被放逐;一个特别法庭负责审判持不同政见者,事实上它迫使许多被怀疑的土生白人遭受屈辱的审讯。加里瓦伊统治几个月之后,西班牙中央政务会命令由大主教弗朗西斯科·德利萨纳取而代之,也许是为了缓和镇压政策。利萨纳遵循一条折衷路线。温和对待土生白人,避免迫害以缓和人们的情绪。这一切再次使得欧洲帮派感到不悦。王家检审法庭的法官和商人共谋反对这位大主教兼总督,并于1810年1月将他撤职。王家检审法庭再次掌权。

加夫列尔·德耶尔莫的政变及其后大主教利萨纳被撤职,从根本上切断一切改革思绪时,也带来了相反的后果:迫使土生白人态度激进化。

显然,现存秩序不能维持在传统的法律架构之内。其合法代表已被暴力打倒。更为严重的是,从王家检审法庭开始,殖民地高级官员赞同这种行动。许多人开始意识到,所建立的秩序背后,一直存在一个集团的权力意志,它准备用暴力强加这一秩序。在土生白人文人中出现大量切中要害的批评。人们看到,曾欠国库大笔款项的垄断商人和萨卡特卡斯矿业主是政变的真正受益者。比如,当王家检审法庭采取措施放逐比利亚乌鲁蒂亚之时,有人就咕哝着,谢天谢地,"以交易方式,这种恩赐已划到账单上了"。后来独立运动的第一批首领多次指出,欧洲帮派的肆无忌惮的行动是革命的直接原因。实际上,所述事件揭示了依附性制度的背后就是这些社会集团维持着殖民地的所述制度。从此,在匿名讽刺诗和小册子中"土生白人"与"伽秋平"之间传统的对立更尖锐化了。现实的政治利益很容易用出生地的不同掩盖起来:欧洲移民占据了高级官僚机构、对外贸易和大部分采矿业中最好的地位,他们确实是经济特权集团和殖民地的剥削与依附性地位的最明显代表。由墨西哥城市政会启动的运动在这几个月持续着。但是,现在越来越多的人相信,改良的道路已被封堵,而必须诉诸暴力手段。各项变革原则就是1808年土生白人帮派所主张的。次年,有人控告土生白人军官胡利安·德卡斯蒂列霍斯向总督加里瓦伊发出请求:以费尔南多的名义组成政务会,从而在"目前形势下建立以人民为基础的主权"。同年9月,发现以陆军上尉何塞·马利亚·加西亚·奥维索和堂·何塞·马里亚诺·米切莱纳为首的巴利阿多里德密谋,其中包括多名土生白人军官和低级教士。其计划是召集由各镇议会成员组成的代表大会来掌管王家最高权力。他们为了争取农民对其事业的支持,许诺废除印第安人头税。密谋者被逮捕,并受到审讯,后经大主教和总督的和解性干预,他们获得了自由。但是,巴利阿多里德密谋已同其他城市建立了联系,其中克雷塔罗将策划另一个类似的谋反。

  1810年头几个月开始传来使得新西班牙社会再次骚动不安的消息。首先,法国军队占领了西班牙的大部分领土,尔后南美洲多座城市爆发起义。各地的市政会到处充当土生白人的代言人;在一些城市,成功地组成了类似墨西哥城市政会主张的行政政务会:4月组成加拉加斯政务会;5月,布宜诺斯艾利斯政务会;7月,圣塔菲-波哥大政务会;最后是基多政务会。这些政务会都持有类似墨西哥城市政会在1808年提出的主张。但是,在新西班牙,耶尔莫政变后,形势却不同。市政会的政治力量等于零,而统治集团保持高度警惕,并加强对形势的控制。如果土生白人想要取胜,那么单靠自己的力量是不够的。他们被迫唤醒到那时还处在社会边缘的其他社会阶级。这样,在迫使中等阶级同昔日看来无足轻重的因素——劳动阶级结盟之时,对谋反活动的镇压,也给新的独立意图造成与美洲其他殖民地不同的倾向。这一进程在克雷塔罗谋反中已清楚显现出来。

三、民众革命的兴衰

瓜纳华托监政官辖区是土生白人密谋活动和民众大起义的重要舞台。这是一个经济发达的富庶地区,但同时也是社会结构特殊和矛盾尖锐的地方。采矿业是其经济基础,矿山的开发带动了农业和制造业的发展。很多印第安人和混血种人作为自由劳动力在矿山或庄园工作,因此他们比生活在传统村社的土著人有较多的报酬、较高的社会地位,同时对未来充满着憧憬。从整个地区看,由于瓜纳华托经济较发达,所以对墨西哥城的依赖也较少,因而那里的土生白人更强烈地感受到社会不公正,政治上受歧视。此外,那里的进一步发展又受到过时的社团经济结构的束缚,这引起印第安人、混血种人和土生白人的一致不满。这一切社会经济因素促使瓜纳华托地区的民众首先走上反叛的革命道路。1808年至1809年的旱灾和随后的饥荒给民众带来很大的痛苦,有些矿山因没有饲料喂养牲口而被迫关闭,矿工被解雇,因此出现了社会动荡;再加上西班牙统治者封堵了一切温和改革的道路。终于,长期被压抑的不满和愤怒在这个地区爆发了。

在瓜纳华托监政官辖区的富饶农业中心克雷塔罗,出现一批富有叛逆精神的土生白人,其中有骑兵军官和富商之子伊格纳西奥·阿连德,民兵军官胡安·德阿尔达马,另一位民兵军官马里亚诺·阿瓦索洛和克雷塔罗郡守米格尔·多明格斯。他们策划一次革命密谋,试图推翻以王家检审法庭为首的西班牙保王派统治,在中等阶级领导下组成市政会议员、律师、教士和其他阶级成员为核心的政务会,这次密谋在预定发动的日期1809年12月21日前夕遭到镇压。1810年夏,克雷塔罗的密谋者获得了多洛雷斯镇的一位具有启蒙思想的教士米格尔·伊达尔戈-科斯蒂利亚的支持,他立即成为革命密谋的领袖。

伊达尔戈(1753—1811),出生于瓜纳华托省圣迭戈科拉莱霍庄园的中上层土生白人家庭,父亲为庄园总管。年轻时在巴利阿多利德城的圣尼古拉斯学院攻读哲学和神学,先后获得文学和神学学士学位。学生时代爱读卢梭、孟德斯鸠等人的著作,因此深受法国启蒙思想的影响。1778年接受神职,次年在母校任教。1790年任院长,两年后被免职。1792年至1802年先后在米却肯的几个教区任神父,其间积极传播启蒙思想,险遭宗教裁判所迫害。1803年转任多洛雷斯教区神父。他在学术上享有很高的声誉,曾悉心研究启蒙思想以及村社组织,以改善教区内印第安人和印欧混血种人的生活。由于对世俗生活的关注,他曾长时期研究殖民地的社会政治问题,并得到许多土生白人和印第安人的支持。

以伊达尔戈为首的密谋者策划举行以印第安人为基础的群众起义。他们认为,印第安人会成为其队伍的主力军,去剥夺西班牙人的财产,而尊重土生白人的财富。密谋者原先计划在10月初发动起义,但是9月上旬保王当局获得了策划暴动的消息,郡守多明格斯在克雷塔罗被捕。泄露密谋计划的消息传到了多洛雷斯镇的伊尔达戈家中,这位神父决定立即发动起义。1810年9月16日晨,伊尔达戈发出了著名的"多洛雷斯呼声":号召印第安人和印欧混血种人在星期日集市上集合,参加起义,保卫宗教,摆脱"半岛人"统治的束缚,消灭贡税和其他使人屈辱的可耻标志。当日他率领起义者占领附近的圣米格尔·埃尔格兰德镇。途中,从一座教堂中取得一幅瓜达卢佩圣母像,作为旗号。革命是以西班牙国王费尔南多七世的名义发动的,宣布墨西哥人崇拜的偶像瓜达卢佩圣母为起义的守卫神。后来伊尔达戈还在纲领中增加一些内容,为了号召独立斗争,宣布废除奴隶制,归还印第安人村社的土地。

随着多洛雷斯起义爆发,民众运动向着争取独立的方向转变。大量劳动群众登上了舞台。他们过去所遭受的压迫,处于卑贱地位,没有文化和缺少组织,这一切都使得这场运动具有突然性、爆发性和无政府状态。多洛雷斯邻近村庄数以百计的农民很快响应伊达尔戈的号召。队伍一致向圣米格尔进军,庄稼人、庄园雇工或印第安村社成员逐渐汇集在一起。他们用棍棒、弹弓和砍刀作武器,跟在这位启蒙思想教士的后面。在圣米格尔埃尔格兰德,阿连德指挥的女王军团部队加入起义人群内。在人口稠密的埃尔巴希奥地区到处发生新的起义。所有村庄的人都像头晕目眩的猎物一样,纷纷投入这个起义旋涡内。几天后在塞拉亚平原8万土著农民宣布伊达尔戈为"最高统帅"。起义军占领塞拉亚,队伍很快接近最富庶的城市之———瓜纳华托。那里一批城市劳动者加入这支武装农民队伍。矿工、城市平民和邻近地区2万印第安人离家而投入这支向前挺进的军队。革命的旋风看来吸引了所有的民众。起义军已兵临城下,监政官和地方警备队及富有的欧洲人都躲在谷物市场避难,但是毫无用处。平民袭击了这个市场,并将欧洲人斩首。夺占了瓜纳华托之后,起义人群进入巴利阿多利德,由此大胆地向首府进军。所有的下层群众都汇集到起义队伍。他们组成了武装简陋的巨大纵队;阿连德整顿军纪和秩序的企图遭到了失败。在墨西哥城附近克鲁塞斯山,从首府派来的西班牙军队准备抵抗这些乌合之众。经过一场血腥的战斗之后,欧洲人警备队的残部只得逃往墨西哥城伺机最后袭击。通往首府的道路被打开了,革命看来胜利在望。但是随后起义民众遭受了重大失败,其锐气已耗尽,并缺少军火装备;从北方赶来一支由费利克斯·马利亚·卡列哈指挥的保王军队,它可以在几天内进攻起义军。或是出于军令的理由,或是神父担心平民对首府施行暴力和抢劫,伊达尔戈决定不进攻墨西哥城。为了重新组织队伍,他率队回到了塞拉亚。在那里起义军分裂。阿连德随主力部队进军瓜纳华托,而伊达尔戈则带领余部去巴利阿多利德。同时,革命自发地扩散到其他地区。在多座城市爆发平民起义。在瓜达拉哈拉,民众在牧场主何塞·安东尼奥·托雷斯的率领下占领了该城。伊达尔戈迁往那里。12月26日他受到盛装的群众兴高采烈的欢呼。在那里他们驻扎了一个半月。

  在北方和中部地区,平民夺取了其他一些城市,如:圣路易斯、萨卡特卡斯。一位农村神甫何塞·马利亚·莫雷洛斯在南部海岸开始率领民众起义。按照他的打算,在其他许多地方组建游击队。我们不应当把1810年革命运动同过去年代的改革意图相提并论,因为这是一次劳动者、城市平民和矿工汇集一起的民众起义,其领导者是若干名中等阶级土生白人。这场革命同殖民地其他的自发农民起义相互配合,并且现在起义已越出小地区,而扩展到全国。此外,土生白人文人的领导给革命指明了方向,带来了单独的农民无力达到的目标一致性。

  按照运动的社会构成来看,起义者采取的政治措施是同其目标并行不悖的。伊达尔戈持有其阶级的思想,并考虑"这个王国的所有城镇和地方的代表"构成代表大会,也就是说,各城市政会所主张的:为费尔南多七世保管最高权力。他揭露欧洲人对美洲进行剥削的制度,并从制伏西班牙王室的其他国家手里收回本国统治权。但是,他的政治思想是模糊的。当要求人民援助时,这位具有启蒙思想的土生白人自封为人民的代表,同时又是人民的一分子,而人民又将他变为自己愿望的代言人。为了"满足"人民,伊达尔戈以人民的名义采取了一切预防措施,当求助于"国家共同之声"时,他利用了土生白人文人所认同的这一术语;然而,实际上他所主张的"国家",并不是"已构成的实体",也不是各城市政会代表,而是在塞拉亚宣布他的"最高统帅"的民众队伍。实际上,"国家之声"现在已超越了传统意义,而具有"人民阶级意志"的含义。以"国家"的名义,伊达尔戈废除了压在人民身上的赋税;取消了"血统""门第"差别,并在整个美洲第一次宣布废除奴隶制。甚至启动某些经济措施(尽管是胆怯和应时的)来对付占有者阶级:颁布法令没收国家经济的主要支柱:欧洲人的财产,颁布第一项土地措施:将土地归还给土著村社。

起义的另一位领导人阿连德不可能轻易地追随革命运动已经采取的民众路线。他同伊达尔戈的不和,除了个人冲突之外,还说明了其模糊的社会地位。阿连德不理解也不赞成伊达尔戈对平民的"迁就"。从一开始他就努力把这场造反变成为由土生白人军官领导的有序的起义;但是,当神父开始让人忘却费尔南多七世的形象时,他的厌烦达到了极限。面对革命已趋向超越土生白人政治思想,阿连德的态度就成为许多土生白人动摇的一个标志。

着迷地追随伊达尔戈的民众不可能拟定一项具体的革命纲领,而仅开辟了近期的前景:破坏富有的欧洲人所代表的压迫者社会秩序。他们的行动似乎能一举获得全面解放,破坏所仇恨的社会秩序,这样就可以产生一个平等和正义的王国。自然,他们的思想同其启蒙主义领袖所掌握的思想很少相互关联,而是一种原始的、单纯的、倾向于用宗教语言表达的思想。革命被看作十字军东征,善良与邪恶力量之间决定性对抗,将导致平等与最纯洁的宗教的建立。而谴责伊达尔戈的高级教士和欧洲人都被指责为"异教徒"或"犹太人",相反起义者都被认为是宗教的捍卫者。起义民众将伊达尔戈看作为圣人,其非凡能力的形象足以激起一切希望。这些人所持有的自由社会的思想,可能就是在革命先知率领下建立一个新王国的思想。这些思想并不是中等阶级的主张。相反,与1808年之前某些密谋思想相联系,它们起源于民间,就如1799年所谓的"大砍刀",由

第四章 独立运动

庄稼汉和手工业者组成的起义队伍,他们试图杀死西班牙人,打开监狱,并在瓜达卢佩圣母像下召集村民会议。民间观念提出了类似基督教的"千年王国"的思想,这些都是曾经震撼社会下层阶级的大革命运动的思想来源,同时这些民众都处于政治上无组织状态。

面对民众起义,过去曾经同情改良主张的许多人的态度发生了变化。1808年曾动摇不定的富裕阶级中的土生白人,现在坚决反对这场运动。起义的最强有力的抨击者是高级教士,他们用所有的精神和物质力量与之战斗。主教阿瓦德-盖波,几年前深刻改革的支持者,现在是强烈谴责伊达尔戈的第一人。其后,大主教科萨纳、宗教裁判所和大多数主教都怒气冲天地同伊达尔戈及其追随者论战,并将他革出教门。土生白人地主也是起义的反对者。在圣路易斯,富有业主提供资金,支持卡列哈组成一支军队。总督贝内加斯发表声明,严厉警告一切援助起义的人,并计划重新组织2.2万名本地民兵和1万名退役士兵组成军队,任命西班牙人卡列哈为新编军队指挥官。为了重新获得印第安人和混血种人的效忠,10月5日颁令废除贡税制。由于保王派进行了广泛的宣传活动,所以墨西哥中部地区的下层群众也相信起义者是对所有人的威胁。

从1810年11月起,各种事件开始不利于起义者。虽然在北方科阿韦拉、新莱昂和得克萨斯站到起义者一边,但是在中部由于得到矿业主和庄园主的支援,组成了一支武装良好的保王军。卡列哈收复了瓜纳华托,尔后进攻瓜达拉哈拉,在那里伊达尔戈和阿连德重新联合在一起。1811年1月16日,在卡尔德隆桥伊达尔戈起义军与保王军交战。起义军完全战败,卡列哈夺占了瓜达拉哈拉。起义军首领开始艰难地撤往北方,首先到达萨卡特卡斯,然后退至萨尔蒂约。在少数部队伴随下,伊达尔戈和阿连德出走蒙克洛瓦。3月末在半路上他们遭到伏击,伊达尔戈和军官们被俘,他们被押送到奇瓦瓦城,7月30日伊达尔戈被枪决。他和另外三名起义领导者的头颅一起送到瓜纳华托,悬挂在该城一个谷仓墙上示众达十年之久。

伊达尔戈在墨西哥近代史上被誉为"独立之父",并被奉为墨西哥最伟大的民族英雄之一。他发出"多洛雷斯呼声"之日:9月16日被定为墨西哥独立日。

1810年开始的革命并没有因为伊达尔戈和阿连德之死而结束。在殖民地的许多地区出现了单独活动、攻击村镇和庄园的农民游击队。运动的协调重新在两个地点获得成功:在西塔夸罗建立了"美洲最高行政委员会",由伊达尔戈的老秘书、律师伊格纳西奥·拉荣领导,在其指挥下试图维持运动的统一;与此同时,特别是在南方,何塞·马利亚·莫雷洛斯的一系列胜利重新推动了革命。

莫雷洛斯,是与其村民密切相联的农村神甫,一个木匠的儿子,农民起义需要他成为民众的领导者。在南方他在短时间内拉起一支强大的军队。其军事才干使之很好地组织队伍,直到取得一些重大的胜利。1811年5月占领了奇尔潘辛戈和蒂斯特拉,通过塔斯科和特瓦坎登上高原,到12月夺取了夸乌特拉。次年2月,卡列哈企图给革命以决定性打击,并开始围困夸乌特拉。战役持续了三个月。起义者未能取胜,但是成功地消耗了保王军,这就使得起义者有序地撤出该城。夸乌特拉的围困明显地提高了莫雷洛斯的威望,他控制和统治了南方大部分地区。运动的社会构成没有改变。起义者仍是下层阶级,主要是农民。大多数起义军是许多民众聚集而成的队伍,仅装备有弹弓、箭支、长矛,还有大棒和石头。有时,相邻的几个村庄数千人自发地汇集在一起,以抗拒某个保王长官;另一些情况下,起义者出现了一个首领,他们有自己的装备,分成一股股派遣队。经常一些民众临时聚集在一起,来帮助有组织的起义军,然后再分散开来。甚至北方的游牧印第安人、科曼切人、利帕曼人都攻打保王军队。黑人奴隶也参加了这些行动,在韦拉克鲁斯他们在自己工头的率领下举行起义;在南方,在加莱纳的带领下,他们组成了莫雷洛斯的精锐部队。只有欧洲地产主的某些庄园的奴隶继续忠于主人。牧场主、马匹业主、小土地所有者和庄稼人,大多数有色人种群众站到印第安人一边,或者作为骑兵部队加入起义军,成为武装较好的一支队伍。曾摧毁埃尔巴希奥的一支支小股部队都由骑兵组成,其中还有印第安人弓箭手和投石器手。最终,城市的所有平民都支持起义者;有时,在起义者进攻前城市所有平民都离开居住地,而在战后返回;有些人甚至在城内策划谋反。由拉荣和莫雷洛斯率领的有组织的部队都是由上述成分构成的。在西塔夸罗组成的政务会通过让邻近地方的印第安村庄执政官和村长宣誓,使其职能合法化,拉荣部队的一部分只由印第安弓箭手组成。莫雷洛斯部队中有南方的黑人和黑白混血种人、庄园的原来短工、战败的保王军士兵和刚武装起来的数千农民,他们在困难关头提供援助。

由于运动的进展,中等阶级的许多成员都采取公开同情的态度。同

第四章 独立运动

时参加运动的人数逐渐增加。在拉荣和后来莫雷洛斯的影响下,通过传播革命思想,开始参加运动的文人人数也日益增多。一些人从运动外部以其著述提供帮助。在首府,华金·费尔南德斯·德利萨尔蒂;塞尔万多·特雷沙·德米耶尔修士从伦敦,以其最优秀的作品支持起义者。受到殖民政府迫害或排斥的大多数人都逃出保王派统治区,而加入起义队伍。一些人来自各地的市政会,如科斯·金塔纳罗博士;另一些人是律师、作家或说教者,如布斯塔曼特、贝拉斯科、利塞亚加、罗萨因斯·贝拉斯科等。由于他们有很高的文化水平和威望,所以都取得了领导职位。莫雷洛斯,对"他们的智力"满怀希望,所以庇护他们,并让他们很快变成民众首领,使他们成为革命运动中以笔代刀的最有能力的另一批社会成分:土生白人文人。

伊达尔戈被俘后,其继承人拉荣和利塞亚加致信给卡列哈:正式宣布他们追求起义的目标。他们判断,费尔南多七世不可能掌握政权,有必要召开代表大会来恢复被耶尔莫政变所改变的法律秩序;但是没有提到任何社会经济改革措施。该信的温和语气证实了"美洲最高行政委员会"的首要意图,重新吸引土生白人寡头对付欧洲人,从而缓和他们对民众起义的害怕。后来,又公布了由何塞·马利亚·科斯博士所写的《和平计划》。按照其解释,从1808年起土生白人的权利在于:美洲从属王室,而不是西班牙国家。因此,人们所希望的独立,并不是脱离国王,也不是脱离君主制,而是脱离在加的斯组成的非法政府。计划的首要之点提出:"1.主权在于民族群众。2.西班牙和美洲都是君主国的组成部分,从属于国王,但是两者是平等的,没有一个依附或从属于另一个的关系。"此外,现存社会秩序将受到尊重。科斯要求,欧洲人将统治权移交给代表大会,保证他们继续享有其权利、就业和财产,以便让"这片高贵土地上的所有居民,无论是土生白人还是欧洲人,无差别地构成臣属于费尔南多七世的美洲公民国家",这是拉荣过去所表达的思想。此外,这一态度是同这一时期支持起义的大部分土生白人文人的思想相一致的。他们都将此理解为本质上是一个政治和司法问题。在将墨西哥城市政会思想加以延伸和发展之时,制定一项政纲:可以让受到依附性制度排斥的殖民地所有阶层都能接受。比如,金塔纳罗澄清主权所在的"国家"是何样的:当首脑失败时,应该构成一个政治实体,掌握统治权。卡洛斯·马利亚·布斯塔曼特坚持其集团的思想:最接近国家的代表是市政会。

但是,塞尔万多·特雷莎·德米耶尔修士以最有力的历史和法律论据发展了起义者追求独立的思想。实际上,美洲拥有自己的社会契约,它构成西班牙君主国的一个组成部分,卡洛斯五世同征服者们和印第安人结成一定关系:认为他们是臣民,并授予豁免权和特权。从此,尽管后来出现专制政治,但是"各任国王在其内心都保留了我们的基本法,据此美洲是独立于西班牙的王国,除了国王之外,同西班牙没有其他关系……是通过国王而联合和结盟的两个王国,但互不隶属"。米耶尔坚持认为,各任君主已向新西班牙授予了一个独立王国的一切权利,给它配备了自己的议会、西印度理事院(它已同卡斯蒂利亚政务院分离),自己的教会管辖权,等等。因此,起义运动就是要开始收回这种已失去的权力源泉。除了这些思想之外,来自下层的民众带来了另外的思想。在莫雷洛斯队伍中,就是中等阶级自己的思想同来自民众思想汇集的成果。莫雷洛斯并不限于恢复政治权益。其土地均分论虽然是温和的,但是明确的。废除村社的银箱,以让庄稼人"获取其土地上自己的收益",通过继续战争,直到不让欧洲人夺走我们庄稼人以血汗换来的成果。在其《民族感情》中,勾划了一种新制度,它具有平等人道主义和基督教色彩。简言之,莫雷洛斯进一步阐明了起义的政治和社会目标:殖民地的独立,议会制政府和社会改革:废除贡税、奴隶制、等级制,提高下层阶级的社会地位。宣布不再效忠国王权力,赋予瓜达卢佩圣母这尊偶像以更深刻的爱国主义内容。

1812年春,保王党人卡列哈进行反扑,将起义军围困在库奥特拉阿米尔帕斯镇达72天之久。5月1日莫雷洛斯及其部队突出重围,但损失惨重。然而,11月起义军集中兵力攻击南部重镇瓦哈卡,这使得莫雷洛斯控制了南部大部分地区,其权力达到了顶峰。1813年9月14日在奇尔潘辛戈召开代表大会。会议立即授予莫雷洛斯行政权力。11月6日宣布独立。但是,此后莫雷洛斯的军事力量迅速削弱,并连遭败绩。与此同时,奇尔潘辛戈的代表大会陷于内讧,伊格纳西奥·拉荣争夺莫雷洛斯的最高权力。1814年1月代表大会被迫撤出奇尔潘辛戈,此后它一直是个流动机构。1月22日莫雷洛斯失去了行政和军事权力。代表大会很快将军事指挥权交给伊格纳西奥·拉荣、何塞·马里亚·科斯和胡安·内皮穆塞诺·罗赛恩斯三人掌握。在此期间,瓦哈卡城被保王派夺回。莫雷洛斯的另一个主要副手埃梅内希尔多·加莱亚在战斗中阵亡。1814年10月起义者发布《阿帕钦甘宪法》,意在争取殖民地自由派的支持。但是,它的影响不大。

　　1815年9月,起义者的代表大会为逃避保王派军队的追击,决定转移到东部海岸。因此,起义者政府需要穿越保王派控制的地区,当时莫雷洛斯被指派担任掩护任务。11月5日,一支600人的保王派部队追上了起义军。莫雷洛斯成功地保护了会议代表,使之在混乱中逃脱,但是他本人被俘。他被押送到墨西哥城,接受保王派和宗教裁判所的审判。12月22日,莫雷洛斯被行刑队处死。在其去世后,民众运动已奄奄一息了。尼科拉斯·布拉沃领导莫雷洛斯的残余部队,但是代表大会剥夺了他的军事指挥权。最终,代表大会也被解散。由于没有领导中心,又

起义军首领何塞·马利亚·莫雷洛斯

没有一个推动民众运动发展的杰出人物,所以运动分裂,进而萎缩。每个首领都占山为王,而与其他人不和。保王派的胜利和各任总督多次颁布特赦令,慢慢地消化了一股股起义队伍。当墨西哥的民众革命退潮之时,在西班牙自由主义也经受了相似的命运。从1814年起,在大西洋两岸专制主义都占了上风。同年3月22日,费尔南多七世返回西班牙,准备像专制君主一样进行统治。几个星期后,他宣布废除加的斯宪法和解散议会,开始对自由派进行严厉的镇压。国王的专制主义卷土重来,西班牙帝国又恢复了它的原貌。

四、国家主权易手:土生白人寡头政治集团的执政

　　殖民地寡头政治集团成功地抑制了革命,虽然付出了很大的代价。暴烈的战争破坏了国家的经济,采矿业遭受最大的破坏。一些矿山已被废弃,而另一些被水淹没,瓜纳华托地区受到严重损害,矿产开采明显衰减。此外,由于西班牙被法国人占领,对外贸易也急剧减少。这一时期矿业主受到打击,使之无法恢复生产。农业也遭受破坏。据估计,1821年庄园的生产下降近一半。因此,教会的利益不仅经受了普遍的经济危机的影响,而且由于什一税收入的减少而受到损害。土生白人寡头政治集

团不能坐视王室的经济禁令和长期掠夺政策的恢复。无论有无国王,西班牙都不停地要求殖民地为帮助其对法斗争而作出贡献。比如,1811年,当新西班牙已埋头于内部斗争时,总督贝内加斯把新西班牙金库的全部资金都汇给了宗主国,作为对法战争的合作资金。费尔南多七世的回国预示一项相似政策的延续。在加的斯宪法废除后,关于各殖民地之间的自由贸易和取消对贸易和工业的法律障碍的议会规定变成一纸空文。为了恢复受损的殖民地经济,有必要进行各项改革,以利于地主、小商人和工场主以及教会的发展。只是民众起义的爆发阻碍了他们的经济活动,且推动他们同欧洲帮派结盟。而今民众起义看来已缓和,他们能有所作为吗?

另一方面,来自南美洲各殖民地的消息表明,土生白人寡头政治集团有能力领导自己的国家。从1816年起宣布拉普拉塔联合省独立;1818年确定智利独立;次年在安戈斯图拉国民会议上批准大哥伦比亚共和国的建立。在许多地方土生白人都取代了"半岛人"而领导自己的国家。革命年代也造成了另一个重要现象:军人崛起作为新的统治集团。在对付起义者的漫长运动中,军人权力增长。虽然所有军队士兵是土著人或印欧混血种人,而许多军官是土生白人,但是军队一直忠于政府。然而,从很早时期起殖民当局对军队就感到担忧。比如,卡列哈在致总督贝内加斯的信中指出,有必要酬报军队,因为新西班牙的所有居民都认为独立是有利的,而军队也持有这种见解。另外,莫雷洛斯相信,由土生白人军官指挥的保王派军队总有一天会加入他的队伍,他预言:"那时独立将是事实。"正是由于对殖民地军队这种不信任,所以欧洲大商人的堡垒:墨西哥城商会就请求西班牙派遣他们可以信赖的一支由"半岛人"组成的部队,并承诺提供其装备和运输的资金。

漫长的运动将每支部队都变成了一个自给自足的单位,它们更多地同指挥自己的将军联系而不是中央政权。军人首领(caudillo,旧译考迪罗)越来越不听从行政官员的调度。卡列哈的行动就是征兆。他同总督贝内加斯的对立是无法掩饰的。总督企图通过撤职,中止他的指挥权,但是所有的军官和士兵都站在将军一边,贝内加斯只得让步。人们第一次看到军队面对政府如何作为一个团结的实体而行动,它可以向政府强加自己的意志。卡列哈在战争行动中感到同行政官员和欧洲商人的距离越来越远,这个将军指责他们是"胆小鬼"和"懒惰者",而更能同富有的土生

第四章 独立运动

白人联合在一起战斗。当他离开军事指挥职务时,他变成为一个小"朝廷"的中心,经常参与不满者对总督的抗拒和尖刻的批评。人们可以推测出他的色彩是什么,地下起义者——"瓜达卢佩人"会社的冒险行动中,曾向卡列哈提出一份计划:领导其军队,实现独立。这位殖民地将军不仅没有揭发密谋者,而是愉快地接受了这一建议。但是,不久卡列哈被任命为总督,他的态度便从军人转变为行政官员的立场。这种悬而未决的态度也影响到其他将军。最著名的两例是:新桑坦德尔的司令华金·阿雷东多和新加利西亚的何塞·德拉克鲁斯。两人都曾在其领地内作为专制统治者而行动。在新的政治分裂的掩护下,他们同总督争夺自己省的权力,但无论是贝内加斯还是卡列哈都没有使他们屈从。经过多次争论之后,无论是阿雷东多还是克鲁斯,事实上最终都构建了独立的小政府。

  1812 年从欧洲输入的部队开始抵达殖民地。由此,在授予奖赏方面开始出现歧视,"半岛人"对新来者表现出公开的偏爱,这就造成了老部队的普遍不满。到 1820 年,军队的不满情绪已很普遍。土生白人军官认为,尽管经历了这么多年的战争,但是没有获得应有的军衔条纹,并感到被前远征部队耽搁了前程。士兵们则处于贫苦和疲惫状态,且感到受歧视。部队的激怒已达到危险的极限。此外,军队的很多军官开始对新的交易感兴趣。由于道路的不安全,军队控制了通向港口的道路和各省的货物运输。事实上,殖民地内批发贸易已依靠军人。他们中许多人利用其地位,在市场上进行投机,从而发了大财。这样,由于各种原因,无论是土生白人业主还是教会和军队都越来越倾向于改变现状。终于,变革的时机出现于 1820 年初。该年 1 月,在西班牙开始了自由派起义。在随后几个月期间,伊比利亚半岛上几个重要城市的情势变化给墨西哥变革提供了机会,西班牙广大民众迫使费尔南多七世向加的斯宪法宣誓。当时政权落入一个政务会之手,在君主被迫准许下,它抓紧召开国会。7 月 9 日举行了会议,会上丧失了十年前的自由气氛,特别是反教权主义的措施被列入议事日程。国会颁布一系列法令,反对教会的世俗权力:废除教会司法权,减少什一税,取缔修道士教团组织和耶稣会,并撤销宗教裁判所。在墨西哥这一切措施都立即引起反响。总督阿波达卡和王家检审法庭都被迫向加的斯宪法宣誓。对于新西班牙教会来说,形势特别严峻。耶稣会第二次被取缔,并宣布一切修道士教团都将废除,出售教会财产和减少什一税,这一切在西班牙都颁布法令加以规定。此外,墨西哥的教会人士还担心西班牙国会报复所谓的"波斯人"集团,因后者曾支持费尔南多七世的专制主义镇压措施。这些人中有两名新西班牙高级教士:普埃布拉主教佩雷斯和恰帕斯的圣马丁。

　　许多欧洲官员开始害怕以教士为首的运动。为了预防这一可能性,一小批人聚会于"先知庙",其中不少人曾参与1808年打击伊图里加拉伊,他们的目的是不承认加的斯宪法,并让殖民地继续受老的法律支配。谣传总督与密谋者之间有默契。有人企图推波助澜:借助新的政变,推动一场相似于1808年由耶尔莫领导的运动。不过,密谋并没有进一步发展,因为一批欧洲人(韦拉克鲁斯的商人)向宪法宣誓,而远征部队也不支持密谋。11月,一名土生白人高级军官,出身于显要的庄园主家庭,并曾与起义者作战而名闻遐迩,他就是阿古斯丁·德伊图维德,此人被任命为一支军队的指挥官,将攻打在南方的维森特·格雷罗的起义军。伊图维德实施一项谋划周密的计划。通过一场有效的书信运动,他获得了主要的军事首领的支持。由于这场运动取得成功,1821年2月24日在伊瓜拉他编写了受到其士兵喝彩的计划。他宣布独立,声明天主教为国家的唯一宗教,规定"过世俗生活的和受教规约束的教士都保留其一切司法权和特权",并要求欧洲人、土生白人和印第安人团结在一个国家内。保持君主制,作为新"帝国"的制度。他将邀请费尔南多七世本人登上王位,或者,在其不便时,给另一个王室成员戴上王冠。同时,一个摄政委员会将掌握政权。这个委员会将负责选任君主和召集国会来制定帝国的宪法。计划的语调是温和的。它赞美了西班牙的美德,但是辩称殖民地已经达到"成年"的独立阶段。重申需要通过欧洲人与美洲人之间、保王派与起义者之间的协调来争取独立;为此,要求"团结、博爱、秩序、国内安定、警惕和厌恶任何动乱运动"。

　　伊瓜拉计划成功地统一了所有的土生白人寡头政治集团。实际上,独立方案明显同另两个紧紧抓住的"保证"联系在一起,这就是:在各阶级联合的基础上保持宗教和社会秩序。所有的部队一支接一支地站到伊图维德的一边;只有来自西班牙的远征部队无条件支持殖民政府。特别是高级教士和大庄园主倾其全部经济和道义之力支持这场独立运动。另一方面,伊图维德不打算攻打格雷罗,而是与他达成协议。这样,最后一批起义首领看到了获得独立的前景,也就加入这场运动。结果,伊图维德的军队在短时间内不流血地占据了主要的城市。他进驻了巴利阿多利德、

第四章 独立运动

瓜达拉哈拉和普埃布拉。与此同时,西班牙远征军将总督阿波达卡撤职,因为他对独立运动的态度软弱无力。墨西哥城的指挥权握在陆军元帅弗朗西斯科·诺维利亚手中。但是,一切问题都在一个星期内解决。8月3日由西班牙国会任命的新西班牙政治首领胡安·德奥多诺胡在韦拉克鲁斯登陆。他被伊图维德军队围困在这座城市。当他发觉形势恶化时,奥多诺胡决定同伊图维德和睦相处。8月24日在科尔多瓦城,土生白人首领与新西班牙最后一名执政者签订了一项协议:接受墨西哥独立,但是西班牙的统治家族的权利不受损害。墨西哥的结局是愉快的。由于奥多诺胡的斡旋,同保卫首府的诺维利亚的部队达成停战协议。这些部队最终投降,并准备返回西班牙。

9月27日,阿古斯丁·德伊图维德的38岁生日那天,他以新政府首脑身份率领"三保证"军(宗教、团结、独立)开进墨西哥城。经过十年的斗争,独立终于实现了;但是,它的目标与民众革命所提出的主张相去甚远。所述的"独立"不支持对旧制度的任何重要变革。面对西班牙的自由主义革新,伊图维德维护保守派思想,特别是企图保护教会不受改革的威胁,保护天主教思想不受自由派哲学的"感染"。因此,教会热忱而无条件地支持运动;把这场运动视为类似的"十字军东征",以拯救"受威胁的神圣宗教";而伊图维德则扮演了由上帝差遣的"新摩西"。运动除了捍卫宗教之外,又保卫西班牙君主,以保证旧制度的延续和稳定。伊图维德胜利后,建立了一个临时摄政团,旨在履行科尔多瓦协议和为未来的君主保管王位。伊图维德本人成为墨西哥帝国的摄政团主席。官方认为,这是1521年被西班牙征服的前墨西哥帝国的重建。摄政团的构成清楚地反映了新的形势。一方面,让西班牙任命的最后一名执政者奥多诺胡的人员参与新政权,其中有其秘书贝拉斯克斯·德莱昂和法官何塞·伊西多罗·耶涅斯,实际上,这个新政权延长了殖民统治。另一方面,在摄政团中军队和教会阶层有最高代表:阿古斯丁·德伊图维德、曼努埃尔·德拉巴尔塞纳和普埃布拉主教佩雷斯。从社会观点看,伊图维德的运动与伊达尔戈和莫雷洛斯的革命毫无共同之处。1821年的独立宣言不但没有继续进行革命,相反,当时它只有一种可能性:粉碎革命。伊图维德运动只不过是历史的一段小插曲:反革命派中的一个宗派——土生白人寡头政治集团取代另一个:欧洲人帮派。尽管如此,在政权构成方面发生的变动是重要的:欧洲人集团丧失了国家的领导权。原来的殖民地高级官员

123

几乎全都离开了这个国家;西班牙远征军在驻扎了一段时间后也返回欧洲。此外,过去占主导地位的出口阶层失去了重要性。采矿业主从未恢复元气,自由贸易法颁布后,大的欧洲贸易商行失去了特权地位。政权落到了高级教士和旧军队的手中,后者代表着土生白人显贵的利益。摄政团立即规定公民的普遍权利,废除"血统"制,平等分配公共职位。不久,又废除了对工业、矿产开采和贸易的限制及大幅度削减商业税。总之,高等土生白人阶级达到了自己所有的目标,但同时保持了昔日社会秩序中本质的东西,废除了阻碍其发展的法律,掌握了国家权力,同时也满足了中等阶级的某些要求,以赢得其支持。

当然,伊图维德宣布的政治独立并没有达到消灭革命进程的目的。老的起义者逐渐重新聚集起来,以便继续进行革命。中等阶级的知识分子多次发挥其首创精神,但是,民众革命已经终结,这些文人已失去了同民众的实际联系。其斗争手段将是各种代表机构;各种会议的商讨将取代群众行动,1821年组成的"摄政团"排除了老的起义者,但是接受了来自中等阶级传统堡垒:各市政会和各省议会的相当数量律师和教士。一些人曾参加过1808年运动,另一些人曾是西班牙的加的斯的议员。摄政团内部派别的分裂延长了各派的争斗。为了支持伊图维德和摄政团,军人、高级教士、庄园主和土生白人贵族联合在一起;在其对立面是低级教士和几乎所有的律师。这后一个派别在战术上同另一个小集团(它曾支持波旁王朝对付伊图维德)结盟,以达到控制议会的目的,这样他们在新政权中嵌入一个中等阶级的斗争平台,从最初日子起就开始了对摄政团的无声战斗。

在伊图维德完成了基本上不流血的独立过程并控制了全国重要地区后,尤卡坦的政治形势也发生了变化。1821年9月15日在梅里达召开的领导人会议宣布尤卡坦脱离西班牙而独立,但是来自西班牙的都督埃切韦里仍担任行政长官;会议表示,如果伊图维德保证尊重西班牙1820年宪法确立的公民自由权利,它将承认该政府。由于在伊瓜拉计划中许诺在制定墨西哥宪法之前遵守西班牙宪法,所以尤卡坦在11月加入独立的墨西哥帝国,后来成为联邦体制中的一个主要成员。包括都督埃切韦里在内的西班牙行政官员,却悄然离去。尤卡坦的加入,如同墨西哥其他地区一样,最重要的因素是遵守加的斯宪法和伊图维德对此的保证。

然而,伊图维德并不满足于眼前这一切,他所追求的目标是实行君主制,自己当上墨西哥帝国的皇帝。为了达到这一目标,他仍以军队作为其

第四章 独立运动

主要工具。1821年军队士兵人数已达6.8万人,是12年前的两倍多。1822年国家预算是1 100万比索,其中近1 000万拨给陆军和海军。议会试图缩减军队规模,减少士兵人数,并让军官从民事官员中分离出来。然而,伊图维德捍卫其部队的特权,宣称军队是"国家最需要的、最有功劳的和杰出的阶级"。为了支持这一论点,他夸大外部危险并企图进一步扩展军人权力,提出组成军事法庭来审判政治犯罪。面对议会的反对,军队的一部分人准备发动政变。科尔多瓦协议中提出让西班牙在职的王室成员接受墨西哥王位的希望最终落空了;实际上,西班牙议会已在2月宣布科尔多瓦协议无效,并辞退了墨西哥议员。5月18日,军队和平民参与的骚乱要求给伊图维德戴上墨西哥帝国的皇冠。议会在许多议员缺席的情况下,且在另一些人的强大压力下,被迫批准任命伊图维德为皇帝。最终,1822年7月21日,伊图维德登上了墨西哥的皇位。新的"帝国"前景并不令人愉快。它在重重困难中降生,可能很快夭折。最大的困难是财政危机。捐税和商业税大量缩减,导致国家收入过低,只够军队和公务员的薪金。此外,过去几年资金持续汇往西班牙和因内战矿山与庄园的破坏,使得国家出现非资本化。除此之外,西班牙人的撤离造成资金外逃,对外贸易下降。公共财源枯竭,且没有呈现出改善的前景。为了应付这一形势,政府禁止资金从本国流出,且必须求助于强制贷款和捐款,这就造成了商人和地产主的不满。

由于伊图维德登上帝位,反对派和自由派加紧了对抗活动。在米却肯有人组织密谋,其目的是建立共和国,密谋者还同某些议员商议有关政治问题。伊图维德认为,这是开始镇压议会的好时机。他命令逮捕15名议员,其中有布斯塔曼特和特雷莎·德米耶尔,并企图减少议会代表人数。面对议会的抗拒,10月31日他解散了议会。随后,他任命追随他的45名议员组成一个委员会,以此取而代之。后来

墨西哥城独立纪念碑

伊图维德辩解他解散议会是认为其态度是"乌托邦式的"。他坚持认为，自由派思想和共和政府在理论上可能是好的，但是不适于国家的形势。

在韦拉克鲁斯，1823年1月1日，安东尼奥·洛佩斯·德圣安纳举行暴动，反对伊图维德称帝，提出共和制方案。圣安纳(1794或1795—1876)，生于韦拉克鲁斯的哈拉帕城一个地主家庭。16岁入伍，曾参与镇压独立运动。1821年伊图维德宣布《伊瓜拉计划》后，参加独立运动。后来担任韦拉克鲁斯港的驻军司令。从此，圣安纳成为墨西哥建国初期的风云人物，长期在政坛上翻云覆雨，影响政局的发展变化，曾先后八次担任墨西哥总统(1833、1834—1835、1839、1841—1842、1843、1844、1847、1853—1855)。当时老的起义者，如：瓜达卢佩·维多利亚、格雷罗和尼科拉斯·布拉沃都加入这场运动。被派往镇压造反者的埃查瓦里将军也加入造反者队伍。很快许多城市都拥护这场运动。1823年3月19日短命的帝国寿终正寝：伊图维德逊位，流亡意大利和英国一年后，1824年7月返回墨西哥，当即被逮捕，并在塔毛利帕斯州被处决。伊图维德的倒台标志着中等阶级自由派的胜利。已重建的议会宣布建立共和国。在制定相应的宪法之时，组成三人执政的政府：其中有两名老的起义者瓜达卢佩·维多利亚和尼科拉斯·布拉沃，还有一名老的伊图维德分子佩德罗·塞莱斯蒂诺·内格雷特。但是，为了执政，前两人已不再以民众为基础，而是同部分军人结盟，因为现实的权力仍在特权集团，特别是教会和军人的手中。

作者点评：

正像一位德国学者所评论的：(拉丁美洲)"独立革命是由土生白人加以概念化和启动的，在大多数情况下，是同西班牙统治阶层争夺权力的冲突。这样，应是一种在有限的目的前提下的有限冲突，即：不涉及革命，也无革命意图的政治权力的转移。也就是说，争取政治解放而不触及现存的社会结构。显然，其概念是：通过军事上战胜西班牙人，实现内部权力的取代，同时保持现存的社会和经济状况；由于殖民地的生产关系以及分配的窘迫和不正义，这种斗争可能超越所规划的战略界限。"特别是在墨西哥，独立运动是基本上不流血的国家主权易手，而没有社会革命内容，其结果是政权落到土生白人寡头政治集团手中。

第五章 建国初期的内忧外患

一、新国家艰难的外交承认

1821 年 2 月 24 日到 9 月 27 日,一切看来都有利于墨西哥独立与和平的愿望。由于同胡安·奥多诺胡签订了科尔多瓦协议,保证了新国家的合法存在;因此,期待获得各大强国的承认似乎没有很大问题。摄政团已编写好了特别要点,用来指导同外部世界的接触。由于独立存在的头几年西班牙语美洲国家团结一致,它们对兄弟国家多次给予优惠待遇。危地马拉王国曾决定将其 50 万平方公里的领土及其命运加入 450 万平方公里的墨西哥新帝国。但是,1822 年产生了不太幸运的结果,因为开始出现了诸多问题。2 月 12 日,西班牙议会宣布伊图维德同奥多诺胡签订的协议"对西班牙政府及其国民,是非法的和无效的"。西班牙议会无视墨西哥独立的现实,决定派遣两名特派员:何塞·拉蒙·奥塞斯和圣地亚哥·伊里萨里,以处理同美洲人的问题。他们抵达之时,已是帝国瓦解之日。尽管伊图维德任命了他自己的代表,但是直到共和国建立之后谈判还没有开始。墨西哥的主要代表是瓜达卢佩·维多利亚,因双方的好感将谈判进行到几乎签订协定的地步。然而,半岛人集团及其利益的代表人物,乌卢亚的圣胡安城堡司令莱马乌尔,在 1823 年 9 月 25 日开始炮轰韦拉克鲁斯,使得协议受挫。

智利、哥伦比亚和秘鲁由于处境相同,所以它们成为承认墨西哥独立的第一批国家。1822 年头两个国家甚至委派了外交代表。因为美国曾经受过殖民统治,所以可以期待得到它的同情,就像已证实的那样:当得知墨西哥完成独立时其代表曾表示满意。然而,这个谨慎国家不希望采取不同于欧洲的立场;因此,它向墨西哥派遣了一名特别代理人探测其土地。1822年末乔尔·R.波因塞特抵达墨西哥,当时帝国已任命何塞·曼努埃尔·索萨亚为墨西哥驻华盛顿的全权公使和第一特使。在他抵达后不久,1823年1月23日美国通知他予以正式承认。直到1825年美国第一位全权公使才抵达墨西哥。

尽管有这些外交承认,但是墨西哥还是注视着被战火毁坏的欧洲。在1822年10月召开的维罗纳会议上,神圣同盟决定帮助费尔南多七世恢复他在西班牙的专制政权。1823年4月,按照神圣同盟的旨意,法国军队进入西班牙,推翻了自由派政权,恢复了费尔南多的专制统治。这样,由特派员奥塞斯和伊里萨里所表达的"只要有适宜的条件和保证"就有承认的希望破灭了,因为恼恨的国王到死之前都不放弃对美洲再征服的美梦,当时他正试图为其女儿的继位作准备。没落的西班牙在神圣同盟的支持下已经收回了某些权力,它除了拒绝承认一个既成事实之外,又阻碍欧洲各国的承认,而对于一个天主教国家来说梵蒂冈的承认是重要的。但是,教皇利奥十二世支持神圣同盟,号召昔日西属殖民地教徒拥护费尔南多。

神圣同盟支持西班牙恢复其对拉丁美洲殖民统治的企图,遭到英国和美国的反对,但两国持有的这种态度都是出于维护自身的利益。英国担心神圣同盟出兵干涉西班牙语美洲,会威胁到它在西半球的经济利益。同时,美国也担心神圣同盟的入侵会威胁到它自身的生存,而且会妨碍它在美洲的扩张。

面对险恶的国际环境,墨西哥只能依靠其南美洲软弱的弟兄们,来对付一个敌对的国际集团和一个威胁其生存的西班牙。这个严峻的事实阻碍了墨西哥拥有一个合法的环境,来限制贸易强国的入侵步伐,从而迫使它倾注其一切资源来维持军备、军队和舰船。1823年一直担心神圣同盟支持西班牙收复其美洲殖民地,但是10月此种危险终于消失,因为当时英国和法国秘密商定放弃使用武力干涉拉丁美洲。尽管美国总统到1823年末还不知道这一协议,但是他在11月16日已接到美国驻英公使理查德·拉什的信件,得知英国首相坎宁已抛弃发表美英联合声明携手对付法国入侵美洲的威胁建议。正是在这种情况下,12月2日门罗发表了警告欧洲国家的宣言,这就是著名的门罗宣言,其要点是,今后欧洲任

第五章 ● 建国初期的内忧外患

何列强不得把美洲大陆业已独立自由的国家当作将来殖民的对象。

由于国际环境的多变,墨西哥新政府开始关注外交形势。尽管1819年美国与西班牙已签订了奥尼斯-亚当斯条约,明确规定了边界,但是美国似乎重新要求得克萨斯作为路易斯安那的一部分。俄罗斯要求加利福尼亚的所有权;而当墨西哥帝国消亡时,危地马拉(中美洲)王国则决定独立。当时,墨西哥需要资金和外交承认,它决定采取更富有进取性的态度。不仅打算解放韦拉克鲁斯附近乌卢亚的圣胡安城堡(因为它在西班牙人手中损害了对外贸易),而且结束西班牙的持续威胁。这一切的关键是英国。英国银行家已贷款给哥伦比亚,而英国同墨西哥的贸易已有一定的重要性;此外,坎宁政府表面上同情美洲国家。虽然英国同西班牙及神圣同盟保持着关系,但是它留有一定的活动空间,而墨西哥人明白,英国的威望能促使其他国家仿效它的榜样,甚至有助于说服法国,尽管后者同西班牙及神圣同盟保持紧密关系,但它肯定会屈服于其大商人的压力。英国曾公开表示不反对西班牙的再征服,虽然更可能认为西班牙没有力量如此做,因为难以想象英国会乐意放弃这么多新市场。同样,法国认为说服西班牙是可行的:承认美洲新国家,如果能提供满意的赔偿。在这点上,美洲人表现出不让步,他们认为没有任何理由来"购买其自由",同时也没钱这么做。

因此,墨西哥政府决定派遣马里亚诺·米切莱纳作为驻英国全权公使,他由其著名的秘书维森特·罗卡富尔特(他出生于瓜亚基尔,被授予墨西哥公民权)伴同启程。1824年中期墨代表抵达,并立即派遣一名代表去西班牙和法国,另一人去低地国家(荷兰)。坎宁对墨西哥代表表现得平易近人,但是墨西哥人面临无数障碍。当时,已被推翻而流亡于英国的伊图维德启程前往墨西哥,这就是一个障碍,直至得到他已被枪决的消息之前麻烦一直存在。代表们在英国得知这一消息时兴高采烈,这也为英国政府承认墨西哥而驱散了最后一片疑云。然而,英国试图充当墨西哥同西班牙的调解人,尽管这一念头并不太强烈。最后,1825年元旦前夕,坎宁有保留地宣布一个消息:英国倾向于承认美洲新国家。在解决了居留墨西哥的英国人信仰自由,征收税金和认定墨西哥船员等问题后,1825年4月6日签订了友好与贸易条约。英国人还坚持一项协议:墨西哥放弃使古巴独立的努力。

米切莱纳和罗卡富尔特达到了其使命的目标之一,尽管面临一系列困难,其中之一便是墨西哥财政代理人、很久前就居留于伦敦的墨西哥商人博尔哈·米戈尼的个人影响力,因为他握有一定的资金来源。当看到已获得的第一笔贷款的可怕条件时,罗卡富尔特和米切莱纳都感到绝望。而博尔哈·米戈尼曾效力于伊图维德,经议会授权为独立事业来谈判一笔贷款。但是,直到1824年2月尚未开始谈判。曾组成一个财政谈判小组的博尔哈丝毫没有顾忌到国家利益,进行了没有回旋余地的谈判。他死后,驻伦敦的墨西哥新代表戈罗斯蒂萨企图收回过去由博尔哈掌握的墨西哥基金,但是他沮丧地发现,前者在数年前已加入英国国籍。因此,他不可能提出任何要求。结果,部分贷款用在英国和其他国家购买船只和武器,它们用来封锁乌卢亚的圣胡安城堡,后者在1825年末投降。因此,实际上结束了西班牙在墨西哥的残余统治,虽然有消息称,"半岛人"策划1829年由旅长伊西德罗·巴拉达斯带领3 000名士兵试图进行再征服的冒险,但所述的冒险活动以失败告终,除了天气恶劣和沿海瘟疫之外,实际上,此时让墨西哥人回到西班牙人统治秩序已是个幻想。通过与圣安纳将军的协议,这支部队宣布投降,而这一胜利就成为圣安纳的资本。

有一个共同的强大敌人既给美洲国家带来了软弱性也促使它们团结一致,从而形成了全洲联盟或西班牙语美洲联合的梦想,但最终没有实现。玻利瓦尔的泛美洲的梦想产生一个成果:1826年巴拿马会议,最终签订了一项联盟条约,停留在纸面上的永久联盟。后来大会迁至墨西哥城的塔古瓦亚,但是它一诞生就夭折了。1822年到1832年多次担任部长的卢卡斯·阿拉曼所设想的经济联盟,也没有付诸实践,因为每个国家都面临紧迫问题,迫使它们成为利己主义者,而各贸易大国对此也没兴趣。然而,有些事实,证实了当时团结一致的存在,如墨西哥贷款给哥伦比亚,使之维持信用,而当时墨西哥本身也需要维持自己的信用。还有许多人无差别地服务于西班牙语美洲的任何一个国家,但是后来由于不断增长对外国的依赖性和相距遥远,这种团结逐渐休眠了。

法国是从1824年起就在墨西哥有着更多商业利益的国家之一,由于它与神圣同盟的关系,同墨西哥的交往没有更大的成果。1825年,墨西哥代表穆尔菲成功地让法国任命了驻墨西哥的贸易商行代理人。1826年宣布准许墨西哥船只停靠法国港口,1827年同意签订一项贸易协定,这可理解为事实上的承认,虽然它拒绝法律上的承认。人们认为,正式承

第五章 建国初期的内忧外患

认已经接受,但是极端保守的政府阻止新的谈判。1831年戈罗斯蒂萨去巴黎签订一项条约,因考虑到没有给予真正的承认,所以在墨西哥该条约从未得到正式批准。

具有讽刺意味的是,从一开始就对墨西哥最感兴趣的两国:梵蒂冈和西班牙的承认是最晚的。这是墨西哥共和国政府关注的最大问题之一,因为大主教和几个主教职位已经空缺,或者已被放弃,同时神父人数不足。从1824年5月起,梵蒂冈派遣大教堂教士弗朗西斯科·帕布洛·巴斯克斯作为教廷特使,但他被迫逗留在比利时和法国,因为墨西哥政府向梵蒂冈表述的条件是:只有他具有官方身份,才予接待。而站在神圣同盟一边的教皇莱昂十二世1824年末在颁布通谕时,使得形势变得更加困难。在通谕中他哀叹在造反和受到"异教思想"感染的地区教会的艰难处境。在不知通谕的情况下,瓜达卢佩·维多利亚担任总统时,决定向教皇更靠拢一步,并致信宣布在墨西哥占支配的和平宪法奉献于唯一宗教:天主教,且通告新近的大选及建立关系的愿望。驻在伦敦的米切莱纳收到一封转呈给梵蒂冈的信,当时他已得悉上述通谕,但仍决定将该信连同寄给任国务秘书的红衣主教的信发往梵蒂冈,在后一封信中说明,信仰天主教的国家墨西哥,承认教皇的精神权威,尽管通谕作为教皇的个人意见表述了"世俗"问题。然而,没有人可以怀疑墨西哥人民的独立权利。虽然西班牙政府对教廷施加了巨大的压力,但是,无疑米切莱纳的信完成了它的使命。1825年,教皇复信给维多利亚,虽然回避后者所担任的职位和共和国本身。教皇在信中祝福在国内存在的和平与和睦,并对墨西哥民族继续信仰天主教的愿望表示满意。这封信给墨西哥带来了欢欣,但是巴斯克斯继续期待对他的正式的接待,却从未实现。另一方面,通过利用选举新教皇皮奥七世的时机,墨西哥的布斯塔曼特政府决定要求任命空缺的主教职位人员,并附有确定的候选人名单。皮奥七世完成了这一任务,而巴斯克斯本人就是当选者之一。虽然墨西哥没有获得所渴望的承认,但是解决了紧迫的宗教问题。

至于同西班牙的关系,在与其特派员的会谈一中断,墨西哥就采取各种手段:其他国家的调解,与单独个人的接触,穆尔菲去西班牙,以图获得承认。到1832年这些行动都徒劳无果。但该年普尼奥·恩罗斯特罗伯爵有兴趣同戈罗斯蒂萨交往。会谈持续很短时间,因为费尔南多七世提出了外交承认的难以接受的条件:墨西哥让其兄弟卡洛斯登基。1833年末费尔南多七世去世。由于他的顽固不化,对一切理由都充耳不闻,所以两国一直没有建立外交关系。不久,西班牙自由派大臣马丁内斯·德拉罗萨着手同墨西哥和谈。虽然大洋两岸已发生了深刻的政治变革,但还是出现了关于西班牙提出的"主权"问题和西班牙臣民的各种要求,这一切都拖延了会谈。正当墨西哥副部长米格尔·圣马丽亚在马德里谈判之时,1836年11月29日梵蒂冈突然承认墨西哥的独立。

经过圣马丽亚以巨大的技巧进行长时间的谈判之后,通过第七条款解决了难点:"注意到,其国会1824年6月28日法律,墨西哥共和国自愿和自发地承认由宗主国的西班牙政府(直到1821年停止支配国家之时)和由现在统治独立的墨西哥国家的其当局,对其金库所负的一切债务,是自己的和国家的债务;此外,在所述共和国不存在没收属于西班牙臣民的财产,墨西哥共和国及其天主教陛下,其本人、继承人和继任者,一致同意放弃对所述各点可能引起的一切要求或相互所图,并宣布缔约双方高层已商妥,从今以后此方面一切责任已消除。"

尽管有这些明确的文字,但是在以后举行的各种协商中,西班牙人重新提出上述条文已永远消除的各种要求。1836年12月28日,米格尔·圣马丽亚以墨西哥共和国的名义与何塞·马丽亚·卡拉特拉瓦以西班牙名义庄严签订了和平与友好条约。

二、政治分歧与权力斗争

独立之后,为创建新国家,墨西哥人面临着多种多样的困难。如果考察一下当时的经济与社会状况,就能发现,墨西哥是在阴暗的征兆中开始其独立国家生活的。从1804年起,12月26日王家法令就规定,宗教活动和慈善机构所得的一切资金必须上缴,这样新西班牙的资金不停地转移到宗主国。为履行法令,首先是被判断为宗教活动的基金逐渐被王室掠走。尔后是自愿或强制的捐款用来维持西班牙对拿破仑的战争;1814年西班牙形势趋于正常化,而新西班牙的革命在继续进行,这样许多半岛商人带着他们的财富离开了美洲;墨西哥获得独立后,那些不赞成独立的人也都出走了。

除了这大批经济资源流出之外,独立运动也造成了农业减少一半,采矿业缩减了1/3,并严重地影响到新生的工业和贸易。此外,国家承认了

第五章 ● 建国初期的内忧外患

76 286 499比索的国内债务,后来经仔细研究这一数字有所下降;尽管国家债台高筑,但是那些年代的政治要求和乐观主义还迫使政府降低税收。确实,按照加的斯议会的法令而消除了许多财政负担,如印第安人支付的人头税及后来废除的其他捐税;为鼓励贸易和向居民显示一个独立政府的优越性,人们认为这些做法是必要的。但是,降低税收就意味着政府损失3 073 911比索。如果考虑到除了债务外,政府还有赤字,那么这一切就意味新国家的严重财政拮据状况。

种植业庄园

如果像托马斯·杰斐逊总统时期(1801—1808)美国部长加勒廷试图强加给邻国的所谓"一个有条理而简朴的政权"那样,那么墨西哥也许能创造奇迹,但是与美国不同,墨西哥是在其老的宗主国不承认的情况下,开始独立生活的,除了负债之外,还要避开西班牙的持久威胁。这样,为捍卫新国家领土的完整性,政治问题的解决不能脱离贷款的需要。因此,面对缺少预算,所创立的各个机构都软弱无力,且长久地受到武装起义和暴动的威胁,正如有人所调侃的,"工资支付,革命熄灭"。

为了恢复民众信心,解决财政危机是当务之急。三人执政通过各种手段在伦敦市场上搞到两笔贷款:1824年初从戈德施米特合伙公司获得1 600万比索贷款;不久又从巴克利合伙公司借到同样数额的贷款。因此,墨西哥从建国初期开始就以举借外债作为解决财政困难的重要途径。事实上,由于合同规定的汇率不合理和银行家的扣除,政府只拿到大约1 000万比索。原先希望用这些钱款来改善国家经济状况,但是最后这些贷款都被用于经常项目的支出,例如政府雇员,特别是军队的薪金。尽管如此,这两笔贷款在建国初期发挥了一定的社会稳定作用。此外,墨西哥独立后,英国十分青睐其丰富的矿业资源。在1823—1827年期间,英国对墨西哥采矿企业,特别是银矿公司的投资达到1 200多万比索。这样,总共有2 000多万比索的英国资本投入这个新生国家。

在财政困难稍有缓解之时,新国家的政治问题突现在人们面前。特别是在伊图维德倒台后,墨西哥的政治思想潮流发生了很大变化。过去支持建立一个由欧洲亲王来当首脑的墨西哥帝国的人,转变为主张中央集权的共和派,他们拥护建立一个强有力的中央集权的政权。而昔日反对伊图维德的共和派变成联邦派,他们主张仿效美国模式建立由各个州组成的联邦。过去的保王派和独立派之间的生死斗争,1823年在不同口号下重新展开。正是在这样的背景下,独立后新的制宪会议的选举使得联邦派获得了多数。

1823年11月制宪会议召开,约一年后通过了一部与美国宪法十分相似的联邦宪法。1824年墨西哥宪法规定全国分为19个州和4个地区,各州分别选出自己的州长和立法机关,各个地区由全国国会管辖。墨西哥也实行三权分立:行政、立法和司法,相互制衡;但在宗教方面与美国模式不同:它宣布,"墨西哥国家的宗教现在和将来永远是罗马天主使徒教。国家以明智和公正的法律保护它,且禁止传播任何其他宗教"。此外,1824年宪法没有提到法律面前人人平等。实际上,这表明,新国家继续保留教士和军人所享有的特权,即民事法庭豁免权。宪法不仅继承了殖民地的遗产,维护天主教会的特权,而且还保护了新生的特权阶层:军队。由于独立的墨西哥既不存在强大的贵族也没有强大的资产阶级,这一政治真空立即被取得独立胜利果实的军人填补,他们变成新国家的权力裁决者。因此共和国的最高权力也将由军队来掌握。

墨西哥采取选举一名总统和一名副总统的做法。他们可以是不同的政党或敌对政党的成员,因而他们在职时有彼此之间继续敌对的可能性。不幸,这种不和谐局面从一开始就出现了:第一任总统瓜达卢佩·维多利亚将军是出身微贱的拥护联邦制的自由派,而副总统尼科拉斯·布拉沃将军则是富有地主、拥护中央集权制的保守派。他们过去都是争取独立的游击队战士,但是到1824年两人分别属于敌对的两派。那时墨西哥人还不知道什么是政党,但是两派都利用共济会运动作为其活动和宣传的基础。

维多利亚政府比较稳定,这是由于通过处决前皇帝消除了伊图维德

第五章 ● 建国初期的内忧外患

主义,同时借助两笔英国人的贷款而缓解了财政危机。因此,维多利亚无须求助于伊图维德曾采取过的不得人心的强制贷款。建国初期的一些困难,也是同殖民地旧秩序决裂时产生的问题,需要墨西哥人以明智和不屈不挠的精神加以逐步解决。然而,这一切正是新生的消极因素,而不利于问题的解决。过去十年战争时期酿成的国内不和,不仅壮大了野心勃勃的军人集团,他们不甘心在新社会中扮演一个消极的角色,而且也扰乱了社会的"正常"渠道。在一个不稳定的社会中仇恨和野心易于显露,任何火花都会点燃导火线。

瓜达卢佩·维多利亚通过邀请各个政治集团的代表人物组成内阁,试图克服分歧。其主张是可以取得平衡的;在国际领域,在感受到美国压力时,他试图倾向于英国而达到平衡的目的。当两国的第一任全权公使沃德和波因塞特抵达时,总统提前一天接见英国的沃德,而使人们感觉到他倾向英国人。当然,波因塞特从与一些激昂的立法者的友好关系中也得到安慰,后者在随后年代将扮演重要角色。一些政治集团尚在形成之中,且正在寻找解决问题的途径和答案。几乎所有的集团,其加入者限于负责任的公民,也就是说,拥有较少的财产而有志于稳定的知识阶层。自然,也有些人会表达其不同意见。显然,他们所有人都关注民众缺少教育的问题,因此几乎所有的州宪法保留了加的斯宪法条款,要求在一定的日期内公民会阅读和书写。这就揭示了社会发展的吉兆,也就是说,关于这段时期让大多数居民接受教育而扩大教育范围的乐观主义情绪。在国家政坛上,出现拥有一定组织的一个政治集团,它就是中央集权派的"苏格兰礼式派"。而维多利亚则坚决支持创建一个新的共济会分会,用作政治砝码,这样激进的联邦派在美国驻墨西哥公使乔尔·R.波因塞特的帮助下,1825年建立了"约克礼式派"共济会分会。两派共济会的分会也就是大约在25年后兴起的保守党和自由党的先驱。

由于大部分斗争发生在首都,并且几乎所有的部长都是共济会会员,所以门户之见使得政府陷于停顿。国会本身则停留在法律细节的冗长讨论之中,而行政管理部门被迫沿袭西班牙立法,尽管这与新的政治原则公开相冲突。在一定程度上,很多州拥有有才智和有事业心的州长时,在组织职能方面反倒更有效率。例如,在萨卡特卡斯州,加西亚取得了显著的成果。加西亚成功地组织了一支卓越的民兵队伍,甚至被认为是对联邦制的真正威胁,他成功地活跃了该州的采矿业和经济及文化生活。由于全国政府承担了公共债务,所以各州面临的经济问题比全国政府少,虽然也不断经受困境,而这种困境又迫使它们把目光重新盯住享有福利的唯一机构:教会。在一个天主教国家,教会不仅是自由派的天然敌人,而且对它的斗争是西班牙语世界的传统。从卡洛斯三世时期开始,到西班牙自由派议会都颁布法令,废除宗教裁判所和修道士教团,缩减什一税等。但是,墨西哥的问题出自独立后的各届政府,甚至伊图维德政府企图继续行使国王对教职人员选任的推荐权。许多州宪法规定了行使这种推荐权的方式,与联邦政府一样都实际行使此种权利。同教会关系的另一个大问题部分出自金库匮乏,幻想通过征用教会财产来克服财政困难。

修道士

对教会的态度变成划分墨西哥人政治主张的问题之一,而绝大多数墨西哥人过去、现在和将来都是天主教徒。从1821年到1835年,虽然多次出现征用教会财产措施,许多人都拒绝求助于教会资财。后来,保守派政府求助于教会财产来治疗它的经济拮据,但它所用的方法不同。到20年代末,政治家们围绕着对教会的主张聚集为两种倾向:捍卫"自由与进步"者基本上认为世俗权力应该剥夺教会的特权,而另一些人则捍卫"国家秩序和宗教"的前提。

造成主张不同的另一个问题是在墨西哥的西班牙人的地位,这起源于联邦共和国所碰到的第一次危机。在墨西哥的土地上对西班牙人的反感更甚于反教权主义思想,而独立运动煽起了一种幻想:独立将会解决一些老问题,其中之一便是不让西班牙人担任重要职务。独立终结的形式预示,大批西班牙人将长久留在军队、政府和教会的职位上。这个现实使得人们十分恼火,但是很快便能理解这种愤怒是由一些事件激起的,如西班牙拒绝科尔多瓦协议、前宗主国的持续威胁和炮轰韦拉克鲁斯。1827年1月华金·阿雷纳斯神父充满幻想的密谋被揭发:他将发动一场近乎

第五章 ● 建国初期的内忧外患

歇斯底里的反西班牙人运动。为盛行的反西班牙语汇的不满所驱使,在哈利斯科、墨西哥和韦拉克鲁斯各州逐渐形成一场密谋。真正的密谋者让阿雷纳斯走到第一线,让他大胆请求墨西哥城驻军司令参与逮捕维多利亚和格雷罗。阿雷纳斯企图将新西班牙交还给费尔南多七世,并由各主教和各市教士会组成临时摄政团。这位司令揭发了他,并逮捕了部分密谋者。"约克礼式派"利用揭发的情况来判断阿雷纳斯的反西班牙人立场,引起了多起逮捕行动,被捕人中有内格雷特和埃查瓦里两将军,他们曾在独立运动中占有突出地位。阿雷纳斯被枪决,但还没有满足他们的要求。他们的反西班牙人情绪,要求干更多的事。对西班牙人产业的多次攻击,向立法者们提出了解决问题的必要性。该年末,颁布法令,第一次驱逐西班牙人,这适用于已投降的西班牙人,也就是同奥多诺胡达成协议而已放下武器的西班牙士兵、1821年之后来到的所有西班牙人、修道士和被视为危险分子的所有西班牙人。

副总统、"苏格兰礼式派"共济会首领,布拉沃将军选择了错误时间作了反政府的发言来表达他的不一致。政府试图劝阻他,但已无济于事。其他追随者之一曼努埃尔·蒙塔理上校公布了一份计划,要求解散内阁里的一切秘密社团和驱逐美国公使波因塞特,以及严格遵守法律。运动的失败指明了"苏格兰礼式派"的末日,同时也预示了"约克礼式派"末日的开始,在处于无敌的状况下,他们内部经受了分裂。

举行第二次大选时有两个"约克礼式派"候选人:曼努埃尔·戈麦斯·佩德拉萨和比森特·格雷罗两位将军。但是,共和国没能通过第一次考验:拒绝尊重选举结果。尽管多数选民投票支持戈麦斯·佩德拉萨,但是格雷罗不承认选举结果,同时萨瓦拉于1828年12月在墨西哥城为他组织了一场成功的"革命"。1829年1月格雷罗正式"当选",并于4月1日接替维多利亚而担任总统。宪法秩序仅维持了四年就被破坏了。

"当选"为总统的格雷罗马上颁布法令,几乎无一例外地驱逐所有的西班牙人。大约数百名已有墨西哥家庭的西班牙人必须离开这个国家,他们大部分人都没有携带其家眷的能力。

废除奴隶制的法令是格雷罗的平等意识的唯一反应。他渴望让古巴独立,改善被剥夺阶级的状况,但这一切都落空了,因为他很快被赶下了台,同时由巴拉达斯司令领导的西班牙再征服行动已箭在弦上,此外,财政形势到达关键时刻。维多利亚政府末期财政就已开始遭到破坏,以至萨瓦拉部长被迫采取一系列措施以活跃财政收入。他废除了烟草垄断，对不动产、原棉、车辆征税；然而，为了对付巴拉达斯的入侵，必须要求各州的相应合作，但它们都没有履行。在全国的每一种危机中都能看出缺少各州的合作。例如，在墨西哥州，洛伦索·德萨瓦拉，该州的当选州长，经过地方立法机关的批准；同时他又担任国家财政部长。当萨瓦拉作为州长时，面对联邦政府他大无畏地捍卫本州的特权，而不许联邦政府滥用职权。但是，他在联邦政府职位上，则以同样的方法强化国家的权威，然而，当时很少有人服从。在本州尽管"苏格兰礼式派"的政治家占主导，但是他的任务也难以完成。

尽管对巴拉达斯的胜利具有重新确立国家主权的深远意义，但是这并不能挽救格雷罗政府。1829年末，他已丧失了一切支持，甚至包括其追随者中的某些人。特别是支持天主教的保守派重新展开了反对格雷罗政府的运动，他们不敢攻击争取独立的英雄——总统本人，而是把他的主要支持者：美国公使、新教教徒波因塞特和民主分子萨瓦拉作为攻击目标。11月2日萨瓦拉被迫辞职；不久波因塞特也离开了墨西哥。12月在流亡回国的布拉沃将军支持下，副总统布斯塔曼特领导了一次叛乱。格雷罗失去了职务，退隐到远离中央政府控制的南方庄园。

1830年1月1日，布斯塔曼特担任总统。新政府公开采取保守立场。主要内阁成员是阿拉曼，他再次担任内政兼外交部长，实施严厉的保守政策：镇压反对派，谋求约束各州的自由派思想，维护财产权，重新承认教会的特权。这一切引起格雷罗的强烈不满，他开始领导一批游击队战士在南方发动叛乱。而效忠于布斯塔曼特政府的布拉沃将军奉命率领军队攻打格雷罗。1831年1月格雷罗被俘，几个星期后布斯塔曼特政府下令将他处决。

但是，布斯塔曼特没有足够的力量来维持一个持久的中央集权制的政府，不久在国内就出现了敌对的政治集团。如前所述，萨卡特卡斯州州长弗朗西斯科·加西亚组织了一支强有力的民兵队伍，他决定向墨西哥城的保守政权发起挑战。同时，其朋友、前参议员巴伦廷·戈麦斯·法里亚斯帮助组织该州的反政府活动。由于民兵只是由志愿者组成的地方武装，因此他需要在职业军队中找到盟友。从1832年1月以来圣安纳将军一直反对布斯塔曼特。至于其个人思想意识如何不大清楚，但是人们认为他一直支持格雷罗，并曾与之有广泛的联系。这样，两人在反对布斯塔曼特的基础上联合起来。戈麦斯·法里亚斯的自由派运动加上圣安纳的军事暴动,迫使布斯塔曼特解除了阿拉曼和国防部长何塞·安东尼奥·法西奥的职务,据说,他们两人是处死格雷罗的罪魁祸首。但是,反对派并不满足于两人被迫离职,而继续向政府施压。结果,到1832年末布斯塔曼特被迫承认失败。

1833年3月,圣安纳当选为总统,戈麦斯·法里亚斯当选为副总统,后者渴望进行自由主义改革,而圣安纳宁愿暂时把实施权力的任务交给副总统,他自己则隐居在韦拉克鲁斯的庄园里静观公众的反应。在这种情况下,戈麦斯·法里亚斯开始进行广泛的改革。他取消了民法规定的交纳什一税的义务,而改为自愿交纳。后来,又取消了民法关于强制履行修道誓言的规定,而改为男修道士和修女可以自愿还俗。他还规定,独立以来属于各修道会的财产的一切转移无效。国会开始讨论如何处理修道院的不动产问题,并宣布出售这种财产为非法。除此之外,以戈麦斯·法里亚斯为首的自由派还试图削减军队人数,不久两个特权阶层:高级军官和高级教士恳求圣安纳进行干预。最后,1834年5月起军人暴动不断扩大,这时,圣安纳才决心离开其庄园到首都掌握其总统职权。结果,他宣布废除一切改革;1835年1月又剥夺了戈麦斯·法里亚斯的副总统职务。两个月后,新国会批准了修改1824年宪法的动议,为建立一个中央集权制的共和国铺设道路。此外,他还派兵进入联邦主义的堡垒:萨卡特卡斯,打败了民兵,撤掉了加西亚的州长职务。1835年10月23日,国会颁布了一部中央集权制的临时宪法,它用各个地区取代各个州,各地区长官由共和国总统任命。

第一个中央集权制的共和国持续了六年,仅有一段宪政时期,就是阿纳斯塔西奥·布斯塔曼特将军第二次执政时期,在1837年到1841年又经历了多次中断和代理期。圣安纳并没有达到建立一个强有力的中央集权的共和国的目的。在北方他遇到了巨大的困难,在打败萨卡特卡斯的联邦主义者之后,得克萨斯省又反对政府实行中央集权制的措施,最后诉诸武力。在得克萨斯居民把北部的墨西哥军队赶走后,圣安纳决定亲自率领军队去进行一次惩罚性远征。他在离开首都之前,曾对法国和英国公使发出豪言壮语,如果他发现美国政府援助得克萨斯叛乱者,他"可能继续向华盛顿进军,在它的国会大厦上插上墨西哥国旗"。1836年3月初圣安纳成功地占领了圣安东尼奥,但是4月在圣哈辛托遭到决定性的失败。次年 2 月不光彩地回到墨西哥。然而,他的好运没有结束。1838年法国对墨西哥宣战,这对国家是场灾难,却给圣安纳以重新获得人民尊敬的机会。他进军韦拉克鲁斯,被打断了一条腿,其勇敢行动再次使他成为民族英雄,这重新为他打开了公众生活的大门,一年后被任命为临时总统。尽管已没有传统主义者执政了,但是布斯塔曼特政府十分不稳定。这次他将自由派与温和派召唤到自己一边,但是联邦主义者继续与之战斗。1837 年到 1843 年尤卡坦处于分离状态,它在得克萨斯取得胜利的消息鼓舞下,对中央集权制进行战斗。最后尤卡坦宣布独立,布斯塔曼特不论通过谈判还是使用武力都无法使它回到共和国来。当看到中央集权制不起作用时,尤卡坦便回到了自治地位。在对法战争时期联邦主义者不仅利用这一时刻举行暴动,而且该集团的两个成员梅希亚和乌雷亚还同法国舰队首领博丹达成妥协。东北部联邦主义者的另一个集团在拉雷多组织了一个议会,并组建了里约格朗德共和国。

1841 年出现了各种新的暴动,一些支持宪法改革,而另一些拥护联邦主义。按照 1836 年章程创建的各权力机构被宣布解散。布斯塔曼特已失去了激进联邦派和极端保守派双方的支持。然而,政府仍然采取不合时宜的措施:增加捐税、关税和提高价格,这使得不满情绪更加扩大。于是,1841 年 8 月,瓜达拉哈拉的司令官马里亚诺·帕雷德斯·阿里利亚加将军号召解除布斯塔曼特的职务,并组成新的制宪会议拟订 1836 年宪法的修正案。他很快得到军队的支持,而圣安纳充当调解人而插了进来,同年 10 月圣安纳当上了临时总统。圣安纳像一个独裁者一样统治了三年,1842 年在其阴影下拟订新宪法。新国会的代表提出了两个草案,其中之一仍然承认罗马天主教是唯一获准的宗教;并为了讨好圣安纳,只提各地区,不提各州。然而第二个草案包含了一个人权宣言或所谓的"保证";规定法律对所有的人一视同仁,不应存在任何特殊法庭,换言之,废除民事豁免权;此外,结束一切政府垄断,教育是自由的。

1842 年 12 月,正当国会讨论宪法改革时,军队解散了国会;并在圣安纳不在场的情况下,代理总统尼科拉斯·布拉沃任命了一个由保守派地主、教士、军官和律师等 68 人组成的立法委员会,该委员会拟订了组织基础法,这个文件是中央集权的和保守的;它不提人权,也不提平等,它还删除了 1836 年宪法中的"最高权力维护院"而加强了总统权力。

由于财政状况恶化,圣安纳不得不增加捐税、强制贷款和出售教会

第五章 ● 建国初期的内忧外患

财产,这引起了社会各阶层的不满,帕雷德斯将军在瓜达拉哈拉举行暴动,而首都的议会和军队都予以支持。这样,1844 年末圣安纳被推翻,后被终身流放。国会选举温和派何塞·华金·埃雷拉将军为共和国总统。

最后两届中央集权制政府都处在对美国的迫在眉睫的战争阴影下。何塞·华金·埃雷拉试图同各种党派和解,并且避免因美国承认得克萨斯的独立而与之开战。当然,想要阻止事态的发展已为时太晚,他的息事宁人的态度只能激怒民族主义者。帕雷德斯·阿里利亚加将军发表圣路易斯计划,1846 年 1 月初夺取了政权,他努力结束腐败,改革政府,并组织国家以应对同美国的战争。帕雷德斯马上怒斥"公共金库的小偷",并让阿拉曼筹备召集新国会。但是,阿拉曼公开恢复伊图维德的伊瓜拉计划的核心:建立由一名欧洲亲王当皇帝的墨西哥君主国,并希望它成为反对美国扩张的堡垒。然而,在当时他的计划是无法实施的。就在国会召开前夕,联邦主义者夺取了领导权。

在经过十一年徒劳的奋斗之后,联邦主义终于夺回了政权。具有讽刺意味的是,他们被迫将圣安纳从流亡地召回,因为他是有能力动员民众,聚集资源的唯一人选。又再现了 1833 年的搭档:按照 1824 年宪法,圣安纳和戈麦斯·法里亚斯组成执政班子。1846 年 9 月 16 日两个迥然不同的英雄同乘一辆敞篷马车穿过首都。圣安纳放弃了总统职位,以领导军队。在一个既无金钱又无贷款的国家,作为副总统,戈麦斯·法里亚斯负责提供战争资金。为了战争需要,把价值 1 500 万比索的教会财产收归国有。由于没有时间估价,他下令把价值 1 000 万比索的教会财产立即没收出售。当然,教会提出抗议。1847 年 2 月末首都开始发生军人叛乱。3 月 21 日圣安纳回到首都,采取了安抚教会的措施,并得到了教会 150 万比索的贷款。由于戈麦斯·法里亚斯拒绝下台,4 月 1 日取消副总统一职。这是墨西哥建国初期两位主要政治人物第二次合作,也是他们最后一次合作。

19 世纪 40 年代后期,除了美军入侵和占领墨西哥国土外,还发生了土著人暴动、未开化印第安人攻击和海盗远征。佩尼亚—佩尼亚、埃雷拉和阿里斯塔总统都多次坚持维护团结的艰巨任务。侵略者占领自己的土地,大片领土丧失的痛苦都有助于唤醒墨西哥人的民族感情和责任心,使之面对国家的各种问题采取新的态度。

三、墨西哥与外国列强的野心

墨西哥建国初期,不仅由于政治人物的权力之争而内部斗得天昏地暗,而且在头三十年国家必须对付外来威胁:西班牙的威胁,具体表现在1829年它的入侵图谋上;得克萨斯的独立战争,不能视为得到美国公开支持的国内问题,而是美国干涉的结果;1838年同法国的战争和1847年美国的入侵。第一个威胁是例外:墨西哥能成功地摆脱,并且没有遭受重大的伤害;而其他几次都使墨西哥承受了无法弥补的灾难。

得克萨斯的问题和美国的入侵,从地缘政治看似乎是不可避免的。69万多平方公里的得克萨斯,原先是科曼奇、基奥瓦等印第安部落的居住地。1691年沦为西班牙殖民地,墨西哥独立后继承了对这片领土的主权。但是,美国人早就垂涎得克萨斯。1808年詹姆斯·威尔逊将军就曾指令派克上尉带领一支部队侵入这片土地。1819年美西签订亚当斯—奥尼斯条约,确认西班牙对得克萨斯的主权。西班牙曾被迫将路易斯安那让给拿破仑的法国,不久急需资金的拿破仑又将它卖给了美国。已经吞并了佛罗里达一部分的美国人,现在要求把得克萨斯作为路易斯安那的一部分。但是,西班牙宁愿丢掉佛罗里达,来换取路易斯安那与得克萨斯之间明确规定的边界。确定从萨维纳斯河河口起,沿着罗霍和阿肯色河道,然后,按照直线直到北纬42°,作为北部边界,直到太平洋。西班牙政府意识到,这使得居住在所出让地区的国民处于无庇护状态,授权准许他们申请在帝国其他地区定居。以前西班牙国民身份为基础,莫伊塞斯·奥斯汀同几户家庭一起申请定居在得克萨斯,1821年西班牙当局批准他们定居,这就为他的儿子埃斯特万所利用。特许权是慷慨的:批准300户家庭定居,七年免除捐税,还允许他们自由输入必需品。免费授予户主640英亩土地,其妻320英亩,每个儿子100英亩和每名奴隶80英亩。

几乎在获得这种特许权的同时,墨西哥宣布脱离西班牙而独立,因此奥斯汀决定到墨西哥帝国的首都,以获得对其特许的认可。墨西哥也很慷慨,1822年通过的拓殖法,拓殖权仅限于授予天主教公民,唯一的禁令是:不许在边界和沿海附近定居。同样赠与土地,免征捐税和自由输入新拓殖地所必需的商品。条件是如此的特殊,亨利·克莱不能不惊呼:"想必墨西哥人不大有兴趣保持得克萨斯,他们正在把它赠送掉。"由于共和

第五章 建国初期的内忧外患

国的建立,各州的拓殖权都掌握在各州当局的手中,他们的限定条件都是一样的。要求拓殖者是天主教徒的条款从一开始就受到践踏,而萨尔蒂约已变为外国人活动的一大中心,在那里拓殖者中的投机者和代表持续进行肮脏的政治交易,以便获得土地出让。这使得腐败日益增多。在美国,得克萨斯变成一个有魔力的词汇,一家公司和一家银行都可以出售由墨西哥人免费授予的土地许可证。但是,除了合法进入的拓殖者之外,千百名冒险者、逃避法律惩罚的人或其他人穿越边界而定居下来,以夺取"北美洲的所有棉花种植地"。从 1825—1830 年约有 1.5 万美国人涌入得克萨斯,1836 年美国移民增至 3 万人,黑人奴隶约 5 000 人。

许多墨西哥人为得克萨斯的事态发展而担忧,特别是当美国头两个公使波因塞特和巴特勒表示希望购买得克萨斯之时,认为这是一种侮辱墨西哥人的意图。然而,在美国人中早已有购地的传统,他们已向英国公司、印第安人、法国人(路易斯安那)和西班牙人(佛罗里达)购买了大片土地。1826 年看来已有结局,当时在纳科多切斯设防的海登·爱德华兹宣布建立弗雷多尼亚共和国。那时埃斯特万·奥斯汀表现得像一个忠实的国民,帮助建立秩序,而正是这种帮助使他得到授权:拓殖靠近海岸的土地。1829 年格雷罗颁布法令废除奴隶制,这震撼了得克萨斯的舆论,因为几乎所有的拓殖者都有奴隶。应他们的恳求,政府允许已在得克萨斯的奴隶存在,但是坚决禁止新奴隶进入。美国报刊开始谈论很快购得得克萨斯的问题。对此墨西哥政府更加关注,当时它得到米耶尔—特兰将军的报告,它描绘了几乎失控的形势。得克萨斯实际上已转让给了美国人。在众多拓殖地中,只有德威特和奥斯汀的拓殖地有合法的许可证。由于第一个期限已到期,正好是组织海关之时,米耶尔建议,还应构建要塞以代表权威,努力让墨西哥人和欧洲人拓殖这个地区,这样来平衡地区形势,并启动同得克萨斯的沿海贸易。阿拉曼和米耶尔还写信给各地区长官,要求指派贫穷而正直的家庭去得克萨斯定居,政府将提供帮助。除了萨卡特卡斯之外,各地区长官或是拒绝或是不予答复。

1830 年 4 月 6 日,墨西哥政府颁布新法令,规定得克萨斯转属于联邦;至于拓殖问题,还禁止新的美国人进入该州;并打算以邻近得克萨斯的几个州的民兵 2 965 人来支持对这个地区的占领,但是这些州都拒绝合作,它们辩解说,民兵都用于本地区界限内的行动,或托词说无法维持民兵队伍。米耶尔—特兰同奥斯汀就新法令问题通了信。后者对于禁止新的美国拓殖者进入表示愤怒,尽管米耶尔向他保证,得到授权的协商结果将受到尊重。到 1831 年末,在即将取消出让土地的谣言影响下,得克萨斯的叛乱活动开始了。当时,美国驻墨西哥的第二任公使巴特勒在看到购地企图已失败时,抗议暴动期间美国公民被孤立的境况和遭受的损失,并以此作为一种外交压力的工具。而这一工具的有效性就是构成了对墨西哥开战的理由。

在叛乱的第一阶段,拓殖者表现出对刚设置的海关权威的蔑视。他们支持美国船只的挑衅,而墨西哥军队的声明软弱无力。由于 1832 年末在墨西哥发生内乱,墨美之间的敌对活动暂停,并开始了斗争的第二阶段,美国人试图把得克萨斯转变为独立的州。到那时在所述地区美国人已占大多数:在 24 700 名居民中,只有 3 400 人是墨西哥人。1832 年末在圣费利皮召开一次议会,但没有邀请墨西哥人与会。奥斯汀主持并左右了会议,公开要求墨西哥关闭海关,免税三年,给私自进入的移民颁发土地证,以及建立得克萨斯州。可以肯定,当时许多人不赞成合并到美国,因为与土地相比,这只不过多一点政治自由。1833 年 1 月举行的第二届圣费利皮议会,制定了得克萨斯州的宪法,决定指派奥斯汀去墨西哥城。他在最坏的时刻来到首都:霍乱给居民带来灾难,政治家们对悲剧佯装不知,而专心于同教会的关系问题。奥斯汀领悟到在墨西哥不可能达到自己的目的,10 月 2 日写信给他的同胞,不要再理会在首都的政府,按照自己的想法办事,冒险组织各市政府。该文件在萨尔蒂约被墨方截获,奥斯汀经过该地时被抓捕,并押送到墨西哥城。由于 1834 年圣安纳给予特赦,并接见了他,向他解释了不可能建立得克萨斯州的问题,因为该地没有法律所要求的那么多人口。奥斯汀回到得克萨斯,前往新奥尔良,在那里购买武器。

正当发生这一切时,1835 年 4 月的新法禁止出卖土地,以避免投机,这也使得得克萨斯的情绪激动起来。6 月 30 日特拉维斯夺取了阿纳瓦克要塞,并被推举为地方长官。在奥斯汀抵达时,他担任临时首领职务,因为当时最有影响的人物是萨姆·豪斯顿,他是密西西比州的前州长,杰克逊总统的私人朋友,前不久已到达那里,且是反墨西哥集团的领导人。拓殖者宣布,得克萨斯脱离联邦,同时 1824 年宪法无效。1835 年 12 月,由于贝哈尔投降,斗争几乎失败。1836 年 3 月 1 日拓殖者在圣费利皮村召开大会,2 日宣布得克萨斯独立,选举伯内特为总统,萨瓦拉为副总统。

第五章　建国初期的内忧外患

消息传至墨西哥城之后,既无经验又无资金的总统圣安纳率领6 000人启程。尽管进军艰难,面对从美国获得武器和金钱的美国人,墨西哥人处于劣势,他们开局不错,但是1836年3月21日在圣哈辛托遭到叛军突袭而被打败。圣安纳被俘,被押送至华盛顿。已成阶下囚的圣安纳被迫签订了贝拉斯科条约,并下令墨军撤退。他承认得克萨斯独立,同意把格兰德河作为得克萨斯和墨西哥之间的界河。1836年5月2日组建了得克萨斯共和国,因其"国旗"上只有一颗星,故被称为"孤星国",萨姆·豪斯顿担任总统。新的共和国组成后,虽然合并主义势力很强大,但是美国行政部门认为跨出这一步的时机尚未成熟。随着时间的推移,移民和贸易日益增多,这一切都有利于得克萨斯共和国。在墨西哥城,得克萨斯独立的消息激怒了政府和民众,但是墨西哥已没有能力组织新的远征。缺少资金,以及同法国的争端问题都阻碍了政府的行动。1837年圣安纳回国,在民众眼中他是个不幸的人。

当墨西哥尚未医治好失去得克萨斯的创伤之时,又开始同法国发生了争端。据说,法国因一连串要求尚未得到满足而没有承认墨西哥独立,其中包括某场革命运动损害了法国公民的利益,对此墨西哥尚未赔偿;法国试图由此延伸到取得一系列特权,如在墨的零售商业。为此,法国代表德福迪斯、一个无法胜任处理这类事务的人,夸大法国商人的诉求,从而造成了民间笑柄:所谓的"馅饼"战争,据说源于一个法国糕点师的要求。由于墨西哥政府反驳了许多要求,德福迪斯离开墨西哥城而定居在牺牲岛上。法国舰队已声明,封锁了墨西哥湾和太平洋沿岸的主要港口。1838年3月21日,从这个岛上德福迪斯向墨西哥政府发出最后通牒,要求支付60万比索。布斯塔曼特注意到艰难的形势,国家没有钱,没有海军,也没有陆军。墨西哥辩解说,国家保护外国人,但是缺少资金来赔偿由某些罪犯造成的损害;但是,最后通牒是如此侮辱人,因此国会被迫宣战。

法国全权公使、舰队首领夏尔·博丹要求同墨西哥政府举行谈判。后者接受了,外交部长路易斯·G.奎瓦斯前往哈拉帕进行谈判。博丹并不松动,要求马上支付所要求的款项,另加20万比索的战争费用。而奎瓦斯要求撤军,以继续对话,因此博丹决定撤退,但在11月27日夺取了乌卢亚的圣胡安城堡。墨西哥政府声明,国家处于"战争状态",但是为资金匮乏而束缚了手脚。邻近的韦拉克鲁斯形势危急,这次又是圣安纳被召去保卫所述港口。法国人突袭圣安纳所处的地点,然而墨西哥人走运的一击也恰巧打中法国袭击者,这样圣安纳逃过了一劫。不过,在这次行动中他丧失了一条腿,他想自己会死去,就表演了一个戏剧性场面:夸大他的作用,并要求所有墨西哥人都和解,他说,"全体墨西哥人,忘掉我的政治错误,不要否认我唯一的称号,我想给我的儿女赠送这个称号:一名优秀的墨西哥人"。他的伤感而爱国的言辞在全社会都产生了所期待的效果。在所有的修道院人们都在为他的生命而祈祷,并且原谅了他的错误,这样,他的声望又恢复了。其被切去的一条腿由韦拉克鲁斯的教区神甫掩埋在曼加·德克拉沃庄园里。后来,又将它转移到墨西哥城,庄严地安放在一个简单而优美的陵墓里,虽然它残存到一个新的不幸时代,但是这条腿还是被人挖了出来,拖行在大街上。通过利用法国袭击韦拉克鲁斯失败而产生的不满,英国公使理查德·潘克汉出来调停。1839 年在墨西哥城签订了和约,墨西哥同意支付法国人所要求的赔偿金。正当发生这一切时,收复得克萨斯几乎是墨西哥人的一个摆脱不了的情结。得克萨斯继续被拓殖,1837 年美国已承认它是一个独立国家,1839 年法国,随后一年英国也都予以承认。墨西哥政府不接受阿拉曼和英国人的劝告:承认其独立,以换取得克萨斯不并入美国的承诺。

这样,两国之间的关系留下很多悬念。巴特勒已开始对墨西哥政府施压,且提出的要求继续增多;另一方面,对于美国援助得克萨斯而未受惩罚,墨西哥提出的各种要求也增加了紧张力度。戈罗斯蒂萨不满美国政府将美军调至纳科多切斯,而对方回答说那是为了保护墨西哥人的权利。戈罗斯蒂萨公布了给美国政府的照会,使两国关系更加恶化。各种要求提交给国际仲裁,1840 年墨西哥被判支付 2 016 146 比索。在准时支付头三笔款项之后,墨西哥宣布无力继续支付。此外,还有几个州延期向英国和法国债权人还债。这一切都迫使墨西哥政府出让美国扩张主义者想要的土地。

美国学者指出,19 世纪 40 年代的头几年间,美国的扩张主义理论已趋于成熟,其中包含有卡尔文教义的宿命论和使命感;此外,美国本身是从一个移民社会发展而成的。因此,伴随着重农主义影响,这种着迷似的向西进军不断取得进展;同时对于握有构建完美政府的准则和占有工业革命所创造的棉花市场的信念日益增长。一些国务活动家,如杰斐逊总统坚信:占有新土地是保证一国繁荣昌盛的必不可少的前提,也是一些被

第五章 建国初期的内忧外患

迫逃避暴君统治的人们的庇护地。棉花市场刺激起了占有"北美所有棉花种植地"的欲念。相信美国宪法是组建政府的完善形式,这种信念成为带有"扩大自由领域"口号的扩张主义的辩护词。实际上到40年代美国并不满足于得克萨斯的独立,它不顾英、法、墨等国的反对,坚持合并得克萨斯。1843年7月12日,前总统杰克逊宣称:"美国必须取得得克萨斯,如果可能,用和平手段取得;如果必须,则用武力取得。"次年12月3日总统约翰·泰勒在年度咨文中发出战争威胁:"鉴于墨西哥一直威胁要重开战争并为侵略得克萨斯已经或者计划做出巨大的准备",因此"我们不能漠然处之"。12月18日,他在致国会的特别咨文中决定美国合并得克萨斯,并建议通过国会两院的联合决议来完成合并程序。1845年2月27日参众两院分别以27对25票,132对76票,通过合并得克萨斯决议。3月1日美国国会正式通过了联合决议,并由总统泰勒签署生效。7月4日得克萨斯议会通过与美国合并的法令。12月10日美国国会又通过联合决议,宣布得克萨斯为美国的第二十八州。

在美国国会通过合并得克萨斯的联合决议后,1845年3月6日墨西哥驻美公使向美国政府提出强烈抗议,并谴责"它是一个在近代史记载上创纪录的最不公正的侵略法案,是一个侵夺了像墨西哥这样友好国家的一大块领土的法案"。除此之外,墨西哥断绝了同美国的外交关系,并拒绝以格兰德河为界。1845年12月美国特使约翰·斯莱德来到墨西哥,要求以格兰德河为界河,墨西哥赔偿美国人的财产损失费约300万美元,墨西哥把新墨西哥和加利福尼亚出售给美国。面对这种无理要求和蛮横态度,墨西哥政府坚决予以拒绝,并拒绝接待这个公使。12月末墨西哥发生政变,马里亚诺·帕雷德斯将军接管政权,并担任临时总统,他公开表示要保卫包括得克萨斯在内的每一寸墨西哥领土。

美国扩张主义在得克萨斯取得进展之后,圣菲(在今新墨西哥州)的贸易使得美国人熟悉了得克萨斯以西的地区,他们开始把目光盯住加利福尼亚。尽管墨西哥努力阻止得克萨斯的历史重演,但是加利福尼亚现在已挤满了美国人。这种扩张主义表现为民众自发行动,但不可否认,他们的推进受到来自华盛顿非正式的协调。琼斯闯进加利福尼亚便是典型一例。1842年10月指挥美国太平洋分舰队的海军准将托马斯·凯茨比·琼斯带领一支舰队驶进了蒙特里湾,占领了蒙特里城,挂起美国国旗,并宣布加利福尼亚并入美国,但是美国国务院不承认琼斯的行动,而向墨政府道歉。这一事件有可能表明,他想通过夺取蒙特里港,挑起两国间的战争。据推测:他可能接到秘密训令,制造事端,引起两国的敌对,从而让美国能夺取新的土地。

在40年代期间,美国的扩张主义在朝野已变成真正的狂热,并开始将其野心合理化。一些人大谈扩展民主的义务,而另一些人却谈论执行战斗指令。俄勒冈和得克萨斯使得美国人情绪高昂。现在,许多人又虎视眈眈地注视着加利福尼亚,因为它拥有可同亚洲贸易的圣弗朗西斯科港。垂涎土地的氛围正在酝酿转变成一场真正的扩张运动,现在就等待一个合理的名称:"天定命运"。1845年纽约的一名主编约翰·L.沙利文热情洋溢地写道,美国"向外扩张,占领整个大陆是天定命运;这一大陆,上帝已经赐给了我们,让我们来把托付给我们的对自由和联邦自治进行的伟大实验加以发展"。这一"天定命运"的理论很快变成为美国扩张主义合理化的辩护词,而墨西哥西北部的辽阔土地便首先成为"天定命运"理论的实践目标。

据美国史学家研究,早在20年代,独立的墨西哥政府已向美国人开放圣菲,准备通商贸易。在此后的20年间,每年春天有些美国小商人在密苏里的独立城集合车辆,沿着圣菲小路行进。从事这种贸易的人数不多(约一百多人),但能赚取高额利润。1844年,由于得克萨斯问题,墨美矛盾激化,所以圣安纳将美国人排斥出圣菲。但是,到那时,圣菲的贸易已扩大了美国人"天定命运"的视野,他们已把新墨西哥包括在内。美国小商人中几乎没有人在圣菲定居,然而开辟了一条通往遥远西部的道路。商人们认为,满载货物的四轮运货车可以越过平原,并形成了可以抵御印第安人而保护自己的商队的组织系统。这样,居民稀少的新墨西哥辽阔土地逐渐成为美国扩张主义的新目标。

加利福尼亚是墨西哥的又一个边远省份,现在是美国人向边远西部扩张的重要目标。18世纪,西班牙王室为了加强其对加利福尼亚的控制,并使印第安人皈依天主教,鼓励方济各会的修道士在圣地亚哥到圣弗朗西斯科的沿海一带建立一个个传教会,而这些传教会还成功地经营大规模的农业。但是,1834年墨西哥政府开始剥夺它们的土地,所以传教系统遭到了破坏而崩溃。在软弱无能而又腐败不堪的行政长官的统治下,加利福尼亚在政治上陷入一片混乱。到1846年,在这片辽阔的土地上墨西哥居民仍然十分稀少,估计约7 000人。他们大多数经营大牧场,

第五章 建国初期的内忧外患

过着悠闲的小康生活。

　　美国人是通过停泊在那里补充供给品的捕鲸船,而最早同加利福尼亚接触。到19世纪20年代,新英格兰的商船已经开始沿海岸线航行至此,用工业品换取兽皮和动物脂肪。美国水手下船而定居下来的事时有发生;此外,还偶有结伙成群的山里人在猎捕野兽的远征中,不知不觉地来到加利福尼亚;到30年代,一些商人来此同印第安人和墨西哥人进行贸易。40年代少数美国移民开始在斯内克河附近离开俄勒冈小道,沿着加利福尼亚小道穿过内华达沙漠和山脉,抵达萨克拉门托河流域。他们的目的地都是萨特堡,该地是瑞士移民约翰·萨特私人地盘的中心,他已经获得墨西哥国籍并独自掌管其地盘。萨特欢迎美国人来此,给他们提供生活用品,并帮助寻找土地。到1854年,大约有700名美国人在加利福尼亚安家落户。尽管到那时美国移民人数还不多,但是其大量肥沃而未被占据的土地持续不断地吸引着移民的到来。东部商人对在这里从事商业的兴趣日益浓厚,而美国政府则觊觎着这里的圣地亚哥港和圣弗朗西斯科港。

　　由于波尔克入主白宫,美国的扩张主义事业继续向前推进。他打算同墨西哥就加利福尼亚、同英国就俄勒冈做交易。当时正是一个好时机,因为英国的注意力正集中在欧洲。这样,1846年6月他从英国人手中取得了俄勒冈。同墨西哥的谈判失败了。如前所述,埃雷拉政府拒绝接待美国特使约翰·斯莱德,而他带来了购买加利福尼亚的计划。后来,帕雷德斯将军政变使得政治交易更加困难。美国人不理解墨西哥人为何如此固执,因为他们需要金钱,但又拒绝出卖这片荒无人烟的土地。除了埃雷拉和帕雷德斯坚信不能出卖"国家的世袭财产"之外,此时墨西哥人民已感到有义务用武器来回答美国的各种侮辱。而美国总统波尔克也已准备好一切手段。美国驻加利福尼亚领事接到指令:重演得克萨斯人挑起对墨西哥的战争,这样美国就可决定为保护这个新州而进行干预。但是,得克萨斯州长没理解好美国这一意图,而迫不及待的波尔克就于1846年1月13日以墨西哥拒绝接待美国特使斯莱德和墨西哥侵犯得克萨斯主权为由,命令赞查里·泰勒将军率兵从科珀斯克里斯蒂进军到格兰德河。面对美国的入侵,4月23日墨西哥总统帕雷德斯宣布开始一场"防卫战争",派兵前往格兰德河。5月8日,美墨两军在帕洛阿尔托对峙,9日在霍萨卡、德拉帕尔马地区两次发生冲突,美军死伤176人,墨军死伤近千人,墨军被迫撤至格兰德河南岸的马塔莫罗斯。当天波尔克在致国会的特别咨文中指责墨西哥"越过美国边界,入侵了美国领土,并在美国土地上杀害美国人"。要求国会向墨西哥宣战。5月11日美国众议院以174对14票,次日参议院以40对2票分别通过对墨西哥宣战决议。1846年5月13日美国正式对墨西哥宣战。

只是在美军占领马塔莫罗斯(5月18日)之后很久及泰勒率领美军深入墨西哥境内时,1846年7月7日墨西哥政府才被迫宣战。墨西哥国会的法令第一条说:"政府利用国家所固有的防卫手段,击退美国已开始并进行的对墨西哥共和国的侵略,美国已在我国领土的几个地区进行侵略和采取敌对行动。"显然,墨西哥国会采用了防卫性语气,同时也流露了各届政府害怕战争的心态。

但是,由于战争的迅速扩展,已不可能组织有效的防卫了,墨西哥政府既缺少真正的军队,也缺少武器和金钱。这样,重新求助于联邦,但是大多数州只关注自己的防卫,而忘记了它们是组成国家的一部分。这时,已经封锁海岸的美国人,给来自流亡地古巴的圣安纳网开一面,让他回国。据说,美国人认为能收买圣安纳。然而,他们的推测不太准确,现在圣安纳已变为一个有活力的军事首领,可是不多的资源和贫乏的军事才能早已无济于事了。战争一开始美国人的目标就很明确:一方面夺取他们所渴望的土地——新墨西哥和加利福尼亚;另一方面强迫墨西哥承认他们已夺取的成果。但是有人认为,波尔克曾希望打一场有限战争,满足于签订一项和约,但是现在他不得不扩大战果以达到其各个目的。美国太平洋分舰队司令、海军准将约翰·D.斯洛特于1846年6月1日在墨西哥海岸马萨特兰登陆,后又夺取下加利福尼亚的拉巴斯,然后调转船头直指上加利福尼亚。在8月至11月之间战争扩展到现今美国的西部。斯蒂芬·W.克尼指挥的美军从密苏里出发,8月18日占领圣菲,12月12日夺取圣迭戈。泰勒率领1万美军推进到墨西哥塔毛利帕斯的首府维多利亚城,9月23日进入蒙特雷,11月16日夺取萨尔蒂约。沃尔于12月5日占领帕拉斯。此外,罗伯特·斯托克顿率领舰队从海上出发,在探险家约翰·C.弗里蒙特的支持下,攻占了旧金山、蒙特雷和洛杉矶。到1847年1月13日止加利福尼亚全境被占领。

圣安纳努力想要获得资金,聚集人员和购买武器。他迅速调动军队至圣路易斯波托西,准备阻击泰勒。墨军向北进军极其艰难,既没有给养

第五章 建国初期的内忧外患

也没有大衣。1847年1月22日至23日之间,在安戈斯图拉,墨军进行了最顽强的抵抗。但是正要取得胜利之时,圣安纳却命令饥饿而疲惫的军队撤退,从而带来了灾难。与此同时,波尔克为了加速战争节奏,决定开辟另一条战线:从韦拉克鲁斯进攻墨西哥城。此外,为了削弱一点已成为辉格党总统候选人的泰勒的声望,波尔克将指挥权交给了温菲尔德·斯科特将军,他率领1.2万远征军在韦拉克鲁斯登陆,向墨西哥内地推进。

1847年1月11日,戈麦斯·法里亚斯颁布法令,下令占有价值1 500万比索的教会财产。以不信教而闻名的联邦区长官胡安·何塞·巴斯以极其貌视教会的态度马上着手占据慈善机构、医院、宗教团体和济贫所的房屋。墨西哥社会一片惊慌。当颁布一项新法令将特别权限授予戈麦斯·法里亚斯以立即出售所占财产之时,有人马上组织反政府密谋,加速其计划。密谋的领导人是曼努埃尔·戈麦斯·佩德拉萨将军和马里亚诺·奥特罗。2月26日公布一项计划,宣布遣散国会和停止副总统职务。当时,圣安纳军队在遭受安戈斯图拉的失败之后,开始撤退,而韦拉克鲁斯已被美军围困,在墨西哥的首都发生了温和派与极端派之间的争斗。3月21日圣安纳回到首都,掌握了行政权,恢复了和平。最终,他被迫废除所述法令,作为交换条件:获得教会的10万比索来组织防卫。

从3月9日起美军开始炮轰韦拉克鲁斯,3月16日该城投降。4月18日圣安纳在塞罗戈尔多被打败,5月15日伍兹将军兵不血刃地进入普埃布拉。那时,负责处理和约的美国特派员尼古拉斯·P.特里斯特已经来到墨西哥,但是在他与斯科特之间出现了分歧:是否马上同墨西哥当局进行接

1847年墨美战争期间墨军在查普尔特佩克山冈抵抗美军

触,以进行谈判。虽然在墨西哥和平主义者占主导,但由于美国人强加的条件是难以接受的,所以谈判中断了。

斯科特在普埃布拉等了三个月,增援部队才来到。他想要赢得居民的好感,讨好教士,尊重教堂,直到强迫正规军士兵左手拿着来复枪,右手拿着军帽,跪行临终圣礼。但是,士兵已犯下了各种暴行。到1847年8月7日,斯科特率领1.4万人开始向墨西哥城进军。同墨西哥人"即兴创作"的行动风格相反,美国人按照有关地区环境、墨西哥军队和居民状况的情报十分谨慎地行进。斯科特知道,墨西哥人已没有什么手段来抵抗了,尽管如此,他们的行进仍很缓慢。8月18日抵达特拉尔潘,首都形势已十分困难。只有七个州为国家防卫作出贡献。其他州都打算保持自己的资源,以用于自己危急之时。

在经过丘鲁布斯科、莫利诺·德尔雷伊和查普尔特佩克几场战斗而形成了对首都的包围之后,墨西哥城落入美军之手。城市居民为避免灾难而承担最后的战斗任务。9月14日墨军投降,而首都居民顽强抵抗,造成美国侵略军2 703人伤亡。但这一切已无济于事;9月16日上午独立纪念日,美国星条旗飘扬在国家宫上。圣安纳已辞去总统职位,试图开始组织抵抗。但这是十分困难的,因为自从他抵达墨西哥城起就不断爆发出对他背叛的指控;此外,士气低落迅速蔓延;在许多州出现了印第安人起义,在尤卡坦爆发了种姓战争。

共和国各权力机构都迁往克雷塔罗,并很快收到特里斯特的一份照会,表示愿意谈判。1848年2月2日,由前外长培尼亚—培尼亚领导的墨西哥临时政府与美国代表特里斯特签订了城下之盟——瓜达卢佩—伊达尔戈条约。墨西哥被迫接受屈辱的条件:承认美国吞并得克萨斯,确定格兰德河为

1847年丘鲁布斯科战役

第五章 ● 建国初期的内忧外患

美墨边界,将包括现今的加利福尼亚、新墨西哥、亚利桑那等州的全部领土以及怀俄明、科罗拉多、犹他、内华达等州的一部分割让给美国,这些相当于墨西哥领土一半以上(240万平方公里面积),而美国支付1 500万比索作为"赔偿",又免去墨西哥所欠的300万美元的债务。

美国为进行这场战争动员了104 284人的军队,花费了122 051 040美元,但它取得了意义极为深远的战果:夺取了如此广阔的土地,使之很快成为名副其实的世界强国。而美军占领墨西哥城的岁月却使得1821年伟大墨西哥的

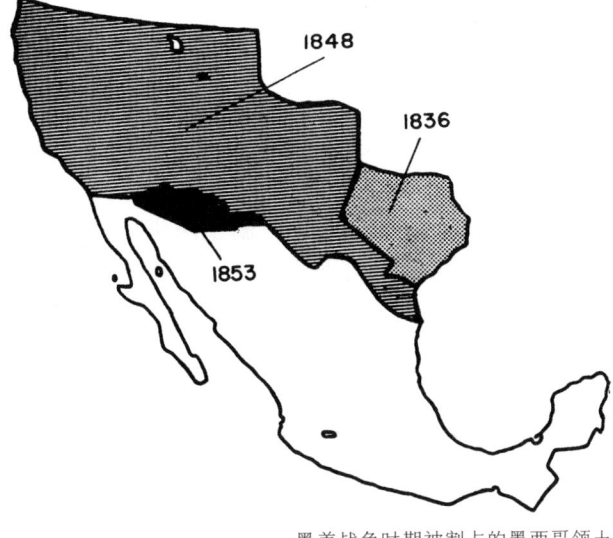

墨美战争时期被割占的墨西哥领土

美梦完全破灭。尽管遭受如此惨痛的损失,但是墨西哥还是克服了解体的危险,并且深沉的悲观主义和惨痛的经历逐步唤醒民族觉悟。

四、社会文化的继承与变化

由于墨西哥是通过国家主权和平易手的方式进入独立生活的,其社会基本上没有经受剧烈的震撼,因此独立后在很大程度上继承并保留了殖民地时代的遗产。从三个世纪殖民地生活中继承下来的社会混杂性和差异性是不可能简单地用法令和行政规定加以消除的,尽管如此,在独立时代初期普遍的乐观主义还是使得人们期待奇迹的出现。各个不同人类种族群体的混居造成了种族的混杂性:据估计,每100个居民中,18人是白种人,22人是各种混血种人和60个印第安人。过去和现在都是白种人处在社会金字塔的尖顶上,但很大一部分贫穷的土生白人曾经构成了极端分子集团的萌芽,他们曾雄心勃勃地进行激进的变革。印第安人和各种混血种人干着平凡而又必不可少的农牧业和采矿业工作,其中一部分人承担行政部门、教会和军队中低级职务。社会平等的问题变得复杂

而困难,但是大家都相信,通过独立和教育就能取得平等。确实,社会变革总是缓慢的,从1821—1848年这整个时期只是从殖民地向共和国社会的过渡期,19世纪20年代政治上的剧烈变化只是切断了过去同西班牙的联系。取得独立的方式保证了土生白人的最高权力,格雷罗和伊图维德之间的协议给很多起义者打开了大门,并且最终取消了对各种混血种人和印第安人担任任何职务的禁令。虽然所述协议允许西班牙人继续担任重要职务直到1827年,但是这只是用来激起政治家所积累起来的新仇恨的手段,它导致了驱逐西班牙人的立法。从1815年开始西班牙人陆续迁出,他们留下的空缺后来由其他欧洲人和美国人加以填补。独立基本上没有改变社会差异,据估计,68%的居民平均年收入为50比索,22%为50到300比索(大约相当于同时代西班牙平民阶层的收入),而10%的人拥有无限的收入。然而,1821年独立使得各社会阶级重新组合为企业主、教士、各级官吏和平民阶层,各种事态的发展推动他们的态度发生某些变化。

企业主阶层由商人、实业家、采矿业主和大庄园主构成。土生白人主导了这些活动,他们在很大程度上参与创办了工业企业。但是,贸易和工业一般是由新来的外国人和避开驱逐而留下的,或1836年(该年墨西签署和约)之后来到的西班牙人所控制。在大城市和韦拉克鲁斯港,美国、英国、法国和德国商人已填补了西班牙人留下的空缺,同时他们对当地的生活习惯和风尚方面都产生了影响。法国人的影响最为显著,在语言的遣词造句方面也留下了他们的痕迹。

由于土生白人居支配地位,教士阶层有了一些变化,某些成员思想激进化。在低级和高级教士之间也有收入的差别,但是那个时代反教会的趋向却将他们一视同仁。教会控制着750万比索年金和非流动资金1.8亿比索。10名主教和177名大教堂教士花费掉2/3年金,这样教士阶层的差别反映了全社会的状况。虽然教皇亚历杭德罗六世将什一税的收取权交给了西班牙王室,但17世纪起教士就已承担起了这一职能。由于独立加强了西班牙自由派思想影响,各州重新控制了什一税的收取权。在某些州,如瓜纳华托,教会和州当局协作收取,这样做是有效的。双方同意,州和全国政府各抽取收入的1/9。对最穷者和推动土地拓殖地区(如特万特佩克和加利福尼亚)的居民,免除其什一税。当然从1821年起已经减少的什一税因1833年法令的颁布而急剧下降。

第五章 建国初期的内忧外患

全国在教会管辖方面划分成 10 个主教管区，共有 1 000 多个教区、300 座寺院和修道院。到 1825 年，属于教会组织的教士和非教会教士已缩减到 3 463 人，其中只有 1 240 人照料居民的精神需要。到 1850 年，增至 4 615 人，但是人数仍然不足。由于缺少牧师，成千上万的墨西哥人诞生和死亡都举行不了圣礼，虽然有相当一部分人结婚时不愿花钱请教士服务。一般说来，一场西班牙人婚礼花 8 比索，黑白混血种人或印欧混血种人花 6 比索，而印第安人仅 4 比索。由于 1820 年废除有关修道士教团的加的斯法令，寺院和修道院因"业务能力下降"而丧失了吸引力。到 1833 年在 148 座修道院里只剩下 1 423 名修道士，这样每座修道院仅有 5 到 12 名僧侣。修女的人数也在减少，虽然按照同时代的说法，许多父母还以为对其女儿来说宗教生活是理想的出路，这样可以避开 3 000 到 5 000 比索的嫁妆费用。修女是由许多女佣和婢女服侍的，这样她们的生活是相当优游的。牧师几乎专门依靠教区俸禄和主持弥撒生活。其余的教士依靠出租城乡田庄、施舍和遗产所提供的钱款生活，这些一直是他们的主要收入。寺院和宗教活动主持的账目表明，租赁者和债务人的支付能力都有限。虽然某些寺院的收入有很小的增长，但是它们大部分是持续下降的。属于教会组织的教士和牧师的生计是一个真正的问题，因为宗教节日的开支由他们自己支付。在节日的一星期之前，神父和教堂司事乞丐般地拜访居民区，分发写有圣经短句的邀请函，请求信徒们合作。瓜达卢佩教堂的最早生计来源是来自每年 25 份彩票，每份 1.3 万比索。

官吏阶层是由军官和官僚阶层构成的。人数众多而又软弱无力的官僚阶层组成了"城市中等阶级"，他们依靠相当微薄的薪金生活，服务效率低且不正规。由于吃"皇粮"，他们无视政府更替和口号变换，他们轮流为不同政府服务。因为除了国库之外他们没有维持生计的其他形式，他们像军队一样不稳定，可以很快效力于任何一个主子。"我就是你要给我付钱的人"，这是他们的格言。军队是新近才创建的，可从 19 世纪初算起，按照洪堡说，当时有正规军 9 000 名士兵。对于中等阶层的青年来说，军队生活已成为宗教生活的变种，然而，拥有法权和职业生涯的军人对有雄心的年轻人是有吸引力的。独立战争使得军队增加，而当军官变成保证道路安全和贸易的主宰时，他们获得了很大的权力。在独立运动终结时，正规军加上起义者总共 7.5 万人。伊图维德曾建议缩减到 3.6 万人，因为政府已无钱来维持人数如此多的士兵，也不可能对他们加以组织。除了要求人们自愿捐款来维持军队之外,向每个士兵许诺,如果在"三保证"军战斗六个月,那在他退伍时可获得一块土地和两头牛。

共和国逐渐持有自由派的理想:组建一支小规模的职业军队,并由一支庞大的民兵部队加以支援。1823年9月创建州民兵部队,在几个州如萨卡特卡斯,得到很好的组织和装备,到1832年已拥有6 000人。军队的将军对于民兵的创建感到不满,因为他们对这支部队没有权威,它是受州长指挥的;此外,这一时期各州的财政状况比国家好,民兵都准时得到军饷和拥有更好的武器。1832年萨卡特卡斯民兵在同布斯塔曼特对抗中受到几乎是决定性的打击;1835年在战胜萨卡特卡斯的联邦主义时,圣安纳对该州民兵予以赦免。后来国会负责掌管联邦区和各地区的民兵,但实际上到1842年对付外来侵略之时民兵已不存在了。民兵组织被认为是不用创建一支强大军队而拥有防卫手段的好办法,但产生了不适宜的结果,因为民兵不能用于州的界限之外,结果只是加强了州长的地位和权力。

独立的最初几年,出于担心西班牙的入侵和解放乌卢亚的圣胡安城堡的需要,军队滥用了资金。尽管那个时代存在尚武主义迹象,但是开小差和无纪律是更为严重的现象,并且军队成为一个越来越变幻不定的实体。在军队系统形式方面要求实施纪律和严厉惩罚逃兵的法律,但是面对通过募兵制强制招入军队的大城市的流浪汉和罪犯、农村的印第安人,这一切都是无济于事的。这样,随着老兵的逐渐退伍,军队效能越来越差,其中有些士兵到了战场上才打第一枪。这就是在得克萨斯打仗的军队,反击美国入侵的军队。这种现象部分说明了在危机时刻圣安纳的重要性,因为他的天赋能奇迹般聚集人员,尽管缺少金钱。军队自己培养了一大批高级干部。这一最早的过错不只是军队起源于保王派,至少一开始就使之具有某种职业特点,而且1821年是在响应伊图维德的政治号召下参与独立运动的,这些军人都忘记了忠诚和纪律,变成只追求晋升和权力的假政治家,而忽视效劳于国家。独立运动终结时,伊图维德以晋升来酬谢支持过他的人,这样获得将军军衔的一批人都是保王派,除了格雷罗。

共和国马上准备组织军队,撤销高于将军的军衔,创设参谋部,并于1824年建立一所小型军事学院,有320名士官生。1825年曼努埃尔·戈麦斯·佩德拉萨部长报告,军队拥有22 750人,骑兵11 026人,步兵

第五章 建国初期的内忧外患

10 546人,其余是炮兵;只有31个要塞连、3 008名士兵守卫国家的边远地区。该年着手整理共和国的地图和军用地图,并使之现代化,借此试图发展防卫战略;但是,最大的问题仍然是缺少军备。1824年,购置了50箱比利时来复枪;1825年墨驻英第一任公使马里亚诺·米切莱纳购买了7 500支来复枪、200把剑和1 000套滑铁卢英军用过的军服,这件事在首都遭到很多批评。同年《太阳报》断言,军队拥有7万支来复枪、1万支卡宾枪、2万把剑和5 000支手枪。由于西班牙人被逐出乌卢亚的圣胡安城堡,多少平息了关于授予军队过多权力的议论。

当军人首领同各种政治派别纠缠在一起时,其行动越来越政治化而国土防卫意识日益减少,这样军队持续受到损害。缺少交通运输手段也削弱了驻扎在边远地区军队的服从程度,从而造成他们随心所欲。驻扎在首都及其周围地区的部队也是问题的产生点。大多数军官不准备到职,此外不可能所有人都得到指挥权,所以这一切可能引起一些不满。很多人长期在首都等待时机。每天上午他们去国家宫,与各政治集团厮混在一起,通过依附于某个新集团,希望能得到一官半职。另外,失业也使他们参与赌博和犯罪,由于军队拥有民事审判权,所以他们一直逍遥法外。

作为墨西哥不同的社会阶层的一个组成部分,军队各成员所得到的薪金也有很大差别。一个师的将军每年得到6 000比索,一个旅的将军4 000,陆军上尉1 500,中尉800,军曹300。如果同地方长官薪金2 000比索相比较,那就能领会到将军们的分量了。由于第一次大选失败和武装力量的强制行动,平稳政治局面遭到破坏。拥有权力的各个政党都想得到军队的支持,正如阿拉曼所说,"在构成一部独立史的形形色色的革命和国内战争中,军队是参与其中的唯一力量,它已划分成两个派系;当争夺社会地位的斗争结束时,对立的双方又重新联合在一起,从而确认一方向另一方给予的职务和军衔,这就使得将军、首领和军官的数量过度上升"。当竞争者之一完全胜出之时,失败者只得去流亡,但总是允许他重出江湖。有些时候,如1832—1842年布斯塔曼特的胜利和失败的情况,确立了双方的晋升。当然,像所述时期的这支军队既不能用来强加全国政府的权威,也不能用于保卫国家。比如,在得克萨斯、馅饼战争、美国侵略这样一些真正的战争中,墨军的失败是彻底的。就像胡安·阿尔瓦雷斯将军那样令人害怕的武装,政府也都无力调动他们走出山区。为了对付"野蛮"印第安人起义或进攻,庄园主和牧场主都必须组织自己的武装力量。总之,就像阿拉曼所说的,投资武装部队只是用来让这些人同另一些人争斗,"可用于国防的军队还在幻想中"。

平民阶层就是居民中的大多数人:牧场工人、印第安人、雇工、矿山劳动者、工场工人、佣人、流动摊贩、制糖果者、卖报者、卖煮熟的嫩玉米棒者、卖牛奶者、拣破烂者、卖水人、"卑贱者"。一般说来,在国内,特别是在小村镇和庄园,保持了没有很大变化的殖民地时期的生活节奏。土生白人和印欧混血种人穿着传统服装:经常是咖啡色或黑色羚羊皮的短上衣和长裤,饰有银色纽扣和宽边帽子及扎头的彩色头巾。服装随着身份但并非爱好而变化。土著人和贫穷的印欧混血种人穿着粗棉肥大的短裤衩、粗呢绒的齐膝短袖外衣,束上腰带,头戴棕榈叶帽,脚穿凉鞋。但是有些事情发生了变化,如安全问题。盗匪作为11年独立斗争的遗产留了下来。然而,对盗匪应区别对待。存在着被民众理想化的"好的"盗匪,比如,烟草走私者敢于挑战不得民心的政府。相反,也存在着一伙逃兵、无业短工和罪犯,他们组成匪帮破坏道路、袭击公共马车或周期性地洗劫庄园,迫使庄园主交出钱财。社会混乱达到如此地步:有时候同一伙盗匪效力于政府来对付不安全状况。但是,还有另一种祸害,一次又一次地侵袭农村,它就是军队。它不仅夺取马匹或骡子,带走一切日用品和索要钱财,而且强制征用最有用的劳动力。然而,人们已经逐渐适应了这种不安定状况。大庄园主尽量舍弃一些不必要的东西,以避免成为受持久威胁的对象,把金钱保管在城里,或者寄放在可信赖的商人手中。在危险来临时其他居民已习惯于躲避起来,或者迁到城里寻找避难所。

城市面貌和人们生活习惯的变化是十分明显的,特别是在墨西哥城和韦拉克鲁斯港,外国人在高等阶级中扩散了他们的时尚、思想和趣味。在新的时尚旁边,还留有传统的趣味,举止庄重的夫人穿着有披巾的独特

士兵与无产者

第五章 建国初期的内忧外患

的黑色服装或中国的色彩鲜明丝绸衣服。男士开始使用外套,但是"卑贱者"仍然是衣不蔽体。关于首都街头场景的多样性,旅游者作了精彩的描绘:"特别是在奉告祈祷钟点时,在大广场骑马者、车辆和步行者的黄金饰物、丝绸和破衣衫交织成五光十色的景象。印第安人回到他们的村庄,同时群氓走向市郊。牧场主在人群中与其马匹在打趣……卖水者背着沉重的水缸穿过广场;农村妇女的肉色紧身背心与太太们黑色披巾交相辉映……而一大批女教徒穿着各种颜色的道袍。"

城市已被美化,并且具有世界主义色彩,开设有各种商店,如商业公司、查尔斯·麦克唐纳公司、威洛斯服装铺、法国葡萄酒店,它们逐步取代了国家宫对面的帕里安店铺;那里有很多商店,是首都居民夜晚散步的中心,他们在点心店里喝巧克力饮料。城市很小,由相当于现今1到3个邮政区大小的街区

墨西哥人各种服饰

组成。有5个慈善机构和医院,3个剧场,2条导水管,4个取水源,在那里卖水者背起自己的水缸,将水分发到偏远的地方。在多洛雷斯大街设有公共马车站,提供13天运抵韦拉克鲁斯,7天抵达哈达拉哈拉的服务。比加运河通过百余条小船、独木舟和运送货物的人而成为这座城市的主要供应线。每天早晨5点打开碉楼,一群群驮着木炭和木柴的驴子进城。运进城的还有蔬菜、水果和肉类,而摊位和商店更晚一些才开市。附有油炸食品和乐师伴奏音乐的龙舌兰酒酒店、理发店、巧克力店、咖啡店都按照自己惯常时间开门做生意。药铺从奉告祈祷时间起到下午6点,向四面八方散发出难闻的气味,向穷人分发免费药品;虽然白天满街都是乞丐,但是每个星期六他们都排着队向店家领取施舍。

这座城市就像全国各地一样,存在明显的社会差别。到19世纪

墨西哥通史

龙舌兰酒酒店

30—40年代已建成了豪华的宫殿以及百货商店,里面陈列着奢侈品、丝绸、纱织花边、各种葡萄酒、珠宝,但是街道是用石头铺设的,只能让豪华的车辆通过,满街都是污物,散发出令人窒息的气味。街道经常被水淹,这样夏季有些男子专门从事背女士和绅士过街,以免弄湿他们的衣服。按照阿拉曼的说法,房屋和街道是"共和国状况的缩影"。

独立生活初期有两个豪华的聚谈会:奎拉·罗德里格斯聚谈会,伊图维德分子、波旁王朝分子、矿业主和共和派大教堂教士聚会场所;堂娜·佩特拉·特鲁埃尔·德贝拉斯科聚谈会,是起义老兵聚会的地方。后来,一些新富逐渐形成自己的聚谈会。黄昏,人们在不安全、缺少良好照明的街道上很快散去。当时想通过输入瓦斯灯来解决照明问题。1831年一个名叫佩里诺尔的魔术师在客厅里装了一盏瓦斯灯,在那里进行魔术表演。不久,这位魔术师注意到,吸引人们聚集到其客厅的不是魔术,而是明亮的灯光。于是,他决定节日期间出租其瓦斯灯装置,取得了惊人的效果。

人们对任何新鲜事物都抱有热情。这样,有个美国人出租他的显微镜,让首都居民观看跳蚤或是苍蝇的腿,他获得了真正的成功。1832年另一个企业家来到时带了一头象,成功地实现了从韦拉克鲁斯到墨西哥城之行,他赚足了利润,但可怜的大象死了。这个主人不准备失掉赚钱机会,这样,他叫人将大象骨骼洗干净,装配好支撑起来,陈列在一个地方,每张参观券卖2雷亚尔。1833年,有人做广告称,法国飞艇驾驶员将在墨西哥城升空。这是一次诈骗,当骗子偿还不了入场券预售钱款时,以银

第五章 ● 建国初期的内忧外患

铛入狱而告终。但是,1835 年来了一个可靠的人欧亨尼奥·罗伯逊,他乘高空气球成功升空。在经过几次成功的飘行后,他成功地让一个可爱的小姐相信能和他一起乘气球升空。人群入迷地看着在墨西哥城上空的国旗、可爱的女同胞和著名的来访者,欢呼声伴随着气球飘行。但有些新鲜事并不那么走运,就如 1824 年在新竞技场由卡斯特利表演的魔术场面。观众在看到让东西消失,把水变成葡萄酒和其他类似的状况时,都害怕地画十字。他们认为那都是巫术一

墨西哥城与圣科斯梅导水管一瞥

类的东西,并扑向那个可怜的意大利人,魔术师只得逃出剧场,逃出墨西哥。在农村茶余饭后和城市聚谈会上,人们也谈及超自然的东西。据说,"哭丧女人"能一下子从"好死街"穿到比加运河;还谈到布卡雷利附近的死亡胡同和阿尔达索罗房子里的恐怖。鬼怪、女巫、天使、魔鬼、贞女和圣徒是家庭谈话的老话题。奇怪的是迷信和现代思想并存;许多妇女要求公民权;学生造反,反对穿上使他们很可笑的拖到脚跟的长衣服。

最大众化的娱乐是玩球、台球、斗鸡,特别是斗牛,赌博也有很多吸引力。在城镇都有赌博场所,人们赌纸牌,可能会倾家荡产。戏剧经受过起伏,是驱逐西班牙人的牺牲品,由此一蹶不振。从 1825 年墨西哥人开始举行一个新型的庆祝活动:9 月 16 日爱国节。当天举行爱国报告会、演奏管乐队音乐和燃放焰火。

圣安赫尔是避暑胜地,特拉尔潘是散步的最佳地,比利亚是每年最重要的节庆举办地。12 月 12 日四轮载客车游行队抵达,总统为先导,随后是穿着制式服装的各个部长和市政府官员。高级教士、上流社会、城市居民和邻近村庄印第安人都聚集在教堂及其周围地方举行宗教活动。在为政

治家们主持了弥撒之后,大教堂教士提供一份美味的饭菜,但是共济会提供的吃喝比教士的肋条更多更好。宗教节日仍然是聚集人数最多的日子,圣阿尼塔节、圣周(复活节前一周)、亡人节把富人和穷人都吸引到大街上。各种交易会和朝圣,特别是湖上的圣胡安集市,吸引了全国成千上万的人。由12头骡子拉的大车,步行、骑马和乘公共马车的男女旅行队伍,形成了巨大的集市场面。来自新墨西哥、加利福尼亚、奇瓦瓦的产品连同来自国内其余地区和欧洲的制成品直接参与交易会。用屋面板、大梁、钉子和帆布临时搭建了一座集市。有剧场、木偶、游戏、斗鸡、货摊。出售、交换和诈骗交替,同时混杂着争吵、娱乐和祈祷。大家的钱都被骗光,但来年还是要来。

然而,流行病和灾害时而打断人们的正常生活秩序。卫生状况不佳和医生人数不够使得斑疹伤寒、天花和霍乱夺去很多人的生命。多次地震,如1837年11月的地震使得人们惊恐万分,以至人们大声祈求圣母来拯救这座城市。另一次发生于1845年,震塌了特雷莎教堂。水灾,在一些地区肆虐,摧毁人们的房屋。还有,北方未开化印第安人袭击,也给当地居民带来很大的损失。但是,有些自然现象也给人们带来巨大的震惊。1833年北极光染红了天空,使一些天真的人因戈麦斯·法里亚斯的改革而害怕上帝的惩罚;而当时霍乱伴随北极光而来,这就更加剧了人们恐惧的心理。1835年哈利彗星出现,民众都相信更大的灾难将要来临。

在如此混杂的社会中,对所有的人可以进行简易的分类:富人和穷人,有文化的和愚昧的人,进步的和传统的人,理性的和迷信的人。很多人相信,脱离了"坏政府"就能创造出医治社会一切创伤的奇迹;但是,随着时光一年年地流逝,奇迹没有出现,相反,悲哀的现实又使许多人怀念过去。许多乐观主义者又变为悲观主义者或激进分子,一些联邦主义者或"约克礼式派"变成中央集权派和后来的拥护君主政体者。当然,百万赤贫者长期处在社会的边缘,他们已习惯于混乱,政府的上台和倒台,自己都处于微不足道的地位。独立后的头20年间,尽管存在反教会氛围,但是政治家们坚持天主教是唯一可信奉的宗教,而他们的共济会经常顺利地行使一切宗教职能。到19世纪40年代,这种社会氛围开始改变,出现了不妥协派,炫耀自己反对宗教,如1847年联邦区长官胡安·何塞·巴斯。

尽管从独立起墨西哥人之间存在如此多的差异,但是人们对于教育

第五章 建国初期的内忧外患

的变革能力的深刻信念,却能把墨西哥人团结在这个任务上,虽然没有像人们所渴望的那样取得进步,但是已经勾画出了以后将会生气勃勃的理想。墨西哥的教育理想源自殖民地末期新西班牙议员对加的斯议会的回忆。西班牙的1812年宪法曾命令"在君主国所有的村庄设立初级学校",后通过1821年6月29日公共教育总章程将很多内容写成法律条文。议员们都很乐观地向西班牙议会表示,到1830年将没有文盲公民行使其权利。墨西哥议员参与制订的1821年6月总章程,对墨西哥政治教育思想发挥的巨大影响达10年以上。建国后,大多数州的宪法也都指出了以1830年到1850年为界限,让文盲公民能够投票。尽管大家都在谈论:为了让共和国更好地运转,必须拥有优秀的公民,但是1824年宪法只把建立一切教育机构作为全国政府和各州政府的权力,而没有详细说明有关的基础教育,实际上留下了空白。因此,由于缺少资金和国内动荡,基础教育仍由属于宗教组织的教士和兰卡斯特公司掌管。

一般说来,富有家庭的孩子由特别监护人指导在自己家中学习,也有一些教师受委托来教部分知识。穷人家的孩子进入教区学校,学习读书和讲话,以及教义问答手册。女孩进入女校,学习读书、天主教教义和合适的劳动。但是,女校很少,从1817年起殖民地当局请求教皇让女子修道院开设女子学校。尽管已取得了成果,但是女孩的教育仍未受到重视。从18世纪起就存在的"国家之友协会",在西班牙议会的推动下,在许多省份创建学校;从1817年起建立了一个互助教育学校,其目的是试验低成本的互助教育法。这一教育法是由英国人兰卡斯特和贝尔倡导和推广的,目的是为了改善普通民众的教育状况,其优越性是一个教师可以教600名孩子。这一体系引起美洲人的关注。玻利瓦尔曾邀请兰卡斯特到哥伦比亚,从而向全洲推广这一教育法。在墨西哥,1822年建立兰卡斯特公司,它开办了两所学校:太阳小学(有300名孩子),博爱小学(有670名孩子)。这种互助学校很快扩展到全国各地。这一教育法由官方宣布为各市免费学校的教育体制。兰卡斯特公司获得了声誉,1842年墨西哥政府将公共教育总署交给它掌管,当它结束其使命时在首都留下了106所小学。在互助学校里孩子们分成10个班,每个班接受一名学监教导,而这名学监是由学校培养的最先进的年龄最大的孩子。作息时间是上午8到12点,下午2到5点。学监应在6点半到校,接受关于将要学习的内容的传授。学校的教室很大,有长课桌和长板凳。桌上有一块高置的方形木板,学监可把课本作业放在上面。每门课程都划分成几种水平,孩子们在每门课程中都能从一种水平过渡到另一水平;课程包括阅读、写作、算术、基督教义和国民知识。这样,有的孩子可能在阅读课表现优异些,而在其他课程上落后些;每个孩子都可按自己的节奏继续学习。

在其他层次的教育方面,殖民地时期最好的学院仍然是中等教育的主要核心,如莱特兰的圣胡安学院,它所培养的年轻人直到19世纪中期还占据了国家生活中的重要职位。到40年代,有些州,如萨卡特卡斯和哈利斯科,创建了师范学校,但是,一般说来兰卡斯特公司几乎是唯一的培训教师的手段。在各所大学中只有墨西哥和瓜达拉哈拉两所大学保留了下来,又开办了尤卡坦和恰帕斯两所大学,后来它们相应变为专科学校和学院。1833年墨西哥大学因被自由派认为是反动中心而关闭,后来勉强克服了这一打击而存在下来,虽然其关闭被取消,但是它更多时间是在阴影下渡过。许多殖民地时期老的学院部分转变为世俗学院,后来成为国立学院,各州的科学和文学学院,它们必然影响到共和国第一代人的培养。

作者点评:

墨西哥独立后几十年时间,面临着严重的内忧外患,它没有、也不可能马上启动并推进国家的社会经济近代化进程;事实上,只是用来解决国家内部激烈争论的、孕育于殖民地遗产之中的那些问题。虽然反对独立的势力的核心人物:西班牙最著名的殖民地上层人士和大商人都流亡出去了,但是大部分所谓的传统主义者还是留了下来,他们同少数几个政治经济集团结合在一起,左右了国家发展的形式和方向。与此同时,严重的外患也持续不断地削弱了墨西哥,特别是美国发动的战争,使得墨西哥丧失了一半以上的领土和1%—2%的人口。虽然所失去的土地和资源当时尚未得到开发和利用,但是墨西哥永远丧失了很大一部分发展潜力。此外,战争使得墨西哥耗费了大量的人力、物力和财力,从而元气大伤。

第六章 改革战争与法国的干涉

一、圣安纳独裁政权的倒台与自由派的改革

由于墨西哥和美国已在1848年2月2日签订了和平、友好和边界条约,墨西哥国会就专注于总统选举,何塞·华金·埃雷拉将军当选,同年6月3日宣誓就职。其政府的第一批措施就是趋于创造安全和有序的社会环境。坚持清除道路上的杀人凶手和盗贼,准备对这些人进行谴责起诉和审判,追捕酗酒者,致力于建造学校和医院以及改善监禁制度。通过取消无用的职务和缩减军队,尽可能缩减公共开支。政府面对债权人、行政部门和资金不足的各种要求,有必要创建一个健康和坚定的财政体制。但是,经济危机已经来临,国家收入不足以承受各种负担。

在克雷塔罗开始讨论批准或再确认和约时就潜伏着的内战,终于在阿瓜斯卡连特斯爆发了。马里亚诺·帕雷德斯-阿里利亚加将军领导暴动,他指责新政府背叛了祖国。这场运动得到拉戈斯的神甫多梅科·德哈劳塔和瓜纳华托的曼努埃尔·多布拉多的援助。为了制服拉戈斯的造反者,政府任命何塞·比森特·米尼翁将军率领400人部队。他们在那个地方遭受了损失,但是不久阿纳斯塔西奥·布斯塔曼特同米尼翁达成协议,围困反叛者聚集的瓜纳华托城,并将他们打败。此外,埃雷拉政府还要对付印第安人的起义。最重要的是尤卡坦、戈尔达山的起义,以及北部边界未开化印第安人的侵袭。

到1847年,印第安农民依然生活在贫穷和社会边缘的状态。农村地区存在大庄园、印第安村庄及其村庄土地等社会经济单位。在大庄园里,

劳动者被债役农奴制束缚在土地上，如果一个债役农奴逃跑，被抓回来将受到严厉的惩罚。特别是在闭塞的尤卡坦半岛和人烟稀少的北部地区盛行这一制度。尤卡坦的大庄园主种植一种生产纤维的龙舌兰，主要供出口之用，此外他们同墨西哥中部联系不多。所以，尤卡坦拥护联邦制。1839年，在玛雅族印第安士兵支持下尤卡坦脱离墨西哥，事实上变成了一个独立国家。作为对印第安士兵的酬报，白人统治者曾许诺减免教会的教区费，取消成人的人头税，让他们自由使用公有土地和村庄土地。但是，这些诺言都没有兑现，1847年夏玛雅人开始叛乱，其目标是消灭或赶走白人居民。由此很快发展成为全面战争，这就是"种姓战争"。在残酷的战争中，印第安人几乎把白人统治者赶到大海里，白人在绝望中甚至表示愿意把尤卡坦半岛送给英国、美国或任何愿意保护他们的国家。

种姓战争迫使玛雅人重新避难于热带森林

当尤卡坦陷入"种姓战争"时，因美国扩张而被迫南迁的印第安部落侵入墨西哥北部人烟稀少的地区。他们烧毁庄园、村庄和采矿居民区，杀害那里的居民。墨西哥政府又因软弱无力而无法制止印第安人的侵袭。

在墨西哥中部，特别在瓜纳华托州、克雷塔罗州和圣路易斯波托西州的群山中，出现了一个农民运动。戈尔达山的印第安人骚动没有任何政治计划，只是后来圣路易斯波托西的谋反集团向他们提出了主张。1849年3月，在贝尔德河起义的印第安人首领、教师埃莱乌特里奥·基罗斯宣布了他们的"突出社会和政治计划"。其第一条承认1824年宪法和1847年改革纪要作为共和国的最高法律，这表明这个运动受到自由派联邦主义的影响。第十条要求国会致力于颁布真正正义和明智的法令，处理地产问题，以便让农村的贫穷阶级改善其状况。基罗斯的运动，具有反白人和反财产的倾向，并达到一定的规模，所以遭到由布斯塔曼特将军

第六章 改革战争与法国的干涉

指挥的国民军的镇压,最后以基罗斯被捕而告终。1849年12月基罗斯被枪决。同年,在奇拉帕、格雷罗,以费利佩·圣地亚哥为首的20个印第安人村庄试图破坏村镇并打算废除租金和夺取富人的财产。他们受到胡安·阿尔瓦雷斯将军部队的打击,大部分人投降了。1850年初,政府得到消息,"野蛮"印第安人已进入杜兰戈州境内,杀害了多户居民,毁坏了田野,烧毁了房屋,夺走了牲口,掳掠了村庄。为了对付全国性的骚乱,墨西哥政府不得不利用战争赔偿金从美国购买其剩余军事装备,除了在墨西哥中部镇压了基罗斯运动之外,还派军队到北部和尤卡坦半岛。墨军在尤卡坦进行了几年的战斗,逐渐平定了玛雅族印第安人的叛乱。这样,尤卡坦的土生白人保住了自己的生命财产,同时也结束了这个地区的独立状态,使它回到了墨西哥。然而,尤卡坦的人口几乎减少了一半。

在早期墨西哥的政坛上,逐渐形成了泾渭分明的两大政治派别:保守派和自由派,它们具有十分不同的思想体系,正如美国学者所指出的:"富有者们,特别是在其地产上用农奴制束缚了印第安人,并且掌握了地方上由印欧混血种人组成的军队的地主们,赞成少数人的统治、政教合一、有限制的教育以及强大的常备军。他们由于支持伊图维德帝国而被称为'中央集权派';这是一个误用的名称,因为他们的权力实质上是封建性的。与此对立的则为自由派,那时叫做'联邦派',此派主张自由放任、选举权的扩大、政教分离、公办教育和联邦制。"

1850年中期,各政党开始准备总统继任问题。各报纸公布了总统候选人名单:马里亚诺·阿里斯塔、路易斯·德拉罗莎、尼古拉斯·布拉沃、曼努埃尔·戈麦斯·佩德拉萨、胡安·N.阿尔蒙特和安东尼奥·洛佩斯·德圣安纳。尽管反对派攻击阿里斯塔,指控他在美国入侵期间没有为国防作出多少贡献,但是1851年1月8日国会宣布他当选为共和国总统。1月15日埃雷拉和平地将权力移交给马里亚诺·阿里斯塔,后者遵循了前任的温和派方向,而其内阁包括有极端的自由派、温和派和保守派。

从其执政第一年起国家状况就非常令人沮丧。特万特佩克地峡受到美国总统米勒德·菲尔莫尔的觊觎和威胁。索诺拉州则受到加斯东·鲁塞·德·博尔邦的入侵,他得到与亚利桑那矿业公司有关系的法国和美国冒险家的援助。奇瓦瓦州正在举行反联邦的暴动,并且受到科曼切人和阿帕切人游牧部落的入侵;塔毛利帕斯州受到何塞·玛丽亚·卡尔瓦哈尔的骚扰,而他又得到不明国籍的一些帮派的支持。由何塞·玛丽亚·卡纳莱斯指挥的另一批海盗企图分割塔毛利帕斯州境内一部分领土,而创建马德雷山共和国,然后合并到美国。太平洋沿岸的马萨特兰正在举行武装暴动,反对州当局的财政安排。杜兰戈州遭到游牧印第安人的侵袭;尤卡坦种姓战争的火星尚未完全熄灭;在米却肯,由于改革派立法机构强加宗教自由,抨击教区额外所得,且准备将教会呆滞财产国有化,因此该州受到彼达德·德卡瓦达斯兵变的困扰,兵变对准州长梅尔乔·奥坎波。

  1852年中期,在瓜达拉哈拉爆发了由制帽者何塞·玛丽亚·布兰卡尔特领导的一场运动,该运动反对州长赫苏斯·洛佩斯·波蒂略。由于圣安纳分子的要求,运动修改了其最初的计划,在新计划中推崇1824年宪法,并将不承认阿里斯塔总统的颠覆性活动扩展到哈利斯科州之外,还邀请圣安纳将军回国,合作维持联邦制和恢复秩序与和平。瓜达拉哈拉计划的第二次修改文本中提出,在占据共和国首都后,"革命总司令"将召集特别国会选举一名临时总统,任职到阿里斯塔四年期满。临时总统在认为适宜的时候将邀请圣安纳返回共和国。这一计划在几个州的胜利最终加速了阿里斯塔的倒台,他在1853年1月辞职。最高法院院长胡安·包蒂斯塔·塞瓦略斯掌握了政权。瓜达拉哈拉的反叛者拒绝接受新的执政者,并马上举行新的暴动,其头目宣布了他们的瓜达拉哈拉计划。当塞瓦略斯通过解散国会而发动政变时,局势恶化了。两院秘密举行会议,将塞瓦略斯解职,并任命普埃布拉州长胡安·穆希卡-奥索里奥为共和国总统,但他不接受这一职位。

  1853年1月5日,阿里斯塔辞职的前一天,保守派的代理人何塞·曼努埃尔·埃斯科瓦尔上校被派往哥伦比亚的图尔瓦科,会见圣安纳,并献给他总统职位。3月初埃斯科瓦尔带来消息,将军为了祖国愿意"作一次牺牲"。1853年3月23日的一封很坚决的信中,卢卡斯·阿拉曼向圣安纳陈述了保守派所信奉的原则和这个党同意他掌权的条件。首先,保留天主教,作为墨西哥人之间团结的唯一纽带,维持这一光辉的信仰,并整顿同教皇相关的一切教会管理事务。其次,完全废除联邦制和一切有关所谓的民众选举的政策。再次,取消现行的州的形式,为便于建立良好的行政管理,重新划分全国行政区域。最后,组织一支有能力的军队和各省老的民兵队伍。同时,阿拉曼将其政党的一切资源都交给了圣安纳。

第六章 改革战争与法国的干涉

应圣安纳的请求,极端自由派代表米格尔·莱尔多·德特哈达也写了一封长信给他,同阿拉曼的信形成对照,莱尔多重申了他一贯的立场:指出军队和教会是造成墨西哥濒临毁灭的原因;他还提出了国家迫切需要的各种改进办法的建议。他认为,危机的解决在于顾及公众舆论的要求,而一些人建议"用强力手段来镇压舆论,并且保持目前的形势……由于害怕反改革者的抗拒,而不进行任何有益的改革",实际上,他们并不追求"排除危机的解决办法"。如果走上这条道路,那么无疑危机"将毫不迟延地以更加令人不安和危险的征兆重新出现"。莱尔多揭示,五分之三或四的领土没有耕作,而"其800万居民中500万或更多的人穿着兽皮或者只有一块可怜的亚麻布,刚够遮蔽身体,由于他们生活在茅屋中,是如此的愚昧和粗野,就像科尔特斯在三百多年前一样对眼前所见的一切感到吃惊"。其余居民"聚集在大城市和村镇,他们大部分人处在苦难之中,这是落后的必然结果:人们想在那里以技艺和手艺糊口"。经济活动几乎不存在。农业仅限于若干食用的必需产品;墨西哥出口几乎只是黄金和白银;工业停滞;捐税不加估计;国家没有安全感;国库收入被挥霍;内外信贷萎靡不振。维持军队的要素——北方边境的村庄只能自行防御野蛮部落,"而同时武装部队却安定地驻扎在大城市,将那里变成自己的驻营地"。莱尔多建议进行经济改革:取消对贸易的限制,改善土路,并为铁路修建自由转让土地。促进教育。建立有道德和训导优良的军队,保卫领土完整和社会安定。健全公共管理机构。但是公共管理机构"也希望政府统治好国家,力求对教士阶层的某些胡作非为进行适宜的改变,使他们关注社会中最不幸阶层的苦难和变换其思想"。保持联邦形式是必不可少的,尽管有人慷慨激昂地反对使用自由决定权。

安东尼奥·洛佩斯·德圣安纳于1853年4月20日抵达墨西哥城,同日从隆巴尔迪尼手中接过总统权力。在众议院圣安纳向上帝宣誓,捍卫墨西哥独立和领土完整,并为国家繁荣昌盛作出一切努力。现在,保守派和自由派都相信能使圣安纳站在自己一边,所以都服从他的领导。其第一个行动是任命政府各部长,组成一个混合内阁,由保守派的阿拉曼掌管内政部和外交部,由独立自由派的安东尼奥·德阿罗-塔马里斯担任财政部长。莱尔多·德特哈达担任新设的发展部副部长,他在电报线路建设方面做了许多工作,对山区的发展作了贡献。4月22日总统颁布了类似行政章程的文件《共和国行政基础》,直到新宪法颁布前有效。文件规定,为了行使授予总统的广泛权限,地方和联邦立法机构进入休会期。4月25日司法部长颁布一项印刷法令,名叫拉雷斯法,它引起反对派作家的不满,因为出版自由受到很大影响。

安东尼奥·洛佩斯·德圣安纳

为了挫败政敌,圣安纳开始放逐阿里斯塔,后来又驱逐自由派的大部分重要人物。在其执政时期,500人被放逐到国内的各个地点,或被流放到国外,此外,还有些人被监禁。一项揭发就足以让警察将一个无辜的公民逮捕。为了进行所谓的革命,不惜乞灵于秩序原则,要求设置政治管理单位,创建支持新政策的一支规模相当大的军队。结果,在5月11日和14日颁布两项法令,决定集中公共权力和国家年金。5月20日颁布关于调整军队的法令,准备将军队编制扩至9万人,这对于一个人口稀少和资源不足的国家来说是个沉重的负担。此外,圣安纳还企图吸收外国士兵来保护他本人。1853年6月2日阿拉曼去世后,担任外交部长的曼努埃尔·迭斯·德博尼利亚要求驻法公使何塞·拉蒙·帕切科加速派遣已签约向圣安纳效力的三个瑞士军团。8月颁布关于所谓的谋反者的法令,据此,这种罪犯在军事法庭即刻审判,随后处决。一个月后重建耶稣会。迫使所有的墨西哥人和外国人随身携带护照在国内旅行,废除了关于修道士选举权的戈麦斯·法里亚斯的自由法,并授权修道院进行活动。所颁布的捐献法也是十分荒唐的。11月圣安纳发掘由奥古斯丁·德伊图维德创建的"著名的墨西哥瓜达卢佩教团",并自命为教团的最高首领和大师傅。因塞瓦略斯和马塞利诺拒绝接受骑士头衔,解除了他们相应的最高法院院长和副院长职务。

1853年3月间,就在圣安纳就任总统的几周之前,美国侵占了现今的亚利桑那州南部地区,这片有争议的领土在墨西哥称作拉梅西利亚,约4.5万平方英里沙漠地。据美国学者的材料,1853年美国陆军部勘测了

第六章 改革战争与法国的干涉

几处可供选择的修筑一条横贯大陆的铁路路线。在勘探中发现,如果从南部的某一城市向西修筑一条铁路,将来很可能必须进入基拉河以南的墨西哥领土。陆军部长杰斐逊·戴维斯认为这会成为支持选择一条北部路线的有力论据,于是,说服皮尔斯总统派南部的一个铁路兴办人詹姆斯·加兹登去同墨西哥谈判。加兹登抵达墨西哥城之后,发现圣安纳又重掌政权,并且经济相当拮据。年底,美墨达成协议,美国为此支付1 000万比索,并立即支付其中的200万比索。在美国,这笔交易称为"加兹登购地"。这样墨西哥再次遭受领土肢解。

按照协议,授予圣安纳的自由决定权应该终结于其执政的第一年。但是,为了延长这些权力,以哈利斯科州驻军司令为首的一批追随者于1853年11月签署了"瓜达拉哈拉纪要",并在国内各地通过会议纪要形式加以支持。12月16日圣安纳颁布法令,宣布总统在认为必要的任何时间都可以延续其绝对权力;在其去世前、或身体或精神上无法行使权力时,他拥有选择继承人的权利。后来当打开关于其继承人的密封的信封时,发现信纸上写的是伊图维德儿子的名字。圣安纳为了支撑自己的权威和威信,竟然祭起了他在20多年前举兵反对的短命皇帝的大旗。1853年11月,他宣布追赠伊图维德以解放者称号,并下令将伊图维德的肖像放在一些政府大楼中。

1853年中期,由于圣安纳分子的唆使,在格雷罗州的科斯塔-奇卡发生了反对地区政府的暴动,但很快被托马斯·莫雷诺和迭戈·阿尔瓦雷斯的部队所扑灭。在暴动被镇压后,这个地区的首领胡安·阿尔瓦雷斯马上将权力交给其副手托马斯·莫雷诺将军,他自己退隐到特斯卡自己的庄园里。到1854年,圣安纳的独裁政权已引起社会各阶层的不满和敌意。曾将圣安纳推上权力顶峰的保守派也对他感到厌恶,因为很快爆发的民众骚动已将其利益置于危险境地。温和派也不满,因为他们认为圣安纳政权完全是非法的,并且伤害了地产主和实业家的利益。此外,极端派的敌视,主要是因为圣安纳打击了公民和政治自由,推行迫害措施及其君主制计划。

圣安纳对于南方正在酝酿的谋反计划已有所闻,他深刻不信任阿尔瓦雷斯,曾说:"如果阿拉曼仍然是部长,那么南方就可能举兵了。"为了镇压这个地区的任何活动,圣安纳开始调离民事和军事职员,以政府的追随者取而代之,其借口是鲁塞·德·博尔邦武装的远征可能进攻阿卡普尔科,因此派遣两营军队保护这个地区。

  阿尔瓦雷斯向格雷罗州居民通告了政府的真实意图。在一份致其士兵的宣言中,向他们通报,政府军入侵的目的是让他们陷于暴政之下。在政府军进城前不久,托马斯·莫雷诺出走奇尔潘辛科,并在三天后,2月27日辞去圣安纳授予的司令部第二长官的职务,加入阿尔瓦雷斯的起义。被圣安纳流放而居住在新奥尔良的流亡者,在得知南方的动荡后,派遣一名使者去会见阿尔瓦雷斯。温和自由派伊格纳西奥·科蒙福特同反圣安纳政权的一个政治集团也加入起义行列,马上准备斗争。他们一起撰写了1854年"阿尤特拉计划"。为了吸引温和派,科蒙福特对最初的计划作了某些修改,十天后宣布了在阿卡普尔科修改的"阿尤特拉计划"。南部的所有的村镇都加入阿尔瓦雷斯将军领导的运动,并且运动最活跃的米却肯南部的村镇马上予以支持。实际上,各地不满的民众都支持这场运动,尽管圣安纳为了阻止动乱而采取严厉的措施,如对计划文本的持有者予以处死的威胁;但是没有人将文本交给当局。尽管圣安纳下令所有毗邻的地区派兵攻打已反叛的地区,但是效果甚微,这样他不得不决定亲临战场。他率领5 000人在3月中旬启程,4月19日抵达阿卡普尔科。次日他准备袭击要塞,但是受到科蒙福特的阻击。圣安纳由于高估了阿尔瓦雷斯军队的实力,所以他决定撤军。当他返回墨西哥城时,其军队破坏了阿卡普尔科邻近的村落,将其行军路上所遇的村庄和庄园化为瓦砾。5月圣安纳通过凯旋门隆重地返回首都。

  在圣安纳远征后,革命得到传播,为了加以阻遏,政府求助于恐怖。他规定,政敌的地产都将被政府占据;下令格雷罗州的总指挥"对反叛最高政府的所有村庄都予以烧毁,手上握有武器的头目和个人都应处决"。年中,塔毛利帕斯、瓜纳华托、圣路易斯波托西和墨西哥各州都加入革命阵营。6月初科蒙福特开始其美国之行,以寻求资金继续进行斗争,并同自由派流亡者达成协议。年末,他带着一船武器和装备回到阿卡普尔科。因此,革命重新活跃起来,这是政府不可回避的现实。圣安纳想要显示其威望,他发布一份通告,号召公民"绝对自由地"表达其意见:共和国总统是应该继续掌握最高权力,或者相反,政权应立即交给谁。12月1日举行了投票,尽管没有人相信公民投票所表示的意愿的真实性,但还是有些人严肃地参加投票,并否定地回答了第一个问题,且建议胡安·阿尔瓦雷斯担任总统职位和提出其他候选人。几天后,政府下令将投票拥护阿尔

第六章 改革战争与法国的干涉

瓦雷斯的人作为谋反者加以逮捕和审判。通过计票,1855年2月1日颁布法令,宣布全国的意愿是让圣安纳继续领导政府,次日圣安纳发表公告感谢"第三次给予他真诚的绝对信任"。

1855年初,一些新的首领加入反政府事业。2月末圣安纳对南方进行第二次远征,一个月后对米却肯进行了另一次远征,但是并没有扑灭起义。5月由圣地亚哥·比道雷领导的起义已扩散到新莱昂,并扩散到在塔毛利帕斯的格雷罗。6月圣安纳回到墨西哥城时,已确信其统治末日即将来临。他害怕革命切断其退路,所以决定放弃总统职位。8月9日出走首都前往韦拉克鲁斯,该月中旬在安提瓜乘上伊图维德号轮船流亡国外。这样圣安纳时代结束。革命政府没收了他的100万比索的巨额财产。从此以后他成了一个被遗忘的人,各届政府都不准他回国,直到1874年,当时的总统塞瓦斯蒂安·莱尔多才允许他回到墨西哥城,两年后他死在首都。

1855年10月1日阿尔瓦雷斯来到奎尔纳瓦卡。次日发表致全国的声明,简述了圣安纳独裁政权的起源和滥用权力及所引发的革命;并指出,为了利用阿尤特拉的胜利,保守派正在搞阴谋活动。接着,他任命一个代表委员会,将选举临时总统。大多数选票都支持胡安·阿尔瓦雷斯。总统任命了一些激进自由派(即极端派)担任内阁职务:梅尔乔·奥坎波为外交部长,贝尼托·华雷斯任司法部长,吉列尔莫·普列托为财政部长,伊格纳西奥·科蒙福特任国防部长。阿尔瓦雷斯将其政府设在奎尔纳瓦卡,并指派科蒙福特去首都,以启动革命所要求的改革。作为国防部长和军队总司令,科蒙福特被授权运作所有的公共行政部门。内阁所涉及的第一个问题是筹备召开新国会。而奥坎波同意激进派主张,坚持剥夺教士的投票权,科蒙福特对此表示反对,但最终作出让步。由于内阁出现分歧,奥坎波和科蒙福特都辞去其部长职务。科蒙福特的辞职被推延,而奥坎波并不如此,他担任部长职务仅15天便离开了内阁。

在奎尔纳瓦卡设立政府一个月之后,阿尔瓦雷斯迁至首都。在经受压力的一个月期间,华雷斯努力做协调工作,以防止内阁危机。司法部长贝尼托·巴勃洛·华雷斯(1806—1872)出生于瓦哈卡城附近圣巴勃洛·格拉陶村一户贫困的萨波特克印第安人农民家庭。幼年时父母双亡。当过牧童。1818年到瓦哈卡城做仆役和书籍装订工。后来就学于方济各会神学院。1829年考入瓦哈卡科学和艺术学院,专攻法律和政治学。学习期间,深受西欧和北美自由民主思想影响,逐渐成为自由主义者。1833年当选为瓦哈卡州议会议员,积极支持自由派政府的改革。1834年获得律师称号。当过律师和法官,曾任州政府秘书长。1846年当选为联邦议会议员。1847—1852年任瓦哈卡州州长,积极维护印第安人的权益。卸任后,回母校任教,并任神学院院长。1853年被圣安纳独裁政权放逐美国。1854年反独裁运动爆发后,回国参加自由派军队。从此,华雷斯成为坚定捍卫自由主义原则的墨西哥主要政治家之一。

随着压力增加,科蒙福特越来越倾向于温和派,内阁危机日益严重,现在自由派部长中只有华雷斯一人留在其职位上。他正准备一项法律草案,该法在部长委员会中受到广泛讨论,并得到总统的赞同,将成为临时政府发布五项改革措施的第一项。1855年11月23日的"全国行政区和辖区法庭组织和司法管理法",其更为人所知的名称是"华雷斯法",这项法律把教会法庭的司法权限制在处理教会案件,从而废除了教士的刑事豁免权;它还建议剥夺军队的某些特权。在华雷斯法激起的抗议风暴的压力下,12月初阿尔瓦雷斯任命科蒙福特为代总统,他本人则在几天后辞职。代总统组成了温和自由派内阁,但为时已晚。在一些地区,一批批教徒、军官和神甫上街高呼"宗教和豁免权"的口号制造动乱。一个武装集团要求废除"华雷斯法",解除科蒙福特的职务,恢复1843年的保守派宪法。1856年1月,这个集团占领了普埃布拉,并宣布建立政府。面对这一严峻形势,科蒙福特不得不使用武力镇压暴动,3月末迫使反叛者投降。此后,政府继续颁布一系列法令,进一步推动改革事业。第一项法令是1856年6月25日的"世俗与宗教社团之农村田庄和城市地产征用法",也就是所谓的"莱尔多法";还有1857年1月27日"婚姻状况登记机构法",1月30日调整了墓地的建造和使用规则,4月11日颁布"教区额外所得法",或称"教会法"。

莱尔多·德特哈达是一个激进自由派分子,曾参加墨西哥城的政务会与美国占领军合作,后来又在圣安纳政府中担任发展部长。他对墨西哥进行一场自由派革命的能力一直持悲观态度,认为这场革命必须从上面或从国外强加给墨西哥。然而,1856年政治形势的发展要求推行一个激进的反教权主义的纲领。"莱尔多法"的主要内容是:"教会必须把所有不动产打折扣(这种折扣须对买方有吸引力)卖给各自的佃农和承租人。如果买主拒绝购买,则由政府官员以公开拍卖方式出售。"这样,各个修道会成为该法的最主要攻击目标,因为修道院在农村拥有大量地产,在城市拥有房产,女子修道院在城市拥有最好的不动产;此外,在农村致力于宗教目的的兄弟会和联谊会也拥有土地或财产,现在"莱尔多法"要撤销限定继承权,这使得村民和神甫都遭受损失。该法还特别影响到印第安人村社,因为他们大多数仍是大片土地持有者,占有各类的财产包括村社公地,是拥有限定继承权的。在实际执行中,部分公地被出售,尽管自耕农民提出抗议。

"莱尔多法"实施后,由于教会在大多数情况下拒绝出售财产,所以由政府官员与以前的承租人或佃户签署出售契约。但是,许多佃户是虔诚的教徒,他们不要求得到财产,所以教会的财产就被投机者买下,而投机者中有些人是金融家,专门从事向政府贷款的交易,因而成为了政府债券的持有人。然而,忠于教会的租户不理睬新的房东,继续把租金交给原来的房东教会,等待有朝一日物归原主。

二、1857年宪法与保守派的反扑

按照在阿卡普尔科修改的阿尤特拉计划的规定,阿尔瓦雷斯总统在1855年10月发布公告,将召开特别国会。经选举,产生了155名正式议员和相同人数的候补议员。大多数议员都属于温和自由派,也有一小批极端自由派和保守派。但是,渐进主义自由派给制宪会议定下了主调,许多情况下他们公开同保守派联合,反对少数极端派。1856年2月18日,在国会开幕之日科蒙福特所作的报告中,表达了国家对大会寄托了巨大的希望和政府支持大会作为国家意志的合法来源的坚定决心。议长庞西亚诺·阿里亚加则情绪激昂地表达了自由和改革的思想。阿尤特拉计划的第五条规定,特别国会致力于组建人民代议制共和国形式下的国家。阿卡普尔科的计划修正案还增加了检讨圣安纳政府行为的任务。在第二次国会会议期间,杜兰戈的议员马塞利诺·卡斯塔涅达提出放弃制定新宪法的计划,而采用1824年宪法,因为一个国家只组建一次。这一方案被摈弃,但是它给国会带来了后来得到温和派支持的保守派思想,试图阻止任何重要的改革。

"华雷斯法"以及"莱尔多法"都获得通过。议员萨尔科指出,"莱尔多法"是进行伟大改革的经济措施:分割大片地产,征用很少生利的呆滞财产,支持税收制改革,废除商业税,减轻民众承受的负担。他认为,改革运动的成功应包括个人的保障或人权的篇章和保护所述保障的司法体系。

　　自由派为了巩固改革所取得的成果,他们力图通过根本法来加以保障。经过近一年的讨论后,1857年2月5日通过了新宪法。

　　新宪法保持了墨西哥的联邦结构。经过30多年的独立生活,现在自由派和保守派一样都拥护中央集权制,政治家们已认识到,墨西哥独立的第一阶段需要一个强有力的中央政府,不能让军队和教会来控制国家。特别是现在的自由派政府清醒地看到,墨西哥与美国相毗邻,中央政府对北部各州的控制能力还不强,将来国家有可能进一步被肢解。因此,自由派尽管在口头上继续提倡联邦制,但是实质上他们在不断加强中央集权。这样,关于政体的斗争实际上趋于缓和,从宪法名称就能窥见一斑,1824年宪法的正式名称是"墨西哥各州联盟联邦宪法",而1857年宪法名称是"墨西哥共和国政治宪法"。

　　到19世纪50年代,自由派和保守派之间争论的焦点集中在教会问题上。1856年,自由派主张实现宗教信仰自由,换言之,就是容忍异教。这同保守派的立场大相径庭,明显背离了1842年宪法,更背离了1824年宪法。自由派的主张不仅遭到保守派的坚决反对,而且一般民众也难以接受。结果,自由派只得放弃这一主张,但同时也删掉了墨西哥是天主教国家这一传统说法。

　　1856年宪法草案的作者把人权视为天然的和高于权威、法律和社会本身的人的权利,而并不只是限于公共权利。第三条规定,教育自由并需要监督道德;至于教会干预教育,立法者们没有进行修正,但是现在教会确信其特权已很脆弱了。第四条规定劳动自由;第五条强调,"如无公正的报酬和完全同意,任何人不得强迫提供个人劳务"。这样,新宪法肯定了全体公民的完全自由;除了游民和罪犯,每个公民都有选举权和被选举权;私有财产不可侵犯;但是,禁止社团拥有不动产。

　　数名议员力图对所有制进行改革,伊西多罗·奥尔维拉提出了在全国调整土地所有制的组织法草案。他认为,土地应该属于所有的人,而其私人占有是一种暴力行为。为了避免暴力的发生和解决逐渐具有威胁性的社会问题,处理地产是必需的。组织法草案建议今后任何持有10列瓜(1列瓜相当于5.5公里)以上面积耕地,或20列瓜以上的牧场的地产主,不能在原住地的州或地区再次获得土地;在中央高原上拥有10列瓜

第六章 ● 改革战争与法国的干涉

以上面积土地的地产主每年支付多余值的2%生效税;水业主不得拒绝向毗连或邻近村庄供应必要数量的饮用水,山林业主也不得拒绝向村庄提供木柴。

但是,反映在新宪法中的自由派的土地改革只是有利于大地主,实际上损害了印第安农民的利益,因为新宪法撤销了村社公地的限定继承权,使得这些土地失去法律保护,从而为以后大庄园主掠夺印第安村社土地埋下了伏笔。结果,"具有讽刺意味的是,倾向于支持自由派的是农村中的财主,而不是农村中的穷人"。

然而,新宪法确实触犯了教会的利益,因此引起了以教会为首的保守派的强烈不满和激烈对抗。科蒙福特必须对付反改革倾向的各种混乱和无政府运动。在多个州都响起了"宗教与豁免权"的口号,但是还远没有出现威胁性和令人惊慌的特点,直到12月在普埃布拉终于发生了暴动。在萨卡波亚斯特拉爆发了叛乱,并得到来自墨西哥城的安东尼奥·德阿罗-塔马里斯的推动。借此这个小镇的神甫弗朗西斯科·奥尔特加·加西亚不承认科蒙福特政府和阿尤特拉计划,并宣布1843年的组织基础法临时生效。反叛胜利后,几支部队解散而保留了首领和军官,这些人去普埃布拉组建一支名叫"神圣军团"的军队。萨卡波亚斯特拉的反叛者得到塞维罗·德尔卡斯蒂略率领的一个旅的新增援,而这支部队是受政府派遣去攻打反叛者的,结果指挥官和部队一起背叛政府,而加入叛军,宣布阿罗-塔马里斯为运动首领。1856年1月普埃布拉城落入反叛者之手。总统成功地组建了一支1.2万人的军队,派往普埃布拉,2月末他亲临前线,攻打叛军。3月18日在奥科特兰第一次交战,政府军打败了叛军,后者请求休战,最终他们欺骗了前者,而进军至普埃布拉。经过15天持续战斗后,反叛者投降,该城被政府军占领。科蒙福特颁令,俘获的将军和军官将以普通士兵身份加入政府军。同时命令查封主教管区财产,以将其出售用作战争开支。主教佩拉希奥·安东尼奥·德拉瓦斯蒂达提出抗议,而政府迫使他离开墨西哥。除了普埃布拉的运动之外,在各地还有一连串动乱,那时它们打破了国家的安定和秩序。虽然这些扰乱活动不太重要,且一般很快失败,但它们是形势恶化的征兆,这促使政府为实现国内安定局面必须作出更大努力。教士们的态度激起了自由派议员提议颁布改革措施的法令。4月废除圣安纳的法令,为实现僧侣的投票权,规定强制他们还俗。6月取消重建耶稣会的法令。莱尔多法的颁布引起了反对者的骚乱、暴动和谋反,这迫使政府必须集中部分力量来对付这些人的阴谋和采取镇压措施。由于加强了警戒,政府在墨西哥城突袭了在一座教堂里的谋反活动,主要谋反者被流放,其他人被监禁。

不久,1856年9月,警察发现了在圣方济各修道院里准备一次新的暴动,后被政府扑灭。这个事件后政府通过对修道院财产的国有化,停止其活动,并决定开辟一条道路穿过修道院。这些措施使得天主教徒感到愤懑,随后农村业主也产生不满。而自由派报纸在每时每刻反复宣传的平等、自由、改革、瓜分地产和其他词汇使得不动产业主产生不安情绪。当一部人认为政府正在迫害天主教而产生不安和不满时,各地武装暴动已迫在眉睫。在"宗教与豁免权"的战斗口号下,最终在南方胡安·比卡里奥,在戈尔达山托马斯·梅希亚,在阿潘平原路易斯·G.奥索略都发起了暴动。各支游击队吸引了政府的所有注意力,它不得不派兵前往各地镇压。但是,最关键的运动是在普埃布拉,那里以华金·奥里威拉上校及其下级军官米格尔·米拉蒙和弗朗西斯科·贝莱斯为首的叛军在10月夺占了城市,经过40天围困之后,通过签订投降条约政府军占领了该城。除了各地暴动之外,政府还必须对付一个新的事件,它将带来更多的问题。12月,30多名匪徒攻打奎尔纳瓦卡地区奇贡夸克的属于西班牙人皮奥·贝梅希略的圣比森特庄园,杀害了五名西班牙人,其中有庄园主兄弟及其侄子;在犯下了罪行后,强盗抢劫了财产。这引起了同西班牙关系的严重问题。

1856年科蒙福特必须对付具有国际特点的另一场冲突。1853年圣安纳政府曾同西班牙签订了一项关于偿还过去贷款的条约,通过发行债券,筹措一笔特别资金用来支付债务。科蒙福特得知,在协定中曾欺诈性地列入数笔贷款,他要求国库提供报告,该报告指出这些贷款可认为是非法的。因此,4月12日发布命令,扣押几个债权人。西班牙政府和新闻界认为这种措施是一种侮辱,要求予以修正。西班牙政府任命米格尔·德洛斯·桑托斯·阿尔瓦雷斯为驻墨西哥的全权公使,他受命要求墨西哥履行1853年条约,如若不然,将断绝同墨西哥政府的关系。5月西班牙公使抵达韦拉克鲁斯,由此前往首都,他认为有可能和平地了结问题。7月12日公使受到总统的接见,同日他作出尚待研究的处理,其中他同意对贷款数额作新的修正,列为不恰当的贷款应予以归还。但是,西班牙政府不予批准,并解除其公使职务。

第六章 改革战争与法国的干涉

墨西哥大主教不同意"敌视教会"的宪法规定,并从布道坛上谴责新宪法;3月他向神甫发布一份通告,要求天主教徒不要向宪法宣誓。他认为,宪法中存在的某些条款违背其宗教信仰,这样许多雇员就拒绝向宪法宣誓,因此政府解除了拒绝宣誓者的职务。在全国各地又发生了新的暴动,在"宗教与豁免权"的口号下反对宪法。政府将大多数运动都扼杀于萌芽状态,但是一个运动被镇压后又出现更多的骚乱。在阿利卡山,曼努埃尔·洛萨达在特皮克一带漫无目标地进行汪达尔人式的破坏活动,实际上是这个行政区印第安人大规模的造反。

1856年中期科蒙福特赢得大选,他在次年12月1日正式担任总统职位。贝尼托·华雷斯被任命为副总统。此前11月,由于共和国局势严峻,国会授予科蒙福特以特别权限,并颁布法令,到4月以后中止宪法数项保障条文,不定期授权政府举借600万比索的贷款,组建一支2万人的国民警卫队,并认为应在财政和国防部门采取一切预防措施,以恢复国内秩序与和平。但是,骚乱在增加和扩散,而政府越来越无力控制局势。几乎每天人们都在议论各种谋反活动、政治犯逃亡、监禁和放逐。社会处于严重的动荡之中,每时每刻都在担心发生更严重的事件。12月中旬开始流传政治上完全变动的谣言;17日在墨西哥城各街道上出现了菲利克斯·苏洛亚加的"塔库瓦雅计划",它实施于墨西哥城整个警备区。宣布废除1857年宪法,科蒙福特继续执掌最高统治权,拥有绝对权力,以平定国家,而特别国会将颁布一部"与国家意愿相一致的"新宪法。在发生这一严重的事变时,贝尼托·华雷斯、众议院议长和两名议员都被监禁在国民宫。两天后,科蒙福特加入塔库瓦雅计划,因为他认为1857年宪法的存在使得政府无法统治。60名议员签名抗议所发生的一切,确认在首都所发生的一切是一项史无先例的罪行,这也激起了各州州长和立法者反对违背宪法秩序的"塔库瓦雅计划"。但是,墨西哥、普埃布拉、特拉斯卡拉、圣路易斯波托西和韦拉克鲁斯五州加入所述计划。而几天后韦拉克鲁斯在得知该运动完全投身于反改革事业的消息后,又重返宪法秩序。韦拉克鲁斯的反戈对科蒙福特是一个沉重的打击,从此他认识到自己已输定了。由于部分军人怀疑科蒙福特重新倒向自由派,发生了1858年1月11日的暴动。这一天首都的几支警备队举行暴动,叛军排斥了科蒙福特,而任命苏洛亚加为运动首领。面对1月的暴动,科蒙福特重新站到自由派一边,在他掌权的最后时刻设法把华雷斯从监狱中释放出来,然后他本人在无人干扰的情况下，离开了墨西哥。然而，正如墨西哥历史学家所评述的，"他释放华雷斯的决定给自由派事业帮了大忙，未来的事态发展将表明这一点"。

三、改 革 战 争

华雷斯在获得自由的第二天(1月12日)，启程前往瓜纳华托；1858年1月19日他宣布建立政府，着手组织其内阁，并发表声明，开始改革运动，"共和国宪制政府，其前进步伐因受掌管最高统治权的人背叛而被打断，须予恢复"。在首都，1月22日组建的各地区代表委员会，任命菲利克斯·苏洛亚加将军为总统，第二天他就掌了权。这样，在墨西哥就存在两个政府：在首都的保守派政府和在内地的自由派政府。苏洛亚加以所谓的"五法"开始其执政，借此废除了各项改革法令，将一些职务归还给没有向宪法宣誓的人，并建立与圣安纳时代组织相一致的最高法院。同时，公布一份纲领，指出新政权反对旧宪法秩序的破坏者。这样，最终确立了两大政治派别：一个是坚持苏洛亚加纲领的保守派；另一个是自由派，它坚持在瓜纳华托宣布其合法性的原则。拥护1857年宪法和总统华雷斯的各州包括：哈利斯科、瓜纳华托、克雷塔罗、米却肯、新莱昂、科阿韦拉、塔毛利帕斯、科利马和韦拉克鲁斯。支持塔库瓦雅计划的各州是：墨西哥、普埃布拉、圣路易斯波托西、奇瓦瓦、杜兰戈、塔瓦斯科、特拉斯卡拉、恰帕斯、索诺拉、锡那罗亚、瓦哈卡和尤卡坦。

华雷斯与儿童在一起

2月中旬华雷斯在瓜达拉哈拉组建了他的政府。在部长会议中商定在这

第六章 ● 改革战争与法国的干涉

座城市常设全国政府,同时恢复首都,召开联邦国会,以颁布宪法组织法,举行总统选举,并按照局势要求筹备相关事宜。此外,宣布不想把他的临时行政机构存在时间延长一天。联合部队指挥权交给阿纳斯塔西奥·帕罗迪将军,他与华雷斯商定了对抗路易斯·G.奥索略指挥的保守派军队的战争计划。在萨拉曼卡的第一次交战中自由派军队遭受了一系列失败,因此瓜纳华托军队从联合部队中分离出来。3月13日瓜达拉哈拉警备队的一部分宣布支持塔库瓦雅计划,华雷斯被囚禁于政府宫;他即将被处决时,吉列尔莫·普列托的雄辩术挽救了他的生命,普利托对士兵讲,将进行的谋害是一个巨大的谬误。自由派政府同叛军签署了投降书后,决定撤出瓜达拉哈拉前往科利马。从这座城市内务部通告各州州长,总统决定将政府驻在地迁到交通更加便利的地方。4月华雷斯及其内阁成员在太平洋沿岸的曼萨尼约乘船前往巴拿马,由此,借道美国,直到韦拉克鲁斯登陆。1858年5月5日已在韦拉克鲁斯的梅尔乔·奥坎波在一份通告中向各州州长通报,全国政府已设在这座城市,同时告知政府的意图。

在战争的第一年期间,保守派军队在波尔托卡雷塔斯、圣路易斯波托西;阿登基克峡谷、科利马;阿坎瓦罗、瓜纳华托;阿华卢尔科和蓬西特兰(哈利斯科)及在科利马的圣华金等战役中都大胜自由派军队。所述时期一般由临时军官指挥的自由派军队对抗由职业军官和士兵组成的职业军队,而后者又拥有丰富的战争物资和装备。尽管自由派军队持续遭受失败,圣路易斯波托西、瓜纳华托、萨卡特卡斯、瓜达拉哈拉、科利马等城市在一年间交替地从一派落到另一派的手中。12月末,曾是苏洛亚加总统的忠实追随者米格尔·玛丽亚·埃切亚加拉伊将军,在阿约特拉率领一旅部队按照其圣诞节计划,举行暴动,这样组成了第三支政治力量,他既不支持华雷斯,也不拥护苏洛亚加。由于曼努埃尔·罗夫莱斯·佩苏埃拉加入这场运动和首都警备队的支持,米拉蒙登上了总统宝座,1859年2月2日宣誓就职。米拉蒙确信,夺取韦拉克鲁斯,就能结束斗争,因此他率领军队前往围困这个要塞。在得知米拉蒙进军这个港口时,德戈利亚多集中了几个旅的护宪军扑向首都,其目的是迫使米拉蒙撤退。当米拉蒙接近韦拉克鲁斯时,护宪者为了不让敌人得到一切资源,他们焚烧田野,破坏可以找到生活物资的村落;米拉蒙军队缺少口粮,缺少饮水而发生呕吐。所有这一切和首都被德戈利亚多围困的消息迫使他解除对这个要塞的围困,并回撤去保卫墨西哥城。与此同时,莱昂纳多·马克斯从瓜达拉哈拉进军前去援助首都,在塔库瓦雅山冈经过激战之后,打败了德戈利亚多的军队。但后者已达到了迫使米拉蒙回撤到墨西哥城的目的。米拉蒙马上下令马克斯枪毙被俘的军官。他又擅自枪杀了在战场上救治伤员的两名自由派青年和其他一些人。

在这场战争期间,在多种场合下,一些外国势力无论是对自由派政府还是对保守派的国家政策都直接施加了影响。美国公使约翰·福西斯与其同僚一样,曾承认苏洛亚加政府,而又很快地中止了同这个政府的关系。5月苏洛亚加颁布一项特别捐税法,当时一个美国公民由于拒绝支付这项捐税而被驱逐出境,数月后美国公使便离开了墨西哥。到12月,美国总统布坎南致国会的咨文引起其公民对墨西哥局势的关注,他宣布由于设在首都的墨西哥政府不稳固,不可能再承认它。1859年初,美国派往墨西哥的密探威廉·丘吉威尔写信给他的政府说,墨西哥处于关键时刻,并建议承认华雷斯政府,以便同它签订一项条约,保证美国对下加利福尼亚的主权和特万特佩克地峡的通行权。总统布坎南派遣罗伯特·麦克莱恩执行这项使命,他受命可以批准或拒绝承认华雷斯政府。

1859年4月1日新公使抵达韦拉克鲁斯,6日以美国政府名义承认华雷斯政权。几天后麦克莱恩开始同梅尔乔·奥坎波谈判。从同麦克莱恩谈判初期起,奥坎波的一贯态度是,墨西哥希望"以体面和令人满意的方式,商谈两国中止关系时悬而未决的问题"。因此,面对布坎南的方案:达成一项新的边界条约,据此,美国与墨西哥之间的新边界将把下加利福尼亚半岛包括在美国领土内,拥有穿越特万特佩克地峡和布拉沃河到加利福尼亚湾的永久权利,处理双方未解决的各项要求;自由贸易和所述交通道路上对人身和财产的有效保护,并以军事干预墨西哥作为威慑手段来支持其计划,奥坎波必须寻求直接而准确的途径,正如其所作所为,他反对一切领土割让。麦克莱恩-奥坎波条约是武力和时局相结合的产物,是立宪政府被迫签订的。主要压力因素是:斗争的第一年遭受一系列军事失败,急需必要的现金,美国的压力。因此,华雷斯政府给予美国人一系列特权:穿越特万特佩克地峡的永久权利;穿越墨西哥西北部的权利;在征得墨西哥政府预先同意,或在紧急情况下,以美国武装力量保护所获得的通行权利,为墨西哥保留条约所提及的通行地区的主权;一定商品的自由贸易交流协定;支付给墨西哥政府400万比索,以补偿所获得的权

第六章 ● 改革战争与法国的干涉

利。两项条款构成了条约的附属协定:如先在墨西哥领土上出现混乱与不和,为保持那里的秩序和安全,那么一国政府可求助于另一国的义务,在缔约双方相互合作基础上,军事特权延伸至保护两国之间的边界。1859年12月1日该条约由两国公使签署,并由总统华雷斯批准,1860年2月28日提交美国参议院。在这个时期,美国国内敌视政府的议员在参议院中占大多数。得克萨斯的民主党人首先反对批准该条约,他们争辩说,不应当让一个强有力的政府存在于墨西哥,而应有一个可以打交道的政府,以避免这个国家拒绝协商的危险。一个共和党参议员也表达其反对态度,断言:如果接受该条约,那么在美国的联邦年度收入制度方面将会产生全面变化,从而把这个国家从贸易保护主义者变为自由贸易主义者。一旦批准该条约,拥有最惠国条款的所有国家都希望惠及它们,那么美国将被迫同许多国家进行自由贸易,这将会使美国工业破产,减少国家的年度收入。该条约经参议院外交委员会成员修改后于1861年5月重新提出表决。经过长时间辩论后参议院最后予以否决。总统布坎南坚持召开特别会议,但是未取得成功。麦克莱恩-奥坎波条约最终遭到否决。

另一方面,1859年9月26日,墨西哥保守派政府的全权公使胡安·N.阿尔蒙特与西班牙女王伊莎贝尔二世的执行特派员阿历杭德罗·蒙在巴黎签订了条约,对此保守派认为同西班牙重建关系是有利的。通过这项条约,保守派政府同意批准圣安纳政府与西班牙签订的1853年协定,被迫支付一笔可观款项以赔偿因1856年在杜兰戈州圣比特和圣迪马斯犯罪分子给西班牙臣民造成的损失。在第四条款中详细说明了这些赔偿不能作为同样性质的其他事件先例的基础。而共和国立宪政府既不接受该协定也不承认阿尔蒙特签订条约的身份。认为该条约"在本质上是不公正的,按照所设定的原则,不合国际惯例,商定的方式是非法的,并是与我国权利相违背的……"蒙-阿尔蒙特条约实际上是以金钱换取西班牙的承认,米拉蒙试图利用它来赢得国际外交领域的阵地。此外,由于欧洲国家对墨西哥的干涉,该条约被援引来不承认华雷斯政府,这就严重损害了墨西哥。

与此同时,战火继续毁坏全国土地上的一切。军事行动虽然有利于保守派,但是也没有让自由派军队变得衰弱,后者前一天被打败,第二天又重新恢复元气,并出现在战场上。米拉蒙力图使其政策获得决定性进展,更换了他的内阁,并在7月发表一份宣言,表达了他想要实施的政治纲领。而几天前华雷斯公布了另一份宣言，这是一份确定自由派革命的纲领。作为宣言的成果，在韦拉克鲁斯颁布了基于教会与国家分离的改革法令，其第一项法令是7月12日法令，下令实现教会财产国有化和取消僧侣教团。随后颁布关于户籍登记法，关于婚姻法和公墓世俗化法，后来又颁布容忍多种信仰的法令。

而两个政府的最大问题是财政拮据。米拉蒙同瑞士杰克家族签订了一笔贷款，借此获得75万比索，交换条件是提供墨西哥公债券1 500万比索，应在一定期限内偿还。"杰克债券"后来成为法国干涉墨西哥的原因之一。借助所获得的资金，米拉蒙重返国内战场。11月中旬在克雷塔罗附近打败了德戈利亚多指挥的立宪军一个师。1860年初，米拉蒙的战争设想的焦点确定在韦拉克鲁斯，夺取该城被认为是保守派事业的最终胜利。派遣一支7 000人军队，他亲自前往指挥。结合陆上围困，海军上将托马斯·马林执行海上封锁；为此，马林前往哈瓦那，购买两艘汽船"哈瓦那侯爵"号和"米拉蒙将军"号，还有用于对付要塞的军需品和军火。由于米拉蒙及其军队已接近韦拉克鲁斯，马林海军上将率领其舰队也相应抵达。华雷斯政府已及时获悉有关的军事行动，其驻美公使通报华盛顿政府，那些舰船不能视为墨西哥的，因为它们没有按照国家法律登记船籍，同时，墨西哥政府对于它们在公海或共和国沿海受到损害不负责任，因为政府已依法抓捕它们，并作出处罚。1860年3月6日马林率领两艘舰船出现在韦拉克鲁斯的海域，前往安东利萨尔多靠岸。为了挫败封锁，华雷斯与停留在韦拉克鲁斯的美国分舰队司令特纳商定，将马林的舰船作为海盗船加以抓捕。半夜，指挥小型护卫舰的特纳的副官贾维斯海军少校和在同一舰上的伊格纳西奥·德拉利亚维将军，攻击在安东利萨尔多水域的马林的舰队，抓捕了马林及其所有人员。一星期之后，马林及其部下都被押送到新奥尔良，作为海盗被监禁起来。次日，马林被保释，随后其余俘虏也被释放。马林强烈抗议对他施加的暴力，米拉蒙的外交部长也向美国政府提出了抗议。保守派报纸指控华雷斯政府在这次事件中的背叛行为，并认为美国进行了有利于自由派的干涉，因为港口封锁被打破后米拉蒙决定不再攻打韦拉克鲁斯，把军队撤回首都。从这一时刻起，战争的天平开始向自由派一边倾斜。4月洛佩斯·乌拉加指挥的立宪军大败罗慕洛·迪亚斯·德拉维加的保守派军队，而圣路易斯波托西、萨卡特卡斯和阿瓜斯卡连特斯先后被立宪军占领，这样把埃尔巴希奥地区置

第六章 ● 改革战争与法国的干涉

于危险境地。8月萨拉戈萨、安蒂利翁、贡萨莱斯·奥尔特加、贝里奥萨瓦尔和多布拉多在西拉奥集中了大部队。米拉蒙从拉戈斯调动军队前往西拉奥,以打垮立宪军。米拉蒙遭受大败,而立宪军占领了瓜纳华托和整个埃尔巴希奥地区。米拉蒙回到首都,重新组织内阁。同月22日在国民宫接受了西班牙驻墨公使华金·弗朗西斯科·帕切科的委任书。而数月前(3月),阿尔蒙特将军已被西班牙政府正式接受为墨西哥公使。

由于缺少资金来调动集中在克雷塔罗的部队,按照多布拉多的指示,德戈利亚多设计在圣路易斯波托西的拉古纳塞卡夺取从萨卡特卡斯运送到坦皮科的属于私人的白银,价值112.7万比索。英国领事已得悉这一霸占行为,并前往圣路易斯波托西向德戈利亚多要求总共40万比索属于其国民的财产,并成功地收回了这笔款项。贡萨莱斯·奥尔特加用余下的70万比索,可以调动1.4万人的部队。他不想在背后留下敌人,因此在进军首都之前他启程前往瓜达拉哈拉,该城在9月末已被围困。11月初,该城被保守派放弃,而自由派军队进驻。两天前,马克斯前往支援该城时已遭受一连串的失败。

桑多斯·德戈利亚多认为每一派做点让步就有可能找到一条途径来恢复和平,10月初他写了一封信给驻墨西哥英国使馆代办乔治·W.马修向他提出一项和平计划,希望外国列强充当实现和平的调解人。马修将计划通报给了罗夫莱斯·佩苏埃拉,后者又将这个信息转告给米拉蒙,但是米拉蒙并不接受。10月马修撤出首都,断绝了同保守派政府的关系,他前往哈拉帕等候本国政府的指令。华雷斯解除了德戈利亚多的军队指挥权,因他夺取了运送钱币的马车;同时任命贡萨莱斯·奥尔特加为军队指挥官。

11月米拉蒙宣布墨西哥城戒严,并夺取了存放在使节馆所的属于英国公民的60万比索。因此他开始展开军事行动。12月他出走托卢卡。

几天后贡萨莱斯·奥尔特加率领1.6万人出现在墨西哥谷地附近。米拉蒙出战,12月22日在圣米格尔·卡尔普拉尔潘山冈开始战斗。保守派军队被全面打败,米拉蒙同若干首领回到首都,并带来了他失败的消息。12月24日夜晚,米拉蒙、马克斯和苏洛亚加带领1 500名士兵撤出墨西哥城,不久米拉蒙便离开了他们,而回到首都藏匿起来。

12月25日早晨贡萨莱斯·奥尔特加的第一批军队进入首都,1861年1月1日自由派军队胜利进城。经过三年斗争后,立宪事业已取得了胜利。1861年以自由派改革斗争的胜利为开端,在首都确立了宪法的支配地位。教会与政府的分离结束了两个机构之间的冲突。在首都,人们期待着总统华雷斯的到来,以明确如何继续前进。1861年1月11日全体内阁进入首都,而三年前的同一日期保守派夺得政权。华雷斯受到隆重的接待,并得到民众的热烈迎接。总统发表致国民宣言,清楚地表达了其激进自由派的改革政策,同时把实行广泛的大赦作为其政策的一部分。华雷斯来到墨西哥城的第二天,外交部长梅尔乔·奥坎波向西班牙的代表华金·弗朗西斯科·帕切科,梵蒂冈的路易斯·克莱门蒂,危地马拉的费利佩·内里·德尔马里奥,厄瓜多尔的弗朗西斯科·德·P.帕斯托尔发出相应的通告,命令他们离开共和国。其理由是他们以其道义的影响支持保守派政府。五天之后下令将墨西哥大主教和四名主教驱逐出国。政府颁布的措施受到一些激烈的记者和一些社团的指责,因此几名部长被迫辞职。华雷斯任了新内阁,得到大众的认可。不久公布了新内阁的纲领,它勾画出了政府推进的政策。第一点就是按照宪法的规定限制政府的权力。宣布在韦拉克鲁斯颁布的各项法令作为宪法所包含的原则的发展,是可以完成的。其次,关于国际关系,一直运转的合法政府不能承认塔库瓦雅小集团所具有的那种资格,但是某些外国列强代表曾与之打交道;为此,宣布将有节制和尊严地行使其权利,而不挑起任何冲突,同世界各国人民保持友好关系和履行所有的国际承诺。外国外交代表开始向政府递交国书。1月华雷斯接见了美国公使,2月普鲁士和英国公使,3月法国公使都呈交了国书。

  尽管表面上很平静,但是武装斗争的烽火很快就要点燃了。米拉蒙倒台时,苏洛亚加宣布自己为共和国总统,所有的保守派将军和首领都承认他。比卡里奥在南方,托马斯·梅西亚在戈尔达山,马克斯和苏洛亚加在不同地方都举行武装暴动。自由派报纸看到,全国所有地方都出现了保守派的武装团伙,鼓励政府派兵剿灭,而当看到政府没有按照其要求行事时,开始要求组成新内阁。在报纸的鼓动下,由激进自由派组成的俱乐部力图使政策按照其主张发展。4月国防和财政部长辞职,战场上的斗争继续造成伤亡,而在首都出现了反政府的密谋。报纸的批评言论在继续。一方面,指责总统软弱,另一方面又判断他独断专行。政治派别比过去更加分裂,并且都坚持使自己的主张赢得胜利。一些人按照自己的意愿,要求华雷斯或贡萨莱斯·奥尔特加实行独裁;另一些人主张在全国协

第六章 ● 改革战争与法国的干涉

议的基础上建立国会,并控制所有的权力。但是,人们都希望不久将召开的国会能结束这个过渡阶段,从而开始宪政秩序。

5月举行联盟国会。会议充满紧张激烈气氛。有人谈论全国协议基础上设立国会,还有人指控总统因签订麦克莱恩-奥坎波条约而犯下叛国罪,所谓的"恐怖党"成功地创立一个"公众得救委员会",其成员将采取必要措施,以根除敌对团伙及其同谋。国会授权政府签订一项100万比索的贷款合同,并中止个人担保和一切自由,甚至言论自由。正当议会协助政府行动之时,发生了梅尔乔·奥坎波被暗杀事件。6月4日的会议向国会通报了这个事件,大会十分震惊。会上通过两项法案:第一,授权政府利用任何方式筹措资金,以打垮反动派;第二,"可憎的凶手,费利克斯·苏洛亚加、莱昂纳多·马克斯、托马斯·梅希亚、何塞·玛丽亚·科沃斯、胡安·比卡里奥、林多罗·卡希加斯和曼努埃尔·洛萨达,其人身和财产都不受法律保护和一切保障"。捉拿到其中任何一人都能得到1万比索赏金。曾因处理同美国公使关系问题而受到起诉的德戈利亚多,要求议会允许他去同反动派战斗,并获得了批准。6月15日在萨拉萨尔平原,德戈利亚戈同伊格纳西奥·布伊特隆的部队交战,他被打败、阵亡。八天后莱安德罗·巴列将军遭受同样的命运,他在拉斯克鲁塞斯山同杀害奥坎波的凶手作战,被马克斯俘虏后枪决。暴动者开始派遣游击队骚扰首都附近地区,6月25日,由马克斯、苏洛亚加和其他保守派首领率领1 500骑兵出现在墨西哥城通往圣科斯梅的路上,他们打了几枪后撤退了;反叛者只是想在首都制造混乱和惊慌。

国会决定在6月举行大选;后宣布华雷斯为共和国宪制总统,同月15日宣誓就职。7月2日冈萨莱斯·奥尔特加被任命为最高法庭主席,这是隐含共和国副总统的职务。同日贡萨莱斯·奥尔特加从首都出发追击已占领帕丘卡的马克斯,而后者从该城又向图兰辛戈进军。几天后,在特拉斯卡拉三列瓜处,马克斯的一个师的后卫队被安东尼奥·卡瓦哈尔将军和奥雷利亚诺·里维拉上校击败。已在特拉斯卡拉城的马克斯开始撤退,以避免同贡萨莱斯·奥尔特加交战。

为消灭武装反叛力量,政府面临的主要问题是缺少资金。这迫使国会在7月17日颁布一项法令,停止一年偿还一切公共债务,包括与英国及其他国家签订的债务。英国的查尔斯·威克公使和法国的阿尔多斯·杜布瓦·德·萨利尼公使在当天下午就致函墨西哥政府要求撤销该法令。由于墨政府对此不予理会,所以同月25日英法断绝了同墨西哥的关系。

7月份在军事行动方面没有任何实际成果,这使得政府感到沮丧。然而,8月中旬在哈拉特拉科、墨西哥城,马克斯、苏洛亚加和其他保守派的部队遭受严重的失败,而贡萨莱斯·奥尔特加在17日回到首都,受到盛大欢迎。尽管这个战役很重要,但是并没有消灭武装反叛者。此后全国武装斗争在继续进行。尽管如此,保守派的反抗力度趋于减弱,他们已不可能夺取重要的城市了。1861年末反叛者实际上已被打败,但是当时自由派政府不得不应付另一个严重的威胁:有利于保守派事业的复杂的国际形势。人们将看到,欧洲三个强国的军队在韦拉克鲁斯登陆,并在12月和1862年1月初占领了这个港口。在同年的头两个月,打击保守派武装的斗争在继续,虽然这些交战并不重要。1月由于奥加松和洛萨达本人签署协议,洛萨达的队伍被解散;他本人则投向政府方面。

在首都,政府为备战而公布必要规定,以对付外国侵略军的敌对活动。普埃布拉、圣路易斯波托西、克雷塔罗、塔毛利帕斯、哈利斯科和科利马各州都宣布戒严。东部军队的指挥权交给了萨拉戈萨将军。

而居留于欧洲的墨西哥拥护君主政体者在得悉英法断绝了同墨的外交关系后,力图利用这一国际形势在其国家建立君主制。早在1840年何塞·玛丽亚·古铁雷斯·德埃斯特拉达在致总统安纳斯塔西奥·布斯塔曼特的公开信中,就提出了以君主制政府取代共和制的主张,此后,他受到追捕,并移居国外。他长期居留于巴黎,并希望在欧洲能找到一名追求墨西哥王位的人,且能为其事业提供支持。1854年,总统圣安纳曾想呼唤一名君主,他给古铁雷斯下达过正式指令,让后者请求马德里、巴黎和伦敦各朝廷进行干预,让一名西班牙亲王登上墨西哥王位。古铁雷斯移居马德里,在那里他找到一名合作者、何塞·曼努埃尔·伊达尔戈,此人从1848年就居留于欧洲,当时他被总统曼努埃尔·德拉佩尼亚-佩尼亚任命为驻伦敦使馆代办。古铁雷斯和伊达尔戈认为,一名西班牙王子可以保证得到玛丽亚·克里斯蒂娜女王的支持。当时一切进展顺利,但是马德里革命将女王驱逐出国,数月后,圣安纳放弃政权。在这个企图落空后,墨西哥驻伦敦前公使托马斯·穆尔菲,1856年给拿破仑三世寄了一份备忘录,陈述了如果得不到法国、英国和西班牙保护的一名君主(西班

第六章 ● 改革战争与法国的干涉

牙或任何另一个天主教王朝的亲王)来拯救墨西哥,那么由于国内处于无政府状态,它可能成为美国的猎物。同年,A. 德·拉德蓬特带着一份请愿书从墨西哥被派往巴黎,该文件又对穆尔菲的主张增添了某些规定:墨西哥的未来政体将是立宪君主制,拿破仑三世将指定一名君主,法国和英国将支持这项事业。拉德蓬特负责向奥马莱公爵提出问题。在拉德蓬特与拿破仑三世的会见中,皇帝被打动了,在听取了有关问题后,更加理解这些请求。直到1857年长期居留在马德里的伊达尔戈同蒙蒂霍伯爵夫人、拿破仑三世夫人、欧亨尼亚皇后母亲交上了朋友。当苏洛亚加登上总统宝座时,伊尔达戈被任命为驻巴黎使馆的秘书。在那里他作为老朋友受到欧亨尼亚皇后的接待,并突然被准许进入密友圈内。他想要从中受益,在他同皇后的谈话中,描述了损耗墨西哥的可悲动乱。在同拿破仑的一次交谈中他恳求说:"如果陛下不予帮助,那么国家将会沉沦",并向他讲述了直到那时一些人为在墨西哥建立君主制所做的一切。

在墨西哥两个政府共存的事实,刺激了拥护君主制的人。米拉蒙总统向驻巴黎和伦敦的代表发出指令,以寻求这些国家的支持,并给古铁雷斯写了一封密信,也让他做同样方面的工作。就在这一时机,古铁雷斯考虑在哈布斯堡家族中选择费尔南多·马克西米连大公。1860年5月欧亨尼亚皇后同伊达尔戈谈到一项计划:把组成保皇派军队的指挥权授予西班牙将军埃利奥,与此同时,有关是否接受王位候选人方面则试探莫德纳公爵,但是他没有提及法国的任何保护,因此皇后说这就足以让公爵拒绝接受。伊达尔戈向古铁雷斯通报了所提出的计划,两人意见一致,但是认为法国的物质援助是必要的。1861年9月伊达尔戈在比亚里茨收到来自墨西哥的两封信,讲述了墨已同法国及英国断交,两国外交官曾要求本国政府派遣军队,以报复墨践踏条约,特别是保护本国国民。伊达尔戈赶紧向皇后通报所得到的消息,在会见中,向已在场的皇帝陈述了情况,希望法国和西班牙同英国一起行动,派舰船去墨西哥港口。又指出,西班牙在哈瓦那已有6 000人,准备在韦拉克鲁斯登陆,但是马德里政府宁愿按照法国的意见行事,如有可能的话,也同英国一起行动。当联合的三国国旗在韦拉克鲁斯登陆时,墨西哥将会承认这个联盟的一切权力及其优势,国内大多数人会依靠国际列强,消灭蛊惑人心的政客和宣布君主制。伊达尔戈认为,这是拯救国家的唯一途径。拿破仑回答伊达尔戈说,如果英国和西班牙准备去墨西哥,那么他将前往;如果墨西哥宣布它想依靠欧洲列强组建起来,那么他将伸手援助。在这次谈话中,出现了费尔南多·马克西米连的名字,他因在统治伦巴第时具有进步思想而在欧洲已有一定声望。

伊达尔戈向那时已居留在巴黎的古铁雷斯通报了情况,后者必须去维也纳,以进行必要的张罗。他向作为移民居住在巴黎的阿尔蒙特陈述了同法国皇室谈话的内容,而华雷斯已撤掉了阿尔蒙特驻法大使的职务。在维也纳,公使雷克伯格伯爵参与了皇帝弗朗西斯科·约瑟制订墨西哥拥护君主制派的计划,该计划受到拿破仑三世的支持。古铁雷斯和雷克伯格决定向主要当事人费尔南多·马克西米连大公提出这个问题。雷克伯格启程去亚得里亚海边的里雅斯特附近的米拉马尔城堡,以会见大公。交谈中公使发觉费尔南多·马克西米连并不拒绝允诺墨西哥国家的请求,如果该国呼唤他登上皇位。让他接受候选人的条件是,海洋强国的有效物质支持和墨西哥明确表达的愿望。10月拿破仑三世得知大公提出接受的条件。

到那时,古铁雷斯·埃斯特拉达已写了两封信给马克西米连,讲到"由高傲的亲王拯救垂死的国家",在答复之前,大公征求了比利时国王莱奥波尔多一世、其夫人卡洛塔父亲的意见。岳父对他说,墨西哥应当自行表示有关原则问题。后来大公写信给教皇,以听取他的意见,大公认为对于其未来的人生、忠告、赐福和强大的庇护来说,"他正处在一个特别重要的时刻,也许是决定性的"。教皇在复信中为他祝福。

这个时期米拉蒙已来到欧洲。当他获悉拥护君主制的计划时,愤怒地说,在墨西哥没有一个拥护君主制的党派;相反,圣安纳在致大公的信中宣布不是一个党派而是全国绝大多数人都渴望恢复蒙特苏马的帝国。马克西米连受到其他人的警告,其中有对这个问题不感兴趣的人物。雷克伯格并没有对大公隐瞒米拉蒙所表达的观点:在墨西哥不存在拥护君主制的党派。奥地利驻马德里大使写信说,西班牙政务会主席确信在墨西哥绝对不可能建立任何持久的政权,他本人也持有这一观点。普埃布拉的主教拉瓦斯蒂达也向奥地利驻罗马的大使表示,在墨西哥建立新秩序将会碰到巨大的困难,甚至难以树立一个持久的权威。马克西米连了解这一切,尽管如此,由于被拥护君主制的声音所迷惑,这个奥地利大公表示接受墨西哥皇冠。

第六章 ● 改革战争与法国的干涉

四、法国对墨西哥的干涉

　　1861年,胡安·安东尼奥·德拉富恩特作为墨西哥派往英国和法国的代表,目睹了由于7月12日颁布的法令,两国政府所采取的敌视墨西哥的措施。9月初在同法国外务大臣安东尼奥·爱德华多·图韦内尔的会晤中,法国大臣拒绝听取有关居留在墨西哥的法国公民情况和中止偿还外债的新法令的解释,而表示其政府完全赞同其驻墨西哥公使的行为,并指出,在英国的同意下已命令一支由两国舰船组成的分舰队启碇要求墨西哥政府必须满足两国条件,而法国政府已通过其大臣和舰队司令表达了法国的具体要求。虽然此时拿破仑三世并未得到英国的同意,但是两国很快就开始了协商。英国由于担心西班牙迫害在墨西哥的新教教徒,所以不大愿意后者参加其行动,而希望得到美国的支持。

　　西班牙驻法国的大使阿莱杭德罗·蒙向其政府报告,法国和英国为了向墨西哥讨还所欠的全部债款,将夺取韦拉克鲁斯和坦皮科的海关,两国舰队已驶往这些港口,而并不在意西班牙。该国内务大臣萨图尼诺·卡尔德隆·科良特斯打电报给蒙,通报说女王政府已决定采取强有力行动。西班牙驻古巴的最高司令官受命率领一艘舰船载有可调动的所有海陆军部队驶向韦拉克鲁斯及坦皮科,还将派舰船来增援分舰队,在那些海域来显示西班牙的尊严。蒙向法国政府通报了有关情况。如果英国和法国同西班牙达成协议,那就联合三强力量,既用来索取赔偿损失费,也可用来在墨西哥建立常规秩序。如果两国抛弃西班牙,那么女王政府就有权使用其力量来满足其要求。图韦内尔同意三国一起夺取墨西哥两大海关,以收回墨西哥欠它们的所有债款,并告诉该国必须建立一个稳定的政府。经三国同意,签订一项协定。在讨论了几个方案与反方案之后,1861年10月31日在伦敦签署了协定,据此,西班牙女王、法国皇帝和大不列颠女王承诺采取必要措施,以将联合的海、陆军部队派往墨西哥沿海,它们足以夺取和占领墨西哥各个要塞和沿海军事阵地。联合军队的首领被授权实施其他必要的军事行动,以实现其目标。联合的三强国邀请美国加入协定,但是美国正处在南北战争时期,因此没有接受。

　　伦敦协定是各种矛盾准则的承诺,可以按照各自的需要进行解释。每个强国都有其第二个意图,言辞都经过精心的选择,可以作出随意解释。完成了远征的准备工作后,三强向其指定的特派员下达正式训令,在给法军指挥官朱利安·德拉·格拉维埃训令中指出,三强只限于完成协定所指的目标。禁止干涉墨西哥内部问题,特别是不得对居民选举其政府施加压力。此外,西班牙政府对其特派员胡安·普林将军说,"在墨西哥也可能出现不明智的政府消极抗拒三强的集体行动,将其军队撤至内地,让不适宜的气候和环境来对付远道而来的远征队,从而引起军队士兵大量死亡,并无限期地延长这项重要的事业。在此情况下,无论如何,应当找到驻在地的政府,对它加诸严厉的法令,要求它承认三国政府的要求是正当的"。按照伦敦协定,三强军队应该在哈瓦那汇集,由此一起出发,并在墨西哥海域显示三国力量。但是,事情逐渐以不同的形式发展,当签署协议的消息传到墨西哥时,墨政府还相信只要解除英国对联军的支持,就能瓦解这次打击行动,至少减少其力量。为此,墨西哥的萨马科纳部长同英国特派员查尔斯·怀基举行会谈,经过数次会谈后,达成一项协议,该协议呈交国会通过。在激烈辩论后,国会拒绝了协议,认为它同墨西哥的尊严和独立不相容。英国公使发出最后通牒,其条文意味着迫使墨西哥接受监护,从而剥夺其政府存在的一切手段。尽管其地位脆弱,但是墨政府还是寻找途径来解决困难,它相信如果取消 7 月 17 日法令,就有可能避免冲突。11 月议院通过的法令决定,按照 7 月法令之前的条例规定,政府立即启动相应拨款程序,为了向伦敦的债务合同的债权人偿还债款,应让国库筹措所欠的款项。人们认为从法律入手,是必要的。但是,7 月 17 日法令的废除并没有避免三国政府达成的意图的实施。从国外传来的消息日益严重;政府意识到威胁共和国的巨大危险,并有必要采取一切措施来避免这种后果,于是它展开了巨大行动来加强其抵抗力量。

11 月 29 日颁法广泛赦免从 1857 年 12 月 17 日至今的所有政治犯,下列人员例外:所述时期担任过共和国总统职位的政治犯;插手过塔库瓦雅暗杀和奥坎波之死的政治犯;签署和批准蒙-阿尔蒙特条约的墨西哥人;支配和占用英国债务资金的人,过去被驱逐出国的人和没有出生于墨西哥而作为首领和军官抗拒宪制秩序的人。然而,在该法令颁布 30 天之内如果这些人提出请求,政府可以给他们发放护照,让他们出国。这种规定带来了有利的后果:许多反对派带领其武装接受政府的支配,以参加反对外国侵略的战争。萨马科纳辞去外交部长职务,由多布拉多将军接替。政府被授予全权,采取一切适宜的预防措施,以捍卫独立和领土完整。

第六章 ● 改革战争与法国的干涉

12月8日来自哈瓦那的西班牙分舰队出现在韦拉克鲁斯海岸,而没有等候其同盟者。这支分舰队的率先抵达,是由于9月西班牙政府已命令古巴最高司令官弗朗西斯科·塞拉诺将军组织和派遣一支军事远征队,以要求墨西哥政府偿还欠下女王政府的债款。10月末塞拉诺已一切准备就绪。他任命华金·古铁雷斯·德鲁瓦尔卡瓦为分舰队司令,后者立即前往韦拉克鲁斯;12月14日向州长拉利亚维将军发出最后通牒,指出墨西哥政府对女王政府犯下了一长串的侮辱行为,并且一直对西班牙的要求置若罔闻。还通报州长,他已受命占领韦拉克鲁斯要塞和乌卢亚的圣胡安城堡。如果在24小时内不呈献出他所要求的一切,那么就可开始将韦拉克鲁斯州政府视为敌人,最终西班牙军队将实施登陆行动。州长拉利亚维只是答复说,已将其照会转交给总统,还抄写一份给东部军总司令;他将州政府迁至要塞附近的一个地点,既能维持社会秩序,也能转告中央政府的答复。由于墨西哥军队已撤出,17日西班牙军队登陆,卡塞特将军马上在乌卢亚城堡升起国旗。被侵略军占领的韦拉克鲁斯和其他地点都宣布戒严。在得知韦拉克鲁斯被占领的消息后,政府颁布法令,关闭港口的公海和近海贸易;宣布携带武器加入西军或以任何方式支持其事业的墨西哥人为叛徒;将大赦法规定的期限延长15天,以让持不同政见者提出赦免要求;授权各州州长,在相关的州筹措联邦年金,用于组织武装部队,总共为5.2万人。1862年1月6日英军抵达韦拉克鲁斯;只有800名海军登陆。次日法国舰队停泊在萨克里菲西奥斯,8日普林将军在韦拉克鲁斯登陆,并指挥西班牙军队。普林的任命使得在欧洲的墨西哥拥护君主制派极为不悦,他们认为这位西班牙将军的自由派思想将是其计划胜利的障碍。伊达尔戈力图使拿破仑要求西班牙撤销这项任命,但是法皇拒绝了他。盟国全权代表商谈后向全墨西哥发表一份声明,宣称保证带来高贵、高尚和慷慨思想的鼓舞,向被内战和持久动乱耗尽活力的墨西哥人民伸出友好之手。但是,这份声明欺骗不了任何人,因为战争行动已经开始,联军很快占领了特赫里亚;墨军将领萨拉戈萨的助手作为谈判代表会见普林,向他揭示外国军队的意图。普林则答复说,保证作出友好安排,并请他代为邀请萨拉戈萨去同联军指挥官商谈。

联军代表举行会议,以达成向墨西哥提出的要求。杜布瓦·德·萨利尼试图提出墨方难以接受的最后通牒,因为法国政府的计划反对同墨西哥政府达成协议。查尔斯·怀基在附和法国主张之前,要求等待其政府的命令,而雷乌斯伯爵要求仅限于就远征的总目标达成一致。经过激烈的争论后,联军同意向墨西哥总统发出一份集体照会,其中陈述了未偿还的债务及其侨民缺少安全的情况。在答复中,墨西哥政府表示开始满足联军的某些善意要求,但是目前国家所处的状况和环境,不需要外国军队的支持来加强现存的政府和解决悬而未决的国际问题。此外,由于各国人民都服从自己的宪制政府,联军的所谓传播文明的使命缺少目标。至于悬而未决的要求,政府"准备具体处理三国的全部及其每一个问题,因为它有意愿和手段来完全满足其正当要求"。为此,邀请三国全权代表去奥里萨巴与墨西哥特派员讨论和签署协定,保证盟国的要求得到满足。

法国特派员对墨西哥政府的答复感到极大愤怒。在盟国全权代表与多布拉多部长之间交换各种照会之后没有达成协议。三国代表表示希望作最后努力,以避免冲突,他们邀请多布拉多以个人名义同雷乌斯伯爵以三国代表名义商谈,让前者作出必要的解释和能够驱散被侮辱的疑虑。2月18日上午11时雷乌斯伯爵来到特赫里亚和普尔加庄园之间等距离的索莱达。经谈判,于2月19日签署了索莱达条款草案。盟国全权代表争辩说,他们没有任何反对墨西哥独立、侵犯其主权和损害其领土完整的意图。4月中旬,在奥里萨巴举行四方会谈。而在谈判期间,盟国军队占领科尔多瓦、奥里萨巴和特瓦坎。但在谈判破裂的情况下,它们又撤出这些城镇。

3月5日卡洛斯·费尔南多·德拉·特里列将军、洛伦塞斯伯爵率领法国增援部队来到韦拉克鲁斯,证明拿破仑三世试图干涉墨西哥。洛伦塞斯开始部署部队,使其军队能向内地进军。几乎同时,胡安·N.阿尔蒙特和其他有影响的墨西哥保守派成员也来到这个港口。阿尔蒙特公开宣布,其意图是改变墨西哥政府的形式,声明深信法国皇帝。在法国军队的保护下,这名将军及其同伙从韦拉克鲁斯出发,于3月25日来到科尔多瓦。

由于多布拉多部长认为阿尔蒙特及其同伙最终将推动一场暴动,所以要求三国特派员重新上船。在激烈的争论后,特派员们撕毁了在伦敦签署的联盟条约,并且约定从此时起他们每个人都可采取不同的独立行动。同日有人向华雷斯政府报告,三国联盟破裂,西班牙和英国军队重新上船,而按照索莱达条款草案,法国军队撤至帕索安乔。墨西哥政府颁布4月12日法令,宣布长时间逗留在法军占领地的墨西哥人为叛徒,号召

第六章 改革战争与法国的干涉

全体墨西哥人拿起武器,授权各州州长组建游击队,在必要情况下动用公共基金和下令处决协助法军的墨西哥人。

4月16日法国特派员在科尔多瓦发表声明,向墨西哥人解释说法国人并没有参与他们的纷争而是来劝和的,并向所有的人发出号召,信任他们的干预。但是,他们破坏了索莱达条款草案,在奥里萨巴建立了由阿尔蒙特领导的虚假政府;阿尔蒙特被承认为共和国最高首领,由保守派成员组成他的内阁。由于希望激起全国对法国人使命的绝对信任,所以他在科尔多瓦也发表一项声明,说法国为了履行伦敦协定,打算为墨西哥的幸福而努力。

洛伦塞斯按照约定,不是从帕索安乔撤军,而是由此发起敌对行动,率领其部队从科尔多瓦向奥里萨巴进军。从此时起,墨西哥同法国之间的冲突开始了。4月19日在福尔丁双方首次交火。在科尔多瓦,法国士兵准备向首都进军;萨拉戈萨指挥的墨西哥军队布阵于阿库尔琴戈的山顶,以阻击敌人。法军打垮了自由派军队的抵抗,而翻越山顶,抵达帕尔马尔的圣奥古斯丁。萨拉戈萨将其部队重新集结在普埃布拉,1862年5月5日在此发生了历史性会战,自由派军队战胜了拿破仑三世的士兵。几天后塔皮亚将军的部队在奥里萨巴附近塞卡峡谷遭受败绩,6月贡萨莱斯·奥尔特加在控制该城的博雷戈山冈被完全打败。在遭受这些失败后,萨拉戈萨放弃攻打奥里萨巴的计划,而撤退到山的另一边,以重建他的部队。

多布拉多由于考虑到带领军队比在外交、内政和财政部任职更能为自由派事业作出贡献,所以他辞去了行政职务。政府任命他为军队总司令,这些部队将去攻打在山地的保守派;多布拉多立即前往瓜纳华托向梅希亚开战,后者从1861年初起就举行暴动,当时苏洛亚加还宣布自己为总统。按照1862年9月颁布的一项华雷斯法令,16至60岁的男性居民必须每周在城内建起的防御工事劳动一天,以抵抗侵略军的进攻。在最关键时刻,当东方面军更需要突出萨拉戈萨活动之时,这位将军病倒了,几天后去世于普埃布拉。9月埃利亚斯·弗德里科·费雷伊将军来到韦拉克鲁斯,以负责军事活动,10月中旬阿基莱斯·巴赞将军率领新增的法国部队登陆。当法国将领忙于调动其部队之时,自由派政府积极加强防卫。普埃布拉和墨西哥城继续加强其防御工事,而接替萨拉戈萨的贡萨莱斯·奥尔特加指挥东方面军,准备抵抗法军的推进。10月法国军队开始行进在通往普埃布拉的道路上,同拦截他们的自由派军队发生一些小规模交火。到1863年1月法国远征部队已有28 126人,此外,还有1 300名步兵,1 100名骑兵,50名炮兵,加上由400名保守派军官和首领组成的"荣誉军团"(他们没有受其指挥的部队,只是希望作为普通士兵而拼杀于战场)。他们组成了拥护君主制派的部队。

贡萨莱斯·奥尔特加通过大量工作来加强普埃布拉的防卫。洛雷托和瓜达卢佩堡垒都精心地加固;在街道上构筑了带有宽坑的战壕,房屋和建筑都变成为碉堡,其门、窗、阳台和屋顶平台都用装有泥土的袋子护围起来,并留有相应的枪眼,用来向敌人射击。为了能经受长期围困,城内积累了大批粮食,并拥有充足的枪支弹药。防卫者包括22 000人的东方面军和科蒙福特指挥的8 000人组成的中路军。驻扎在普埃布拉城外的这些部队应能从不同方向威胁围困者,同时整合要塞的部队,将粮食和军火输入要塞,并可打击四周的各支保守派游击队。

2月福雷将军发表声明,多次向墨西哥人保证:法国的意图是高尚和慷慨的。在向普埃布拉进军前,他委任阿基莱德·迪潘上校担任反游击战部队指挥,这支队伍是为了在炎热地区对付反侵略军游击队的。

3月10日贡萨莱斯·奥尔特加宣布普埃布拉及位于其半径八列瓜(一列瓜相当于五点五公里)范围内的城镇被围困。16日上午9时,瓜达卢佩堡垒打了一炮,从而通告城市居民开始设防,围困部队已经临近。经过62天围困后粮食已耗尽,5月6日和7日在圣洛伦索、中路军的科蒙福特援助要塞的企图也失败了,15日贡萨莱斯·奥尔特加提出投降。由于福雷不接受这个建议,贡萨莱斯·奥尔特加在军事会议上同意于17日无条件交出要塞。下令打碎军备,将军们解散军队,让士兵自由行动,而早晨5点半首领和军官在大教堂的门廊和政府宫等候投降当俘虏。由于墨西哥人拒绝签署有关文件:承诺不再重返反法战场,福雷打算把将军、首领和军官押上船,一批人前往加勒比海的马提尼克岛,另一批送往法国;其中868人在抵达韦拉克鲁斯之前成功地逃脱,532人被押上船。当得知普埃布拉被占领后,联邦区宣布戒严,5月末政府决定撤至内地。贝尼托·华雷斯连同其部长和自由派主要人物出走圣路易斯波托西,准备在此设置政府。

6月10日法国军队和墨西哥保守派军队进入首都。次日福雷发布公告,劝告墨西哥人要具有博爱、和睦、真正的爱国主义;不要再成为自由派和反动派,只做墨西哥人。同时颁布法令,组成35人的最高执政委员

第六章 改革战争与法国的干涉

会,任命三人行使行政权,两人为候补委员,并挑选215人组成一个"理事会",以建立"知名人士大会"。所设的"最高执政委员会"选定了执政者和候补委员,任命了"知名人士";7月"知名人士大会"提出以下主张:1.国家采取由一名天主教亲王领导的温和世袭君主制。2.君主将拥有墨西哥皇帝的头衔。3.帝国王位将授予奥地利大公费尔南多·马克西米连亲王本人及其后代。4.在预测亲王不可能登上王位的情况下,墨西哥国家将遵循法国皇帝的善意,以指定另一位天主教亲王。7月11日"知名人士大会"同意将摄政权授予执政委员会。摄政团指派一个委员会,向马克西米连呈交"知名人士大会"的法令,并向拿破仑表示赞同他作出的决定。10月由古铁雷斯·德埃斯特拉达率领的10人代表团,在米拉马尔城堡受到奥地利大公的接见,后者有条件地接受了由公民投票通过、大会批准的预设皇位。

与此同时,华雷斯抵达圣路易斯波托西时,发布一项声明,表示相信其事业的最终胜利,并向几个州州长发出通告,向他们告知临时政府已设立在圣路易斯波托西。国防部长费利佩·贝里奥萨瓦尔将军激励各州军事指挥官聚集各种战争要素以加强国防。另一方面,福雷部署一支法军纵队占领特拉斯卡拉,并将几支力量部署在首都周围。一个法军军团被派往普埃布拉,梅希亚的几支部队进军克雷塔罗,而另一支纵队占领了托卢卡。

在萨卡特卡斯、哈利斯科、圣路易斯、瓜纳华托、克雷塔罗、米却肯、杜兰戈和奇瓦瓦聚集了一批抵抗力量。在瓦哈卡已组织了4 000多名士兵。惯于游击战生活的卡尔瓦哈尔、奎利亚尔、里维拉和其他首领对法军不断骚扰,并且破坏了连接韦拉克鲁斯的重要交通线上的每个关口。7月末米拉蒙将军回到墨西哥,几天后他依附于法国干涉军,并在墨西哥城宣告建立君主制。福雷决定把对内地的战役推迟到秋天,那时雨季将结束,他的炮队和辎重就不会陷在泥泞的道路上。同总司令展开的少量活动相反,在炎热的土地上迪潘上校采取摧毁战术,烧毁庄园和村庄,以便孤立敌人。7月福雷被拿破仑三世任命为法国元帅,并受命回国,而将远征军的指挥权交给了巴赞将军。杜布瓦·德·萨利尼公使也被召回法国,而蒙托隆侯爵被任命为公使。两人离去使得墨西哥的保守派十分不满。

11月初法国远征军逐步开始向内地行动,巴赞指挥的部队人数增至

47 667人。而自由派将军们准备用其主力部队来争夺关键地点。在开始向内地远征之前,巴赞采取措施,以保障通向海洋的交通线;马克斯的500人长期占据哈拉帕;两个连队驻守在特拉斯卡拉;四个训练有素的连队(每连100人)分布在墨西哥城、普埃布拉、奥里萨巴和科尔多瓦之间,用来守卫各条道路。还组成两支纵队,以向内地进军,一支是卡斯塔尼和马尔克斯的两个师,通过托卢卡和阿坎巴罗直指莫雷利亚;另一支是杜埃的一个师,夺取克雷塔罗、莱昂和拉戈斯,直到瓜达拉哈拉。11月9日这些将军们率领其部队从首都出发,走向前线,几天后巴赞启程上战场。在11月和12月期间法墨联军几乎兵不血刃地占领了内地的主要城镇。12月,华雷斯总统认为其军队守不住圣易路斯城,所以决定连同其部长和某些雇员前往萨尔蒂约,在那里将设置其政府。在他启程三天后,马尔克斯部队进入圣路易斯波托西。

尽管取得这些优势,法军在其他地区却碰到了严重的困难。坦皮科受到游击队的严密封锁。港口的守备队和居民已没有更多的粮食了,而只能通过海上从韦拉克鲁斯运送粮食。在南方阿尔瓦雷斯将军发表声明,宣布对侵略者发动殊死的战争;波菲利奥·迪亚斯则进军到瓦哈卡,其部队人数增至4 000人,对东南部各州构成威胁,他还用部分力量支持持续截断韦拉克鲁斯和首都之间交通的各支游击队。1864年1月法国部队进入瓜达拉哈拉,次月占领阿瓜斯卡连特斯和萨卡特卡斯。瓜达拉哈拉、莫雷利亚、圣路易斯波托西和所述两城的占领都使得帝国武装控制了国家的大部分资源要素。每一阶段他们都收集民众拥护帝国的数据,甚至把妇女和儿童都包括在内;这样,拥护帝国的人数达到650万人,这个结果在欧洲产生了很大的影响。

1月多布拉多和贡萨莱斯两将军派遣一个使团去萨尔蒂约,以要求华雷斯离开其总统职位,以此作为同法军谈判结束其干涉的手段。华雷斯予以拒绝,他指出,不是他个人受到干涉军和保守派的攻击,而是政府的共和制形式受到打击,他本人坚决留在总统职位上,当政府机关处于危险时,他为捍卫和保持这些机关而战斗。不久新莱昂和科阿韦拉的州长比道里也派一个使团要求华雷斯辞职,但再次遭到华雷斯的拒绝。华雷斯和比道里之间的矛盾尖锐化,2月比道里公开同总统决裂,4月流亡得克萨斯,但不久回到墨西哥,并拥护帝国。为敌军推进所挤压,同月华雷斯将共和国首都设置于蒙特雷。到这一时期,25个州组成联邦,18个州

第六章 改革战争与法国的干涉

处在摄政团统治下。三个月的战役使得法墨联军控制了以下的地区:尤卡坦、卡尔曼岛、塔瓦斯科、恰帕斯、特万特佩克、韦拉克鲁斯、普埃布拉、特拉斯卡拉、墨西哥城、米却肯、克雷塔罗、戈尔达山、圣路易斯波托西、瓜纳华托、阿瓜斯卡连特斯、哈利斯科、萨卡特卡斯和塔毛利帕斯的主要部分。而华雷斯政府所掌握的地区有:新莱昂和科阿韦拉、杜兰戈、奇瓦瓦、索诺拉、锡那罗亚和下加利福尼亚北部,南部地区的格雷罗和瓦哈卡;在这些州建立起新的部队,以抵抗敌人。何塞·玛丽亚·波托尼在杜兰戈,贡萨莱斯·奥尔特加在萨卡特卡斯,波菲利奥·迪亚斯在哈瓦卡,还有其他将军在一些地方进行军事行动,他们努力增加自己的力量,极力创造资源来维持其队伍。帝国和共和国的各支小分队在不同地方持续不断地交战,但帝国的部队经常取胜。5 月多布拉多将军指挥的瓜纳华托师在马特瓦拉所遭受的溃败是最严重的事件,当时他率领 6 000 人和 16 门火炮进攻驻扎在该地的梅希亚将军的部队,后者在圣路易斯守备队的支援下打败了多布拉多,并造成其部队大量伤亡。遭受这次失败后,多布拉多离弃了其师的残余部队,并启程前往美国,1865 年 6 月 19 日去世。尽管获得很多胜利,但是对于巴赞的战役来说意义不大,因为战争远未结束,他不可能将其部队分散在无数地点进行防守。当巴赞撤出一个地方之后,自由派军队马上去占据。不能讲华雷斯政权完全失败,因为当其部队在一地被打败后,队伍就分散开来,并马上重新聚集在一起。这是一场没完没了的战争,也使得侵略军疲于奔命。这就是马克西米连和卡洛塔将来到墨西哥的前夕 1864 年 5 月的军事形势。

由于哈布斯堡家族的费尔南多·马克西米连大公决定接受墨西哥的皇位,一开始便有人向他含糊地提出可能放弃奥国皇位继承权的问题。1864 年 1 月和 2 月期间,在维也纳他两次打算与其兄、皇帝弗朗西斯科·约瑟解决家族中的问题和皇位继承权问题。马克西米连决定签字放弃其一切权利,但只是"在其王朝统治墨西哥之时"。与此同时,他得知从墨西哥寄给墨代表团的纪要的消息,从 2 月起,他可能已知悉有关内容:墨西哥国家采取君主制,并且召唤他登上皇位,这就实现了他接受墨皇位的第一个条件。马克西米连和王后在 3 月周游了巴黎、伦敦、布鲁塞尔和维也纳。在巴黎他与拿破仑三世达成了两份协议:一份公开的和另一份秘密的,在他宣布为墨西哥皇帝后将正式签署。协定的第一部分规定法国士兵的人数和驻扎在墨西哥的时间。此外,驻防的法墨联军的指挥权由法国军官掌握。如果皇帝是军队的最高首领,那就不达成此项协议。然而,马克西米连面临最为严重的经济状况,因此他签订了墨西哥无法承受的债务2.216亿法郎。在协定的秘密部分规定,"无论在欧洲发生何种情况,法国都将支持新帝国",皇帝马克西米连承认到那时法国指挥官和摄政团所采取的一切措施。现代美国学者认为,法国之所以支持奥地利大公登上墨西哥皇位,是因为"拿破仑三世急于用来自墨西哥的原料讨好法国的中等阶级,还希望挽回由于在意大利帮助加富尔而失去的教廷支持,他相信在海外建立一个帝国就可以达到这双重目的。拿破仑所要选择的傀儡落实在奥地利的马克西米连身上,他是一个有原则和有吸引力但又天真的人"。

大公从巴黎前往英国。在伦敦,马克西米连发觉英国政府对他十分敌视。只有使得洛德·帕默斯顿保证同情墨西哥帝国,那么帝国才能变为现实。在布鲁塞尔,墨西哥的未来皇帝和皇后忙于同国防大臣一起处理为墨西哥招募和组建一支2 000名比利时人部队,其名称是"皇后卫队"。当他们抵达维也纳时,雷克伯格公使要求马克西米连签署一份题为"家族契约"的文件,其中宣布完全放弃大公爵位,其后代放弃继承奥地利皇位的一切权利。马克西米连拒绝签署这份文件,并与皇后一起启程前往米拉马尔城堡。

在两兄弟之间冲突解决之前一段时间的谈判没完没了地进行。最终兄弟俩通过面对面的数小时商讨,大公作出让步,签署家族契约。几小时后他通知已等在的里雅斯特的墨西哥代表团成员,次日准备接受已献给他的墨西哥皇位。1864年4月10日在米拉马尔城堡宣布马克西米连为墨西哥皇帝。次日皇帝签署了在巴黎临时商定的军事协定,关于2亿法郎的贷款纪要,关于招募奥地利志愿军的法令,委托贝拉斯克斯·德莱昂组建政府,任命阿尔蒙特为帝国代理执政者。此外,还任命了墨西哥驻欧洲各国的代表。皇帝和皇后的启程日期确定在4月14日;由法国舰船"泰尼斯"号护卫着一艘奥地利快速帆船"诺瓦拉号",它载着一对年轻人启程,前往遥远的美洲。当时马克西米连年仅32岁,其夫人24岁。

5月28日诺瓦拉号航至韦拉克鲁斯港。港口居民对皇帝和皇后的接待是冷淡的,深感遗憾的皇后情不自禁地流下眼泪。次日他们开始了首都之行。沿途两人受到当地居民的欢呼,在奥里萨巴和普埃布拉给予的接待是豪华的。他们在6月12日抵达首都,在那里居民倾城而出,走上以凯旋门作装饰的街头争睹新来者,全城庆祝三天三夜。马克西米连

第六章 改革战争与法国的干涉

掌握政权时,曾考虑消除党派仇恨,并吸引一切人与之合作。他正是怀有这一意图而任命温和自由派何塞·费尔南多·拉米雷斯为外交大臣;并特赦政治犯,还倡议各州州长对君主制的敌人采取妥协态度。几天后,他颁布匪夷所思的法令,要求人们在星期天和各个节日在政府办公室工作,这一措施使得居民十分反感。7月他又宣布每个星期天下午1点他将亲自去国民宫接见公开讯问的人。执政者的不和推迟了政府颁布的措施的影响扩大。关于在财政、军队和司法重要领域,任命咨询委员会,这是皇帝直接倡议和近期行动的主题;创造一种讲排场的外交,加重了已经拮据的财政负担;总之,这一切很快使人们了解到各种事务导向方面完全缺少计划和领导,马上造成民众的不满。

由于希望扩大报刊活动,马克西米连准备结束新闻预先检查;一切人可以就官方行为自由发表其意见,以揭示某些行为的不适宜之处。在两个月结束之时拥护君主制派的失望达到极限,皇帝在一无所成,甚至没有组成一个内阁的情况下,离开首都,进行一次短途旅行,尽管他借口进行调查研究。实际上,

马克西米连皇帝与卡洛塔皇后在墨西哥城大街上

皇帝想要向欧洲金融市场表明墨西哥是平静的,他毫无危险地走遍各地。在其出巡期间,皇后作为摄政者处理政务。对米拉蒙没有任何好感的巴赞成功地让马克西米连认识到,为了各党派的团结,让米拉蒙离开国家是适宜的,并以体面的借口派他去柏林学习军事科学。11月8日米拉蒙离开首都,他在两年之后回国以其利剑效力于皇帝。12月马克西米连屈从于其大臣们和巴赞将军的影响,同样打发走马尔克斯将军,派他去君士坦

丁担任全权公使。1866年11月马尔克斯被皇帝召回墨西哥,当时帝国已处于崩溃之中。皇帝继续组建其内阁。11月任命何塞·玛丽亚·科尔特斯·埃斯帕尔萨为内政大臣,佩德罗·埃斯库德罗-埃查诺维为司法大臣,两人都属于温和自由派。为了汇集更多的智力处理公共事业,在积极管理的同时设置一个咨询机构;12月初皇帝颁布一项法令,设置政务会,主席是何塞·玛丽亚·拉库萨,有八名政务委员和八名审计员。还组成一个非官方内阁,是一种中介性质的机构,无论是私人的还是政府官员的问题必须通过这条渠道上报。这个内阁由不同国家的人员组成,他们都不了解墨西哥的语言、习惯、特征和需要。各部大臣颁布的命令同非官方内阁的意见经常发生矛盾,这就阻碍了政府的运作。在这个机构中先后起主导作用的人有:比利时人费利克斯·埃洛因,司令卢瓦泽尔,指挥官爱德华多·皮埃隆和神父奥古斯丁·费希尔。任命埃洛因意味着在教会问题上皇帝采取激进政策及其摆脱巴赞的倾向。而任命卢瓦泽尔和皮埃隆就是抵消巴赞和费希尔影响的新方式。

面对马克西米连的这一切所作所为,不久墨西哥的保守派便苦恼地发现,这位皇帝决不是他们所要求的政治工具,而是一个既不了解墨西哥的国情,又具有自由派倾向的欧洲亲王。他不仅邀请自由派人士参加其内阁,而且拒绝归还教会的土地;他作为奥地利的大公对墨西哥政治斗争的历史和现状实际上没有什么感性的和理性的认识。他同意签署1865年10月3日法令,把华雷斯及其追随者列为匪徒,并且授权在捕获后不经审判即行处决,便是一个明证。

正是在各种怀疑和矛盾冲突错综复杂的情况下,皇帝提出要检验大臣对他的信任度。1866年11月按照皇帝的吩咐,帝国的各部大臣和政务会前往奥里萨巴,20人抵达这座城市,次日开始进行商议。就马克西米连的质疑:将委托给他的使命归还给墨西哥人民,是否是结束目前冲突的手段,政务会的23名成员投了票,赞成帝国继续运转。11月24日这个决议得到通过,30日马克西米连通知各部大臣和政务会成员会议,宣布他决定不退位。

在得知这一决定后,巴赞元帅、达诺大臣和卡斯特尔诺将军认为,马克西米连仅依靠其本人的手段不可能支撑下去,唯一的道路是皇帝逊位。1867年1月5日马克西米连回到墨西哥城,居留在"拉特哈"庄园,在那里他会见了巴赞,后者再次请求他退位。1月14日巴赞参加的由35人组成

第六章 改革战争与法国的干涉

的名人会议投票皇帝不退位。一星期后马克西米连进入墨西哥城内。

早在1866年1月拿破仑三世由于看到马克西米连的皇位已经巩固,就派遣赛扬男爵去墨西哥同皇帝一起处理法军撤退问题。2月中旬他来到墨西哥城,并且决定同年秋季开始撤走第一批部队。共和派马上得到这一消息,认为自己事业的胜利已临近。在同年的头几个月侵略军继续击败共和派军队,但是从6月起战场形势发生了变化。6月6日马塔莫罗斯港落入安东尼奥·卡尔瓦哈尔将军的手中。16日由拉斐尔·奥尔维拉将军率领的一支护送队:千名墨西哥士兵和300名奥地利士兵护送200辆大车从马塔莫罗斯前往内地,在圣塔赫尔特鲁迪斯遭到共和派军队的攻击,护送队被彻底打败,所有军用物资都落入埃斯科维多将军之手。由于这次行动,共和派控制了马塔莫罗斯、蒙特雷和萨尔蒂约。华雷斯回到奇瓦瓦,并在那里设置了政府。7月巴赞按照拿破仑三世集中部队的命令,从新莱昂和塔毛利帕斯撤走了法国军队,两地很快被共和派军队占领。到9月帝国只存在于由法国部队占领的几个据点。在这一时期共和派已经突进到墨西哥谷地。阿潘受到洗劫,从首都到阿皮萨科正在运营的铁路线受到破坏。拿破仑三世命令不要进行长途的远征,而将部队集中在几个战略地点。

11月马尔克斯和米拉蒙在韦拉克鲁斯登陆,会见马克西米连,劝他不要退位,并支持他继续执政。1867年1月米拉蒙组建了一支部队,并向内地进军,在经过短暂的交战后,夺占了萨卡特卡斯。几天后,据情报,共和派军队将攻打这座城市,因此米拉蒙撤出该要塞,2月1日在圣哈辛托庄园他同埃斯科维多将军交战。这次战斗中,米拉蒙被打败,埃斯科维多俘获了一百多人,其中近80人是法国人。所有外国俘虏都被枪杀,还有战败将军的兄弟华金·米拉蒙也被枪决。2月5日巴赞从墨西哥启程,他写了一封信给马克西米连,要求他退位,并将他带回欧洲。但是,马克西米连没有回信。

在拿破仑三世干涉墨西哥期间,虽然美国从未接受马克西米连帝国建立的现实,但是其正在进行的国内战争阻碍了它直接采取行动支持共和派政府,并迫使它宣布中立。在南北战争结束后,美国已有完全的行动自由,并拥有一支强大的军队,因此它准备改变其政策。当安德鲁·约翰逊担任美国总统时,他宣布决不允许反对法国干涉的墨西哥人民的意愿被法国刺刀所扼杀。马克西米连曾采取多种步骤,以让华盛顿政府承认其帝国。但是,1865年11月美国国务卿西沃德明确表示,"法国军队在墨西哥维持着依靠武力而非墨西哥人民自由意愿的政权,这是美国严重担忧的原因。这个政权同美国政府的政策及其基本原则相对立"。西沃德又指出,"美国认为,强行在墨西哥长期建立一个外国的帝国政府是不恰当且不可行的;今后也不准备承认同墨西哥共和派政府相对立的任何政治机构,我们同共和派政府长期保持了热烈和友好的关系"。

  美国把南北战争剩余下来的军用物资供应给共和派政府。此外,大批美国志愿人员加入到华雷斯的军队,同时他们也得到授予土地的回报。有些美国南方联盟的家族,不愿承受共和派失败的后果,但是为了报答土地授予的恩惠,就移居到马克西米连管辖的地区。最终,美国政府正式采取行动,1866年2月12日西沃德要求拿破仑三世撤走法国军队。为了支持这个外交行动,美国派遣了几十万人的部队到达得克萨斯边界。与此同时,法皇本人正受到国内的巨大压力,要求他停止在墨西哥的冒险事业,因为同华雷斯的作战阻碍了法国工业输入所必需的原料,同时军费开支已成为一个沉重的财政负担。最后,欧洲的国际形势发生了变化,1866年俾斯麦战败奥国后在统一德意志方面的成功,也激起了法国的民族主义者强烈要求从美洲撤回法军,以对付德国的威胁。

  正是在这些因素影响下,法国国务卿德鲁因·德·卢伊斯通知其驻华盛顿代表,拿破仑三世已决定其军队分三批撤出墨西哥,1866年11月撤出第一批,1867年3月第二批,11月第三批。在确定了撤军时间表后,拿破仑三世希望由奥国军队取代而之,奥国皇帝弗朗西斯科·约瑟已同意招募士兵。西沃德在得知招募奥国志愿军的消息后,要求驻维也纳公使通告奥国政府,美国对类似的意图不会袖手旁观。1866年3月作出这个警告后,4月又发出更加明确的另两个警告。第一个照会宣布,"在维也纳政府批准和领导奥国臣民实施敌视墨西哥的行为之时,美国将自行判断,以把这个行为视为奥方对墨西哥共和国战争状态的结果",至于目前情势和眼下进行的这场战争,美国不能承诺长期袖手旁观或中立。在第二份照会,为了让奥国及所有可能直接有关的列强了解,美国政府确定关于墨西哥的谈判中的态度;又指出,为了让奥国政府明白,美国将毫不含糊地反对奥国为了政治目的而军事干涉墨西哥,这同法国干涉墨西哥具有相同的性质。奥国答复说,在多种场合已向美国代表口头说明了关于招募在墨西哥服役的奥国志愿军的性质和规模,实际上规模十分有限。不久又宣布,

第六章 ● 改革战争与法国的干涉

奥国政府已采取必要措施,以阻止去墨西哥的最后一批志愿兵出境。

8月法国修改了分三批撤军的计划,因为担心最后一批撤退部队可能受到危害,因此法国政府决定撤走整个远征部队。卡斯特尔诺同意巴赞的意见,决定法军集中在韦拉克鲁斯,以便在12月末进行整体撤出,1867年1月授命"外籍军团,所有法国人和士兵,及其他想要撤离的人,希望撤走的奥国和比利时军团都要乘船"。法国远征军和其他外籍军团登船撤退持续了一个月:从1867年2月13日到3月12日。巴赞元帅是最后一个撤离墨西哥的人。

法国远征军撤走后,帝国马上控制了墨西哥城、普埃布拉、韦拉克鲁斯、克雷塔罗和莫雷利亚等城市;全国其余部分都掌握在共和派军队的手中。

巴赞元帅撤出墨西哥城

一旦失去了拿破仑三世的保护,马克西米连就决定领导其部队,以在内地展开战役。克雷塔罗是聚集帝国部队的一个地点,是抵抗埃斯科维多和拉蒙·科罗纳的共和派武装力量的一个据点。2月13日在其秘书何塞·路易斯·布拉西奥,其内务大臣曼努埃尔·加西加·阿吉雷,其医生萨穆埃尔·巴奇和莱恩纳多·马尔克斯伴同下,马克西米连从首都前往克雷塔罗,当时马尔克斯直接指挥三支军队中的一支1 000人纵队。不久,在途中圣地亚哥·比道雷、基罗加上校和萨尔姆·萨尔姆亲王汇集到这支队伍中。19日进入克雷塔罗,而米拉蒙和梅希亚已等候在那里。两天后,拉蒙·门德斯将军带领米却肯师与他们汇合。马克西米连检阅了这些部队,其后又举行了军事会议,以制订战役计划。克雷塔罗的卫戍部队由1万人组成。马克西米连握有这支部队的指挥权:任命马尔克斯为总参谋长,米拉蒙为步兵司令,梅希亚为骑兵司令,门德斯为后备军司令,曼努埃尔·拉米雷斯·阿雷利亚诺为炮兵司令,费利克斯·德萨尔姆·萨尔姆亲王为轻步兵营营长。

3月6日,埃斯科维多率领2.5万人实施包围。14日发动第一轮进攻,共和派军队受到阻击,并遭受相当大损失。尔后,科罗纳将军开始突袭"白屋"的皇帝堡垒,但被其保卫者米拉蒙、梅希亚和门德斯的部队所打退。在这次战斗中共和派部队损失惨重,有近2 000人被打死打伤和被俘。几天之前,马尔克斯同比道里带领一支强大的骑兵护卫队前往首都,以搜罗更多的武装力量和资金用来援助被包围的要塞。马尔克斯被任命为帝国的副统帅,拥有全权,他来到墨西哥城时,得知波菲利奥·迪亚斯正在威胁普埃布拉,马尔克斯立即带领1 000人前往保卫该城。在抵达之前,马尔克斯受到4月2日已占领该城的共和派军队的攻击。他败退墨西哥城,又受到波菲利奥·迪亚斯的就近追击,后者率领1.5万人包围首都。马尔克斯动员了民众来加强防卫,而没有考虑求助于驻扎在克雷塔罗的帝国部队的增援。与此同时,米拉蒙试图进行一系列的出击来打破包围圈,但没有成功;然而,这些行动确实提高了驻军的士气,他们都期待着马尔克斯所承诺的物资。4月要塞开始垂死挣扎;资金和增援没有抵达,缺少粮食和军用物资,城内饥饿已造成浩劫。由于没有资金来支付军队的军饷,只得采取强制向居民贷款的办法。在经过71天的保卫战后,5月15日克雷塔罗最终落入埃斯科维多之手,皇帝及其将军、军官和士兵都成了俘房。尽管发生这一切,马尔克斯还是顽强抗击对首都的围困。帝国政府只得依靠强制贷款和特别捐税维持下来,同时向首都居民隐瞒了克雷塔罗已陷落的消息,此外,保守派还散布谣言说,皇帝可能获得胜利,即将返回首都。只是当一名使者应马克西米连请求来到首都寻找一名为他辩护的律师时,人们才知道事情真相。

华雷斯吩咐,按照1862年1月25日法令审判马克西米连及其将军米拉蒙和梅希亚。自由派最有才干的律师们,其中有马里亚诺·里瓦·帕拉西奥,都为马克西米连辩护,主张援引美国在南北战争后处理杰斐逊·戴维斯的先例来判决马克西米连的案件。但是,这个论据站不住脚,因为戴维斯不是一个外国侵略者。这样,前皇帝被判为一个入侵颠覆分子,被用来推翻墨西哥宪制政府的法国工具,犯有篡国罪行,并必须对1865年10月3日迫害自由派的法令负责。但是,马克西米连的朋友们

第六章 ● 改革战争与法国的干涉

并不放弃拯救他的机会。在华雷斯政府所在地圣路易斯,其辩护者们请求总统赦免这名俘虏。各国公使也都为前君主说情,但只有普鲁士公使取得成功:延期三天宣判。同比利时、意大利、奥地利和法国外交官一样,为皇帝寻找开脱的途径,公主伊内斯·德萨尔姆·萨尔姆被驱逐出克雷塔罗,她来到圣路易斯,跪在华雷斯面前,泪如泉涌,请求宽恕奥国亲王。见此情景,华雷斯受到感动,但是对她说,即使欧洲所有的君主都站在他面前,他也不可能保护其生命:"我并不是操纵法律的人,而是人民,是法律本身,如果我不履行他们的意愿,那么人民将会执行法律。"6月18日马克西米连发了一份电报给圣路易斯政府,其中要求赦免米拉蒙和梅希亚,只希望自己是唯一的牺牲品。所有为马克西米连说情的信件和电报,都由塞瓦斯蒂安·莱尔多·德特哈达部长出面作了否定的答复。在他被处决前几天,马克西米连口授了一份遗嘱附录,对其身后作了安排;6月15日他得知皇后卡洛塔已死的虚假消息,就恳求奥国代表将其遗体与其妻埋在一起。1867年6月19日在前皇帝被俘的地方坎帕纳斯山冈处决了马克西米连、米拉蒙和梅希亚。死前,他拥抱了两个将军,并把中间的位置让给了米拉蒙,并说:"我为正义事业,墨西哥独立和自由的事业而死。让我的鲜血洒在我不幸的新祖国土地上!墨西哥万岁!"

在行刑的同一天,马尔克斯将指挥权交给了拉蒙·塔维拉将军,他逃跑了。塔维拉就草率地向波菲利奥·迪亚斯投降,6月21日迪亚斯率领部队进入墨西哥城。7月15日华雷斯总统凯旋首都。这段历史以共和派的胜利而告终。

作者点评:

1854年到1867年是墨西哥历史上内外政治斗争最为错综复杂的时期,自由派与保守派之间进行了长期、激烈甚至殊死的斗争。这一时期发生了一系列重大事件:改革法律的制定、1857年宪法与改革战争、拿破仑三世的干涉以及在墨西哥建立了马克西米连帝国。这一历史阶段的深远意义就在于:墨西哥中等阶级的成长和生活在底层的印第安人要求公正待遇的这些事件,正在逐步摧毁殖民地时期留下来的陈旧的封建结构。但是,华雷斯颁布的各种法律,尽管其出发点是为了印第安人的利益而解放土地,然而却造成了大片土地落入投机者之手,结果印第安人仍未摆脱贫贱的处境。

第七章 波菲利奥·迪亚斯政权的兴衰

一、共和国的重建

有正当理由把1867年夏天记载于墨西哥的编年史上。当克雷塔罗陷落、皇帝马克西米连被俘及处死和墨西哥城投降的消息刚传出,经过多少个日日夜夜的围困之后,首都终于重新由共和派占据。6月2日面对大教堂上飘着一面白旗,波菲利奥·迪亚斯下令把它降下烧掉。君主制政权无条件向共和国政府投降了。这样,一举结束了争吵不休、战火连绵的50年——一个风云变幻的时代。

6月21日黎明波菲利奥·迪亚斯带领其部队第一师胜利入城。衣衫褴褛、面有菜色的25 000人,其中9 000人骑马,其余步行,在连续敲响的钟声和鞭炮爆炸响声中列队行进。首都已不是第一次热烈迎接一支胜利的队伍了,这在历史上已进行过多次。

1867年在首都是淫雨霏霏的一年。到6月24日,又是倾盆大雨。道路难以通行,大车时常陷入泥泞中。总统车队中的一辆四轮四座轻便马车上坐着著名的法学家何塞·玛丽亚·伊格莱西亚斯,他已经筋疲力尽了。此人是共和派的智慧之花和精髓,在帝国时期曾避难于帕索德尔诺尔特(Paso del Norte),现在他艰难地向首都行进。在克雷塔罗,车队停了下来,因为华雷斯想要看一下马克西米连的尸体。由于这个缘故,只是在拿下墨西哥城25天后,总统才向首都进发,7月15日胜利者华雷斯进入墨西哥城。市议会议长在国民宫门口发表了鼓动性演说。接着,安

第七章 波菲利奥·迪亚斯政权的兴衰

东尼奥·马丁内斯·德卡斯特罗倡议恢复"墨西哥人之间已丧失的信任和安全感,实现真正的和解"。然后是其他的市民演说,诗文朗诵,一束束鲜花从阳台上散落下来,乐队演奏欢快乐曲,无数人群在大街上载歌载舞,充满了狂欢的热情。

华雷斯答谢首都市民以如此兴高采烈的方式接待他。1867年有条标语很受人们称赞:"共和国政府冷静而不停息地从斗争过的敌人那里得到启发。"另一条更令人感动:"在各人之间,犹如各国之间,尊重别人的权利就是和平。"还有一条值得一提:"在我们自由的机构中,墨西哥人民是其命运的仲裁。"

一批知识分子设计了共和国重建所遵循的目标和道路,或者说,新国家的蓝图。18名有文化的自由派人士负责制定纲领。在1867年到1877年的10年间,有两位共和国总统(华雷斯任职到他去世:1872年,莱尔多任期为1872年到1876年)。

从三权分立出发,墨西哥知识界决定,为了使墨西哥均衡发展,并将它置于现代世界大国的高度,需要做到:在政治方面,实施1857年自由派宪法,使国家安定,削弱强力职业者队伍,并使公共财政活跃起来;社会方面,吸引移民、庄园小型化和结社及工作自由;在经济方面,修筑道路,吸收外国资本、利用新的种子和耕作技术、发展制造业,并把墨西哥变为欧洲和远东之间的贸易桥梁;在文化方面,信仰和出版自由,根除本乡本土意识,进行"把共同民族财富给予整个墨西哥"的教育,发展文学艺术的民族主义。

掌权的自由派精英的首要意图是"完整和全神贯注地实施宪法,它是胜利的象征、斗争的理由、所述斗争的关键"。最为紧迫,同时也特别重要的是,希望实施联邦主义、三权分立和平衡,通过投票民众参与公共生活和行使公民权利。为了这一切,伴随而来的先决条件是使共和国安定下来,恢复胜利者和失败者之间的交往,以对话取代暴力形式,来消除分歧。这样,宣布最大限度地尊重他人权利和最小限度地看待自己权利。这些素养并不要求抹杀任何人的尊严;只是当战胜他人后,行动适可而止。自由派精英崇尚个人。他们也崇拜财富,认为贫困"把一切邪恶的萌芽封闭在人的受缚的内心",因此想要使墨西哥摆脱贫穷;渴望赢利是墨西哥自由主义的主要成分之一。

1867年的自由派相信现代交通运输道路具有解救贫穷和盈利的能

力。弗朗西斯科·萨尔科说:"让我们决定(修筑)铁路和道路……以便把国家从精神上和物质上联系在一起。"比希尔认为,最为紧迫的事是建造铁路。萨马科纳解释说,"铁路能解决政治、社会和经济的一切问题,这一切两代人的忘我精神和鲜血都没能解决"。但是,建造这种有名的铁路缺乏资金。结果,他们计划向外国贷款或请他们投资,因此打算以各种方式吸引外国资本。他们认为,如果没有外资,那么也就实现不了经济方面的另三个目标:促进农业、工业革命和使墨西哥再次成为亚洲与欧洲、北美洲和南美洲之间的桥梁。他们认为,促进农业就是开垦新的土地,特别是北部地区和东南部低地;引进新的作物,特别是诸如咖啡之类的热带作物,采用类似美国和法国的农牧业技术。提出工业革命是着眼于墨西哥南部的巨大水力资源,利用水力资源作动力把原材料变成制成品。

除了上述一切之外,重建的共和国为了实现真正的解放,还计划实现宗教和出版自由、印第安人的文化改造、世俗和富有建设性的义务教育,并推动文学艺术的民族主义。总之,主张破坏不容异说的、时式的、反科学的和殖民主义的文化传统。百科全书撰稿人比希尔主张禁止返回到过去的状态,也就是前西班牙的时代,因为"各代阿兹特克君主半传说的荣耀只不过讲述了古代有趣的一个时代和一种文明"。自由派认为,在墨西哥的历史先例与"其未来的提升"之间存在难以驾驭的对立……而不是把历史先例作为必不可少的基础,就像在世界各国所普遍发生的那样,而是必须将它们彻底排除掉,以便走上一条全新的道路。

此外,必须通过印第安人的文化改造,消除前西班牙时代的遗产。应当做到忘却他们的习惯和语言。这样,将可达到多种目的;让印第安人走上新生的道路,使他们不再成为公共安全的危险因素,加强国家团结,并且同样有助于华雷斯和其他印第安人摆脱过去的负担,以及推进新秩序。据胡斯托·西埃拉说,华雷斯最大的渴望就是把"土著人家庭从道德衰竭、迷信中拔出来;从思想堕落、愚昧中拉出来;从生理卑贱、酗酒中解救出来,使他们达到最好的状态,尽管这是缓慢的过程。同时也怀有这样的意图:将因循西班牙传统帝国的少数民众思想改造过来,虽然不是消除西班牙遗产。新精英并不想抛弃西班牙语言,也不希望抛弃天主教,而是使之接受现代性,并与其他宗教信仰相安共处,使之同科学并行不悖。他们认为,大家在不同程度上可以接受这样的主张;让墨西哥加入到科学的世界,但又不要把它逐出神学世界。这样就归结为三个理想:非新教的、非

第七章 波菲利奥·迪亚斯政权的兴衰

教会化的、不问政治的天主教义用于家庭生活;不放肆的自由主义用于公共生活;科学、物质进步的基础用于工作。这就是自由化的宗教,政治争论的自由和免费义务的大学科学教育"。

1867年掌握国家的自由派领导人按照某些抽象的思想和具体的样板:美国,从政治、社会、经济和文化方面来改造墨西哥。他们不仅这么想,而且也这么说:"美国……应该是我们的领路人。"重建的共和国领导人已经知道墨西哥向何处去,同时也意识到其前面的道路将是荆棘丛生。

随着封建束缚被打破,封建主义的政治代表——保守党也趋于瓦解;此外,他们引狼入室的叛国行为更使之名誉扫地,因此他们的政治影响迅速消失。然而,华雷斯自己的政党——自由党则因内部分歧严重而分裂为两派:一派以华雷斯为首领,希望不断推进社会改革,以改善印第安人和其他下层社会阶层的地位;另一派追求的首要目标则是通过经济改革加速开发墨西哥的自然资源。后者不久便倾向美国。与此同时,美国在南北战争后形成一个怀有同样企图的集团,它主要从事开发西部的矿产,为北方工业提供原料而重建南方,并且为了向南扩展而谋求在墨西哥的铁路租让权和在中美洲地峡的通行权,同时还觊觎墨西哥的自然资源。因此,1867年后墨西哥和美国存在着目标和利益平行的两股政治经济势力,它们有助于美国排挤欧洲列强,而迅速渗透到南方邻国。

国内和平没有自发地萌发出来。政府不得不镇压暴乱者、造反的印第安人、大道的绑架者和盗贼。以铁腕来对付一些反法战争英雄的反叛。支持合法政府的将军们,如:罗查·阿拉托雷、梅希亚、科罗纳、埃斯科维多和其他人都有很多平定动乱的任务。但是,1867年必须血腥地扑灭伊达尔戈州阿斯森松·戈麦斯和赫苏斯·贝坦戈斯的骚乱;南方崎岖地区身经百战的维森特·希门尼斯的反叛;哈利斯科州乌鲁蒂亚将军、普埃布拉山区米格尔·内格雷特将军和尤卡坦平原上马塞利诺·比利亚法尼亚的暴动。1868年仍然出兵镇压各地骚乱;1869年继续对付叛乱。这样,直到1876年还有零星的造反行动。为了平息持续不断的动乱,华雷斯政府耗费了很多财力和人力。

行政机构,特别是军事和财政部门成功地重组。没有遇到多少困难就缓慢缩减了军队。此外,又成功地整顿了军纪。国家财政的混乱逐步得到纠正。至于教会债务,政府予以缩减,并确定了新的支付期限。拒绝支付由帝国当局造成的损失,还进行另一些清算,使得对外欠债从4.5亿比索降至8 400万比索。为了让国家收得年金,教会取消了在财政方面所拥有的特别权限。最后,制定了足够的支出预算,以满足军队的薪金和议员的津贴需要,但并非必须供养大批官僚,更不是花费于社会服务和经济发展。在预算与支出之间还是有赤字的。此时还不得不向外国贷款,因此出现了新的外债。

  使国家迅速布满人口的想法落空了。1867年到1876年人口增长不多,因为无法控制疟疾和肺炎这些地方病,频发的黄热病和天花这些流行病,特别是还不可能吸引大批外国拓殖者来到墨西哥。随着岁月流逝,外国移民不愿来,行政当局越来越感到焦虑,这样1875年5月31日国会不得不颁布比过去更加慷慨的法律,以把拓殖任务委托给私人开创,而不是由政府执行;向移民提供低价土地,并且付款期限很长;为使移民取得墨西哥国籍,政府给他们提供便利条件,且还提供经济和福利的援助。为了刺激移民迁入,还打算划定和出售荒地,但也没有达到预期的目的。这一切努力都没有多少成果。1867年到1876年之间,大约6 000到7 000名欧洲人和美国人来到墨西哥,但他们没有让处女地富饶起来。比这一小批移民更多的人口迁往城市,从事商业活动。按照李塞特许权,前往定居在下加利福尼亚的480人不是进行某些种植活动,而是从事刮海石蕊土,将它们融化为对当时英国开司米细毛料工业十分有价值的染料。

  以培育小田庄来取代大庄园的企图,大部分遭受失败。只有很少被没收的大庄园用来分割给庄园雇工。也有一些西部的大庄园自愿地出售,但是购买者很多。教会农村田庄可供政府利用,几乎没有任何地产可供应给无地者。征用印第安村社的土地大部分是在共和国时期紧张的气氛中进行的。印第安人并不希望在村社成员中瓜分村社的土地,不想成为小地产主;看来他们可能觉察到其不妙的前景。1868年伊格纳西奥·拉米雷斯要求停止分割村社的地产,因为对"村社财产的强夺已经显露其手段的多样性……通过法官购地,又借助一种简易的共谋关系,土地就落到了高级官员手中"。每个印第安人当他成为一个小地产主时,也就变成了喂养大鱼的一条小鱼。总有一天,由于他没有支付捐税,其小地产被税官夺去。而另一天,一位大庄园主老爷慷慨地送给另一个小地产主一笔钱,不久这位老爷就取得了这块担保的土地。

  自由派对债役农奴制的厌恶带来了某些司法方面的措施。据说,华雷斯总统由于听到一名短工诉说:因为弄断了一根犁铧,他就遭到工头的

第七章 波菲利奥·迪亚斯政权的兴衰

鞭打,所以总统下令废除庄园的体罚。各地区明令禁止虐待、工资不足、劳动时间过度和债务劳役。最激进的命令出现在普埃布拉、塔毛利帕斯和下加利福尼亚。普埃布拉的立法机构下令提高农村工资、取消农奴与主人订立的债务合同,并限制贷款额。1868年,在下加利福尼亚,采取赎身措施,但是在一个荒无人烟的地区几乎没有人需要赎身。1870年塔毛利帕斯的一项法令规定,一天的劳动时间为:从晨曦到日落。

在现代交通道路具有良好回报和盈利的信念推动下,华雷斯和莱尔多两届政府全力以赴地修建道路。以前已经铺设了1 874公里的电报线路。在1867年到1876年期间,延长了7 000公里以上。此外,修复了老的大车道路,并开辟了另几条,还在共和国各大城市之间恢复了公共马车服务事业。另一方面,更新墨西城至韦拉克鲁斯铁道建设公司的特许权,给曾同马克西米连谈判的铁道建设者提供更多的免税权。最后,经过漫长的六年,终于在1872年末,第一条大铁道的铁轨在马尔特拉塔峰连接起来。1873年的第一天,莱尔多总统在热情的人群中登上火车,他宣布首都同最大的港口连接起来了,通过这条大动脉墨西哥可以同世界其他国家进行贸易。

经济方面的各项计划(吸引外国资本,取消商业税,利用新作物和农业技术,及推动工业化),只有很少部分得到执行。但是,像人们所预料的那样,外国资本还不足以推动墨西哥经济发展。投于铁道建设和商业的外国资本只是杯水车薪。商业税制在摇摇晃晃,但是仍然维持着。主导的农业产品仍然是消费性的玉米产品;农业方面少数新变化出现在韦拉克鲁斯、尤卡坦、马塔莫罗斯、埃尔巴希奥和拉库纳。在韦拉克鲁斯,咖啡和甘蔗种植繁荣起来;马塔莫罗斯和拉库纳,出现第一批棉花种植园;在尤卡坦半岛适宜于发展龙舌兰。埃尔巴希奥承担了墨西哥粮仓的角色,更确切地说,是墨西哥城的产粮地。

国家在进步,虽然其速度十分缓慢,并且不是所有的经济活动部门都取得进展。在采矿业,没有任何更新。像昔日一样,一些外国公司开采金银,而没有出现工业用的金属开采。新建六家工厂,以激活手工业。国内的定期集市,如大湖地区的圣胡安交易会,重新活跃起来。

重建的共和国最大的成就产生于某些世俗文化禁区内。天主教长期处在僵化和独占的状态,而一小批新教教徒给宗教界注入活力。在怒骂声中,莱尔多驱逐了耶稣会教士和救济院修女,使得改革法符合宪法,并下令国家官员向宪法宣誓。但是无论如何,墨西哥天主教一直是强有力的,当时一位名人所言表达了民众的宗教观念:"上帝,千谢万谢,因为在冷漠无情的飓风劲吹下……我们墨西哥天主教徒还能聚集在公众会议上,以充满欢乐的心情来回味和回忆我们至尊的宗教。"

印第安人的文化改造没有取得预期的结果。印第安人上不了普通学校,因为他们不讲西班牙语,没有地方也没有人给他们教这种语言。在1/3印第安人中保持着语言鸿沟,所以,也就保持了其他一切差别。通过形成一个文化整体而使墨西哥实现国家一体化的计划,仍然是纸上谈兵。1857年宪法曾宣布"自由教育";1861年4月15日法令批准了教育的自由,并且官方教育实行免费;1867年12月2日颁布的马丁内斯·德卡斯特罗法,规定联邦区的启蒙教育强制性执行,并且给这种教育体制抹上实证主义、民族主义和均衡的色彩;而1869年5月15日的一项新法完善了1867年法令,特别坚持改进初级教育。此外,几个州对教育改革规定了准则,一些条文受到马丁内斯·德卡斯特罗的启发,都倾向于宣布公办小学实行免费、义务、世俗、爱国和科学教育。法律颁布后,学校开放,并对教育方法进行热烈的讨论。1868年,按照完整的实证主义模式,创建了国立预备学校。从1868年起流行开办大中小学。公共教育领导者何塞·迪亚斯·科瓦鲁比亚斯成功地使得公办学校的学生人数翻了一番。几乎所有的新学校都采用新模式:公办、免费、世俗和崇拜科学及祖国。兰卡斯特会社学校退居第二位,而教会学校为第三位。但是,教育的扩展并没有触及农村。

文学艺术墨西哥化的鼓吹者是伊格纳西奥·曼努埃尔·阿尔塔米拉诺,他从1867年末起就创办文学晚会,两年后,又创办《文艺复兴》杂志。在晚会和杂志上,除了推动一切政治党派与一切文学信条和解之外,还通过采用本土题材、土著人词汇、民间惯用语和19世纪英法德文学知识,追求时尚文学。由于他所处的时代、土地和所怀有的热忱,所以他所提倡的文学不再是西班牙文化的分支,结果出现了何塞·托马斯·德奎利亚和伊拉里翁·弗里亚斯-索托的墨西哥风俗画,曼努埃尔·派诺和路易斯·G·英克兰的习俗小说,吉列尔莫·普列托的历史传奇文学,比森特·里瓦·帕拉西奥的殖民时期问题的流行小说,萨尔瓦多·莫里略的风景画。总之,1867年到1876年间在墨西哥出现了一小批文明传播者和爱国者,他们不仅具有热情和智慧,而且拥有切实可行和强有力的行动纲领,为共和国的发展创造了必要的文化氛围。

二、波菲利奥·迪亚斯登上政坛

1872年,华雷斯再次成为总统候选人。但是,此时此刻,由于他长期在任,许多人认为他正在走向独裁统治。其同一党派的主要人物,特别是莱尔多法起草者的兄弟塞瓦斯蒂安·莱尔多·德特哈达和波菲利奥·迪亚斯两人都反对华雷斯连任。但两人有着不同的政治特色:前者倾向于华雷斯的自由派改革传统;而后者则代表新兴的有进取精神的中等阶级。选举揭晓,三人票数接近,没有一个人获得半数以上选票,按照宪法由国会抉择。结果,国会推选华雷斯为总统,莱尔多为最高法院院长。而迪亚斯随即抛出《诺里亚计划》发动叛乱,要求制定新宪法,规定国会权力限于经济事项,要求废除苛捐杂税,扩大城镇地方自治权力。华雷斯在镇压叛乱过程中,于1872年7月18日因心脏病发作而去世。这位为自由派改革事业而奋斗一生的伟人葬于圣费尔南多神庙中,安葬时全国为他默哀悼念。

按照宪法,最高法院院长莱尔多继任总统。尽管迪亚斯继续作乱,莱尔多坚持推行改革纲领,彻底剥夺了天主教会的国教地位,保证了信仰自由;此外,立法规定民事官员主持婚礼。在其任期内,莱多尔战胜了迪亚斯的反叛;因此到他执政末期,国内和平已成为常态了。但是,潜伏着反叛暗流。

1876年秋,新任最高法院院长,花甲之年的律师何塞·玛丽亚·伊格莱西亚斯发流火,暂去避暑。由于发病,他在家闭门不出15天后,把自己装扮成一名僧侣。这样,在10月1日黄昏他偷偷地进入托卢卡。在用石块和泥土封堵起来的一个地方他正在策划一项"革命计划"。15日夜他开始了一连串夜班中的第一个工作日。24日萨拉曼卡让他留宿于一个监牢里,在那里他的心情平静了下来,他放松地同其三个追随者交谈:费利佩·贝里奥萨瓦尔、诗人吉列尔莫·普列托和瓜纳华托州长费洛伦西奥·安蒂利翁。

终于,10月26日发生了某些人渴望已久的事。伊格莱西亚斯手握托卢卡计划启程,宣称总统选举一文不值,因为在许多行政区没有选举,而在另一些地区是军人对选民施加暴力的结果。有鉴于此,他以最高法院院长和副总统的身份,自命为代理总统,并任命吉列尔莫·普列托为内政部长,弗朗西斯科·戈麦斯·德尔帕拉西奥为外交部长,费利佩·贝里奥萨瓦尔为国防部长。

  由于伊格莱西亚斯渴望领导全国直到恢复国内和平,他发布了一份政府纲领,一个大法学家的巨作。其中他保证,当举行正式大选日期临近或尚远之时,他本人及其内阁所有成员都不当总统候选人。正当发生这一切时,伊格莱西亚斯保证在其代理总统期内将急剧缩减武装力量,在有限时间内他将做出一件漂亮而有形的事情。但只是从其控制的家乡,从瓜纳华托地区的狭小范围内才有点作为。正当伊格莱西亚斯阴谋篡权之时,过去华雷斯的部下波菲利奥·迪亚斯将军(1830—1915)再次发难。迪亚斯出生于瓦哈卡城。其父为土生白人小职员,母亲是印欧混血种人。早期家境贫寒,曾就学于天主教会学校,17岁时正值墨美战争他入伍,与入侵的美国军队打过仗。一年后退役,进入瓦哈卡科学和艺术学院学习法律,受到华雷斯的自由主义思想的影响。1854年参加阿尤特拉革命,反对圣安纳的独裁统治。改革战争时期,他对保守派作战,崭露头角,因此1861年8月晋升为陆军准将。在抗法战争期间,迪亚斯加入抗法斗争,尽管两次被俘,但逃脱后仍坚持抗战,在瓦哈卡等地领导游击队,进行反法斗争。后被华雷斯政府任命为东方军司令。1867年4月和6月相继夺取普埃布拉和墨西哥城。战后退役,回到家乡经营诺里亚庄园。但迪亚斯不甘寂寞,力图重返政坛。同年12月,与华雷斯竞选总统失败。1871年再次竞选总统,又落选。这样,他于同年11月提出《诺里亚计划》,领导反叛活动。12月被政府军打败后,逃往北部。华雷斯去世后,翌年3月被塞瓦斯蒂安·莱尔多政府特赦,重返瓦哈卡。1876年提出图斯特佩克计划,再次发动武装叛乱。

  1876年1月在迪亚斯的授意下,瓦哈卡驻军司令发表一项声明,即图斯特佩克计划,号召武力推翻莱尔多政府,推举迪亚斯为总统;还提出不得连选连任的原则;并把这一切原则扩大到市一级,坚持实行市政民主。所述计划显然对中等阶级富有吸引力,因为他们不仅居住在拥有代表权的城镇里,而且在许多农村也有一定的控制力;这些地方经常选择能读会写、经济上较优裕的中等阶级分子担任市长和村长。

  起先,迪亚斯领导的叛军在同莱尔多政府的交战中屡战屡败,但是,正当此时,伊格莱西亚斯指控莱尔多在选举中舞弊,并自封为总统。莱尔

第七章 ● 波菲利奥·迪亚斯政权的兴衰

多政府内部的这种分裂活动激起迪亚斯坚持反叛,最终在特科阿克战役中迪亚斯大胜政府军。结果,在伊格莱西亚斯和迪亚斯的两面夹攻下,莱尔多只好弃职逃往国外。迪亚斯试图同伊格莱西亚斯分享权力,提出只要后者承认他是新革命军的首领,并同意尽快举行新一轮大选,那么就承认伊格莱西亚斯为临时总统。但是,后者过高地估计了自己的力量,而拒绝了迪亚斯的条件。这样,两者兵戎相见,迪亚斯军队最终赢得胜利。1877年春,迪亚斯在大选中获胜,成为新总统。从此开始了长达30多年的波菲利奥·迪亚斯统治时期。

从1877年2月15日担任共和国临时总统到5月5日当选宪制总统期间,波菲利奥·迪亚斯不事声张的隐蔽的首要目标是以强加的秩序作为其统治的基础。目的是要成为拥有绝对支配权的人。尽管他没受过很多教育,但是他的特点是显示出办事干净利落和方法得当。部分公共舆论要求他,实际上他本人也想成为无冕之王。虽然他缺少控制老百姓的经验,但是如果有人给他出主意,那么他也许会成为贵族和中等阶级所期待的管理者。无论如何,在其第一任总统期间没有变成所期待的管理者,尽管他作为一个绥靖者比其前两任做得突出。1877年到1880年,他还不懂得操纵其内阁,频繁撤换部长。在近四年任期政府的六个部先后使用了22名部长,财政部使用过7名部长,外交部长4名,内务部长4名,国防部长4名,司法部长和公共教育部长3名。

1880年12月1日曼努埃尔·冈萨雷斯平静地接受了总统绶带。新的统治者有一副16世纪西班牙征服者的外貌。有人甚至说他出生于西班牙,而不是像他自己所说生在塔毛利帕斯州的莫克特。他有着领主的模样,看上去勇敢、坚定、直率、专横、爱国、充满色欲和男子气概。他知道由不同类型而又不太支持自己的人组成一个内阁会比迪亚斯更好些。他懂得摧毁普埃布拉、哈利斯科和萨卡特卡斯的地方政治头子的权势是重要的。他逐渐走上了把自己变为人们所期待的首领的道路,但是在最后拐弯处犯下了两个错误,从而抹杀了他的良好名声。他纠缠于处理英国债务和投放镍币的丑闻之中。因此有人说,前一事件使得共和国处于十分不利的地位,却给冈萨雷斯分子带来很多利益,他们无耻地抢劫国家财产。至于镍币事件更加恶劣:最终引起首都居民的暴动。拉梅尔塞的卖菜人和下层群众走上街头,砸碎橱窗和指路灯,声嘶力竭地呼叫:镍币完蛋!惯偷冈萨雷斯完蛋!这位总统悠闲自得地穿过被激怒的人群,但是他没有勇气面对狂暴的人群,即使他允诺带来不满的镍币停止流通,也没有恢复他的声誉。曼努埃尔·冈萨雷斯就这样名誉扫地地离开了总统职位。

公众舆论兴高采烈地看着波菲利奥·迪亚斯再次执政。1884年12月1日迪亚斯以全新的心态重新掌握政权。现在他有一位长有女王仪表、十分年轻的夫人,她具有巨大的社会鼓动性,是在样板国家——美国接受教育的"一朵金莲花,优雅而富有美德的宝贝"。重新登上总统宝座的迪亚斯消除了使得冈萨雷斯灰溜溜下台的地方政治头目的影响,并阻止了新的地方政治头子权势的形成。最终他凌驾一切信仰和英雄之上,使得人们对他具有信心、害怕和热爱。为了让自己变成必不可少的人、有能力把公牛拉出峡谷的人及平定动乱的人,他不必履行图斯特佩克计划的诺言。不久他就成为干出几个事情的英雄,其中之一便是实现国内和平的英雄。

从其第一任期起,迪亚斯就使用暴力和手腕来对付公共秩序的敌人:反叛的将军、野蛮的印第安人和沦为匪盗的士兵。他在执政后,还没有退伍的念头。他需要3万名士兵用来维持国内和平,并且经常出动士兵进行干预。他在没有使用暴力的情况下,裁减了莱尔多派的将军;又合法地打败了另一些将军,并且先发制人地打败了其他几名将军。在1877—1879年间风行武装暴动,以要求莱尔多·德特哈达返回政坛。为了消灭政敌,迪亚斯都不事声张地扑灭了很多地方莱尔多分子小规模的叛乱。还有其他更为棘手的暴动,如:马里亚诺·埃斯科维多小心翼翼地在美国准备暴动活动,开始并没有像人们所期待的那样出洋相。但在第一次交战中暴动就被粉碎了,这就使当时新莱昂的政治首领赫罗尼莫·特雷维尼奥写信给迪亚斯:"在我指挥的军事路线下终结了这次骚乱。"有些叛乱没有发动,便胎死腹中。迪亚斯持有自己的军事哲理:对付任何骚乱,预防比事发后镇压更加有效。他正是多次按这一想法做了。他监禁了被怀疑谋反的尼古拉斯·德雷库莱斯和卡洛斯·富埃罗两名将军。

尽管扑灭了现实的和可疑的莱尔多分子的反叛,但是当时还必须对付奇瓦瓦州等反政府的地方暴动,以及加剧的普埃布拉山地和平原上旧有的敌对活动。1879年平原人高呼:打死波菲利奥·迪亚斯!打死山地人!他们夺占了威霍琴科,并干了很多野蛮行动。此外,在各地还出现了各种骚乱和暴动。当一部分军队攻打政治型的反叛时,另一部分就调去

第七章 波菲利奥·迪亚斯政权的兴衰

向不顺从的印第安人开战。1878年到1883年间各种报纸都报道阿帕切人日复一日地劫掠北部边境各州。雅基人和马约人暴怒地起义。因此,政府命令托佩特和马丁内斯两将军带领许多部队进行镇压,其行动也付出了高昂的代价。

以血与火为代价成功地抑制了古老的反叛精神。但是无辜的农民也付出巨大的牺牲。农村社会不得不承受士兵的胡作非为。因此,只要有人呼叫:军队来了!人们就会惊恐地逃出村庄和牧场。为了支付绥靖行动的费用,国家财政更加拮据。当迪亚斯上台执政时,政府收入明显增长,但费用增加。结果收支失衡带来了财政的混乱。那些年的许多财政部长,如杜布兰和罗梅罗,通过贷款,举借国债和浮动兑换率,及缩减官员薪金;再加上其他计谋和技巧,也由于增加印花税,所以财政状况好转,以致冈萨雷斯执政的四年中出现挥霍现象,并恢复了墨西哥在欧洲和美国的信用。

在国际关系方面,1877年到1888年期间,迪亚斯和冈萨雷斯结束了马克西米连帝国的垮台造成的墨西哥的孤立状态。换言之,这两位总统摆脱了同美国不可信赖的单一国际关系。1876年美国当选总统拉瑟福德·海斯的对手散布谣言说,这位总统十分看好对墨西哥的征服,按照《纽约太阳报》的说法,美国"投机商也想要(夺取)墨西哥的矿山和领土,军人集团渴望获得迅速晋升的时机,投机者、承包人和形形色色的冒险家对墨西哥都有野心"。据《纽约世界报》讲,得克萨斯人想要"跟哈辛托战役那样,给墨西哥再狠狠地踹上一脚"。另一些文章说:"在美国社会各阶级中吞并墨西哥领土的计划是家喻户晓的。"还说,美国政府在寻找借口对墨西哥宣战,因此海斯总统不承认出自图斯特佩克叛乱时的墨西哥政权,由于怀有帝国主义的阴暗企图,华盛顿的当权者对于承认迪亚斯政权设置了繁多而严厉的条件。

但是,面对如此尴尬的形势,迪亚斯只限于感叹:"可怜的墨西哥!上帝如此遥远,而离美国又如此之近。"他十分谨慎小心,不给海斯以任何借口来干涉墨西哥;他以无可指责的准时每年偿还债务给美国;他给海斯写了一封亲笔信,说美国所不承认的墨西哥政府,已经举行了涂上民主选举圣油的礼仪。另一方面,迪亚斯加强了边界的警备部队,命令有才干的,具有秘密代理人身份的曼努埃尔·玛丽亚·德萨马科纳前往华盛顿,目的是排解威胁墨西哥的激烈争吵。最终,在经过许多争吵之后,北方巨人确信,眼下最好的做法是遵循罗森克兰斯将军的理论:"我们同墨西哥关系的理想基础是完全承认其民族性,而只要我们的工业产品闯进他们的市场。"1878年4月美国政府承认了波菲利奥·迪亚斯主持的墨西哥政府。

美国承认墨西哥的谈判使得后者的领导人非常警惕;迪亚斯迫切希望尽早结束第二帝国垮台后墨西哥的孤立状态;同时必须使得墨西哥的国际关系多样化,改变只同美国交往的局面,摆脱带来危险性的仅有一个伙伴的状态。在《墨西哥现代史》中达尼埃尔·科西奥·比列加斯在详细研究了墨西哥现代时段的对外关系后,总结说:"在1876年和1877年美国政府提出承认迪亚斯政府的条件是,立即和最终解决两国之间一切悬而未决的问题,当时墨西哥已明确地感到单一地同美国打交道的危险性。"美国政府要求一下子全部支付由1868年7月4日协定所创立的混合委员会所判定的要求款项;支付诺里亚和图斯特佩克两次反叛期间给其国民个人和国家利益造成损害和损失的赔偿费;墨西哥应承诺,不可避免的贷款不得损害美国公民;取消阻碍美国公民在边界地区获得不动产的法律规定;废除"自由区";特别是借助美国军队"自由进入墨西哥境内以捉拿和惩罚扰乱边界安宁者"的手段,实现"边界安定"。

面对这些要求,面对"如此粗暴、压制和危险的政策",出自图斯特佩克反叛的政权以墨西哥投入欧洲怀抱作为回应。利西奥·比列加斯说:"不久墨西哥便开始确定和实施其对外基本原则:使欧洲变成对美国(直到那时对墨西哥保持唯一的影响力)的节制力量;感到有必要在欧洲寻求道义支持、政治依靠和经济援助";在保持华雷斯创建的爱国主义架构的情况下,寻求同欧洲国家重建关系。这样,同比利时、德国、意大利、法国、西班牙和英国重建了正式关系,并对法国的一切产生了过分的爱好。

有助于巩固社会秩序——进步基础的另一件事是通过丰富的法规来规范墨西哥人的个人生活和各个集团的独特活动。从1870年起就存在的联邦区民法典,1871年刑法成为大多数州的样板,1885年矿业法生效;一年后邮政法,和半年后贸易法相继生效。总之,在国内安定后,为了追求国家富裕的目标,政府先后颁布了一系列的法律和法令。

三、驱动经济发展的"四轮"

执政者认为墨西哥经济进展是"四轮滚动"的必然结果,这四轮是:第

第七章 波菲利奥·迪亚斯政权的兴衰

一是加紧建立秩序,形成安定局面。第二,永远存在的国家良好天性;墨西哥领土具有希腊神话中象征丰饶的羊角形状,在领导者眼中这是十分有前途且易于开发的财富,它有益于人们健康且拥有最好的气候,此外,国土十分美丽。只是在1877年到1886年期间,墨西哥的大自然才表现不佳,短暂地发了脾气,当时在太平洋沿岸发生了地震;科利马火山两次喷发;在中部地区和墨西哥湾地区下了冰雹、暴风雨并发生水灾;在整个高原地带发生持续严重冰冻;1881年,在地峡地区发生蝗虫灾害;1882年,在东北部出现黄热病,在瓦哈卡和恰帕斯发生霍乱传染病;1883年西北部出现呕吐流行病,肠炎、犬吠样咳、肺炎、疟疾、天花、斑疹伤寒和数十种动物流行病,灾害日复一日地鞭打着人们。这一切使人们认为墨西哥历史上很少有像当时的那批爱国精英,如此盲目地爱恋家乡,以致无视其明显的弱点。

只是墨西哥繁荣的第三个轮子:欧洲移民,看来并不持有墨西哥人在地理方面的乐观主义。或者说,他们对于墨西哥的政治秩序也缺乏信心。欧洲移民持续不断进入美国、阿根廷和美洲其他国家,但是很少登陆墨西哥,尽管给他们提供优惠条件。迪亚斯第一任总统期间许多锡那罗亚人、索诺拉人和下加利福尼亚人进入美国境内,但很少有其他国家的移民集团定居墨西哥。最终,在冈萨雷斯执政的四年中,来了几批人数很少的意大利人。1881年,43名衣衫褴褛的拓殖者在韦拉克鲁斯登陆,自由派精英认为他们是极好的移民:男子"高大并受过良好的教育",女子"容貌非凡"。1882年另两批移民来到,一批为1 500人,另一批为600名意大利人。紧接着,给他们提供土地和各种爱抚;让他们定居在普埃布拉的卡洛斯·帕切科、华图斯科的曼努埃尔·冈萨雷斯、乔卢拉的费尔南德斯·莱亚尔和其他一些拓殖地。还较冷漠地接受了一些古巴人和加那利人来拓殖国家谷地的土地;此外,不大情愿地接待了来到索诺拉和锡那罗亚的数百名中国人,以及575名摩门教信徒,他们在奇瓦瓦建立华雷斯拓殖地;还好奇地接受了172名乌托邦社会主义者,他们在托波洛潘波创办罗伯特·欧文种植园。总共所接受的外国拓殖者不超过1.2万人,大部分人与所期待的情况相符。

外国投资是驱动墨西哥经济的第四个轮子,但是19世纪80年代之前外国资本没有大量涌进,因为他们对于墨西哥的政治状况怀有疑虑。1880年之前极少外资流入。从1881年起数笔美国投资获准建造五条铁路系统。1881年，W.C.格林以35万比索购置了卡纳内亚矿山。同年，七家美国公司投资于奇瓦瓦几家矿场。由于同法国恢复了外交关系，法国资本创办了墨西哥银行，投资于铁路建设，开办博莱奥铜矿公司和多斯埃斯特雷利亚金矿公司。1886年，由于解决了英国债务问题，英国资本以有限的钱款投于其原先控制的采矿业。德国直接投资很少。1887年跨大西洋德国银行在墨西哥设立分行。

  虽然只有很少的外国援助，但墨西哥经济在国民消费食品生产方面取得了少许的进展。1880年，玉米、菜豆、小辣椒和小麦仍然同10年前的收成差不多，尽管坚持了关税保护的政策。小地产主、佃户、分成制佃农和村社成员并不放弃其种植玉米地的习惯，将其全部或大部分产品都吃掉。而从征地和开垦大片荒地中产生的新庄园主生产主要销售给美国的产品。在出口农业中进展并不骄人。龙舌兰的生产量以每年20%的速率增长。1877年咖啡生产为8 000吨，1881年达到1.5万吨。此外，畜牧业，由于长期干旱、战乱和动物流行病的影响，一直因循守旧、贫困和很少盈利。政府首先关注马匹品种的改良，1880年引进了6 500匹小马，但是不关心改良其他种类的牲畜。在北方和沿海地区仍然存在野生畜群，用于乘骑和驮货的母骡和公驴、小羊群、肥猪和印第安人茅屋里的少数母鸡，以及中部高原上一些庄园和牧场里大批牛群，它们很少用于肉食消费，而是主要用于剥牛皮和少量挤牛奶，用来制造奶酪。从此科尔蒂哈赶马帮的人传播了那里奶酪的声誉。

  无疑，除了尤卡坦的龙舌兰种植者之外，转向农牧业的数百万墨西哥人都配不上"进步主义"这个称号。而8万名矿山业主和劳动者却是成就更为显著。采矿业地区仍然集中在中北部，但已经开始勘探西北部的矿藏。仍然保持着开采贵金属的传统，虽然已成功地生产相当多的铜和煤。另一方面，黄金和白银的开采年年增长。黄金的产量从1 000公斤增至1 500公斤，而白银从600吨增至1 000吨。1886年开采了254吨铜，次年由于博莱奥铜矿开始运作，因此产量达到2 084吨。1887年，煤炭生产已达57 000吨，但是满足不了国内的需要，不足以抑制木炭的灾难性利用。从技术方面看，白银开采中仍然沿用汞齐化加工法。蒸汽机的使用已明显增多，而逐渐放弃了西班牙式的火炉。至于采矿业组织方面，两件事值得一提：1883年墨西哥采矿业会社诞生，1884年颁布矿业法，但它没有多少创新，因为其大部分条文沿用了古老的"矿山条例"，有些立法者将

第七章 ● 波菲利奥·迪亚斯政权的兴衰

后者视为"具有深刻智慧和经典之作"。

1877年墨西哥的制成品总共只值7 500万比索,10年后为9 000万比索。最大的三个工业部门:制糖、纺织和烟草业都没有显著的进展。棉纺织业刚刚开始增长。开司米(细毛料)工厂数量从8家增至22家,利用的羊毛从680吨增至近2 000吨。糖的生产从3万吨到4万吨,黑糖从4万吨到5万吨。此外,开办了3家新的造纸厂,产量增加3倍,从1878年2 000吨升至1886年5 750吨。

确实,在波菲利奥·迪亚斯第一任总统时期自给自足的经济逐渐让位给商品经济。地方市场加速向地区和全国市场过渡。不断增长的购买力、铁道、制成品生产和消费商品给商业增添了动力。墨西哥城、普埃布拉、瓜达拉哈拉、圣路易斯波托西、萨卡特卡斯、莫雷利亚、瓜

"高尚"香烟厂

纳华托、莱昂和其他城市都不得不建造食品买卖市场,自发建造销售法国名牌和其他外来名称的服装大市场。虽然政府用商品税制来抑制商业热,但是80个城镇的200万居民已使商业成为其主要职业和提升生活方式的手段。在这个群体中,一小部分佼佼者在官方许可下推动对外贸易。想要加强同美国和欧洲的贸易交流的墨西哥政府,1882年与德国、1883年同美国、1886年和法国签订了贸易条约。因此,进口明显超过出口。贸易赤字抵消了流入的外资。1877年出口值为4 000万比索,而进口值为4 900万比索。主要输入消费品,而输出贵金属。这一状况很快发生变化。到1888年,出口值升到6 700万比索,而进口高达7 600万比索。墨西哥的出口品趋向多样化。除了金银之外,还出口咖啡、加工木材和龙

舌兰。

　　同美国不断增长的交流带来了贸易和铁道建设的繁荣。迪亚斯执政初期，铺设了640公里的铁道，就是墨西哥城至韦拉克鲁斯的铁道。到1884年末，已有5 731公里铁道投入营运。从墨西哥城乘火车可直达托卢卡，瓜纳华托州埃尔巴希奥地区的各城市，萨卡特卡斯，奇瓦瓦和北关。诺加莱斯至瓜伊马斯的铁道和中部地区的几条支线都已开始使用。迪亚斯第二任总统时期铁道又增加了3 000公里。1877年到1887年期间每年平均修建700公里。

飞速发展的铁路建设

　　1877年电报网达到9 000公里左右，十年后不少于4万公里。虽然偏重于铺设铁道和电报线，却也没有忽略改善大车道路、港口工程和海洋运输。1882年墨西哥跨大西洋运输公司大吹大擂地开张。这一切表明，波菲利奥·迪亚斯统治的前期墨西哥经济已取得了前所未有的进展。

　　经济繁荣也是波菲利奥统治的第二阶段的主要成果。从整体看，农业的进展并不显著，仍然主要依靠自然条件，而不是商品化和技术改进。1888年暴雨影响到农业，洪水淹没了莱昂地区，使得埃尔巴希奥粮食产地明显减产。1889年牛和鸡的动物流行病肆虐。1891年达到极点：科利马火山喷发，雨水稀少，玉米地歉收，母牛瘦骨嶙峋是该年和次年惯常景象。1892年，除了特别干旱外，在西部发生强烈地震，东部多次受到飓风袭击。1893年发生两种致命的传染病，当时斑疹伤寒造成了约2万成人和小孩的死亡，天花夺去约3万名幼儿的生命。后来天花又两次肆虐：1899年夺走3.8万名儿童，1902年又造成2.8万名儿童死亡。

第七章 ● 波菲利奥·迪亚斯政权的兴衰

然而,墨西哥的领导人和思想家依然怀有摆脱不了的情结:尽管自然资源贫乏,但是通过欧洲移民的输入,就有可能实现农业进步。恩里克·克雷埃曾保证:10万名欧洲移民比50万墨西哥印第安人更有价值。这样,所述时期再次流入外国移民,但是他们一般并不选择农村,而是定居在城市。据1900年全国人口普查,墨西哥共有1 350.8万居民,其中有60万人不是出生于墨西哥境内。19世纪最后10年估计有2万移民。

本土居民的3/4以耕作维持生计,他们分布在村落和村社中。1900年,在536万劳动力中,317.8万人与农牧业发展无关,而分布在有活力的最需要劳动力的各部门。食品类的农牧业产品,也就是说,居民必需直接消费的产品仍然在贫瘠的土地上,利用古老而简陋的农具生产,其成本十分昂贵。而分布在优良土地上的出口农业则是另一番情形。按照1900年的比索值,出口农业值从1887—1888年度的2 000万比索,发展到1903—1904年度的5 000万比索。沿着"之"字形路线,1887年咖啡从1.2万吨升至1904年的2.6万吨。龙舌兰从3.8万吨(价值700万比索)增至10万吨(2 000万比索),1868年橡胶生产135吨,价值18.8万比索;而到1905年产量达到1 400吨,价值180万比索。

畜牧业只是在北部广阔而干旱的平原上,通过大庄园这一特殊形式,在路易斯·特拉萨斯巨大庄园上借助十分独特的方法,取得有限的进展。此外,牲畜饲养仍然采用粗放形式。牛奶一直是被浪费掉的副产品。畜牧业在技术上没有发展,主要销售肉类和皮革,出口活牲口和皮革。1902年,在美国15名畜牧业大王访问墨西哥之后,美国对其畜牧业的投资开始占有重要地位。

采矿业的产值每年以6%的速率增长。1889年,冶金矿产品价值4 100万比索,1902年达到1.6亿比索。20世纪初在下加利福尼亚发现了含金流沙地。黄金生产每年从一吨半升至14吨;白银从1 151吨增至1 772吨。但是,白银的贬值没有停止。与此相反,工业用的金属生产和价值都在不停地增长。1891年到1894年,铜生产每年以10%的速率上升,而1895年到1905年年均增长率为21%。1891年铜产量为5 640吨,1894年达到1.2万吨,1898年1.6万吨,1905年高达6.5万吨。1901年,墨西哥已成为世界第二大产铜国。除此之外,铅、锑、锌的生产都在增长。总之,1888年到1903年采矿业走向昌盛,这主要是由于1892年矿业法授权采矿业私有化和引进最好的技术。1900年,矿工人数已达

10.7万人，几乎全是男性。同年，中间产品工业雇佣了62.4万工人，其中21万为女性。制造工业在加速发展。1892年，在给予新工业免税的法律颁布前一年，工业产值为9 000万比索，11年后1.63亿比索。最具活力的三个工业部门是制糖、纺织和烟草，五年间它们的产值分别从2 000万增至3 400万比索，1 500万升至3 400万比索和从1 000万增至1 600万比索。工业部门中最新成果是电力工业的出现，1900年4家蒸汽发电厂和14家水力发电厂生产电力达2.2万千瓦，随后10年中又增加5倍。除了拥有一个跨国界的有限市场的烟草生产之外，制造业的发展仍然立足于国内需要，特别是面向日益增多的中等阶级的购买者。

波菲利奥统治的极盛时期加速将各个地方市场推向全国市场，并从墨西哥市场走上世界市场。到1895年，25万墨西哥人是商人，其中大部分是零售商。运输的改善和扩展，及1896年4月23日各家报纸发布的消息：禁止共和国各州"对过境的人或物征收通行税……以直接或间接方式对进出口其境内的任何本国或外国商品征税"，这些因素都促进了国内的贸易。自然，最大的受益者是批发商，但是也给在街头和商场出售其商品的人，特别是在集市贸易之日带来一定的利益。19世纪最后十年期间，出口商品的数量、价值和多样性都不断增加，年增长率为8%，但进口增长较慢，尽管每两年就输入许多玉米。同一时期，每年贸易顺差平均达到2 500万比索。虽然主要的出口产品仍然是贵金属，但是同工业用金属和农牧产品相比它们已丧失了重要性。铜、铅和锑逐渐大批量出口。

极其昂贵的交通工程、工业和采矿业的进展，以及农业的不稳定性大多数都归因于外国资本，无疑，墨西哥资本不可能承担如此庞大而复杂的任务；当然，由于本国资本很少，且倾向于投资小型、简易和风险不大的企业。将外资引入经济建设的主张，早在19世纪末和20世纪初就得到墨西哥的政治家和思想家的赞许。例如，胡安·A. 马特奥满意地"看到外国人成为高级银行业、信贷交易、电灯、电话、铁路和意味着文化与先进的一切东西的主人"。所有前卫的墨西哥人都不是保守派，他们认为，必须利用丰富的可支配的国际资金，渴望这些资金能投于其国家的进步。因此，每个人都看好迪亚斯政权对外国投资保持良好的环境。这样，最先进的公众舆论都支持外国资本，认为外资对于共和国的富强和福利是必要的。

第七章 ● 波菲利奥·迪亚斯政权的兴衰

四、波菲利奥·迪亚斯政权的鼎盛与没落

1887年冬末和1888年之初,是整个墨西哥历史中最愉快和最有信心的时期之一。人们刚刚感觉到寒意,村社之外的土地尚未冰冻,而这种气候对于消除雨季蔓延的病虫害是必要的。那个冬天比较理想,因为从1888年第一天起开始庆祝元旦,直到那时还是英国人所特有的一种娱乐活动;从此,在墨西哥,元旦就成为像圣诞节前夜传统的客店节那样的节日。

1888年初看来移民政策刚刚取得关键性成果:墨西哥接待了在其祖国不被看好的一批外国移民,因为这些人怀有革新思想,希望实践"人与人之间兄弟情谊,以爱取代竞争,相互支持与合作取代斗争"。1887年到1888年冬季,外国移民在废除私有财产、货币与集体修筑道路和学校的基础上,巩固了托波洛潘波的拓殖地。据他们描述,"托波洛潘波将是一座勤劳的城市,游手好闲者将被排除在外;每个拓殖者将按照拓殖地管理委员会的指示,视其能力进行劳动"。每个拓殖者都从委员会那里领取必需品用于生活之需要。来自美国和其他各种状况的拓殖者都来尝试一下在这块拓殖地上的运气,在那里废除了捐税和惩罚,一切东西属于每个人,所有的人都对本人的幸福负责。先前由一位40岁的乌托邦主义者阿尔贝托·K.欧文领导的一批拓殖者发现了托波洛潘波港湾,一些人乘船来到此地,另一些人坐大车来到拓殖地。1888年初他们租下拉洛希亚,萨卡里亚斯·奥却亚的一个牧场。同时出版其第一号报纸,其中赞美说:"海洋和天空、山冈和谷地特别美丽,它们将永远深入我们的心灵……顶峰永恒的白雪皑皑的阿尔卑斯山是壮丽的,然而是冰封的;此地的一切是美丽的、火热的和色彩斑斓的……曙光和黄昏都是美不胜收的。"同一报纸还预言:"几年以后这里将生活着成千上万名进步的锡那罗亚人,而墨西哥的这一地区将成为地貌最好的地方之一。"

与此同时,在北部沙漠的深处出现另一种群体,它们具有资本主义特征。在托雷翁汇集了中央铁路的各条支线:从墨西哥城通向埃尔帕索,连接国际铁路各线。托雷翁,原先只是徒有其名,只是从此时起成为波菲利奥·迪亚斯时期带动进步的最大农业地区:拉库纳的行政和商业中心。此外,铁路又通向全国第二大城市,西部之首:瓜达拉哈拉。除了铁路线

之外，电报线路也把尤卡坦半岛同全国其余地区联系在一起。商人，作为交通运输工程的主要受益者，曾在首都的查普尔特佩克城堡宴请迪亚斯总统。就在那个场合，商人们强调了进步的关键主张：拓殖处女地，敷设铁路和电报线，外国投资及贷款、秩序、调和政策，以及迪亚斯将军在国家最高职位上的重要性。1888年1月12日这位总统被拥戴为国家一体化、国际和睦相处、安定和进步的关键。

作为国家安定的维护者，迪亚斯当时走向新的胜利。据报道，劫富济贫者埃拉克利奥·贝尔纳尔已落入当局之手，此人多年扮演绿林好汉的角色，曾使得安赫尔·马丁内斯和多明戈·鲁比两将军出足洋相。不久前当局还悬赏1万比索要"锡那罗亚闪电"的头颅。1888年初，强盗的教父和追随者克里斯宾·加西亚告发了贝尔纳尔的藏身巢穴。一天夜里，克里斯宾带路，一批龙骑兵登上埃拉克利奥的藏身处，随即碰到一具男尸，谁杀了这名男子？有人说，按照埃拉克利奥的命令，是克里斯宾干的。据说，贝尔纳尔正处弥留之际，当时他命令其教父了结他，不让军方拿到赏钱。无论如何，为了让总统成为国内安定的英雄，强盗之死证明了迪亚斯的军队是好样的。但是，以这个事件为素材而编成的民谣却暗示埃拉克利奥·贝尔纳尔是被暗杀的。在当地，这个民谣广泛流传："骑在珠宝骏马之上的贝尔纳尔多英俊，济贫之前不偷穷哥们，飞吧，飞吧，小鸽子，飞吧，飞向胡桃树，有人已伺孤道上，有人杀了贝尔纳尔。飞吧，飞吧，小鸽子，飞吧，飞向橄榄树，直到波菲利奥·迪亚斯想要知道他活着。"

在1887年到1888年那个著名冬季，迪亚斯还获得了"国家信誉恢复者"的称号。1887年末他签署一笔1 050万英镑的贷款，用来赎回伦敦债券和英国协定的债务，以及偿还由利息产生的浮动债务。伦敦的《时代报》将这笔贷款称之为"剜肉补疮政策的故态复萌，是最可悲的"。而在墨西哥则把这一借款视为外国人对该国恢复了信心，欧洲已认为墨西哥具有良好信用的征兆。

作为国家各种势力的调和者，迪亚斯利用三个教士黄金庆典时机，向教会使出温柔的眼色。1888年1月1日公开庆祝教皇莱昂十三世的教士生涯50年，迪亚斯为"保守的"墨西哥人去罗马朝圣提供借口；同时他也没有走向极端：在废除限制天主教会的立法的情况下，在瓜达拉哈拉的大主教佩德罗·洛萨的黄金礼拜之际，再次向天主教徒表示祝愿。面对这种违反信仰法的行为，执法者们都保持谨慎和沉默。还有，在庆祝教士

第七章 ● 波菲利奥·迪亚斯政权的兴衰

的第三个五旬节:未能如愿的帝国分子、教皇皮奥九世的忠实追随者安东尼奥·佩拉希奥-达瓦洛斯大主教的五旬节之时,墨西哥自由派首领:迪亚斯总统为了寻求这个最著名的保守派首领的恩泽,送给他一件小礼品:"玳瑁牧杖和镀金银器"。

那年冬季,为了保证在宪法修改后实现连任,迪亚斯前所未有地作出很多功绩。议员弗朗西斯科曾说:"人民有能力保留时间来选择其任何一名统治者……不应当强迫、缩减、限制君主的意志。"实际上,此人希望波菲利奥成为永久的国家元首。1887年3月25日哈利斯科的立法机构首先提出迪亚斯连任四年总统。接着,除了雅客宾派的《共和派告诫者》和天主教及保守派的报纸之外,公共舆论机构都支持哈利斯科立法机构的主张。很快联邦议员倡议修改宪法。议员弗朗西斯科·布尔内斯提前援引论据:"好的独裁者是如此非凡的人种,拥有他的国家应该延长其权力,直到终生。"联邦议会通过了宪法修正案,到1887年10月23日各地方立法机构也都作了相应的修改。从此以后,除了像菲洛梅诺·马塔那样令人扫兴的人之外,全国名人从1887年到1888年那个非凡的冬季以来都坚持认为迪亚斯具有这样的品质:他作为"船工和伐木工就像林肯,谦逊的土著人就像华雷斯",他们最终得出以下结论:波菲利奥先生将一切美德集于一身,也许其美德还要多,因此,他应当连任。

在震耳欲聋的溢美环境中,拥护连任分子和波菲利奥分子的排山倒海之势是必然的,这就使得少数持异议者在那个冬季所做的其他大事湮没无闻,如允许女子修业于大学的瓦哈卡法令,在由埃米利奥·拉瓦萨创作的小说中引进自然主义,在米却肯州的极西部两千米高的高原上创建圣何塞·德格拉西亚的慈善机构。

时间已至3月19日。第一批投票开始,选举共和国总统、国家总检察官、最高法院高级法官、国会的众议员和参议员。选举委员会所在地极其安静。一位观察员如此描述了墨西哥城:"上午11时,没有任何事或没有任何人能占用法定的时间表:进行投票或计票。12时,同样时间表;1时,相同。稍后,在背风向阳处开始出现冷清气氛之时,我们亲眼看到两个人……将胳膊肘撑在桌子边打瞌睡,而没有一个公民去打扰他们。"7月举行第二批选举。10月10日,国会计票委员会提出其见解。公开的投票数为16 709票;波菲利奥·迪亚斯获得16 662票,得票率为98%。15日在首都的索卡洛广场民众放焰火、举行庆祝活动。12月1日在举行了波菲利奥·迪亚斯向自己移交权力的仪式后,在老的海关大楼举行宴会和舞会,为此用草皮似的地毯、热带植物、青铜、雕塑、瀑布、喷泉、彩灯作装饰,摆有精美可口食品和各种美酒。庆祝活动直到次日清晨5点"烈酒消费还十分火爆",因此醉酒者开始"扔掷枝形烛台、装饰品和坐椅"。从第三届总统任期起,迪亚斯认为此时应当将一部分同一代的军人伙伴免职。因此从1888年起其周围便有一批更年轻、有技术、都市的和彬彬有礼的人;这些所谓的"科学派"被吸收到官僚队伍。中等阶级所称的"科学派"并不是科学家,而是指出生于1840年之后和1856年之前的一批人,1888年其年龄均在32到48岁之间。所有的科学派都不超过50岁,1888—1904年期间这个集团有20名著名人物和5名杰出人物。这20名科学派组成一个传记体式群体,除了两人出生于1856年,其余18人出生时期为1841年起到1857年政治事件之前。大部分人起初仅生活在一座城市,在那些年代其人口在10万人以上;11人出生于墨西哥城。有3个北方人(科拉尔、克雷尔和帕拉),4名东南方人(卡萨苏斯、皮内达、拉瓦萨和西埃拉)。还有哈拉帕人和莫雷利亚人。除了科拉尔和克雷尔两人之外,其余荣誉科学派都完全是城里人。因此,几乎所有人都对牧场和村庄生活持漠视态度,甚至对外省生活、首都下层生活的肮脏和爱吵架生活懵然无知。这个集团的主要成员包括金融家、技术官员和知识分子,其集合者是迪亚斯政府的内政部长(也是迪亚斯的岳父)曼努埃尔·罗梅罗·鲁维奥,他于1895年去世后由财政部长利曼图尔接替。

实际上,这些年轻人的主张相似于马克西米连帝国垮台起就逐步实施的自由派老的箴言,但是他们比老的自由派卫士更加倾向于保守主义、寡头政治和专家治国论。当然,少数人是例外。其有关墨西哥的改革计划包含以下方面:重组国防部门;以依靠地籍册和统计学的另一套税收制度取代以经验为依据的税收制;取消国内海关和减少关税;吸引外国拓殖者和资本的商业政策;持之以恒地优先支持公共教育;借助某些法官的不可撤换性改进司法部门;为避免严重的危险性和预防从抒情般的单一政府向寡头和技术性政权过渡,改革共和国总统更替制度。无论如何,"科学派"的年轻一代不可能将波菲利奥·迪亚斯变成他们计划的工具。利曼图尔在其回忆录中说,"起初科学派很少有机会同总统先生建立联系"。但是很多证据表明他给予支持,以及希望在民主制度和实践的发展方面他们给予合作而不要制造麻烦。但是,迪亚斯怀有某种猜疑:"由于大力

第七章 波菲利奥·迪亚斯政权的兴衰

推动这个集团,可能在公共管理方面发挥一定的影响,有朝一日(集团)会走一条不同于官方的行动路线。"迪亚斯一直小心翼翼地同科学派保持良好的关系,但是仅此而已,而科学派却多次想要与他谈论"关于公共秩序的问题"。

他们不可能利用迪亚斯,而后者确实利用了他们。科学派没有实现自己的任何一个愿望。1893年胡斯托·西埃拉徒劳地要求法官具有不可撤换性;整个集团徒劳地坚持"借助自由赢得最终和平",因此,必须保障出版自由;布尔内斯徒劳地希望法律触及独裁者。迪亚斯加深了他对几乎抽象的计划思想炮制者的厌恶;他轻蔑地谈到他们实行"深化主义"。另一方面,又认为他们是易于满足的雄心勃勃的政治家;像对待孩子那样对待他们,在执行技术任务方面几乎一直是单个地而不是群体地使用他们。然而,科学派却十分满足于总统的轻微掌声、紧紧握手问候及其很小的嘱托。这正如埃米利奥·拉瓦萨所说"科学派集团忽略了自己的一切行动自由",而变成迪亚斯政权的装饰性附属物。

正是在阿谀奉承之词多于为民请命呼声的政治环境中,迪亚斯开始独揽大权,独断独行。由于公众舆论的默许,总统只把他个人与政权联系在一起。迪亚斯只将很少一点权力留给各州州长,使他们成为名誉性"总督"。议会中的反对派鸦雀无声。在各种报纸上政治类型的辩论被缩减到最小版面。在其第三届政府之初,迪亚斯已成为独断专行之术的里手行家和固执偏激的当权者。在多年执政中每天办公12小时。他的旺盛精力、敏锐嗅觉、通达人情世故、彬彬有礼的方式,表明他早已不是一名粗野的游击队员,而这一切都被用来保持和增进其发号施令的手段。从1888年到1903年迪亚斯已拥有无可争议的权威、最后的发言权,成为总统—皇帝。

1890年12月27日,通过告示宣布,宪法第七十八条已被修改,允许无限地连任总统。几个月后举行了装饰门面的选举,导致了讽刺性作品《阿威索特之子》中出现嘲弄性模仿的情景,"必不可少的首领……让其居民明白:第一条,符合宪法的总统是必要的将军,因为他已获得绝对多数票……第三条,请公布官方通告。请确认,必不可少的首领"。由于"科学派"组合在自由派联合党内,他们获得了提名波菲利奥为1892—1896年总统候选人的荣耀。在这最后一年又请求迪亚斯留在总统职位上。1900年,又是全国的波菲利奥周期的终点和起点。世纪末的这一年是政治神经过敏期。这个不可替代的首领宣布:"70岁的人不是想要统治一个年轻而又朝气蓬勃的国家的人。"他已患有脖子上的风湿病,这就暂时使之离开政府机构,同时又让两个渴望继承他的人神经高度紧张:高级军事助手、高傲的将军贝尔纳多·雷耶斯和内政助手的头领、青黑色及胆怯的律师何塞·伊维斯·利曼图尔。但是,欢乐很快烟消云散。在举行选举闹剧后,国会再次给迪亚斯涂上圣油,这次"由于总统的微妙情感,没有升起国旗,没有装饰广场,也没有回响起大教堂的钟声"。这次只举行例行的宴会和舞会及两种新形式:赠给总统一件礼物:表达其臣民赞美思想的一本书与平安大游行。

在已习惯于走马灯似地频繁更换各部部长的国家,迪亚斯内阁的稳定性是令人吃惊的。例如,1891年曼努埃尔·杜布兰去世,他刚离开财政部长职位,其职位短时间内便先后由贝尼托·戈麦斯·法里亚斯和马蒂亚斯·罗梅罗所占据;随后由利曼图尔接替,他担任财长达18年之久。国会变成为"类似于残废军人的兵营或者官员的储备室"。用科西奥的话来说,众议院"同自然史博物馆十分相似,那里陈列着各种类型的标本"。参议院是各州前州长和衰老将军的收容所。要成为众议员和参议员有一定的难度,但是如果占据要津,那就一切迎刃而解。联邦和各州的任何势力都不得保留权力。对于新闻出版事业,束缚多于自由,它们只能议论很少一点政治问题,讨论一些无足轻重的问题。

国内安定和境外信誉是波菲利奥·迪亚斯的两大丰功伟绩。境外信誉是财政部长何塞·伊维斯·利曼图尔坚持不懈努力的成果。美国最后一批债券的支付和同德国签订的5 200万比索贷款都是在利曼图尔之前发生的。科学派操作的1893年拥护连任分子的协议,要求国家财政以科学派的经验为依据采取步骤。该年由于白银贬值和农业歉收,财政状况是十分危急的。"形势逼迫和公众舆论告诫中止对外支付"。科学派部长则采取另一种做法,以化解信用前景的危险性:取消新的雇用合同,缩减官员薪金和重组收税制。1893年还有600万比索的赤字,两年后取得了平衡,从此财政以盈余为特点,七十多年国家经济生活中赤字消失,这确实是一个了不起的成就。另一方面,勤奋的财政部长在欧洲又获得了300万英镑的新贷款,并且在1888年、1890年和1893年成功地将几批到期债务转换为5%利息的一种中长期债务。1896年利曼图尔谋得了另一项重大胜利:废除了商业税,撤销了阻碍商品流通的国内海关。另一方

第七章 波菲利奥·迪亚斯政权的兴衰

面,联邦的财政收入上升。1888年收入为3 400万比索,到1904年增至8 600万比索。

总之,从1888年到1904年,就像整个基督教世界一样,在墨西哥也出现了经济繁荣景象,但是这仅使一部分人受益。在政治稳定的同时,逐步形成了极端专横的波菲利奥·迪亚斯政权。形象地讲,老人群舞可以象征这一时期墨西哥的政治经济行为。从1904年7月11日上午10时起,通过连续敲响的钟声和告示,人们得悉未曾知晓的消息:75岁的迪亚斯再次当选为共和国总统。

在政治陈列窗的显要位置上除了日趋衰老的首领之外,还群集着其他一些多病的老人;他们确实是一批穿着讲究、面容修整漂亮的人,但是服装和毛发都掩饰不了皮肤的皱纹,步履维艰、生锈失灵的关节吱吱作响。任何东西都掩盖不了他们的老态龙钟。各部部长、参议员和各州州长的平均年龄为70岁。这个政权的最年轻者是刚60岁的人,他们是下议院议员。最年长者是与共和国同龄的最高法院的法官。实际上,迪亚斯的左右手也如同他一样衰老,有些人甚至比他更加年老昏聩。其几个助手都是过去军队的战友,都是同他一样衰老。另一些人,出生于1841—1856年间的科学派,也都是经历了半个世纪以上的人。然而,当时一半墨西哥人年龄不到20岁,还有42%的人年龄在21到49岁之间。因此,墨西哥社会是由一小批老人支配年轻人和孩童的社会。

1904年到1908年迪亚斯政权的最大支持者是企业界人士,他们并不是依靠祖业的富人,且缺少赚钱活动的想象力和意愿;但他们确实是由外国人和墨西哥新富构成的新资产阶级,是除了追求"生活之乐"以外,还持续推动经济进步的阶级。外国投资日益增多,当时已达到17亿美元,其中38%来自美国,29%来自英国,27%来自法国。农业企业家也缓慢地推动农业发展,三年间农业产量增加了两倍,所生产的国内消费品的产值从3亿比索升至4亿比索;出口产值从4 600万比索增至5 700万比索。贵金属开采速率超过工业。1902年到1903年度黄金产量达到15吨,而1907年到1908年度,30多吨。白银产量,从2 000吨升至2 150吨。此外,锌、铅、铜的产量都有可观的增长。此外,铁和石油的产量则空前上升:20世纪初铁的产量不到3 000吨,而到1910年增至6万吨。20世纪初每年开采石油5 000桶,10年后达到800万桶。制造业的产值,从1904年的1.67亿比索,增至1907年的2.1亿比索。主要制造业部门是纺织、钢铁冶金、烟草、制糖和酒精。尽管经济取得了显著的进展,但是20世纪初期进步和秩序已不再是大多数公众舆论赞美的对象。换言之,当进步和秩序已成为司空见惯的事实时,它们已不再是人们谈论的主要题材。20世纪初舆论界出现了一种厌恶情绪:它们不断质疑:一小批人如此长久地充当政权的支撑者,那么,迪亚斯之后怎么办?

几乎所有的社会集团,除了为迪亚斯政权所哺育的一小部分人之外,都参与了"数落"迪亚斯政权。人们谈论波菲利奥·迪亚斯政权带来的繁荣和秩序的缺陷;评论官方的人和事的瑕疵,独裁政权陷入孤立的境地和遭受难以理解的责备。一夜之间,波菲利奥及其集团的歌功颂德者开始减少,而批评者增加了。从国内外公众舆论的反映看,对波菲利奥政权的信任度已逐渐降低。在国内,年轻的文人、城市中等阶级的大部分、牧场主和地产主、教士及多名主教、手工业者和工业劳动者、季节性地工作于美国的"自由"雇工,都开始贬低迪亚斯——前不久还被人们吹捧为人民的保护者、人间的上帝、最高的仲裁、超人、国内安定的英雄、国家新生的设计师、最高的正义、进步的巨人、能翻江倒海的奇迹创造者。对于内外这一切,政府采取大事化小的态度。

但是,从1908年起形势开始恶化,人们的不满和骚动情绪趋于高涨。1908和1909年几乎一切方面都出现倒退。大自然也来凑热闹:一部分地区淫雨成灾,另一部分地区则滴雨不下。此外,还发生可怕的地震和严重的冰冻。玉米生产下降,国内供应不足。厚玉米饼和菜豆匮乏在农村引起严重形势,这比15年前的状况更加恶化,但是此时此刻公众的敏感性更为尖锐化:任何一点伤痕就会引起震怒。所述两年工业年产值停滞于4.19亿比索;制造业部门从2.06亿比索降至1.88亿比索。贵金属,特别是白银大跌价。除了铁之外的工业金属同样减价。像惯常一样,经济危机首先损害

富人的舞会

第七章 波菲利奥·迪亚斯政权的兴衰

到底层民众,物质生活的恶化加剧了危机前就很严重的社会不平等。国家对争斗已习以为常。

波菲利奥·迪亚斯开始丧失冷静;担心外国人采取何种行动,害怕自己短期可能死去;对十几种情况都感到害怕,明白自己已到立遗嘱的年龄,并且不能忍受对他的数落和告诫。他本人通过一项声明,表示对美国《皮尔逊杂志》编辑、罗斯福总统和塔夫特国务卿所信任的人詹姆士·克里默的愚蠢言行感到不安。

民间歌舞

在所述的刊物上刊登了有关墨西哥政治谈话后,迪亚斯就在3月同一份刊物上声明:"我认为民主是政府的真正和正义的原则。"

度过了惶惶不安的阶段,斗争终于爆发。"少讲政治,多加管理"的原则受到践踏、唾弃、被付诸东流。过去只是低声抱怨的年轻一代思想家,现在写小册子和很厚的书。克里多·莫埃诺发表《我们向何处去?》;曼努埃尔·卡莱罗,《选举问题》;埃米利奥·巴斯克斯·戈麦斯,《无限的连任》;弗朗西斯科·德·P. 森蒂埃斯,《墨西哥的政治组织》;里卡多·加西亚·格拉纳多斯,《政治组织问题》;弗朗西斯科·马德罗,《1910年总统继任问题》;安德列斯·莫利纳·恩里克斯,《国家的大问题》。还出现一些新的报纸刊登许多政治类型的文章。以何塞·洛贝斯·波蒂略为首的雷耶斯分子主张波菲利奥·迪亚斯将军继续担任总统,至于副总统,"给人民的候选人……总指挥官贝尔纳多·雷耶斯"。他的计划并非长篇大论,可简化为两项原则:墨西哥可靠的自决权和"有效实践自由"。但是,迪亚斯认为,雷耶斯党,"科学派"的头脑,不具备单独存在的理由。这样,贝尔纳多·雷耶斯前途未卜。1909年末迪亚斯剥夺了他军队首领和新莱昂行政长官的职位,并将他派往欧洲研究德国的军备。雷耶斯使得他的许多党徒陷于困境:中等阶级,包括一批文人和铁路劳工,以及军队的军官。

创建于1909年中期的"反对连选连任中央俱乐部",拥有约50名成员,其中一些人具有较大的政治影响力,如《1910年总统继任问题》的作者弗朗西斯科·马德罗;该组织流传一份纲领,其格言是:"投有效票,反对连选连任",还传播一份6月16日宣言,其中说:"司法保护最强者,公共教育仅由少数人分享……在政府控制的公司中墨西哥人地位低于外国人……墨西哥工人移居国外寻求更多的保障和更高的工资;进行昂贵、血腥和无益的反亚基人和玛雅人的战争以及存在麻木的公众精神和沉沦的公民价值……"

为了唤醒公民意识和在全国组织反连选连任俱乐部,中央俱乐部的各成员展开许多宣传活动。在巡回宣传中产生了许多演说,它们犹如反连选连任的种子播撒在肥沃的土地上,但同时也为各地方当局的镇压安置了导火线。除了语言之外,反连选连任分子还以笔为武器。1909年6月,由勇猛的何塞·巴斯孔塞洛斯领导的《反连选连任分子》周刊出版了第一期。从第二期起,在费利克斯·富尔亨西奥·帕拉维西尼的领导下周刊变成登载文章的日报,抨击漫骂波菲利奥·迪亚斯。正如人们所意料的,9月30日报社被封闭。但是,这种镇压,连同各地方当局对新闻工作者、政治演说家和俱乐部行动者的镇压,反而使得反连选连任运动茁壮成长;并加强了同民主党的联盟,后者是雷耶斯某些前信徒的组织。突然,软弱的反连选连任俱乐部转变为攻击迪亚斯政权的斗牛,它在1909年客店节前夕传播了第二份公开宣言。

正当发生这一切时,迪亚斯的吹鼓手也大造舆论,他们散布各种拥护连选连任的言论。有人辩解说:"国家需要迪亚斯将军,我希望他继续连任总统,以完成他宏伟的事业。"当时"科学派"也声嘶力竭地叫喊:让他连任吧!让他连任吧!1909年2月9日在佩德罗·林孔·加利亚多将军的家中重现了老的拥护连任俱乐部,其中有所有的"科学派"成员和确信波菲利奥和解意愿的某些保守派人士。华金·迭戈·卡萨苏斯利用自己的发言权,召开了一次全国议会会议。有700名代表聚会于首都的一家剧院,他们扯开嗓门高叫同意推举唯一的总统候选人,也赞同科拉尔为副总统。为此任命一名代表去会见总统,"(迪亚斯)十分激动地接待了代表,并表示接受他的请求"。这名代表又去会见科拉尔,后者也表示同意。在两位连任老人如此"意外地"接受"请求"后,通过利用4月的温暖氛围,

第七章 波菲利奥·迪亚斯政权的兴衰

拥护连选连任积极分子开始巡回于共和国中部地区,以反击敌人的宣传。

到1909年末只剩下两个争斗中的党派:拥护连选连任党和反连选连任党。迪亚斯乘专列去埃尔帕索会见美国总统。在墨美之桥的中线,面对众多的摄影师和看热闹者两人进行了会见。紧接着,两位总统和一名翻译在一间关闭的沙龙里会谈,但是没有人知道他们会谈的内容。

由于关注经济问题,希望1910年是重现繁荣的一年,因此危机将会逐渐过去,所有的经济活动部门再次走向进步之路。结果,如愿以偿:出口农牧业产值达到前所未有的7 100万鹰币;玉米和菜豆的收成是十年前的两倍;棉花、甘蔗和烟草的产量也翻了一番。工业产值5亿鹰币接近十年前的两倍。冶金矿产生产了2.7亿鹰币。总之,1910年是经济繁荣的一年,使得生意人受益。

同年9月因是独立一百周年纪念日而热闹非凡。先前的政治激情已消退,人们关注独立纪念开幕式、游行队伍、燃放爆竹、敲响钟声、燃放礼炮、演说、音乐、彩灯、露天舞会、小夜曲、展览会和一醉方休。国家最高元首波菲利奥·迪亚斯在9月份忙于接待外国授勋者和接受各种勋章,并参加人们关

烟酒零售店

注的重大工程的揭幕式。9月1日他服务于卡斯塔涅达疯人院,3日为一座监狱奠基。随后参加从"改革大道"至索卡洛广场的彩车游行。6日参加儿童列队向国旗致敬。与此同时,美国、意大利、日本、德国、中国、洪都拉斯、奥地利、哥斯达黎加、危地马拉、萨尔瓦多、巴西、智利、阿根廷、乌拉圭、西班牙、古巴、葡萄牙、比利时、希腊、瑞士、委内瑞拉、哥伦比亚、法国、玻利维亚、荷兰、秘鲁、厄瓜多尔、俄罗斯、巴拿马、阿尔及利亚、挪威的代表团陆续抵达,到那时36国建立了大使馆。10日举行盛大宴会,招待外交使团、世界各国的特别代表和墨西哥官员。

正当全国庆祝墨西哥独立一百周年之时,大主教何塞·莫拉-德尔里奥

举行了一次社会天主教礼拜,活动中有人批判"现存的权力机构";宪兵暗杀了农村首领桑塔纳·罗德里斯、桑塔农,而马德罗反连选连任的圣路易斯计划像潮气一样渗开,产生无声的影响力。刚从圣路易斯监狱中逃脱的弗朗西斯科·I.马德罗,在其得克萨斯的圣安东尼奥避难处提出了所述的计划,宣称选举无效,不承认迪亚斯政府,揭发了波菲利奥政权的胡作非为,要求有效投票和不得连任,还指明11月20日下午6时所有人都拿起武器,反对暴君。由于如此准确的指示,迪亚斯的军警着手抓捕马德罗分子。在首都首次实施抓捕;第二次抓人,11月17日在普埃布拉的塞尔丹兄弟家中实施。在20日所指定的时间在城乡又抓捕了许多人。据何塞·巴斯孔塞洛斯说,"农村缓慢行动,但是很成功"。在奇瓦瓦的破村子里,以帕斯夸尔·奥罗斯科、潘乔·比利亚、何塞·德拉卢斯·布兰卡和阿夫拉姆·冈萨莱斯为首的农民集团将进行反对迪亚斯的战斗。在索诺拉,运动的首领是何塞·玛丽亚·迈托雷纳。在科阿韦拉的草原上小商人欧拉利奥和路易斯·古铁雷斯领导斗争。在下加利福尼亚,何塞·玛丽亚·莱瓦参与斗争;在格雷罗,菲格罗亚举行起义;在萨卡特卡斯,自由党人路易斯·莫

庄园中鞭打劳工

亚领导斗争。除了弗洛雷斯·马贡兄弟领导的不同国籍的人组成的集团(在1911年1月末进入下加利福尼亚)之外,几乎所有的反迪亚斯的集团都尊弗朗西斯科·I.马德罗为首领。

五、19世纪到20世纪初民族文化的孕育

19世纪可准确地划分为具有不同文化色彩的四个阶段,每一阶段持续20多年,其变化和特点都是值得研究的。第一,从1810年到1836年,进行了独立战争,在《墨西哥日报》上还残存有18世纪形式和微弱的新古

第七章 ● 波菲利奥·迪亚斯政权的兴衰

典主义;出现了战斗的或起义者的文学;在费尔南德斯·德利萨尔迪的作品中发出了表述人民的混血种人之声;在独立生活的头20年探索性地开创一种新文学,其中爱国题材、地方色彩的首要特征和理论主张占主导地位。

第二个阶段,从1836年至1867年。直到1830年墨西哥本色的第一代人才开始行动。在思想领域,数年后一些思想家脱颖而出,确立了将主导百年的政治潮流和态度;在文学领域,在德高望重的金塔纳·罗的影响下,墨西哥的第一批浪漫主义者组合在一起。其出发点是莱特兰学会和周期性出版物:在浪漫主义推动下,追求表现风景和民族习俗的文学。而不幸和国内动乱的年代即将来临:圣安纳主义、美国侵略、阿尤特拉革命、改革战争、法国侵略和马克西米连帝国,这一切驱散和分裂了作家队伍,或者造成他们悲剧性灭亡。尽管碰到倒霉的时光,一些人对墨西哥的未来感到绝望,但另一些人持续推动民族文化具体化:使得诗歌进一步丰富,开创了伤感和连载的长篇小说,开始建造剧院,并创办了相当规模的文化事业。从1841年到1844年起,先后发行了持续半个多世纪的两大报纸:《19世纪报》和《共和派劝告者》,建立了一批文学艺术学会和发行多种文学杂志。

第三阶段始于1867年,紧随着自由派共和国的胜利,出现了民族主义的文化标志,以及墨西哥诗人、作家和政治家:伊

刊登耸人听闻消息的报纸

格纳西奥·曼努埃尔·阿尔塔米拉诺(1834—1893),他极力传播实现国内各政治党派和解的主张;这一阶段结束于1889年,当时现代派的新一代开始崭露头角。如同前一阶段,这一时期仍未实现文化变革,形成断层。没有出现思想和文化形式的剧烈变更,而是一种老的动力的成熟和加强,这体现在阿尔塔米拉诺组织制定一项连贯和持续的行动纲领方面。由于这项纲领最终成为推动全国文化一体化事业的手段,自由派和保守派因此宣布和解,而至少在几年中团结在一起,特别勤奋和热忱地耕耘文学、艺术、科学和历史。到1886年,阿尔塔米拉诺和皮曼特尔在伊达尔戈学园展开了一场论战:前者坚持其文化独立和民族主义学说,而后者抨击过度的语言学独立,并主张语言纯正。

第四个文化阶段始于1889年,当时出现了新一代文化人,他们推动美学思想的激进变革。可以说,前三个阶段的变革是国家各种事件带来的结果,并且回应政治需要,而最后一个阶段只是推动一种文化变革。现代主义为外部各种情势和波菲利奥的国家安定政策所左右,但是又因自己的意愿而摆脱了外部的影响,而将社会原则置于一边,只寻求一种自由表现手段,艺术家的专有权,在一定程度上脱离了其时代的社会,因此开始了艺术与社会之间的断裂。在先驱者开始追求创新目标之后,出现了《蓝色杂志》(1894—1896),它宣称追求新的情感、形式的更新和现代主义的特征:唯美主义。现代主义是西班牙语美洲的第一个文学艺术运动,它使得全洲具有自己的声音,而不是追随西班牙的潮流。

1897年和1898年发生了一场重要的论战,它将确立新的美学。这场革新运动的反对者是语法学领域的代表人物。论战适时地用来准备《现代杂志》(1898—1911)的诞生;由于一些大诗人及其同盟者画家、雕刻家和音乐家参与推动革新运动,《现代杂志》集中表现了现代主义运动的成熟。

同一时期,文学追求现代化,文化表现的习惯和手段也发生了变革。已经过时的文学学会逐渐减少;令人尊重的报纸《19世纪报》和《共和派劝告者》曾经很好地服务于国家和文化,它们在1896年停止发行,为现代新闻业的《公正报》所取代。

尽管19世纪文化变革从未进行过剧烈或断裂式的变革,但是文化活动还是遇到各种障碍和限制,因此墨西哥文化在整整一个世纪的演变还是明显的。通过比较20世纪之初和19世纪末的特点,就能觉察到专业

第七章 波菲利奥·迪亚斯政权的兴衰

方面和知识构造上所发生的一切变化。比如,我们从历史学家塞尔万多·特雷莎·德米耶尔修士和路易斯·冈萨莱斯·奥夫雷贡,教育家何塞·华金·费南尔多·德利萨尔迪和胡斯托·谢拉等人著作中看到不同的文化个性。

大约从 19 世纪中期起,每个文化阶段都有一种文化潮流发挥主导作用。1836 年到 1867 年,浪漫主义代表着时代精神。在墨西哥从新古典主义向浪漫主义的过渡,不经过文化斗争就得以实现。西班牙语美洲的第一位浪漫主义者,长期生活在墨西哥的古巴诗人何塞·玛丽亚·埃雷迪亚(1803—1839)推动墨西哥的第一代作家追随适应时代需要的浪漫主义文学流派。所述的古巴诗人除了流亡美国四年时间之外,从青少年时代直到他去世都居住在墨西哥,成为墨西哥的奎尔纳瓦卡一名法官,并积极参与当时的政治活动,先后得到瓜达卢佩·维多利亚和圣安纳的庇护。墨西哥的浪漫主义者只是稍许夸张一点自己的伤感主义、忧郁和内省。新近的政治独立和为巩固独立而必须进行的内外斗争都同浪漫主义缪斯的反叛与自由之风相一致。虽然内外斗争和持续不稳定给文化活动创造了不大适宜的环境,但是所述的活动也是一种"浪漫主义的厄运",是被迫害的浪漫主义精英的逆境和死亡的写照:胡安·迪亚斯·科瓦鲁维亚斯,诗人和医药见习生,时年 22 岁的他被保守派枪杀;伊格纳西奥·罗德里格斯·加尔万在 26 岁时死于黄热病;弗洛伦西奥·M.德尔卡斯蒂略,在被法国侵略军囚禁在乌卢亚的圣胡安城堡时也死于黄热病;马科斯·阿罗尼斯发疯,最后被拦路抢劫者杀害;弗朗西斯科·曼努埃尔·桑切斯·德塔格莱和曼努埃尔·爱德华多·德戈罗斯蒂萨都在美军入侵结束时、在颓废状态下死亡;曼努埃尔·阿库尼亚在 24 岁时自杀。结果,浪漫主义作家就感叹社会的不正义、时运不济、人生的苦难和短暂。

1867 年到 1889 年在文化领域形成了协调一致民族主义的倾向。在所述时期,诗人、作家和政治家伊格纳西奥·曼努埃尔·阿尔塔米拉诺曾作为一名士兵先后参加了阿尤特拉革命、改革战争及其后的斗争,在 1867 年 11 月到 1868 年 4 月之间,他同当时的一些作家一起,举行多次文学晚会。这些晚会充满友情,参加者主要朗诵诗歌、听取某些评论意见。当时一些人已成为大作家,如:吉列尔莫·普列托、曼努埃尔·派诺和伊格纳西奥·拉米雷斯,也同其他一些作家一起参加晚会活动。这一切带来了积极成果,正如阿尔塔米拉诺所说:"这本书所收集的诗篇都是墨西哥抒情诗的第一批和谐之音,是在和平的橄榄枝下调制的。当战斗结束后,回到自己的家庭时,就出现了家庭的欢庆,诗人们就像兄弟一样紧紧握手,并且重新排练自己喜爱的歌曲。士兵回想起了自己的战斗,旅行者描述着他们的旅行,而移居国外的人动情地回国看望其父母的坟墓。已经回家的所有的人都来翻开墨西哥编年史上的文学一页。"

崇拜政治首领

在三代作家都聚会在一起的那些晚会上,人们都感到有必要展开墨西哥精神的重建,因此阿尔塔米拉诺提出创办《新生》杂志(1869)的主张。其创办者最适时的目标之一便是不把这份杂志办成一个宗派的机关刊物(当时这是最自然的结果,因为聚会的全部成员都是自由派),而是从其创刊号起就决定该刊物成为和解的中心,新时代国内和平的标志。它号召思想意识的和解,邀请"一切政治宗派"的作家进行合作,以便"完全消除由于共同母亲的儿女的不幸而造成分裂的怨恨",人们先是吃惊而后是公开接受了它的见解。

《新生》从第一页到最后一页,都成为各种文化成果、学说和主题的温床。这份刊物的最持久和最有趣的主题是民族文化。关于墨西哥问题的研究得到了特别的关注,不管是作家、作曲家和教育工作者的作品,也不管是历史和考古主题,或是出版的新书的书评都得到读者的欢迎。在推动这些创作活动时,阿尔塔米拉诺感到有必要把学者、诗人和艺术家的目光吸引过来关注本国的问题。他是第一个称赞画家何塞·玛丽亚·贝拉斯科的人,因为在其画面上可以看到墨西哥山谷的宏大风景的征兆。至于画家蒙罗伊的讽喻画,他坚持认为,"我们的艺术家探索我们的古代和

第七章 波菲利奥·迪亚斯政权的兴衰

现代生活中尚未接触到的财富"是适宜的。在教育方面,阿尔塔米拉诺看到了创造民族文化的最佳道路。他认为,居民中可观比例的文盲是可悲的,相信公共教育是一个政府具有伟大和光辉未来的基础。

1889年到1910年墨西哥主要文化潮流发生了变化,出现了新的美学倾向,期间现代主义取代了民族主义。在《新生》杂志发行20年之后,民族主义计划的活力开始枯竭,并出现了美学方向变化的首批迹象,民族主义文化的倡导者阿尔塔米拉诺被任命为驻西班牙的总领事因此告别了墨

报纸墓地

西哥。实际上,数年之后,初期创造民族文化的热情趋于消退,民族主义思潮开始改变生动性和地方色彩。但是,同时微妙地暗示和转向新的美学倾向。从1876年起,当时居住在墨西哥的古巴诗人23岁的何塞·马蒂(1853—1895)和27岁的曼努埃·古铁雷斯·纳赫拉(1859—1895)在其诗句及报纸新闻报道的文章中已开始显露出新的风格手段,特别是一种新的感染力。马蒂在墨西哥发表了优秀的文学艺术新闻报道,几年后在纽约出版了他的主要诗集之一《以实玛利的子孙》(1882),这些年他又写了《自由之诗》(1878—1882),表现出回到抒情诗的简朴,和人类的可信性;古铁雷斯·纳赫拉在其《艺术与唯物主义》的系列文章中明确地阐述新美学的原则,在报纸杂志上传播其诗歌,1883年将它们收集在《脆弱的故事》中,诗篇充满着轻盈雅致的、"灵魂的微笑"。

《文学青年》杂志(1887—1888)中已显示出两个时代和两种情感的交汇,及新一代的脱颖而出。在最后一批浪漫主义者、阿尔塔米拉诺及其弟子的一边,首次涌现了一大批那时还很年轻的作家,他们正在进行一场文

学革命。他们对普列托、阿尔塔米拉诺等大作家的态度仍是深情的尊重，但是已经领悟到两代人的分离是不可避免的。这样，只有年轻一代希望进行新的冒险，就是所谓的现代主义。

对于西班牙语美洲世纪末的作家来说，现代主义就是对世界的领悟、对其时代和美洲独特现实的意识。通过仔细观察已经耗尽的西班牙浪漫主义的深层问题，现代主义运动的创造者尽管模糊地领会到，在现实世界已经出现了形式和情感革新的波澜壮阔的革命浪潮，人们正在加强寻求更加激进和深刻的表达形式，他们决定以自己的言行投身于这股浪潮中。其作品不同于文学语言的通俗性，他们找到了19世纪末法国高蹈派"为艺术而艺术"的道路，精炼、音乐性、象征主义的启示和想象的新的表现方法。

作者点评：

如何评价波菲利奥·迪亚斯政权的功过，这是学术界长期争论的问题。从西方民主视角看，波菲利奥·迪亚斯是长期把持政权的独裁者。然而，笔者认为，如果从19世纪后期墨西哥历史演变的特点看，迪亚斯政权是以党派纷争和连绵战火为特征的国家动乱的终结者，同时也是以修建铁路、发展出口农业及重振采矿业为主要特征的经济现代化进程的启动者。但是，正如美国学者评价的，迪亚斯执政时期，"主要依靠开发天然和人力富源所造成的墨西哥不比寻常的经济扩张，促使大多数墨西哥人对迪亚斯和外国人都产生了深刻的反对情绪。最受影响的集团可能是印第安人即农业种植园和矿场的工人们。在墨西哥历史上，印第安人第一次被广泛地剥夺了土地"。这一不公正的社会现实，正是引起墨西哥革命的重要原因之一。

第八章 墨西哥革命:从武装斗争到国家的政治稳定

一、革命序幕

1910年10月弗朗西斯科·I.马德罗在圣路易斯波托西成功地越狱,并同其他反连选连任分子一起避难于美国得克萨斯的圣安东尼奥。他们都在准备武装斗争的资金、军事和思想意识的基础;起义预定于11月20日在墨西哥的不同地点发动,其首领是马德罗,旗帜是圣路易斯波托西计划。马德罗(1873—1913)以"有效投票,不得连选连任"为格言,领导反对迪亚斯政权的斗争。在所述的计划中宣布不得连选连任的原则是国家的最高法则,不承认波菲利奥·迪亚斯政府和各个当权者,因其权力没有源于人民的投票。按照计划,当解放军控制首都和全国一半的州之后一个月,马德罗将担任临时总统职务,并举行大选。其他条款规定了占领各城镇的形式和各临时州长的任命;军队的标志、军衔和军纪,以及俘房的处理。必须强调的是第三条,据此将修改共和国各法庭有关印第安人土地的决议和判决,以及经济发展部门的协议,因为波菲利奥政权滥用荒地法,土著人被剥夺了他们的土地。此外,计划还指出,将协调追究迪亚斯政府官员责任的各项事务,并尊重1910年11月20日之前同外国政府或公司签订的各种协议。

从美国的圣安东尼奥,反连选连任分子向国内输送所述计划的文本、信件、资金和军火,派遣特工人员同在墨西哥的武装运动设定的负责人进行商谈;而另一些墨西哥人则前往圣安东尼奥接受指令。革命开始时,马德罗拥有民主党的一批老党员,如在墨西哥城、格雷罗州的弗朗西斯科·科西奥·罗维洛和阿尔弗雷多·罗布莱斯·多明格斯;在伊达尔戈州的拉蒙·罗萨莱斯以及在奇瓦瓦的其他追随者,先前他们同墨西哥自由党也有过接触。马德罗本人提出他将于11月19日越过边界,以亲自领导运动,但是11月中旬迪亚斯政权发现了首都的密谋者,并没收了武器,掌握了牵连者的名单和信件,并在全国很多地方逮捕了更多的人,在普埃布拉造成一人死亡。由于在多个地方运动处于群龙无首的状态,或者害怕报复,革命者一开始就采取小心谨慎态度,直到11月22日在几个州才出现武装斗争的苗头。但是,在1910年末期和1911年头几个月,在墨西哥的北部和西部发生了由卡斯图洛·埃雷拉、托里维奥等人领导的几起起义,以及过去同墨西哥自由党有过接触的其他革命者的斗争。从一开始革命的主要中心是奇瓦瓦,在这个州马德罗分子还同墨西哥自由党的积极分子协调一致。该党的另几个集团在锡那罗亚州的青年何塞·马·莱瓦和美国人西蒙·伯塞特的领导下,夺占了墨西卡利,并威胁下加利福尼亚的恩塞纳达和阿尔戈多内斯;还有其他人在索诺拉、韦拉克鲁斯和塔瓦斯科与政府敌对。但是,在奇瓦瓦州当普里西利亚诺·G.席尔瓦拒绝尊重马德罗的权威而被人捉拿时,马德罗分子与墨西哥自由党党员之间政治思想的歧异加深了。

　　圣路易斯波托西计划的第三条内容燃起了莫雷洛斯州各村庄农民的希望之火:他们想要收回迪亚斯政权时期被甘蔗种植园主夺走的土地和水源。从1910年末起,在莫雷洛斯州便开始出现一些零星的武装起义,而最重要的是在阿亚拉小镇策划的农民起义,其首领是巴勃罗·托雷斯·布尔戈斯(学校教师)和埃米利亚诺·萨帕塔(阿内奎尔科-阿亚拉-莫约特佩克各村镇防卫委员会主席)。萨帕塔(1883—1919)早在1911年3月11日就投身于马德罗领导的革命。在斗争开始后不久,托雷斯·布尔戈斯便被迪亚斯政府军抓获并被处决;这样,指挥起义军的重任就落在萨帕塔肩上,农民运动得到米却肯州萨莫拉的富商和自由派之子希尔达尔多·马加尼亚的经济支持。萨帕塔也得到其侄子、牧牛人和短工阿马多尔·萨拉萨尔的合作;还有奇纳梅卡庄园的伙夫费利佩·内里,圣玛丽亚村村长赫诺维沃·德拉·奥,学校教师奥蒂略·蒙塔尼奥等人的支持。他们夺占了莫雷洛斯的几座村庄,并围困了夸乌特拉,这是5月19日迪亚斯政府军撤出的要塞。在格雷罗,安布罗西奥和弗朗西斯科·菲格罗

第八章 ● 墨西哥革命:从武装斗争到国家的政治稳定

亚兄弟领导了支持马德罗主义的暴动,但是他们很快变为萨帕塔起义军的敌人,因为这两人接受了莫雷洛斯的大庄园主们的金钱,后者以此换取对他们的保护。然而,马德罗的代表吉列尔莫·加西亚·阿拉贡成功地使得安布罗西奥和埃米利亚诺在4月22日达成协议,两支起义军在其各自的州独自指挥活动,只是在另一州的领土内行动时才自我约束。

在共和国的北部和西部马德罗分子继续攻打索诺拉、锡那罗亚、特皮克、哈利斯科和萨卡特卡斯的一些村庄;同时革命还扩展到科阿韦拉、阿瓜斯卡连特斯、特拉斯卡拉和尤卡坦。然而,奇瓦瓦和杜兰戈北部仍然是革命的重要中心。由于马德罗被美国当局视为其中立法的践踏者而受到追捕,所以他不得不于1911年2月14日回国,鼓舞战士的士气,领导解放军,并于3月29日在奇瓦瓦州的布斯蒂略斯建立总司令部;随后帕斯夸尔·奥罗斯科和弗朗西斯科·比利亚的队伍加入他的麾下,他们筹划包围华雷斯城,并于4月15日实施。在决定这个要塞的命运之时,革命已逐渐渗透到全国更多的地方。到那时,已宣布反对马德罗的墨西哥自由党已夺取了蒂华纳。应当强调,在1910年到1911年5月之间,最重要的军事行动都沿着北部铁路线展开,因为当时铁路是运送军队和军备的必要手段。

虽然波菲利奥·迪亚斯已组建了一支训练有素的强大军队,但是现在军队像其政权的其他机构一样出现解体的迹象。迪亚斯保留了军队的指挥权,而国防部只是传达其命令的工具。此外,他把军队拆成10个军事辖区或地区,每个地区由一名年老无能或者没有理论与实践经验的将军指挥;而这些军事辖区再划分成30个小的指挥区域,或者军事指挥区,这样,革命期间首脑与执行命令者之间运作失灵。另一方面,通过调遣和募兵而组合的军队被迫打仗,没有理想,且军官对克扣军饷感到不满。最后,包括农村自卫队的联邦军队兵员增至名册上的3.1万人,但是实际上仅有1.4万人。除了这些深层的劣势之外,还有一些对付革命者的失算的措施:从首都的国民宫指挥战役;国防部长和总参谋长没有指挥权;军队调动迟缓和效率低下、军队构成不合理。或者说,除开农村自卫队,部队布防迟缓,持续遭到伏击和陷阱,而从未追上革命军队;山地炮队和机关枪队分布不合理;不熟悉地形,间谍情报活动存在很多缺陷。这一切因素使得迪亚斯政府军不可能取胜;全国各地起义持续不断,而民众的苦难有增无减;一股股革命军队不断袭击消极防守城市的政府军。

3月是革命的决定性一个月,因为政府军无力扑灭革命烈火,这使人认为政府既无力量又不稳固。迪亚斯本人觉察到形势险恶,因此4月他试图实施一些军事措施,但是为时已晚且无作用,例如,把农村自卫队从12支增至14支,增加军队兵员和给赏钱,召回被逐到欧洲的贝尔纳多·雷耶斯将军。然而,到那时革命已达到高潮,即将结束迪亚斯时代。商人们质疑迪亚斯恢复秩序的能力;所谓的"觉悟的"阶级为了让司法机构更新和"科学派"远离权力而施加压力。民众逐渐消除了害怕和尊重当局的心理;短工和工人加入革命军的人数增加;在迪亚斯政府控制下的城镇中,人们通过谈话的小圈子、演说和街头示威游行表示同情反对派;在革命者经常出没的地区,老百姓或是表示支持,或是提供情报和便利条件。

另一方面,在1911年2月末和5月之间某些波菲利奥分子试图通过在美国的几个城镇同革命者进行商谈以取得和平。某些商谈具有官方性质,如西班牙资本家伊尼戈·诺鲁埃加同马德罗家族成员的商谈;反连选连任分子托里维奥·埃斯基维尔·奥夫雷贡与拥有百万财富的工业家奥斯卡·布拉尼夫同驻在华盛顿的革命者代表弗朗西斯科·巴斯克斯·戈麦斯之间的商谈。4月2日到25日墨西哥大使曼努埃尔·萨马科纳同巴斯克斯·戈麦斯举行的交谈具有秘密特点;同时还举行过其他一些商谈。最终,波菲利奥·迪亚斯决定,最高法院法官弗朗西斯科·S.卡瓦哈尔启程前往华雷斯城,以达成和解。但是马德罗的两名代表坚持迪亚斯预先辞职。由于没有达成任何协议,为了避免同美国的冲突,马德罗下令解除对华雷斯城的围困,以便继续进行远离边界的武装斗争;同时,他委托其父亲皮诺·苏亚雷斯和巴斯克斯·戈麦斯研究波菲利奥·迪亚斯提出的任何和平建议。

事件的结局同人们所筹划的蓝图大相径庭,因为5月8日帕斯夸尔·奥罗斯科、弗朗西斯科·比利亚、何塞·德拉鲁斯·布兰科和意大利人何塞·加里瓦尔迪突然攻打华雷斯城,两天后夺取了这个要塞,马德罗将其临时政府设于此地。虽然华雷斯城的投降没有导致迪亚斯政府的垮台,但这将是革命发展的必然结果。从此,全国出现了革命高潮,南方的革命者已在威胁首都,同时在墨西哥城爆发了引起骚乱和流血的游行,要求迪亚斯辞职,而这个执政者已病魔缠身,且为身边一群无能之辈所环绕。这样,革命的短暂序幕以1911年5月21日的华雷斯城协定的签订而告终,这导致波菲利奥·迪亚斯的辞职和流亡。5月25日他离开墨西

第八章 ● 墨西哥革命:从武装斗争到国家的政治稳定

哥前往法国,据说,迪亚斯对于墨西哥人的"忘恩负义"一直耿耿于怀。

二、群雄逐鹿与政权更迭

如果武装斗争再延长一段时间,那么革命者队伍将会形成更大的内聚力,毫无障碍地终结迪亚斯政府;由于马德罗反对继续流血牺牲,所以乐观而慷慨地接受了妥协:华雷斯城协定。据此,相应作为事实总统和临时总统的波菲利奥·迪亚斯和弗朗西斯科·I. 马德罗都宣布辞职;外交部长弗朗西斯科·莱昂·德拉巴拉担任代总统,以维持国内秩序和组织大选;同意特赦叛变罪犯和革命军人员退伍,这事实上是一种倒退,因为革命的一方承认了与之战斗的政府的合法性,推延了圣路易斯波托西计划的执行,并中止了马德罗分子向全国所许诺的政治经济和社会改革。此外,使得迪亚斯政府的行政和司法机构及其军队完好无损地保存了下来;"保守派精华"仍然操纵大商行,而马德罗陷入"一场对付被战胜的政权的战争"。

代总统时期是一段"不安和危险的"统治时段:波菲利奥分子和革命力量继续冲突。在内阁中,同迪亚斯政权相关的各个层面的人占主导地位;相反,革命队伍中只有三人分别担任交通、内政和公共教育部长。虽然各州都有来自本地的临时州长,他们都是马德罗分子,且几乎都是文官,并同波菲利奥派的地方立法机构相争斗。旧政权的武装力量同革命军队也在几个地方发生冲突,最著名的事件是由奥雷略·布兰克特指挥的二十九营对驻扎在普埃布拉斗牛场的革命军的突然攻击。

虽然华雷斯城协定规定解除革命者的武装,但是代总统不仅加速,而且远远超过所规定的限度,他颁令必须在7月1日结束这一进程,对不服从法令者作匪盗论处。代总统的规定增加了对反退伍的埃米利奥·巴斯克斯·戈麦斯和其他革命者的压力,因为他们认为这是革命向波菲利奥·迪亚斯旧军队的投降。另一方面,代总统通过向将军和军官授勋,及增加军队薪金收入,加强和讨好军队。这些措施获得第二十五号法令批准和称赞。

代总统时期没有满足工农的要求,他们的不满情绪以各种形式表现出来:在莫雷洛斯和尤卡坦夺占农村地产,并袭击赊销商店;雅基族印安人要求被驱逐到东南部的兄弟们重返故里;在联邦区、奥里萨巴和普埃布拉,以及在圣路易斯波托西的有轨电车、面包业和工厂都发生了罢工,并且在圣路易斯波托西的几个庄园里生产活动陷于瘫痪。然而,司法部长曼努埃尔·卡莱罗(曾是迪亚斯时期的众议员,又先后追随雷耶斯和马德罗),并不推动立法改革;经济发展部长拉斐尔·埃尔南德斯甚至从不研究土地改革问题,而是限制同地主签订破产合同,并且还把树林和地块租给他们,在劳资冲突中支持偏袒资方的协议;代总统确实创建了全国土地委员会,但是在其统治时期没有运作。

代总统时期最严峻的问题之一就是:在莫雷洛斯由于萨帕塔军队被解除武装和被遣散而引起的不安定。一方面,萨帕塔要求履行圣路易斯波托西计划的第三条:将村社土地归还给各村庄;另一方面,庄园主对政府施加压力,以加快解除萨帕塔分子的武装并予以遣散,因为后者已夺占其地产。马德罗插手于所述的冲突,多次同萨帕塔进行私下会见,并向他许诺合法地解决问题,因此实现了三种场合下开始解除农民武装。农民军失败的原因是多样的:莫雷洛斯州州长胡安·N.卡雷翁与庄园主之间相互勾结;内政部长埃米利奥·巴斯克斯·戈麦斯重新武装萨帕塔分子,而其继任者阿尔贝托·加西亚·格拉纳多斯在代总统的支持下,派遣由维多利亚诺·乌埃尔塔指挥的大批部队去莫雷洛斯,乌埃尔塔不择手段地制造事端,甚至采取流血行动,直到8月23日开始第三次解除农民军武装时,背信弃义地袭击他们。这一背叛行径造成马德罗疏远代总统;同时萨帕塔分子进攻上米尔帕,因此联邦议会质问代总统,还产生了内阁危机,弗朗西斯科·巴斯克斯·戈麦斯辞职。德拉巴拉中止了一个月之前达成协议的政府运作。

1911年7月9日,当马德罗宣布反连选连任党停止活动时,各派革命者之间的摩擦尖锐化了。当时武装斗争已使该党难以生存下来,马德罗已任命一个委员会来操办创建进步宪政党事务,它将把圣路易斯波托西计划包括在其党纲内。但是,其政党更替的借口是值得讨论的,实际上他正是要消除各派革命者之间的分裂,从而把各派力量组合在一个政党内。内政部长埃米利奥·巴斯克斯·戈麦斯认为,全国形势已十分严重,因此德拉巴拉应该辞职,而让马德罗担任共和国总统;然而,德拉巴拉要求巴斯克斯·戈麦斯辞职,而让阿尔贝托·加西亚·格拉纳多斯取而代之。代总统的两项决定得到马德罗的赞同,因为他举出的理由是:革命者应当支持他们自己所建立的政府,因它代表国家,将尊重即将举行大选的

第八章 墨西哥革命：从武装斗争到国家的政治稳定

投票结果。埃米利奥·巴斯克斯·戈麦斯的支持者不仅拒绝解散反连选连任党，而且商定让弗朗西斯科的兄弟来主持该党。

1911年7月和8月之间，创建了许多政党，已存在的政党又恢复了活动：激进自由党和民众进步党提名德拉巴拉为共和国总统候选人；天主教党提名马德罗；雷耶斯党或共和党提名贝尔纳多·雷耶斯，后者在8月1日接受提名，但是几天前他曾允诺马德罗：不参加竞选。由墨西哥自由党成员组成的国家自由党也提名马德罗。

1911年8月27日进步宪政党开始举行协议会，其纲领十分相似于1910年的反连选连任纲领，但是添加了一些改革，以使司法程序更加有效，并且最大限度地保障个人自由。还许诺颁布法令，以促进小地产，确定公平税收，举行直接选举，让墨西哥人重返祖国和废除死刑。尽管存在分歧，所有的革命政党都派代表参加进步宪政党协议会，并且一致推举马德罗为总统候选人；然而，伊格莱西亚斯·卡尔德隆和阿尔弗雷多·罗布莱斯·多明格斯，特别是弗朗西斯科·巴斯克斯·戈麦斯和何塞·马·皮诺·苏亚雷斯激烈争夺副总统职位，最终后者当选。尽管1910年马德罗的声望和威信已经减弱，但是在全国举行的第二轮巡回竞选中取得成功，并且其声望使之强大到足以战胜皮诺·苏亚雷斯在几个地方挑起的敌对行动。在10月1日和15日举行的民主选举中马德罗和皮诺·苏亚雷斯胜出。

1911年11月6日马德罗担任共和国宪政总统，并且重新表现出和解精神，他将德拉巴拉的大多数部长都安置在其内阁里，以曼努埃尔·巴斯克斯·塔格莱加强保守派一翼，而又以阿夫拉姆·G.冈萨雷斯和米格尔·迪亚斯·隆巴尔多加强革命派一翼。政治力量的统一从未实现，尽管从1912年2月起对其内阁作了重新安排，例如，赫苏斯·弗洛雷斯·马贡和安赫尔·加西亚佩尼亚将军取代了阿夫拉姆·冈萨雷斯，因为后者重新担任奇瓦瓦的行政长官。

另两个权力中心的形势也很复杂。虽然司法权得到改善，并获得独立性，但是大部分法官是波菲利奥分子，并且这一倾向的重要人物弗朗西斯科·S.卡瓦哈尔主持最高法院。到1911年5月31日，联邦议会的组成成员也都是迪亚斯执政时期的原班人马，并且不时地表现出对马德罗的反感，阻挠其政策的实施。第二十六届立法院运作之后，这个权力中心才由少数反对派议员和多数不守纪律的马德罗分子构成。反对派议员组成一个四边形圈子:弗朗西斯科·M.德奥拉吉维尔,何塞·马·洛萨诺,内梅西奥·加西亚·纳兰霍和吉里多·莫埃诺,他们拥有声望、经验和演说才能,攻击和破坏马德罗的立法行动,夸大关于反叛的消息,议论无政府主义和破产以及美国曾经支持革命的问题。在马德罗分子的议员中突出的有布洛克·雷诺瓦多尔,他反对妥协。第二十六届立法院所采取的态度使得当时的形势更加复杂化,因为,如果马德罗试图接近各个党派,那么新当选的议员就感到愤怒;如果马德罗向其压力让步,那么反对派就起而威胁。此外,新当选的议员仅占50%的参议院成为密谋和搞诡计的核心,因为少数革命者感受到波菲利奥分子占优势的压力。

在各州因政权的更替而发生动乱,出现了具有革命和反革命倾向的各种叛乱。有些反对派报纸,如《公正报》、《国家报》、《未来报》和《墨西哥先驱报》,滥用言论自由,煽动不满和不信任情绪;另一些报纸,如《多色彩报》和《琐碎》,严厉而无情地嘲笑总统及其兄弟古斯塔沃以及其他一些人。总之,反对派不惜一切代价试图恢复迪亚斯时期的"现状",而革命要求立即实施改革,让农民获得土地,让工人有更好的工资待遇,被剥夺者得到正义,平民需要丰富而廉价的商品。在如此短的时间内解决这一切问题几乎是不可能的事,而作为理想主义者的马德罗轻视敌人的攻击、密谋和反叛,其主要目标是在墨西哥建立一个严格的法治政府。

如前所述,革命胜利之时,马德罗没有触动波菲利奥的军队,对它表示尊重和信任。此外,在同即将遣散的各派革命武装部队的冲突中,他有理由信任这支军队,因此晋升许多军人的军阶,将其薪金提高20%,把军队的兵员增至6万人,创建了新的兵团,抓紧晋升候补军事学校的军官。另一方面,不仅宽宥了军队的粗野,而且在多种场合下赞扬其献身精神和忠诚。马德罗要用这支军队来对付发生在各地的反政府的叛乱。

埃米利亚诺·萨帕塔是起而反叛的第一人,1911年12月8日到12日之间马德罗借助加夫列尔·罗夫莱斯·多明格斯,试图同他达成协议。这位南方的农民军首领提出了十分类似于8月份曾向马德罗提出解除其部队武装和遣散人员的一些条件:颁布土地法;在45天内从莫雷洛斯撤出联邦军队,与此同时由劳尔·马德罗或欧费米奥·萨帕塔指挥的500名武装萨帕塔分子长期驻扎在该地;普遍赦免武装起义者,并解除安布罗西奥·菲格罗亚的代州长职务。马德罗书面答复:如果起义者立即投降,就将赦免他们,萨帕塔离开莫雷洛斯州;但是罗夫莱斯·多明格斯私下

第八章 ● 墨西哥革命:从武装斗争到国家的政治稳定

捎来了总统的更加温和的口信,然而阿诺尔多·卡索·洛佩斯将军阻止他亲自把口信转达给萨帕塔。结果,萨帕塔正式宣布起义,1911年11月25日公布阿亚拉计划,实际上该计划是在谈判之前公布的。所述计划承认帕斯库亚尔·奥罗斯科(尽管有其缺点)和埃米利亚诺·萨帕塔为首领。

阿亚拉计划"是第一个表达印第安人的土地改革思想的重要文件"。其主要内容包括:只要有人能出示土地所有权证,就可以立刻收回被夺走的土地;为让"耕者有其田",应有偿地征用私人的土地。这样,农民便有地可耕,印第安人村庄则拥有"村社土地"(ejido)。正如美国学者所述,"萨帕塔所提出的'村社土地'成为以后墨西哥土地改革的中心所在"。关于"村社土地"的含义,后来在墨西哥1917年宪法第二十七条中作了解释,就是给予各村庄以其可能需要的"任何的和所有等级的'水流、树林和土地'。这些水流、树林和土地,其所有权一概交托(却是暂时的)给整个村庄,并为这个村庄的成员们所共同享用,合而言之,便是'村社土地'"。

马德罗连续派遣他的将军们进行一场讨伐萨帕塔农民军的征战。在第一阶段,卡索·洛佩斯指挥一支千人以上的部队,只能控制大城市、行政区首府,因为他不熟悉地形,以营为单位的部队调动不灵便,且受到居民的敌视。相反,萨帕塔的游击队在十分熟悉的地区发动闪电式的攻击;得到莫雷洛斯居民的同情,此外,从1911年12月起他们开始在邻近各州活动。萨帕塔运动也造成州长费格罗亚的解职,使得联邦政府宣布在莫雷洛斯、格雷罗、普埃布拉、特拉斯卡拉和墨西哥州部分地区戒严四个月。第二阶段(1912年2月至8月)征战由罗夫莱斯负责,其特点是烧毁村庄和处决其居民,但是反而加剧了农民的反叛活动。另一方面,虽然政府必须缩减在莫雷洛斯的部队,以抽调力量同北方的起义者作战,但是萨帕塔农民军由于缺少武器且处在播种季节,其部分追随者在首都被捕,所以被迫在5月至8月间减少游击队的活动。经过这个低潮后,农民军继续攻打罗夫莱斯的前沿阵地,还袭击火车,从而造成了军民千人以上的死亡。政府再次颁布军事管制法。最后一个阶段的征战由安赫莱斯领导,采取不太残酷的巡逻制度;此外不扩大军事行动,尽管萨帕塔游击队袭击了另一列火车,并造成重大伤亡。莫雷洛斯的新州长阿尼塞托·比利亚马尔也表现出和解态度,同时内政部长赫苏斯·弗洛雷斯·马贡主张恢复村社土地制,并打算借助哈科沃·拉莫斯·马丁内斯进行和谈。这些和解行动的结果是许多农民起义军回到其村庄和农场工作;另一些人在萨帕塔和赫诺维沃·德拉奥的指挥下转移到邻近各州继续斗争。然而,在1912年10月和11月之间各方都放弃了在莫雷洛斯州的和解政策:地方立法机构要求联邦增援军事力量,比利亚马尔不再要求起义者解除武装,新的内政部长拉斐尔·埃尔南德斯解除了拉莫斯·马丁内斯的特派员职务。结果,萨帕塔和德拉奥回到了莫雷洛斯重新展开战斗,要求庄园主缴纳捐税,以免烧毁他们的甘蔗田。许多庄园主拒缴捐税,大火相继发生,并造成了200万比索的损失和大批人失业。而失业者又壮大了起义者队伍。安赫莱斯最终以流动纵队制取代巡逻制,又对各村庄进行炮轰和焚烧,并处决大批群众。

1912年1月31日,在墨西哥北部何塞·伊内斯·萨拉萨尔(墨西哥自由党老党员)领导发动起义,宣布了圣塔罗萨计划。在州首府布劳略·埃尔南德斯和安东尼奥·罗哈斯帮助起义者,他们宣告埃米利奥·巴斯克斯·戈麦斯为临时总统。为此,马德罗政府将平靖任务交给了帕斯库亚尔·奥罗斯科和何塞·冈萨雷斯·萨拉斯、维多利亚诺·乌埃尔塔和阿古斯丁·桑希内斯将军。

奥罗斯科带领6 000名政府军,收复了华雷斯城和奇瓦瓦,但是最终他在3月3日也加入起义队伍,几乎控制了全州,并且计划进军到墨西哥城。但是,由于缺少武器和军需品,他的计划没有实现,因为美国政府禁止向马德罗分子输出军火;然而,奥罗斯科打败了冈萨雷斯·萨拉斯将军,后者最终自杀身亡。奥罗斯科起义军通过走私武器坚持下来,1912年3月25日发表恩帕卡多拉契约,未作详细说明就宣布不承认巴斯克斯·戈麦斯的地位,最终在5月摈弃了他。奥罗斯科的部队增至8 000人。马德罗政府的第三阶段战役由乌埃尔塔指挥,他也拥有8 000人,并将其总司令部设在托雷翁。这些士兵几乎都属于联邦军的北方旅,但也包括了某些农村的部队,如:弗朗西斯科·比利亚的部队,曾接连打败奥罗斯科的军队。部分败军只得逃往索诺拉州,其余部队重新部署在奇瓦瓦的北部,7月3日在巴钦巴遭受新的溃败;1912年8月和9月间另一支部队在华雷斯城和奥希纳加最终投降。然而,奥罗斯科的残余部队组成几支游击队,重新威胁华雷斯城和奇瓦瓦首府。而于1912年7月逃往索诺拉的奥罗斯科分子,在何塞·伊内斯·萨拉萨尔等人的指挥下骚扰边

第八章 墨西哥革命:从武装斗争到国家的政治稳定

境各村庄和矿山,但是穿越美国境内的联邦军队打败了他们。总之,奥罗斯科起义期间联邦军队恢复了它的威信,并成为马德罗政府的支柱。另一方面,乌埃尔塔对马德罗产生了怨恨,因为马德罗由于怀疑其忠诚而解除了他对北方旅的指挥权。

正当革命阵营内的各派政治力量因利害关系而展开激烈的争斗之时,反对革命的势力也蠢蠢欲动。起初,贝尔纳多·雷耶斯和费利克斯·迪亚斯的叛乱相互之间是独立的,但是客观形势和阴谋诡计最终将两者搅和在一起,使之集中力量打击马德罗。1911年9月16日雷耶斯通过索莱达计划开始反叛,从得克萨斯密谋推翻马德罗,而由他担任总统。后来,美国当局对他严加防范,甚至违反中立法将他逮捕。然而,雷耶斯还是发动了叛乱,但是遭受失败,因为当他穿越边界以领导武装运动时没有他所期待的追随者,最终于1911年12月25日在新莱昂的利纳雷斯投降;因此,他被押送到墨西哥城的特拉特洛尔科的圣地亚哥监狱。另一方面,费利克斯·迪亚斯也发动叛乱,并在1912年10月16日在两个团军队的合作下夺取了韦拉克鲁斯港。23日忠于政府的军队收复了这个要塞,并逮捕了叛乱者。军事法庭判决费利克斯·迪亚斯死刑。但是,墨西哥城的保守分子展开营救迪亚斯的活动,直到成功地使得马德罗批准最高法院的改判,将其死刑改为监禁在韦拉克鲁斯的有期徒刑。这两次叛乱都削弱了政府,给革命者造成了最大压力,这就迫使马德罗采取严厉的政策。另一方面,反对派报刊过分地赞美军队,并加紧攻击总统;参议员、地主、外国利益集团都骚动不安,同时美国大使更加敌视马德罗;在这种形势下,雷耶斯派和费利克斯派都恢复了元气。因此,1913年1月这两股力量策划军事政变,准备在韦拉克鲁斯港和墨西哥城同时起事。政府发现了这个阴谋,但是它只限于将费利克斯·迪亚斯转移到墨西哥城的教养所;这一措施完全有利于雷耶斯派和费利克斯派的阴谋分子准备在2月发动全面叛乱。此外,还促使维多利亚诺·乌埃尔塔更加对马德罗不满。叛乱的准备是不加掩饰的,但是总统冷漠地对待这一切,认为这是微不足道的,具体表现在他只下令进行十分有节制的搜查。

1913年2月9日黎明,在特拉尔潘的候补军官学校和在塔库瓦雅的军营都开始叛乱。虽然叛军突然夺取了国民宫,但是劳罗·比利亚尔将军的部队不久就收复了这个要塞。另一方面,从塔库瓦雅的军营冲出其他叛乱者,从相应的监牢中解救了雷耶斯和迪亚斯,并且分成三支纵队直扑国民宫。但是,比利亚尔将军和国民宫总管阿道弗·巴索迫使第一支纵队投降,他们还打败了第二支纵队,雷耶斯死于战斗中。叛乱已经失败,因为除了打败这两支纵队之外,迪亚斯和蒙德拉贡领导的第三支纵队已经惊慌失措,在要塞中坚持了半天。

当发生这些事件时,马德罗由军事学院士官生护送走出查普尔特佩克城堡,并由几名部长和朋友陪同前往国民宫。在途中,他任命了维多里亚诺·乌埃尔塔为要塞司令,以接替在首次战斗中受伤的比利亚尔将军。到达国民宫后,马德罗同其部长们举行会议,并商定征调几支农村部队、查尔科的非正规军第三十八营、托卢卡的第二十九营,而马德罗本人决定去奎尔纳瓦卡,以招安费利佩·安赫莱斯及其军旅。而乌埃尔塔不仅没有采取有效措施对付叛乱者,而且还同费利克斯·迪亚斯做交易;2月10日上午在"地球"饭店迪亚斯会见了乌埃尔塔的代表,次日又会见了乌埃尔塔本人。紧接着这次会见,乌埃尔塔调派忠于政府的军队去屠宰场;他部署进攻,或者说部署并非针对叛乱者的炮队,而是在平民中制造恐怖和死亡。2月17日,最终叛乱者抓捕了马德罗和皮诺·苏亚雷斯,奥雷略·布兰克特指挥的第二十九营直接参与了这次行动。

与此同时,还发生了其他一些政治性事件,美国大使亨利·莱恩·威尔逊积极参与其中,美国开始插手墨西哥事务。如:他们要求墨西哥政府着重保护美国公民及其利益;美国总统塔夫脱调动四艘战舰去墨西哥的港口,另外美军第五旅前往得克萨斯的加尔维斯顿,还警告马德罗,如果不下令停火,那么就让舰船运送军队进军到墨西哥城。美国大使还同墨西哥外交部长佩德罗·拉斯库赖因策划阴谋,将让外国使团和参议院看到,只有马德罗辞职,才能避免美国的武装干涉;同时怂恿西班牙公使提出同样的要求。马德罗有力地拒绝了西班牙人的要求,对他说,西班牙没有任何权利干涉墨西哥的内政。另一方面,直接要求塔夫脱对于美国战舰调至墨西哥港口作出解释。这一些事实表明,美国大使威尔逊曾经夸大了如此危险的美军调动的意义。此外,这位大使一直了解乌埃尔塔的所有阴谋计划,并且向古巴公使作过卖弄:17日曾对他说,计划已经成熟,一切在24小时终结;在抓捕马德罗和皮诺·苏亚雷斯之前一个半小时,他向美国国务院报告,反叛者已控制住了局势。此外,威尔逊不仅是乌埃尔塔通报已实现抓捕行动的第一人,而且大使本人负责将该消息转达给费利克斯·迪亚斯,同时还向迪亚斯和乌埃尔塔提供大使馆的房舍,

第八章 ● 墨西哥革命：从武装斗争到国家的政治稳定

以让两人最终达成所谓的城堡协议。在这份文件中，他们都不承认马德罗政府；约定72小时内乌埃尔塔将担任临时总统，以雷耶斯分子和费利克斯分子组成内阁；费利克斯·迪亚斯不担任任何职务，以便在即将举行的大选中可以参与竞选；通告外国政府墨西哥前行政机构已中止运作，并结束敌对状态。2月18日夜晚，反叛者暗杀了古斯塔沃·马德罗；而拉斯库赖因践踏了协议，在众议院提出总统和副总统在离开国家之前，必须辞职；与此同时，拉斯库赖因还担任了几分钟的总统职务，因为其间他任命乌埃尔塔为内政部长，这就给他披上"总统"的合法外衣。从马德罗和皮诺·苏亚雷斯被捕之时起，两人就被囚禁在国民宫，徒劳地等待将他们押送上火车，前往韦拉克鲁斯，由此乘船去古巴。他们的家人、何塞·巴斯孔塞洛斯、路易斯·曼努埃尔·罗哈斯，接近美国大使威尔逊的古巴、智利和日本公使营救被捕者的活动都不起作用，而当时对乌埃尔塔有一定影响力的威尔逊宣称，他同其他外交人员一样，不干涉墨西哥的内部事务。最终，由乌埃尔塔和蒙德拉贡批准，布兰克特下令，2月22日夜到23日弗朗西斯科·卡德纳斯和拉斐尔·皮缅塔将马德罗和皮诺·苏亚雷斯押送到教养所。据说，在押送途中，遭到伪装的武装人员攻击，两人被杀害。

1913年2月"悲剧十天"终结时，首都居民照例兴高采烈地涌向街头，装饰其房屋的

"悲剧十天"期间激战场面

外表，报刊一致欢乐地宣传胜利者的荣耀，对失败者加以谴责。由地主、银行家、商人和企业家组成的上层资产阶级不仅看到了恐怖之日的终结，而且也见证了两年风险的结束，因为他们相信新政府将恢复曾使他们昌盛起来的政治、社会和经济环境条件。

257

1913年2月20日维多利亚诺·乌埃尔塔在国民宫登上总统宝座。他以大多数费利克斯分子组成其内阁,而这些人都打好如意算盘:先迎合一下乌埃尔塔,然后以费利克斯·迪亚斯取而代之,但是乌埃尔塔占据了总统职位17个月,从1913年10月10日起,其政府完全是独裁性的,所述的日期他解散了联邦国会。"城堡协议"只是用作他登上总统宝座的工具,通过伪装和阴谋,进一步削弱了费利克斯分子,并壮大了乌埃尔塔主义。他采取的第一批措施之一,便是以其绝对服从者取代"城堡协议"产生的内阁成员;1913年4月24日他把内政部长这个关键职务交给了奥雷利亚诺·乌鲁蒂亚。只有奥雷略·布兰克特从1913年6月到乌埃尔塔倒台一直担任国防部长。

在"城堡协议"中,没有规定举行大选的日期,但是费利克斯分子很快开始对乌埃尔塔施加压力,使之确定日期。当乌埃尔塔认为自己不怎么强大时,他在诺言与延缓之间摇摆不定。先前,他同意在1913年7月27日举行大选,尔后又推迟到10月26日。而第二十六届立法院曾发布1913年5月下旬大选布告;参议院通过选举法,其中规定,只需要51%的选区参加即可,从而将革命者控制的地区排除在外。有些政党认为竞选是可能的,并提出了自己的总统候选人:民主党提名费利克斯·迪亚斯;天主教党,费德里科·甘博亚;共和自由党,大卫·德拉富恩特。另两个党也落入圈套,但是选举前退出,它们是反连选连任主义党和独立自由党。乌埃尔塔消除了两个最危险的总统候选人:使得迪亚斯无限期地滞留在美国,但是他在大选前返回到韦拉克鲁斯,旋即被当局逮捕,最终逃往古巴;此外,让莱昂·德拉巴拉接受外交使命前往华盛顿和伦敦。除了甘博亚之外,其他候选人都遭受迫害。在大选之日,乌埃尔塔既没有危险的竞争对手,又没有按照"城堡协议"所组成的内阁部长,联邦国会也被解散,司法权力中心是他的奴才,各州政府机关也为其绝对服从者所控制,人们都生活在惶恐之中。这一切意味着形势十分适宜于大选闹剧。为了完善其计划,26日当局迫使政府雇员和军人投票给乌埃尔塔和布兰克特,"赞成"他们分别担任总统和副总统;但是,投票站犯有欺骗行为,并采用了暴力。"当选"的国会在11月15日召开预备会议,在20日的会议上宣布此次选举无效,它列举理由说,乌埃尔塔获胜,但是在法律上他不能成为候选人,因为他同时占据了临时总统职位;此外,没有设置足够的规定数量的投票站。尽管如此,乌埃尔塔仍长期把持政权,而新国会又认可

第八章 墨西哥革命：从武装斗争到国家的政治稳定

他的特别权限。

军队得到特别优待。1913年3月组成10个师,打算部署在全国各地,但是为了对付革命者,他不得不把军队集中在北方和南方。6月他抛弃了费利克斯分子,解除了曼努埃尔·蒙德拉贡国防部长职务,以奥雷略·布兰克特取而代之;他创设了两个新军阶:"兵团将军"(高于师的将军)和"军队将军"(保留给他本人和布兰克特)。最得宠的军官团是候补军官学校的军官,他们直接加入军队;乌埃尔塔把军事学院划分为三所学校:预备、职业和高级军事学校。由于乌埃尔塔的大目标之一是增加军队兵员:从5万增至25万人,将士兵薪金从1比索提至2比索,采取放纵的招兵方式,每天从戏院门口、警察的检查和监禁行动中征兵800人。直到1913年5月农村的部队仍然从属于内政部,此后归属国防部,以整合为侦察部队。7月创建了更多的农村部队,其目标将达到1万人,每人薪金为2.05比索;此外,又补充了由政府武装的庄园劳动者组成的辅助力量。虽然武装力量的人数很多,但是没有起到多大作用。军事措施还包括其他方面,如增加警察人数,以组成正规军兵团;将国立预备学校军事化;对私营企业职员进行军事教育,组织频繁的游行。给政府各部长授予旅级、师级将军衔,还授予大量勋章。另一方面,由于国产武器和弹药不足,就从欧洲和日本以及美国进口,在美国先是合法购置,当禁止武器输往墨西哥之后,就通过走私或借道哈瓦那和新奥尔良曲线获得军火。

除了科阿韦拉州长贝努斯蒂亚诺·卡兰萨和索诺拉的立法机构之外,所有州的立宪派政府都承认了1913年2月维多里亚诺·乌埃尔塔建立的政权。各州州长的这种态度并不都是为了保住自己的职位,因为乌埃尔塔已用追随他的军人取而代之。走马灯似地更换州长,每个州都有三至五名州长相继接任,例如,阿尔贝托·亚尔萨将军相继担任过联邦区、特拉斯卡拉、米却肯和塔巴斯科州的州长。大多数州长都搜刮其所在州的人民,引起了不满。

在1913年2月"悲剧十天"之前就已反叛的人之中,只有拥有约4 000名追随者的帕斯库亚尔·奥罗斯科向乌埃尔塔投降。莫雷洛斯的形势十分复杂,因为立法院和州长承认乌埃尔塔,然而庄园主的意见分歧,因为一些人试图以铁腕制服萨帕塔分子,而另一些主张借助谈判方式。此外,"悲剧十天"在萨帕塔分子中引起了混乱和分裂,而乌埃尔塔打算利用这一时机,通过帕斯库亚尔·奥罗斯科的父亲率领的一批代表取得和平。虽然1913年3月2日萨帕塔和赫诺维沃·德拉奥拒绝谈判,但是他们已不可能对乌埃尔塔分子发动大规模进攻,因为已到了甘蔗收获季节,须向各庄园收取捐税。1913年4月中旬乌埃尔塔政权在莫雷洛斯颁布军事管制法,并任命胡文西奥·罗夫莱斯为州长和军事指挥官,他宣布对农民开战。由此逐渐造成萨帕塔分子统一起来对付共同的敌人,攻打夸乌特拉、霍纳卡特佩克和奎尔纳瓦卡。罗夫莱斯的反措施是采取"集中居住"制:将各村庄和牧场的居民集中在主要的村庄,以便对他们加强防范;此外还焚烧和夷平可疑点,每月从该州征兵千人,并将他们派往国家的北部对立宪派部队作战。

1913年5月30日埃米利亚诺·萨帕塔修改了《阿亚拉计划》,以详细说明反对乌埃尔塔、帕斯库亚尔·奥罗斯科的斗争,因为计划已承认萨帕塔担任运动的军事首领。此外,重组其部队,使高级指挥官具有共和国中部和南部革命委员会的权力,该委员会由南方首领主持,由曼努埃尔·帕拉弗斯(一位普埃布拉人,擅长工程和会计研究)担任书记。另一方面,罗夫莱斯加剧了恐怖活动,7月攻打萨帕塔分子的总司令部所在地夸乌特拉,试图一举歼灭之,但是他只找到了乌埃尔塔几名代表的尸体,因为农民军已逃往邻州,他们拆毁了道路,袭击火车和驻军。罗夫莱斯因遭到失败而被撤职,由阿道弗·希门内斯·德卡斯特罗取而代之,此人是费利佩·安赫莱斯的老部下,他展开一场人数较少、不怎么残酷的战役,因为政府抽调了大批部队去国家北部,以同立宪派部队作战。这样,希门内斯·德卡斯特罗只能捉襟见肘地将各支驻军部署在相互靠近的地点,以避免萨帕塔分子的攻击,因为农民军已经返回莫雷洛斯,并控制了村庄和牧场。最终,萨帕塔在莫雷洛斯州和周围地区组织了一次大攻势,帕拉弗斯编写了新的训令,以统一追随者的思想行动和整顿南方解放军的纪律。1914年初这些措施的成果是明显的:运动在莫雷洛斯、普埃布拉和格雷罗获得新的力量;通过同时发动四五个进攻行动,夺取了奇尔潘辛戈、塔斯科和布埃纳维斯塔-德奎利亚尔,并威胁阿卡普尔科港。1914年中期控制了整个莫雷洛斯州,影响达到墨西哥城附近,7月20日南方军首领夺取了上米尔帕。

如前所述,科阿韦拉州长贝努斯蒂亚诺·卡兰萨不承认乌埃尔塔政权,并于1913年3月26日宣布了瓜达卢佩计划,其中除了唾弃联邦三权之外,还不承认在30天期限内不采取其同样做法的各州州长;任命卡兰

第八章 ● 墨西哥革命：从武装斗争到国家的政治稳定

萨为立宪派军队第一首领，掌握执行权，他还将负责在夺占墨西哥城之后举行选举，最终把政权交给当选的总统。计划最后指出，立宪派军队首领将接管各州的临时政府。几乎在卡兰萨宣布瓜达卢佩计划的同时，索诺拉的立法院摈弃了乌埃尔塔，而弗朗西斯科·比利亚已从美国回到墨西哥，已在奇瓦瓦举行武装起义；该州的立宪派州长阿夫拉姆·冈萨雷斯不能举行起义，因为在 1913 年 2 月乌埃尔塔分子已经抓捕了这位州长，3 月 8 日将他杀害。科阿韦拉、索诺拉和奇瓦瓦的革命者承认瓜达卢佩计划，1913 年 4 月 18 日签署了蒙克洛瓦纪要，组织了七支立宪派军部队，承认老的马德罗分子的军衔和没有参加反对马德罗叛乱的联邦军队军人的军衔。

科阿韦拉的立宪派部队由民兵、农村部队和州的救助力量组成，其指挥者是瓜达卢佩计划的签名者；虽然在州内这支部队取得了一些胜利，但是在托雷翁他们被打败。1913 年 10 月 17 日这支部队越过马德雷山抵达索诺拉，因此第一首领决定将其政府设在该地。1913 年 3 月和 4 月之间，在索诺拉立宪派革命迅速发展起来，几乎控制了全州，除开瓜伊玛斯，对该港口的围困一直维持到 1914 年 8 月。这些胜利基本上是依靠阿尔瓦罗·奥夫雷贡等人的指挥能力取得的。至于弗朗西斯科·比利亚，他在 1913 年 3 月以很少几个人开始了运动，不久运动的人数增至 400 人，并在科阿韦拉州的各个村庄打败了乌埃尔塔分子和奥罗斯科分子。然后他们前往拉古纳，这时其部队人数接近 1 万人，比利亚将他们组编成北方师，在 1913 年 10 月 3 日夺取了托雷翁。在很短时间内，他佯攻奇瓦瓦的首府，同时又以迅雷不及掩耳之势攻打并占领了华雷斯城；紧接着夺取了全州。当比利亚在奇瓦瓦作战时，乌埃尔塔分子在 12 月 9 日收复了托雷翁，但是比利亚与前联邦派费利佩·安赫莱斯合作，最终于 1914 年 4 月 2 日重新夺取了该地。到那时，强大的北方师已拥有 1.6 万人，它通过拦截卡兰萨的部队，于 1914 年 7 月 23 日夺取了萨卡特卡斯的首府。萨卡特卡斯的占领具有双重影响：一方面，扫除了乌埃尔塔的最大障碍，由此可以直捣共和国首都；另一方面，使得比利亚与卡兰萨之间的一系列摩擦达到顶峰。然而，1914 年 7 月 4 日到 8 日立宪派通过一些会议和签订《托雷翁条约》，成功地消除了摩擦。

至于巴勃罗·冈萨雷斯指挥的东北军部队在 1913 年上半年无所作为，但是 1914 年初另一些立宪主义者已经赢得了新莱昂、塔毛利帕斯和韦拉克鲁斯。最终他们联合冈萨雷斯,从1914年4月起夺取了蒙特雷、蒙克洛瓦、坦皮科、圣路易斯波托西和克雷塔罗。由奥夫雷贡指挥的西北军部队也抵达克雷塔罗,这位将领曾沿着太平洋岸向南部进军,在1913年末夺取了整个锡那罗亚州,除开已被围困的马萨特兰。1914年初占据了特佩克,在伊斯特兰-德尔里奥重组自己的部队,然后在奥伦达因和埃尔卡斯蒂略取得影响巨大的两场战役的胜利,1914年7月8日迫使乌埃尔塔分子撤退到瓜达拉哈拉。随后,占据了科利马州,除开曼萨尼约港,但它已被包围。西北军部队的胜利进军现在指向国家中部,直达克雷塔罗。最终,东北军和西北军部队在克雷塔罗首府汇合,弗朗西斯科·比利亚占领了托雷翁;不久,萨帕塔分子威胁墨西哥城的南部。面对惨重的失败,维多利亚诺·乌埃尔塔逃往国外,而让弗朗西斯科·S.卡瓦哈尔担任总统。

卡兰萨向卡瓦哈尔发出最后通牒,要求他向奥夫雷贡无条件投降,后者已将总司令部设在首都附近的伊达尔戈州埃尔萨尔托;此外,还要求他交出所有的武器和装备,否则,对他将按照1862年1月25日的法令作祖国叛徒论罪。1914年8月13日卡瓦哈尔将政权交给了国防部长雷富希奥·贝拉斯科,把联邦行政区政府交给了爱德华多·伊图维德,两人通过签订特奥洛尤坎条约,无条件投降。15日奥夫雷贡占领了首都,1914年8月20日以卡兰萨为首的立宪派部队列队行进在首都大街上。

三、革命的主角:萨帕塔、卡兰萨和比利亚

波菲利奥·迪亚斯政权倒台后,各地展开的武装运动有着深刻的政治与社会根源。乌埃尔塔政权时期,1913年5月30日萨帕塔修改其阿亚拉计划,有两个目的:第一,不承认乌埃尔塔和奥罗斯科,并掌握军事指挥权;第二,修改所述计划的第六条,以扩大和增加其运动的吸引力,并且通过一项总方针来统一其追随者。因此,萨帕塔命令军官在作战过程中给予要求土地的农民以道义和物质上的援助,并给他们颁发地产证;同时要求战士不要胡作非为,以获得劳动者和穷人的同情和支持。此外,自从1914年5月乌埃尔塔解散了"世界工人之家"后,其部分成员成功地逃出首都,并加入萨帕塔运动,这些人主要关注城市劳动者;如:法国人奥克塔维奥·简为工团主义而斗争,安东尼奥·迪亚斯·索托-伽马阐明土地学

第八章 ● 墨西哥革命：从武装斗争到国家的政治稳定

说。他们所有人在萨帕塔的总司令部都担任重要职务，他们借助严格的战斗性的思想意识紧密地团结在一起，并为起义军提出了格言："土地与自由。"紧随着乌埃尔塔离职，1914年7月19日萨帕塔分子宣布了《阿亚拉计划批准纪要》，其中确认了南方首领是其革命的全国领袖，此外，还坚持改善大多数人的经济状况，并为其追随者确定了三项任务：将《阿亚拉计划》的原则提高为宪法规定，建立一个拥护该计划的政府，并立即实施土地改革。塔巴斯科的一名庄园主安特诺尔·萨拉提出两个所谓"系统"的土地改革方案，试图引诱萨帕塔，并吹嘘这两个方案完善了《阿亚拉计划》。他在1913年6月提出的方案中主张：为了创建小地产，一些垦殖公司可以购买地块，转卖给证明自己有才干的农民，让他们进行耕作。在另一个方案中，他建议创办农民士兵垦殖地，每块地为10公顷，以公共使用为由，通过征用来提供土地；此外创建一家国家农业银行。萨帕塔拒绝了这两个方案。

立宪派首领卡兰萨也十分关注土地问题。虽然瓜达卢佩计划没有涉及土地问题，但是立宪派颁布了多项土地法。1913年3月颁布的第一项法令，出自阿尔贝托·卡雷拉·托雷斯之手，规定征用波菲利奥和费利克斯·迪亚斯、维多利亚诺·乌埃尔塔及其所有追随者的财产，并将他们的地产分割为小块地，每份为10平方米，进行分配；宣布取消仆人和商人对波菲利奥分子、费利克斯分子和乌埃尔塔分子的欠债。不久，1913年8月6日，在马塔莫罗斯和塔毛利帕斯，卢西奥·布兰科联合一些立宪派成员在立宪派士兵和穷困者中间分配费利克斯·迪亚斯的一座庄园土地。但是，卡兰萨认为，这次分配土地不合时宜，因为社会斗争应在消灭乌埃尔塔之后才能发动。他指出，需要制定一部新宪法，由于目前"缺少有利于农民和工人的法律……并且这些法律应由他们自己颁布，因为他们将是这场收回权益的社会斗争的胜利者"。尽管卡兰萨反对，另一些立宪派成员继续颁布土地法；例如，杜兰戈的州长帕斯托尔·鲁奥斯，在1913年末提出一项计划，考虑到公共利益问题，一些村庄和宗教团体将成为从事农业的土地业主，而它们的用地将向毗邻的大庄园征用，所征土地将达5 000公顷。政府将用10年期限的偿还债券支付征用费；当村庄和宗教团体中的大多数居民都承诺支付由专家确定的土地价值时，政府就向他们授予土地。每个申请者最多可得30公顷，在支付完五年的征用费后，这些土地可以转让。在1914年7月8日签订的托雷翁条约中，比利亚和卡兰萨的追随者都赞成公平分配土地和解放农民。此外,1913年同立宪主义相联系的其他计划也都触及土地问题,它们是4月21日的帕拉瓜罗计划,5月7日格雷罗的联合解放军起义纪要,9月3日和10月22日特拉斯卡拉立法机构法令,其中规定:只要有合适的两人证明有关土地是其地产,那么被剥夺土地的村庄就可收回它们的所有权。然而,在墨西哥革命过程中,主要的政治力量尽管提出了土地问题,但是要真正解决这个重大问题的主客观条件尚未具备。

实际上,在反对乌埃尔塔的革命尚未取得最终胜利之时,三支政治力量的主要领导者卡兰萨、比利亚和萨帕塔因其个人之间的分歧和敌对,以及对国内外问题的不同分析和研究,逐步分道扬镳。弗朗西斯科·比利亚和贝努斯蒂亚诺·卡兰萨都是北方人,他们都为马德罗主义和立宪主义而战斗;但前者是穷人,干过各种工作,有着火爆的性格,其喜怒哀乐溢于言表;而卡兰萨(1859—1920)出生在土生白人庄园主家庭,曾就读于首都的国立预科学校,28岁时就从政。在其政治生涯中,他自信心强,知人论世,固执己见,信守诺言,并在逆境中壮大起来。而比利亚和萨帕塔一样,比卡兰萨年轻20岁,两人在政治上都很天真,在武装斗争中不懂得加强自身,仅凭自己的感觉摸索前进,把整个国家理解为自己乡土的延续。他们领导的运动是民众的,而其本人是唤起大众幻想的地方首领,因为他们分别组建了强大的北方师和南方解放军,或者说组织了有战斗力的游击队。萨帕塔的斗争很少得到外界的声援,其行动中心在莫雷洛斯州,具有明确的目标:保卫村庄。这三位革命首领的周围都有一批崇拜者,但是他们对崇拜者都没有决定性的影响。

从1914年3月卡兰萨和比利亚在奇瓦瓦第一次接触起,就发生了冲突,并且他们之间的摩擦不断增加,因为卡兰萨出于自己的性格,同时也按照瓜达卢佩计划所授予的权力,要求别人在军事和政治工作问题上服从他。而比利亚并不享受这种特权,但是他是奇瓦瓦州的实际主宰,因此表现得十分傲慢,并且炫示他所握有的统治权,甚至下令由卡兰萨任命的州长曼努埃尔·乔印制纸币,颁布没收法令;他在美国有代理人,对美国人占领韦拉克鲁斯采取迁就的态度。卡兰萨和比利亚之间的分歧在1914年7月以比利亚夺取萨卡特卡斯达到顶峰,但是北方师和西北军部队的将军们通过签订7月8日的《托雷翁条约》暂时恢复了两者的关系。事实上,所述条约有两个文本:在秘密文本中双方同意,比利亚释放40名

第八章 墨西哥革命:从武装斗争到国家的政治稳定

俘虏,归还所有窃取的金钱并向卡兰萨道歉;卡兰萨则保留第一首领的职位,但是其权力限于民事和外交事务;给予比利亚及其北方师以与阿尔瓦罗·奥夫雷贡、巴勃罗·冈萨雷斯及其相应的西北军和东北军部队同样的级别;恢复欧塞维奥·卡萨达在立宪派铁道公司的领导权和煤炭的分销权。在《托雷翁条约》的公开正式文本中,北方师的将军们要求比利亚重新担任领导职务,并且承认卡兰萨为第一首领,但是提出革命胜利时卡兰萨应承担数项义务:组建执政咨询委员会,担任代理总统,召开立宪派军队代表大会(每千人一名代表),大会将负责确定大选日期,制订执政纲领和处理普遍性的问题。此外,还应解决在索诺拉所引起的行使权力的辖区问题(该州州长何塞·马·迈托雷纳认为,当普卢塔科·埃利亚斯·卡列斯担任埃莫西略军事指挥官和索诺拉驻军首长时,他的权力缩小了),在明确州长职责范围时,既不践踏其州的主权,也不指责该州长。文件还规定,所有立宪主义者都战斗到消灭乌埃尔塔分子,建立民主政权:致力于工人福利、农民解放,惩罚曾同乌埃尔塔合作的天主教会成员。实际上,条约只是临时防止立宪派之间的武装冲突;因为卡兰萨和比利亚都不尊重条约:前者切断向后者的煤炭供应,以阻止他向墨西哥城进军;而比利亚在整个7月份通过招募更多的士兵、购买马匹、武器和装备筹划对卡兰萨的斗争。

萨帕塔运动一直是一支独立的立宪派队伍,但是从1913年起有人试图统一这支队伍。1914年8月在萨帕塔总司令部存在三种倾向:"世界工人之家"的老成员准备作出让步,以实现初期革命者和无政府工团主义者之间的统一;由萨

迭戈·里维拉的壁画:"墨西哥革命"画面之一

帕塔和莫雷洛斯各地方首领组成的集团,宁愿孤立;和以曼努埃尔·帕拉福斯为首的集团,敌视任何整顿。这第三个集团最终占了上风,因此当一些立宪主义者在"世界工人之家"老成员的支持下,试图在奎尔纳瓦卡同其他队伍达成协调一致之时,他们都差一点丢了性命,因此萨帕塔支持帕拉福斯集团;他们曾要求第一首领辞职,或者同萨帕塔分子分享权力,此外,应将索奇米尔科镇交给他们。1914年9月5日卡兰萨拒绝了萨帕塔分子的建议,因为所述建议并不是整顿的基础,而是对失败者提出的条件。

在1914年8月初索诺拉的内部冲突加剧,因为纳沃霍亚的驻军和亚基印第安人部落宣布承认迈托雷纳的军事权威,并且攻打卡列斯控制的边境城镇,这意味着两种危险:挑起国际冲突和斗争蔓延到其他各州,因为迈托雷纳得到比利亚的支持。为了避免立宪派的分裂,从8月30日到9月3日奥夫雷贡前往奇瓦瓦同比利亚会晤,两人同意中止在索诺拉的敌对行动,以胡安·卡夫拉尔取代迈托雷纳,将卡列斯调往奇瓦瓦的卡萨斯格兰德斯;此外拟订一项执政纲领,卡兰萨仅接受有关他担任临时总统职位的条款,其他各点将在10月1日在墨西哥城启动的"委员会"上讨论;他明确指出,按照9月4日召开会议的通告,各方同意应推动实施改革、临时执政纲领和普遍利益问题。尽管奥夫雷贡和比利亚已达成了协议,但是在索诺拉武装冲突并没有停止,比利亚重新支持迈托雷纳。而奥夫雷贡也带领一批人试图进行另一次绥靖行动,但是比利亚差一点杀了他,后来才生硬地接受了整顿,同时也向前者显示其军事的强大。在发生这一切时,卡兰萨曾下令,如果北方师向首都进军,那就加以阻截,因此9月23日比利亚分子和卡兰萨分子决裂。

有些立宪主义首领组成一个绥靖常设委员会,目的是要调解两派冲突,以及吸引萨帕塔分子。以奥夫雷贡为首的该委员会多名成员启程前往萨卡特卡斯,以会见几名比利亚分子以及其他反对派,1914年10月10日在阿瓜斯卡连特斯城大多数立宪派将军聚会在一起,承诺履行《托雷翁条约》。但是,当时全国的政治和军事形势依然是错综复杂、变幻莫测的。

在多种压力下,从11月初起,卡兰萨放弃了墨西哥城,最终于26日将其政府设在韦拉克鲁斯港;同时不承认阿瓜斯卡连特斯大会的最高权力,拒绝让他离职的通知书,并提出辞职的三个条件:建立有效的临时政府,该政府的建立不迟于11月20日,以便进行国家所需要的改革;解除

第八章 ● 墨西哥革命：从武装斗争到国家的政治稳定

比利亚和萨帕塔的军队指挥权，此外让他们离开国家，这样他本人也移居国外。由于大会拒绝接受其条件，卡兰萨号召军队的所有将领进行战斗。响应其号召的有奥夫雷贡、安东尼奥·I. 比利亚雷亚尔、卢西奥·布兰科、巴勃罗·冈萨雷斯和爱德华多·阿伊，到 11 月中旬，如果大会让比利亚和卡兰萨都离开国家，那么这些人就准备支持大会。

比利亚和萨帕塔的先头部队已包围了墨西哥城，虽然比利亚在 1914 年 12 月 3 日已把欧拉利奥·古铁雷斯安插在国家宫。到 6 日比利亚和萨帕塔的联合部队胜利进入首都，两天之后北方军阀和南方军首领签订了索奇米尔科条约：秘密约定共同对付个人的敌人，而公开结成军事同盟，但双方都没有全面履行。按照条约，12 月上旬萨帕塔和比利亚从墨西哥城出发，前者承诺去普埃布拉和韦拉克鲁斯地区，但萨帕塔在 14 日从卡兰萨派手中夺取了普埃布拉城之后，就启程去莫雷洛斯州，并且直到 1915 年中期一直孤立地驻扎在那里。另一方面，比利亚去西部，夺取了瓜达拉哈拉，但是从未向萨帕塔派提供充足的武器和装备。此外，欧拉利奥·古铁雷斯打算行使临时总统权力，并把比利亚分子和萨帕塔分子整合在其内阁，但是他没有能力阻止抢劫、蹂躏和犯罪。由于形势恶化，1915 年初古铁雷斯试图联合奥夫雷贡，但是比利亚得知有关活动后，为了杀死临时总统，他突然现身于墨西哥城。暗杀没有发生，但是两人互不信任直到他们都离开首都，比利亚前往边境去会晤美国将军休·L. 斯科特，讨论有关在索诺拉的纳科地区墨西哥人之间战斗所引起的国际问题；而古铁雷斯因感到在首都不安全，同一批追随者一起企图在圣路易斯波托西建立其政府。然而，大会没有跟随古铁雷斯，而是常设在墨西哥城，承担国家的临时政府职责。

1915 年 1 月大会举行例会，并很快形成两个对立的集团，由北方人和比利亚分子组成的多数人集团和由萨帕塔分子组合的少数人集团。特别是在讨论政治和社会改革纲领方面，两者的论战十分尖酸刻薄。最终大会两个集团分裂，拉戈斯·查萨罗为首的集团启程去北方，而萨帕塔派集团前往莫雷洛斯。1916 年 5 月 16 日后者最终解散了大会。

无论是从获得外国的武器和给养供应，还是拥有连接两大洋和墨西哥城的铁路交通来看，1914 年 11 月 26 日卡兰萨在韦拉克鲁斯建立其政府，带来了十分有利的形势。因此，尽管从 1915 年 1 月 26 日到 3 月 11 日奥夫雷贡只能保持其阵地，在南方对萨帕塔派进行消耗战，但是奥夫雷贡能前进到塞拉亚,在 4 月 3 日夺取了该城,通过利用另一条铁路可直达韦韦托卡。奥夫雷贡的目标是引诱比利亚进攻,为此他部署约 1 万人占壕固守在塞拉亚的沟渠和排水渠,而让骑兵后备队留在城外。而比利亚安营扎寨于蒙特雷,并迅速调动其北方师到伊拉普亚托,同时要求其盟友萨帕塔军队进攻奥夫雷贡部队的后卫队,并切断同韦拉克鲁斯的铁路交通线。但是,萨帕塔派没有响应。4 月 7 日第一次进攻塞拉亚时,大约 2 万人比利亚军队进入城中心,但是留在城外的骑兵后备队最终迫使他们撤退到伊拉普亚托。4 月 13 日第二次进攻时,比利亚军队人数增加了两倍多,奥夫雷贡采取同样战术再次打退了敌人的进攻,并且使之仓皇逃跑,尸体遍野。比利亚派减少其他战线上的兵力这个事实,意味着他们放松对马塔莫罗斯、新拉雷多和埃尔埃瓦诺的卡兰萨派的围困。前两个要塞是重要的武器和给养点,后一个是石油供应点。弗朗西斯科·比利亚和奥夫雷贡及弗朗西斯科·穆尔吉亚指挥的卡兰萨派军队在 6 月 5 日再次在特里尼达和莱昂战役中对阵,结果最终打败北方师。随后在阿瓜斯卡连特斯、萨卡特卡斯、圣路易斯波托西、萨尔蒂约、托雷翁等地卡兰萨派又取得一系列胜利。此外,在 11 月和 12 月之间,卡列斯、曼努埃尔·M.迭克斯和奥夫雷贡在索诺拉又一次打败了比利亚,并收复了该州。最终,12 月 23 日另一批卡兰萨派占领了比利亚的最后堡垒华雷斯城,这个北方军阀再次进行游击活动。

  1915 年 8 月 2 日,巴勃罗·冈萨雷斯指挥的卡兰萨派部队在打败了萨帕塔之后,其部队最终占据了墨西哥城。而萨帕塔只能在墨西哥谷地南部、瓦哈卡和伊达尔戈进行一些侵扰活动,但是巴勃罗·冈萨雷斯的部队逐渐包围了莫雷洛斯州,到 1916 年 6 月中旬占据了该州。萨帕塔分子逃往山区,以 100 到 200 人的游击队形式组织侵扰和伏击活动。冈萨雷斯以类似胡文西奥·罗夫莱斯的办法来对付游击队,因为他下令将农村家庭集中在主要城市里,以严加防范,并宣布处决直接或间接支援游击队员的人,同时在小路、公路和铁路等地点抓捕没有通行证的人。这些措施只是使游击队员人数在战场增至 5 000 人,后备队 3 000 人,他们继续威胁莫雷洛斯的卡兰萨派巡逻队和警备队。这样,萨帕塔最终将其总司令部设在特拉尔蒂潘,并迫使卡兰萨派退出莫雷洛斯。

  1917 年 2 月 5 日卡兰萨颁布了宪法,并宣布 3 月 11 日将举行总统和国会选举。几天后颁令,国家将回到宪政秩序,还举行各州州长选举;

第八章 ● 墨西哥革命：从武装斗争到国家的政治稳定

将修改各州宪法，以适应1917年2月5日的国家宪法。在组建联邦议会第二十七届立法院的选举中宪政自由党获得大多数席位，并在4月14日组成立法院。一天后卡兰萨向它提交了关于行政权运作四年的报告。

从1915年起人们已开始谈论创建一个全国性政党的必要性，但是除了建党的内在困难之外，还缺少为政权而

何塞·克莱门特·奥罗斯科的壁画："墨西哥革命"画面之一

斗争的促进因素，因为国家仍然处在内战状态，不可能举行选举。只是到了1916年10月，当巴勃罗·冈萨雷斯提出"统一各革命要素的准则"的主张，并联合了其他军人，如阿尔瓦罗·奥夫雷贡、坎迪多·阿吉拉尔、阿莱霍·E.冈萨雷斯和塞萨雷奥·卡斯特罗，召唤多名文职人员，以正式组建由工程师和将军爱德华多·阿伊主持的宪政自由党。10月为了组成议员团的选举，宪政自由党进行首批活动。后来，在1917年该党提出贝努斯蒂亚诺·卡兰萨为共和国宪政总统。在1917年3月11日的大选中卡兰萨获胜，于5月1日就任总统。但是由于他不信任宪政自由党，所以在其内阁没有一个该党成员。在联邦议会第二十七届立法院、宪政自由党成员占优势，他们咄咄逼人地对抗卡兰萨少数派。

1917年5月通过解散老的部队和司令部来重组军队，形成师、旅、营和团的建制，以多余的人员组成荣誉军团。创建总参谋部科学院、炮兵学校和许多军事学校。改善制造业设施和国家武器制造厂；建立一家从日本进口设备的军需品工厂，由20名日本技术人员来指导。1918年3月15日有人向联邦议会提交了军队组织法草案；1919年初韦拉克鲁斯航海学院开办；此外，在各学校进行军事教育；最后，1920年2月5日建立军事学院。

1917年到1920年之间全国发生了各种倾向的叛乱苗头,可以说没有安宁的一天。同情弗朗西斯科·比利亚、伊内斯·加西亚·查维斯的许多帮派威胁着米却肯和瓜纳华托,以及费利克斯·伊雷塔的帮派从格雷罗得到赫苏斯·辛托拉的支持。在科阿韦拉、萨卡特卡斯和圣路易斯波托西,一批武装集团一直很活跃。在韦拉克鲁斯的北部和塔毛利帕斯的南部,被石油公司资助的曼努埃尔·佩莱斯控制,1918年2月他差一点引起美国的干涉,因为除了造成石油设施轻微损坏外,还提出苛刻条件。在国家东部和特万特佩克地峡,费利克斯·迪亚斯从1916年起带领其"国家重组军"发动叛乱,通过袭击和炸毁铁路线,扭曲了那里的政治和经济状况。1917年9月3日他宣称,其行动中心已扩散到很远的地方,并将各种人物吸收到他的队伍。

　　1917年弗朗西斯科·比利亚带领骑术高超和装备精良的1 000人展开游击活动,其武器或是购于美国,或是夺取于墨西哥驻军。1917年末他开始袭击铁路线和劫掠村镇。1918年和1919年他占领一些矿山,夺取了大量战利品。1919年4月费利佩·安赫莱斯回到比利亚一边,他们共同发表弗洛里多河计划,承诺组合成一支包括所有社会阶级的军队,它既不是暴政的工具,也不是镇压的机器。比利亚和安赫莱斯对昔日的战友、现在保卫政府的何塞·德拉卢斯和曼努埃尔·梅迪纳维蒂亚取得了几场胜利。但是,最终安赫莱斯被政府军抓获,1919年9月26日在奇瓦瓦受到审判后被处决。而比利亚在1919年继续在奇瓦瓦、杜兰戈和科阿韦拉一带搏斗;6月份重新占领奥希纳加,并攻打华雷斯城,还在得克萨斯的埃尔帕索造成损失,这使得美国军队越过边界线。墨西哥政府军对比利亚发动了攻势,但是比利亚不仅成功地避开,而且在1919年初政府军追捕他时,他掠夺了穆斯基斯,1920年2月3日夺取了莱多和戈麦斯·帕拉西奥,直到卡兰萨去世,他仍然在马皮米地区和奇瓦瓦州一带活动。

　　在莫雷洛斯州,1917年5月和8月之间萨帕塔派避开了一场新的内部危机。一些人成为向政府投降的支持者,因为2月5日颁布的宪法保证土地改革;而另一些人希望加入费利克斯·迪亚斯的队伍,因为他表现得像一名老的自由主义的捍卫者。第三个派别宁愿保持行动自由。因此队伍内部阴谋诡计盛行,并造成了欧费米奥·萨帕塔等人的死亡。到1917年9月,萨帕塔重新统一了阿亚拉计划的支持者,此外,还授权希尔

第八章 墨西哥革命:从武装斗争到国家的政治稳定

达多·马加尼亚使得运动具有全国性意义。因此,他们号召所有革命者联合起来,并倡议在其政务会中产生一名墨西哥临时总统。此后,1918年2月向城乡兄弟散发传单和宣言;将开小差的卡兰萨分子吸收到南方解放军;企图把各地反叛首领吸引到"一面旗帜下"。最终,在一部所谓的人民阵线著作中,用老的格言"改革、自由、正义和法律"来阐述《阿亚拉计划》,既不谴责1857年宪法,也不赞美1917年宪法;不攻击卡兰萨派,虽然指出萨帕塔派与费利克斯派之间的不同,但是并没有将两派分离;决心将斗争坚持到土著人收回其土地,农村劳动者获得自由,并成为其命运的主人,工人受到保护,全体人民取得广泛的政治自由。此外,1918年7月和9月之间他们试图吸收老的马德罗主义者弗朗西斯科和埃米利奥·巴斯克斯·戈麦斯,前联邦主义者和比利亚派费利佩·安赫莱斯,卡兰萨派阿尔瓦罗·奥夫雷贡以及阿隆·萨恩斯。

但是,正当这一切预示萨帕塔主义的新高潮来到之时,巴勃罗·冈萨雷斯通过利用赫苏斯·瓜哈尔多所设的圈套,消灭了这位南方首领:瓜哈尔多因宣布反叛卡兰萨,所以得到萨帕塔的信任,最终于1919年4月10日他阴险地设计在奇纳梅卡庄园伏击萨帕塔,结果南方军首领落入陷阱,遍体中弹而亡。卡兰萨政府嘉奖了瓜哈尔多:晋升军阶和5万比索。萨帕塔一旦被消灭,冈萨雷斯就着手处理战俘问题,每天提供给他们每人55生太伏和食物,让他们重建各村庄;夸乌特拉人口恢复到1910年总人口的2/3;最终,考虑到莫雷洛斯的形势已经正常化,冈萨雷斯将其总司令部迁至普埃布拉。由一些将军控制的莫雷洛斯州的大庄园借助于邻近村庄而得到扩展,但是,原庄园主要求联邦政府归还庄园。另一方面,萨帕塔之死在其追随者中带来了更大的危机;一些人打算把指挥权交给米却肯人希尔达尔多·马加尼亚;而另一些人宁愿让莫雷洛斯地方首领弗朗西斯科·门多萨掌握权力。另外,曼努埃尔·佩莱斯想要让革命联合会来领导,以换取它向萨帕塔派提供武器。萨帕塔派危机最终在1919年9月获得解决:选举马加尼亚为总司令,他通过卢西奥·布兰科(1914年11月断绝同卡兰萨派的关系,后来有段时间又重新加入该派),于1919年11月28日同政府签订了和平协定。马加尼亚的决定主要是由于国家再次受到美国武装干涉的威胁。但是,1920年1月这种危险消失后,他又重新对抗政府;安东尼奥·迪亚斯·索托-加马统一了莫雷洛斯游击队的政治准则,20名首领带领4000人准备采取行动;他们又同奥夫雷贡联合在一起,后者向他们提供武器。

从1917年中期起,奥夫雷贡就按本人意愿居住在索诺拉,没有担任任何职务,1919年6月通过索诺拉革命党成为总统候选人。奥夫雷贡的宣言提出,迫切需要通过有效的选举制度巩固民主,重组政府,并实施武装斗争时期已宣布的原则。7月宪政自由党提名他为候选人,不久合作主义党、百名议员和墨西哥地区工人区域联合会"行动小组"都支持他,此外,1920年1月工党也予以支持。这样,奥夫雷贡开始了他的竞选活动,但是,他的支持者开始遭到迫害、监禁和射击。

从1919年初起,卡兰萨向革命者发出号召:不要采取支持其他候选人的不成熟的立场。然而,随着奥夫雷贡的支持人数增加,卡兰萨的政治优势逐渐受到削弱。阿瓜·普列塔的叛乱活动渗透到全国,1920年5月7日卡兰萨政府不得不在军事学院士官生护卫下乘火车撤出联邦区;几支骑兵队,以及另一些军事和文职人员也启程撤出。总统随从人员一到瓜达卢佩镇,就受到曾暗杀萨帕塔的凶手赫苏斯·瓜哈尔多的攻击;后来在普埃布拉州又遭到萨帕塔派的骚扰,最终,早先变为政府捍卫者的瓜达卢佩·桑切斯于5月9日和14日之间在阿皮萨科重创卡兰萨的武装力量。总统下令军事学院士官生返回墨西哥城,以避免他们成为牺牲品;在一批支持者的簇拥下,卡兰萨直着身子、平静而严肃地骑在马上。在当地一名费利克斯分子的指点下,他们来到内卡萨河,此人又将这批人带到特拉斯卡兰通戈,"一块狭小的旷野……位于一座陡峭山岗的斜坡和几乎被垂直截断的峡谷之间……为一片杂草丛生的树林所环绕"。他们安顿下来后,当地人找借口离开现场。在1920年5月20日大雨滂沱、漆黑之夜,步枪子弹准确地齐射到卡兰萨休歇的茅屋。奥夫雷贡分子"表现出无可指责的平静和自私自利",因为在卡兰萨被埋葬的同一天:5月24日联邦议会确定了大选日期,通过改变阿瓜·普列塔计划,任命阿道弗·德拉乌埃尔塔为临时总统。

另一名革命主角弗朗西斯科·比利亚也难逃悲剧的结局。如前所述,1915年初,因墨西哥城被卡兰萨军队包围,比利亚被迫北撤,后在多次战役中连遭败绩,退回奇瓦瓦州开展游击战。1920年5月卡兰萨政府倒台后,与阿道弗·德拉乌埃尔塔政府达成协议,比利亚停止战斗,隐居于杜兰戈州的一座庄园里。1923年7月20日,他在帕拉戈尔城被害。

第八章 ● 墨西哥革命：从武装斗争到国家的政治稳定

四、政治统治体系的制度化

1917年宪法规定了共和国政府的体制：总统通过直接民选产生，有权选择和组成其内阁，其任期为四年。国会由两院组成；由每州两名参议员组成的参议院，通过民选产生，任期四年；而众议员则按照各州人口比例直接选出，任期两年。国会休会期间设有一个常设委员会。宪法还规定了最高法院和下级法院的设置。凡年龄达到21岁并能证明有合法职业的墨西哥男性公民，均有选举权。

宪法第二十七条反映了印第安人、劳工和知识分子的代表们的强烈愿望：本国的自然资源归墨西哥国家所有，具体规定土地和水域归墨西哥所有。第一百二十三条规定了劳工的权利：组织工会、罢工和集体谈判等工人权利，最低工资，成立有权对工厂纠纷进行仲裁的委员会。宪法还载有其他开明措施，如：国家办教育，政教分离，废除债役农奴制，将所有教会产业收归国有。应该说，"1917年宪法为墨西哥建立稳定的治理准备了基地"。

实际上，1920年5月20日卡兰萨被暗杀并不意味着立宪派纲领的消失，因为胜利者重新肯定了这个纲领。反对卡兰萨的运动没有寻求新的统治体制，其目标是在统治集团内重新调整力量。奥夫雷贡的胜利是最后一次成功的军事反叛。然而，新的政权找到和平移交权力的方案之前有一段过渡时期。学者认为，现代胜利的革命运动一般都经过这样一个阶段：一个首领形象构成一个政治统治要素，墨西哥也不例外。在1920年和1935年之间，奥夫雷贡和卡列斯的个人权力先后构成了政治运作的轴心。由于奥夫雷贡曾是具有最大威望的军事首领，所以他可以将其权威强加给联盟中较低级的成员；然而，卡列斯的权力基础已有一些不同了。与前者相比，他的统治地位不是以其军事地位为基础，而是后来以他协调统治集团内部各种利益的能力为基础。实际上，1920年当奥夫雷贡夺得政权时，国家的政治团结并不存在。他在12月1日宣誓就任总统，但是这个新政权不是全国的领袖，而是由西北部的资产阶级分子组成的地区性的集团。新政权通过与其他政治派别的交往，准备进行灵活的地区性的"复兴"，因此就成为全国资产阶级的权力代表。其纲领是进行自上而下的一系列改革，以回避、分化、缩小、限制外国对墨西哥主权及下层阶级对资本主义的威胁。

　　1920年奥夫雷贡之所以能对抗和打败卡兰萨,是因为军队中的一支重要力量处在斗争之外,这就是巴勃罗·冈萨雷斯的部队。冈萨雷斯在1919—1920年竞争总统期间是奥夫雷贡的对手。1920年7月冈萨雷斯被指控策划叛乱活动,因此被驱逐出国。被怀疑不忠的另一些军事首领:冈萨雷斯分子、卡兰萨分子和老的起义者,或是被消灭,或是被安排到有肥缺的政府部门。奥夫雷贡派的首领们,特别是其内阁成员和跟随他反叛的首领们因其忠诚而得到广泛的奖赏,因为他们或是得到晋升,或是在其控制地区通过不法活动而发财致富。除了军队,没有其他权力来源的中央政府,只有采取这种办法来保持其稳定性。尚未组织起来的工农支持及其行动都没有能力抵消拥有10万士兵的武装部队的影响。各州州长(其中许多人也是军人)同军事行动指挥官多次发生冲突,且处于不利地位;因为当州长代表法律上的当权者时,军官们总是实际上的权威。

　　奥夫雷贡试图通过重组军队,来缩小一点军人的权力。他通过创建后备队,部分地达到目的,将一大批将军、各级军官和部队士兵除名;创办了军人垦殖地,以让一些部队回到平民生活;最后,将20个军区增至35个,从而减少军区长官的个人权力。1923年末,当提出总统继任问题时,所取得的政治稳定性又发生了动摇。奥夫雷贡支持卡列斯将军为总统候选人,但是新精英的其他成员自认为比卡列斯更优秀。骚动马上出现。那时,担任财政部长的阿道弗·德拉乌埃尔塔渴望当上总统,并变为叛乱首领,但是他早已支配不了反叛头目,也领导不了运动。反叛者和奥夫雷贡都高举反卡兰萨的同一面旗帜:反对专权。1923年11月30日在格雷罗,罗慕洛·菲格罗亚将军发难,率领拥有约40%的军队兵员的102名将军对抗中央政府。奥夫雷贡的手腕、其敌人缺乏协调,加上美国决定从政治和经济上支持墨西哥政府,这一切使得1924年3月乌埃尔塔派的暴动被消灭,但是政府也付出了近1亿比索和7 000人伤亡的代价。由于1924年奥夫雷贡的胜利,中央集权进程加速,但是还有必要对付其他的反叛活动。

　　当卡列斯担任总统时,他被某些集团视为索诺拉集团进步一翼的代表。最初,面对某些居民集团的要求,他持有比奥夫雷贡更能包容的态度,他试图恢复统治集团与有组织的工人之间,特别是同奥夫雷贡曾经忽视的墨西哥工人区域联合会之间的和谐关系。该组织的领导人路易斯·

第八章 ● 墨西哥革命：从武装斗争到国家的政治稳定

N.莫罗内斯那时曾说,他们拥有近百万参加者,在内阁有一席之地。

然而,这种有组织的重要的民众支持还不能取代或缓解军队的支持。因此,当国家开始发挥相对积极作用来解决经济问题时,军队的支持就尤为重要。由于墨西哥还没有重要的民族资产阶级来领导经济体系,所以政府就决定部分地占据这一空缺。这样,政府创办了墨西哥银行、国家道路与灌溉工程委员会、国家农牧业信贷银行和其他较小的地区机构。

1926年当教会和国家发生激烈对抗时,政治的稳定性再次被打破。19世纪后期教会丧失了许多政治权力,但是在波菲利奥·迪亚斯统治时期恢复了部分权力。教会与政府之间新的"生活方式",特别是1917年宪法颁布之后受到革命扰乱,所述宪法重新确立并增加了1857年宪法的某些反教会规定。天主教会统治集团指责新宪法,特别是其第三、二十五、二十七和一百三十条款的内容。然而,这种反对态度并没有马上带来实际行动。奥夫雷贡执政时期天主教会与政府之间关系一直很紧张。面对激进派的攻击,教会创建了墨西哥青年天主教协会,其成员自然对新政权并没有好感。1923年,当驱逐罗马教皇的使节,并停止建造瓜纳华托州古皮莱特山岗上已开工的基督巨像之时,两者关系进一步恶化。天主教会统治集团的敌对声明引起官方的反应。卡列斯总统时期危机加重,他激起了一股反教权主义的潮流。比如,塔巴斯科州政府要求教士必须结婚,才能行使其职能;在墨西哥城,在何塞·华金·佩雷斯主教领导下,赞助组建一座墨西哥天主教堂。

1926年教会以大主教何塞·莫拉-德尔里奥的名义发表一项声明,反对1917年宪法。表面上,这并没有得到大主教本人的准许,但是后来他肯定了声明中的意见是有效的。面对类似的挑战,政府作出反应:关闭教会学校和修道院,并驱逐200名外国教士。不久之后组成了"全国捍卫宗教自由联盟",其领导者颁令抵制政府,而后者又颁布一系列反教权主义的措施。教会当权者决定自该年7月31日起中止宗教崇拜活动。这项措施的后果对于十分广泛的民众,特别是农村居民,造成了精神创伤,因为在城市教会的某些服务活动仍在继续,虽然几乎是采取地下形式。对于广泛的农村阶层来说,革命只是意味着不安全和破坏,在其现实处境中没有带来任何积极成果,因此政府反教权主义政策的结果对于农村居民来说是无法容忍的,马上爆发了武装叛乱。某些地方的叛乱是自发和无组织的,但最终是在"全国捍卫宗教自由联盟"的领导下进行的。

所谓的"基督派战争"基本上具有农村的特点,虽然所述的领导来自城市。按照梵蒂冈的训令,墨西哥主教团决不要公开参与这一斗争,但是众多教士都参与对抗活动。运动的军事领导权掌握在老的联邦派恩里克·戈罗斯铁塔手中,直到1929年6月他去世。运动的纲领就是所谓的"基督派宪法",反叛者企图以此取代1917年宪法,不仅要取消反教权主义的条款,而且进行土地改革。斗争主要集中在哈利斯科、瓜纳华托、科利马和米却肯州。基督派武装力量到1927年估计为1.2万人,1929年2万人。基督派的攻势从未对政府构成真正的威胁,但是平叛过程十分缓慢,且不全面,而政府军的蛮横行动也使得这次战役变得更加艰难。

1928年卡列斯同主教团举行了一连串的会谈,但是,没有达成最终的解决办法。会谈期间,一名天主教徒暗杀了奥夫雷贡,这就中止了会谈。1929年波特斯·希尔通过美国大使的干预恢复了政府与教会的接触。最终,教会同意恢复宗教服务活动,以及基督派军队投降;另一方面,政府并没有修改最初的一些规定条文,但是承诺以一种和解的精神实施宪法。1929年6月30日星期天,各教堂正式开放正规的宗教崇拜活动。

立宪派胜利近10年之际,其领导精英的主要成员已拥有大量的财富,是腐败和他们同国家机器不正常关系的产物,当时的形势并不能阻止他们继续自封为民众利益的旗手。腐败丑闻加上统治集团为履行1917年宪法诺言而持有的冷漠态度,使得人们对于革命产生了怀疑和失望,不只是基督派运动,而且一些知识分子,如:巴斯孔塞洛斯也都表现出了失望情绪。奥夫雷贡执政时期,何塞·巴斯孔塞洛斯担任教育部长,他从统治集团中挺身而出,1929年他作为反对派总统候选人,提出了既不特别明确也不进步的纲领,但是其大部分斗争集中在揭露卡列斯集团的道德空虚方面。他的影响在农村是有限的,但是在城市是重要的,他吸引了不满官方行为的广大群众。

从1928年起卡列斯同旧秩序的妥协是十分明显的。他放弃了奥夫雷贡的道路。1928年6月1日举行了大选,宣布奥夫雷贡获胜。但是,当7月17日当选总统被一名天主教徒莱昂·托拉尔暗杀之后,国家的政治面貌突然被改变。看来,暗杀是由独立于基督派运动的一个天主教徒小集团策划和执行的。

因奥夫雷贡之死革命联合阵线陷入的危机是严重的,因为到那时卡列斯与奥夫雷贡之间的分歧已经具体化,这使得执政集团的大多数重要

第八章 ● 墨西哥革命：从武装斗争到国家的政治稳定

成员在两者之间必须作出抉择。奥夫雷贡派执政的希望一夜之间破灭，但他们指责卡列斯进行暗杀。总统让奥夫雷贡派负责调查这一罪行，但是这份调查用处不大；总统公开宣布不谋求连任。因此，卡列斯召集了主要军事首领，以决定谁将担任临时总统，结果任命埃米略·波特斯·希尔任该职，他是奥夫雷贡派和卡列斯都能接受的人物。

1928年卡列斯最后行动之一，也是革命后政治体系制度化的最重大行动之一，便是宣布创建一个政党，它将把联合执政班子的所有政治派别都整合在一起，这就是国家革命党。这项决定是为减轻奥夫雷贡被暗杀引起危机而采取的多项措施之一，但是所述决定具有更加长远的意图。在1928年9月1日提交国会的咨文中，卡列斯指出，这正是终结军事首领时代，而开始构造和平解决总统继任的方法。这个新政党的建立就是第一步。但是，创建国家革命党和卡列斯的和解态度，都不能使由奥夫雷贡之死所引起的危机得到和平解决。当1929年重新提出接替波特斯·希尔的问题时，分裂再次出现。最终任命了帕斯库亚尔·奥尔蒂斯·鲁维奥，但是巴斯孔塞洛斯成为其反对派。前者并不是一个杰出的形象，他的任命服从于卡列斯派和奥夫雷贡派之间和解的需要，但是由于没有把政权交给一位杰出的奥夫雷贡分子：阿龙·萨恩斯，所以和解落空。1929年3月3日一批将军宣布暴动。在其埃尔莫西约计划中指控卡列斯企图永久把持政权（虽然表面上似乎尊重不连任的原则），并指责他暗杀奥夫雷贡。反卡列斯派的力量（由1/3现役军官指挥的3万人）是举足轻重的，但是不久骚乱便被扑灭。像过去一样，中央政府得到非正规的农村武装力量的支援，在很大程度上也得到美国政府的支持，它为墨中央政府提供了武器。

埃斯科瓦尔分子的叛乱是革命后时期最后一次大规模的军人骚乱（虽然在1939年和1940年之间差一点发生另一次）；其失败是对"考迪罗主义"的新的打击，再加上国家革命党的创建，这一切因素都有助于中央集权进程的加速。但在一段时间，这支新的力量并不是由行政首领掌控，而是在卡列斯——"革命最高首领"手中。因此，从1929年到1935年中期，人们称之为"最高者"。卡列斯政治上的优势最初得到一批强有力的军人的支持。1932年9月2日奥蒂斯·鲁维奥因同"最高首领"发生冲突而辞去临时总统职位，当时前者表现出一定的独立性，并在没有卡列斯赞同的情况下，进行某些任命。奥蒂斯·鲁维奥被阿维拉多·罗德里格斯将军所取代,后者是军界最有影响的人物,1934年他将政权交给了国防部长拉萨罗·卡德纳斯将军。

事实上,国家革命党的创建避免不了提出总统继任问题时各政治精英分子之间的斗争,但是现在已不像过去那么紧张。阿维拉多·罗德里格斯的继任并不例外。一方面,卡列斯将军希望维护已定型的模式,或者说,阻止总统职位落到军队之外的最有影响的人物手中。因此,他希望任命一个相对次要的人物,以避免一个小而强的军人集团成员之间出现紧张关系,而卡列斯维持其最终仲裁角色的权力就取决于这个集团的一致性。所以,据说,卡列斯起初支持那时的国家革命党主席:曼努埃尔·佩雷斯·特雷维尼奥将军作为候选人。看来这一决定在党的中层干部中遭到反对。新近组织在"墨西哥农民联合会"的农民集团可以施加足够的压力,以让卡列斯提名拉萨罗·卡德纳斯将军,而他正是五名最强的军事首领之一,并且在军队、米却肯州和各个有组织的政治集团之中拥有其自己的权力基础。

1913年卡德纳斯将军在米却肯加入立宪派武装力量,当时只有18岁。在20世纪20年代动乱时期,他忠于奥夫雷贡和卡列斯,因此被任命为韦拉克鲁斯和米却肯州的军事行动长官,后来又担任该州州长。到1930年当他被任命为国家革命党主席时,已处在权力中心,1933年担任国防部长。同年,当他提名为国家革命党的总统候选人时,卡德纳斯已赢得忠厚和进步人士的名声,因为他在担任米却肯州长时,违背卡列斯的意旨,而继续分配土地。30年代之初卡德纳斯已构成卡列斯所支持的军界的进步一翼;但是两人的政治倾向有一定的差异,卡列斯接近保守的一翼。虽然卡德纳斯被提名为国家革命党候选人时,他的地位比其前任更强些,但是还难以预料他能否成功地摆脱卡列斯的限制。无论如何,1933年"最高首领"曾下令阿维拉多·罗德里格斯总统准备一份政治纲领(所谓的六年计划),规定他的继任者应该服从其路线。计划制订后提交给党的一个委员会,以采纳为党的正式纲领。但是,某些成员,特别是农民代表出现了不安和不满,因而该计划受到严厉的批评。这样,党的委员会对计划作了实质性修改,使之具有激进的色彩,因此计划最终成为限制党内保守分子耍花招的工具。

1934年11月30日卡德纳斯就任总统,他必须接受一个同卡列斯相联系的人物占优势的内阁。尽管总统处在十分困难的地位,但是他还是

第八章 ● 墨西哥革命:从武装斗争到国家的政治稳定

开始采取某些同卡列斯的宗旨相左的政治措施。最重要的措施就是:鼓励处在重组过程的工人集团广泛采取罢工来改善自己的地位。这样,工人运动很快富有战斗性特点。总统还激励有组织的农民集团,它们对于卡列斯提出"土地改革已结束"继续表示不满。

除了工人骚动在1935年,特别是在首都达到空前剧烈程度之外,农民运动也很激烈,一些领导层人物对此感到不满和不安,因为卡德纳斯直接损害了其几名最卓越成员的某些私人利益。比如,阿维拉多·罗德里格斯不得不同意关闭由他控制的娱乐中心;何塞·玛丽亚·塔皮亚被剥夺了油水很多的官方经营权;由于高级军事学校的几名学生的抗议,具有军事教育领导者身份的阿马罗受到审查。1935年5月末形势达到关键点。在卡列斯将军与以参议员埃塞基耶尔·帕蒂亚为首的一批立法者举行会谈后,6月11日全国所有的报纸都登载了"最高首领"讲述了穿越全国的"激进主义马拉松跑",并将此归咎于工人领袖的野心勃勃。虽然他提到了自己同卡德纳斯的传统友谊,但是明眼人都知道,这个声明是对总统的严厉批评,并使后者作出抉择:或是冒着一切危险消灭卡列斯及其政治集团,或者放弃一切独立行动的意图。当一个政治领袖群体都表示支持卡列斯之时,总统决定采取第一种办法。因此,他赢得了工人和农民组织的援助。工人活动分子隆巴尔多公开抨击卡列斯,并组成全国无产阶级保卫委员会,支持卡德纳斯。总统也得到了一些有影响的人物,如塞迪略和波特斯·希尔的支持。最后时刻,忠于总统的军队是决定性因素,因此卡德纳斯迅速行动,并获得了一批将军和军官的明确支持,他们分布在几个战略点上。

卡德纳斯以迅速行动来回答卡列斯及其集团的挑战,这是有决定性意义的。11日卡列斯的声明加快了危机的爆发,然而18日"最高首领"乘飞机前往锡那罗亚,不久由此启程去美国。卡列斯就逗留于洛杉矶,但是9月他不顾阿维拉多·罗德里格斯的劝告,决定返回墨西哥。此时,卡德纳斯已完全控制了局势,不会让卡列斯恢复权力的计划得逞。这名老的军事首领同莫罗内斯一起被指控策划反政府的武装运动而被押解到总检察院。尽管调查没有进行,但是大家都很清楚:这位"最高者"政治生涯已经终结。1936年4月,卡列斯没有得到预先通知,就从其庄园被转移到机场,并被驱逐出国。为了肃清卡列斯分子,在1935年6月危机后不久,便进行广泛的党和政府的重组。同年年末,曾控制国家政治15年的

"索诺拉王朝"宣告结束。同样,始于1929年的双重权力中心也已消失了。这样,总统重新成为政治进程的轴心。土地改革和对工人要求的官方支持都得到加强。为换取这种支持,工人和农民确定自己为卡德纳斯政府的新基础。然而,政治危机并没有以卡列斯的出走而告终:最初支持总统的几名首领,同卡德纳斯发生冲突,他们受到冷遇。波特斯·希尔就是这种情况,他以国家革命党主席的身份不仅肃清了卡列斯分子,而且企图使这个党变成其个人权力的源泉;到1936年8月他被迫辞职。卡德纳斯的激进土地政策最终造成了他同萨图尼诺·塞迪略关系的疏远。塞迪略在圣路易斯波托西的农业地产是重要的,因此,当地领导人为维护塞迪略的利益,而无意进行深入的土地改革。1937年8月,紧接着塞迪略与查平戈国立农业学校学生之间的冲突,农业部长辞职,塞迪略毫不迟延地纠集其他军人,试图打击卡德纳斯。塞迪略拥有一支举足轻重的力量,但是还不充足。1937年末,中央政府要求塞迪略撤走停在圣路易斯波托西的战斗机,同时在该州驻扎忠于政府的部队。下一步是命令塞迪略回来积极服务,担任米却肯军区司令,而该地正是忠于卡德纳斯的地区。面对抉择:要么丧失其权力的地区基础,要么过早地挑战卡德纳斯,塞迪略选择了后者。1938年5月15日,圣路易斯波托西立法院通过一项法令,不承认中央政府。抵抗是徒劳的;在短短的几个星期内仅使用极少暴力,联邦军队便制服了塞迪略力量的核心。几个反叛集团顽抗到1939年初,当时塞迪略已茕茕孑立,在同搜寻他的一支联邦突击队的交火中被打死。

从1938年起,卡德纳斯的政策开始转向更加温和的立场,而改名为"墨西哥革命党"的执政党也开始节制和控制有组织的民众团体的政治参与。到1940年,卡德纳斯按照宪法卸去总统职务。

五、新的土地均分主义、工人运动和石油危机

如前所述,卡列斯为了达到控制新总统政策的目的,提出六年计划作为其政治工具。然而,国家革命党最活跃和最激进分子利用这一时机,来推进重大的变革,揭露和批判在负责实施宪法第二十七条的官员中盛行的腐败行为,要求给尚未受益于土地改革的寄宿雇工授予土地和供水。六年计划的最后释文指出,必须推动将大庄园土地分成小块的进程,尊重小地产,将全国土地委员会改造为土地局;撤销效率不高的地方土地委员

第八章 墨西哥革命:从武装斗争到国家的政治稳定

会,使它同地方政府土地局和农民组织的代表组成混合委员会;新的土地局的预算应增加一倍。卡德纳斯以总统候选人身份保证实施这一方案,并基本上解决土地问题。当罗德里格斯总统仍在执政时,新的土地局已开始运作,并颁布了第一部土地法,其主要特点是:1.简化行政手段;2.将寄宿雇工包括在有权接受土地授予的名单中;3.限定不受改革影响的小地产为150公顷水浇地或与之相当的土地面积。

从1934年12月就职报告起,卡德纳斯总统的言行表明,有关土地问题,他已脱离了过去的保守派倾向。墨西哥农民联合会仍然是工人组织的榜样,在卡德纳斯总统和卡列斯的冲突中它公开支持总统。1935年12月22日当卡德纳斯阐述这个问题的起源时,指出原因之一是卡列斯不赞成将某些土地归还给村社。作为新的土地政策的原因和结果,国家革命党内的农民集团开始壮大。到1936年末,执政党宣称已拥有450万党员,而其中200万是农民。

1935年7月9日卡德纳斯下令创建全国农民联合会作为农村组织的总部。他指出,有人不是为了现实的原因,而是为了某些领导人的个人利益和自私目的,曾经阻止农民组织的统一。他认为,农民缺乏团结正在损害国家的发展,这正是许多地区土地分配停滞不前或进展缓慢的原因。法令的颁布和全国农民联合会的实际创建经历了三年;与此同时,墨西哥农民联合会与农村村社联盟作为支持卡德纳斯的有组织的农民支援核心继续运作。从国家土地均分党的创建,提出农民政治参与制度化的主张,到准备组建全国农民联合会之时,所述的主张已渡过了15年的历程。全国农民联合会必须创建,这不是农民自己提出的,而是外界首倡的。然而,这一次它得到了官方的全力支持,所以创建的这个组织相对迅速而有效。当全国农民联合会不存在之时,农民动员,对于一个政权来说,其危险性大于权力源泉。

全国农民联合会很快变成一个有效率的组织,这不仅是为了推动土地分配,而且还在于引导广大农民阶层支持卡德纳斯总统及其继任者。这个组织借助良好的社会政治环境,来掌握它们本身的要求和活动。由于全国农民联合会并不是按照农民自己的倡议而创建的,所以当总统领导班子开始同其利益不一致时,其独立性不足以对抗官方意旨,而卡德纳斯执政时期土地改革的快速和有利成果多少掩盖了限制其未来独立发展的可能性。

全国农民联合会所采纳的第一个纲领较为激进,且更具内聚力:完全适用于卡德纳斯总统所采取的政策。按照这个纲领,最终目标是将土地社会化。村社公地最终转变为农业开发基本单位是必要的,土地应掌握在耕作者手中。为了达到这些目标,全国农民联合会认为同政府和其他民众组织密切合作是必要的。起初只考虑把村社成员组合起来,而将小地产主和其他农业劳动者排除在外,但是不久之后这种排斥消除了。1938年国家革命党改名为墨西哥革命党之时,墨西哥农民联合会还是组成这个党的农村部的一个组织;而在组建了全国农民联合会之后,该组织就负责党内的农民部。直到1938年中期,也就是总统签署法令创建全国农民联合会三年之后,这个新的农民总部才开始运作,这说明了在各地存在抗拒势力,因为某些利益集团认为这个组织将削弱他们的权力,所以反对它的组建。1938年8月28日举行了全国农民联合会的成立大会。出席会议的农村联盟和农民工会的300名代表,据说代表了近300万成员。

全国农民联合会并没有终结其他农民组织,但是最终将它们晾在一边。韦拉克鲁斯的乌尔苏洛·加尔文联盟不接受全国农民联合会变为农民唯一代表的主张,并从左派立场反对在执政党的卵翼下活动。共产党和其他左派集团都企图维护他们在这个领域的存在,但都没有取得成功。土地运动的保守派一翼也作出反应:西纳克全国协会,其领导人受到保守派潮流和同时代的法西斯主义的影响。在国家中部,也正是基督派活动影响最大的地区,西纳克全国协会得到发展,它的目标很明确:消灭村社,而将它们变为小地产。它认为:土地私有制是对付共产主义运动的最好防卫工具。由于该协会的活动,那里的村社逐步受到削弱。

从1935年起,土地改革不仅分配土地,而且引进了新的运作方式;除了给村社增加贷款和技术援助之外,还对大的集体村社试用新的办法。这些大村社出现于1936年,当时农民和地产主进行激烈的斗争之后,卡德纳斯总统下令着手分配拉库纳地区的土地。这是全国最富有的地区之一,因为该地种植棉花,同时拥有最富有战斗性的农民运动之一,且处在共产党的影响下。为了不减少生产,这个地区的土地并不划分成小块给个人,而是创办一个集体组织。在尤卡坦也发生了类似的情况。在1936年和1937年之间,龙舌兰种植园的劳工发生了巨大骚动之后,卡德纳斯总统控制了龙舌兰种植地区80%的可耕地和部分农业机械设备。按照龙舌兰种植的自然特点,在尤卡坦也组织了具有集体特点的"龙舌兰大村

第八章 ● 墨西哥革命:从武装斗争到国家的政治稳定

社"。在米却肯,名为但丁·古西、隆巴底-新意大利,这两座大庄园成为类似的重组对象,1938年将它们交给了庄园里2 000名老的雇工。同样情况也发生在莫雷洛斯的甘蔗种植地区,在那里用官方资金建造了萨卡特佩克糖厂,其经营权交给了一个工农合作社。类似的情况还发生在其他多个地区。

1938年起,当因总统继任问题而发生骚动之时,几个农村联盟公开支持穆布卡将军,而从一开始支持阿维拉·卡马乔的组织很少。然而,一旦卡德纳斯确定了自己的立场,全国农民联合会就完全支持阿维拉·卡马乔,从而放弃了穆希卡,尽管这位将军对土地改革作了更多的承诺。由于全国农民联合会统一支持阿维拉·卡马乔,所以也就保证了农民力量对政府的支持。

阿维拉·卡马乔作为总统候选人,不得不承诺继续进行土地分配。1940年,制订了第二个六年计划作为政府的施政纲领。这个计划是由不同倾向人员组成的委员会制订的。它确认,村社,特别是集体村社将是农业经济的基础,但是这并不意味着私有小地产的消失。实际上,计划只是纸上谈兵:虽然土地分配不得不继续进行,在某些地区甚至加速推动,但是村社将不会成为农业开发的基础,并且集体村社几乎被放弃。在解释农业小地产的性质和保护土地集中在个人手中方面,司法机构作了十分温和的表述。

1949年末政府对土地法作了重新修改,使之有利于所谓的"小地产"发展;按照所述的修改,颁发不受侵犯的土地证,以阻止将这些田庄转变为村社。总之,有人曾设想:一个新墨西哥主要面向农村,并建立特别有利于农民群众的制度,以避免城市对农村的剥削,但这一主张随着卡德纳斯政权的结束而消失。

卡德纳斯执政时期土地改革意味着源于殖民地时代的大庄园制和整个农村生活方式的末日的开端。然而,虽然这场改革很深刻,但只是使得墨西哥部分农村走向现代化。大量农民仍然处在市场经济或政治工作组织之外。到1940年,在农村,村社同小地产及大地产并存。政治上,卡德纳斯政权的土地改革及其后果在创造未来的国家稳定方面是决定性的。1915年到1940年间,过去无地的150万户家庭分得了土地。这意味着所述时期之末一半农业人口已拥有土地,或是村社的或是私有的。确实,相当多的农民在分得土地后,其生活状况并没有得到改善;然而,土地的占有改变了农民对他们自己在社会内地位的看法,使之不再感到自己同国家政治制度格格不入。通过分配土地,各届革命政府消除了农村中骚动的最重要因素之一,并且得到了农民主要核心力量的支持。一般说来,村社成员,特别是其武装力量、农村自卫部队构成了维持墨西哥农村现状的牢固支柱。

  在卡德纳斯总统时期,有组织的工人运动和执政集团之间的联合重新加强。在卡德纳斯总统要求下,原先墨西哥地区工人区域联合会所占据的优势地位,为新创立的核心:墨西哥劳工联合会所占据。所述工人组织和总统之间的联合比过去奥夫雷贡与卡列斯同墨西哥地区工人区域联合会之间的关系更加牢固。卡德纳斯对工人运动的支持是巨大的,因为其社会变革计划比其前任的方案更为激进和更富决定性,为战胜阻力,它需要更加广泛的支持。在第一个六年计划中承认阶级斗争是墨西哥生产体制中固有的现象。它认为,革命政府应该推进工会运动和加强工人阶级。卡德纳斯掌权后不久,便爆发了罢工浪潮。确实,从1934年起记录了最大数量的罢工,从1933年的13起增加到202起;1935年高达642起。新政府并不直接推动这些罢工,但的确是某些判决的间接产物。1935年头几个月最重要的冲突是有轨电车职工、圣拉斐尔造纸厂和墨西哥城电话公司,在这些事件中外国资本的利益受到负面影响。

  由于总统对工人的许多要求给予有效的支持,工人运动和政府之间的合作加强了。卡德纳斯认为,工人和农民组织是国家社会变革的一个必要条件。他与密切的合作者都决定拒绝卡兰萨、奥夫雷贡和卡列斯的政策中所含有的发展模式,他们认为这个模式的目标是巩固古典的资本主义制度。而卡德纳斯提出一条不同的发展路线,尽管他从没有明确勾画出他的模式。在有关工人集团的具体情况下,总统主张发挥国家政权的作用,支持工人要求,虽然他一直对冲突进程保持控制。并没有提出要消灭私人企业,但是它们不再是经济体系的轴心。在卡德纳斯计划中,农业和工业中合作社的形成看来是解决私有企业问题的另一个办法。如果企业家由于某种理由而拒绝接受新的模式,那么劳工可以直接控制其企业。最后,希望工业为农村发展服务。

  1938年危机使得政府和工人运动都改变了立场。按照卡德纳斯的指示,作为避开危机的一种方式,运动的领导者决定要求其工会会员暂停对资本家的斗争,使得所有力量都团结在卡德纳斯周围,以抵抗严重的国

第八章 ● 墨西哥革命：从武装斗争到国家的政治稳定

际压力。据此，阶级之间的对抗并没有消失，只是由于面对一场最大规模的冲突，才将劳资冲突放在后面。这个号召是有效的，罢工次数减少了：从1937年的576起降至1938年的319起。正是在那时墨西哥劳工联合会加入了执政党，这样工人运动最活跃的阶段便宣告结束。

从1938年起，在卡德纳斯的要求下，墨西哥工人运动的主力接受了劳资合作，这在国际范围得到补偿，因为同年9月创建了美洲劳工联合会。在卡德纳斯的支持下，隆巴尔多变成为所述联合会的总书记。由于遵循国际左派运动中占优势的倾向，该联合会主张在拉丁美洲实现劳工和雇主之间的广泛团结，以便援助世界各国对付轴心国。隆巴尔多也试图利用美洲劳工联合会来支持墨西哥征用石油，但这并没有阻止美国政府对美洲劳工联合会的某些支持。第二次世界大战一结束，这个组织的影响就明显下降了。

尽管获得了官方的支持，但是在遭到雇主和地方当局方面几次暴烈的攻击的情况下，工人仍然成为牺牲品。但一般来说，劳工如果想要保持自己的力量，并对抗一个敌对的中央政府，那就不可能取得短期的经济利益。卡德纳斯和工人相互依存，以在敌对势力相当强大的环境中实现各自的眼前目标。在这种环境中总统一直拥有最后的发言权：工人运动是从属性的。为了换取这种地位的改善，墨西哥劳工联合会和工人运动大体上变成为协助卡德纳斯的政治工具：清除卡列斯，削弱外国工业的地位和巩固革命中出现的政治体系制度化。

寻求不同于传统资本主义的一种发展战略，以及当时的国际情势，都是导致工人运动服从总统权威的另一些要素。这种关系本身也实现了制度化，从此加强了卡德纳斯继任者的地位。卡德纳斯政策的短期后果是有利于劳工利益的，但是最终损害了它的独立行动自由，而变为现状的维持者。

当卡德纳斯上台时，消灭或限制国民生产体系中的外国资本的任务重新摆在人们面前。现在已不像不久前那样提出二者择其一的做法：要么进行反帝斗争，要么改革内部社会组织。其目标是一致攻击旧制度的两个最明显的残余成分：外国飞地和大庄园制。此外还有一些完全偶然的外部因素，将卡德纳斯置于比其前任更加有利的地位。首先，从20世纪30年代初期起，美国政府开始重新考虑其拉丁美洲政策。作为其基本目标，它对加勒比地区的持续干涉并不是想引起其他列强暂时或长期留在这个地区,因为这将损害美国的国家安全。然而,从第一次世界大战结束起,所述的威胁已不再存在。同时,就像干涉尼加拉瓜(1926—1933)所表明的那样,在经济和政治方面干涉的代价已经增加。美国对拉美政策的修正始于1927年,当时华盛顿认为同墨西哥的悬而未决的问题不适于用武力来解决,而是采取谈判的方式。新总统赫伯特·胡佛使得这项政策更加明晰,当时正值1928年他竞选获胜,怀有好感地进行了拉美10国之行。然而,是富兰克林·D.罗斯福的民主党政府将新政策具体化为"睦邻政策"。当时美国签订了1933年到1936年的多项泛美协定,承诺放弃单边使用武力。罗斯福确认,"睦邻政策"的目标不只是避免使用武力和减轻泛美关系中的金融压力,而且创造泛美体系成员之间真正的合作精神。

从30年代后期起,当在欧洲和亚洲政治冲突尖锐化之时,"睦邻政策"已具有不同于最初的面目。这并不只是涉及避开军事干涉本身所带来的政治和经济问题,而是要美洲大陆摆脱德国、意大利和日本的影响。大陆之外的影响已成为威胁美国安全的一个因素。但是,这次华盛顿决定,为了对付军事和思想意识的威胁,必须加强泛美体系的团结一致。因此,在拉丁美洲美国私人利益受到损害时,美国政府不像过去那样作出激烈的反应,而是以更为开明的方式来处理。这并不是说,不对损害者施加压力,而是不像过去那样走得那么远。由于在欧洲和亚洲法西斯主义正在兴风作浪,华盛顿对在西半球美国利益的看法已发生了变化。现在已不再专注于捍卫某些具体的经济利益,而是面对新的国际力量咄咄逼人的态势,阻止美国政治影响在西半球的减弱。如果为了维持这种政治影响而必须牺牲经济利益,那么美国将会这么做。

先是玻利维亚,后来特别是墨西哥,它们都验证了美国已决定改变其优先处理的问题和战略。在所述两国,问题的起因是征用美国石油公司。玻利维亚首先发难,美国以严厉的经济压力作出反应。玻利维亚的脆弱性是显而易见的,它不得不作出让步,将没收的财产归还给标准石油公司。而墨西哥的情况就大不相同了。美国也施加了强大的经济压力,但是墨西哥立即较成功地抵挡住了初期攻势,同时欧洲战争已经爆发,这样美国就寻求妥协的解决办法。

墨西哥石油工业的98%由外国人控制,其规模不大,但利润丰厚。到30年代,在国民经济中石油工业已占据重要地位,1937年其一半产品

第八章 墨西哥革命：从武装斗争到国家的政治稳定

供国内消费。为了发展民族经济，在六年计划期间创办了国家石油公司：墨西哥石油公司。1927年政府和公司之间达成了"卡列斯-莫罗协议"，有效地维护了公司的地位；但是到了1934年，由于六年计划和墨西哥石油公司的挑战，所述协议产生破裂的迹象。这份文件承认墨西哥不能闭关自守地发展，但是民族企业应该构筑对外国企业的支配地位。它具体阐述了收回外国人控制的地下资源和推动石油国内加工的必要性。卡德纳斯执政后，马上开始把六年计划的民族主义基本原理付诸实践。土地改革重新启动后，征用外国农业地产，而没有立即支付补偿金。政府征用了在奇瓦瓦和科利马的美国人地产的大片土地。当开始加强征用亚基谷地——由两代以上美国垦殖者开发出来的有灌溉设施的肥沃的农业地区之时，问题尖锐化了。美国大使约瑟夫·丹尼尔多次要求卡德纳斯停止损害这些地产，因为它们并没有构成真正的大庄园。卡德纳斯推迟了他的决定，但是在1937年授权多起征用在下加利福尼亚的美国人地产。当年的外交信件中一直提到要求墨西哥对美国地产主的赔偿问题。1938年华盛顿向墨西哥提出要求：为被征用的土地，支付1 010万美元赔偿费，这个数字尚未包括1927年之前被占的少量土地，这是由"抗议总委员会"正在处理的问题。1938年10月，卡德纳斯答应开始支付总数不低于100万美元的赔偿金。稍后将确定最终定价。

不是土地问题，而是石油问题才真正造成了墨美关系的新危机。当时政府并没有从改变工业的法律或财政状况方面提出问题，而是随机应变地试图通过有组织的工人运动施加压力。第一步是墨西哥共和国石油工人工会向企业提出要求：签订一份集体劳动合同。最初的工人要求被夸大了，约每年增加6 500万比索的工资，但这未被各公司所接受。政府作为调解者而介入，以阻止在1937年5月发生罢工。联邦协调和仲裁委员会声明，这次冲突是经济方面的，并立即任命一个调查小组来调研各公司的财政状况，并决定是否可以满足工人的要求。该小组由财政部和经济部副部长以及赫苏斯·席尔瓦·埃尔索教授组成。它是政府第一次调查各公司状况的组织，到那时已很明显：对抗已不是工人和公司之间的，而是公司与政府之间的了。

为了全面理解冲突发展的形势，有必要关注两件事。第一件是1936年通过的征用法。如果出于公共利益需要，该法容许政府占有任何财产，在最长10年期限内无须立即赔偿业主。

在征用法通过时,美国大使表示忧虑,但是卡德纳斯总统说,他的意图并不是在此基础上征用外国资本控制的某些工业部门,如采矿业或石油业。第二,必须指出,卡德纳斯总统已声明支持以下的工资政策:工资的增加不应取决于劳动力的供求状况,而是根据企业的经济能力。因此,一个行业支付较高工资并不重要,如果财政状况容许它再增加工资,那么它就应付诸实施。

"专家小组"报告并没估计到工人原先的要求是可接受的,但是的确认为石油公司在原先所提供的总数(1 400万比索)的基础上,每年再给劳工增加1 200万比索。报告并不限于特别澄清经济概貌。其2 700页原稿纸构成了一部墨西哥石油工业发展的十分负面的历史。文件在本质上坚持认为,从一开始国家需要和石油利益集团之间是对立的,尽管革命政府作出努力,但石油公司还是居支配地位。报告反映了卡德纳斯政府对这个问题的立场。报告提出不久,卡德纳斯总统便向驻华盛顿大使通报了冲突的解决办法只能是增加对石油活动的官方控制:将来,按照官方准则确定工资和税收。石油公司当然表示反对所述的主张,并展开一场持续几个月的法律战。1938年3月1日最高法院命令石油公司必须从3月7日起履行联邦协调与仲裁委员会所规定的条件。法律战阶段已经结束。

各石油公司开始对墨西哥施加压力。从1937年末起,实际上撤走了所有的银行存款,从而开始了货币危机。美国和英国大使馆向墨西哥政府表示对冲突所具有的色彩表示忧虑,并暗示宜于同各公司达成一项协议。面对卡德纳斯的沉默,美国政府开始走得远一点:1938年初没有同墨西哥续订年度购买白银的协定;从这一时期起,协定只得每月修改。这样,警告卡德纳斯:如坚持其政策,在任何时候都可能出现严重的支付平衡问题。在进行法律争论时,已感受得到经济和外交压力,石油公司和总统都徒劳地试图达成一项协议。石油公司认为,问题不在于是否可以增加工资,而是避免可能出现在墨西哥内外的一切法律程序的先例。如果它们作出让步,那么迟早会面对其他新的要求。超过3月7日期限后,各公司并没有尊重最高法院的判决。它们认为,卡德纳斯选择征用作为解决僵局的手段可能性不大;各公司考虑到墨政府可能采取的最激烈的措施,将是任命审计员进驻各公司,执行增加工资。由于这一措施本身的特点,这种干预是暂时的,政府迟早会将石油业交还给各业主。业主认为,

第八章 墨西哥革命：从武装斗争到国家的政治稳定

企业被征用的可能性不大,因为墨西哥还没有手段来应付石油的生产和商业化的复杂过程。

卡德纳斯总统对墨西哥的技术和贸易能力持有更乐观的观点。1938年3月8日决定确定能够且应该征用石油企业,他已一反常态。据其证明材料,他认为取得良好成绩的可能性是很大的。首先,现政府支持的基础大于前几届政府。其次,世界形势阻止美国施加更大压力,它希望保持全洲的团结一致。卡德纳斯认为,征用石油企业将给墨西哥"带来摆脱石油公司在国内施行的政治经济压力的巨大时机,它们为自己的利益而开采我们的像石油这样的最大财富之一,而它们的事业阻碍了政治宪法所指出的社会纲领"。3月9日向驻外国的所有墨西哥代表机构发出一份备忘录,通知它们可能征用石油企业。其语气是十分乐观的,并推测所带来的经济困难将是很小的。最后一刻,各石油公司同意增加劳工当局所指出的工资,但是设定的条件是降低福利,因为所谓可信任的职业,或者说非工会会员人数应达到一定比例：能保证企业执行关键性决定。卡德纳斯不接受这一要求,1938年3月18日夜,在举行了内阁会议后,总统在电台宣读了一份公报,宣布征用16家石油公司的财产,它们都拒绝尊重最高法院的判决。

所涉及的利益集团及其国家政府的反应比预料的强烈得多。但是,它们既没有采取直接暴力,也没有推动叛乱,因为这将把"睦邻政策"置于危险境地,并有可能引起类似西班牙的国内战争。然而,确实采用了大幅度的外交和经济压力,以迫使墨西哥后退。墨西哥政府的正式立场从一开始就是：在法律之内进行征用；墨西哥持有给受损者赔偿的意愿,但是在1936年征用法所指的10年期限内。此外,有必要给被征用的财产估价,这需要受损者的合作,如果企业拒绝合作,那么墨西哥政府将按照自己的办法处理。赔偿不能包括尚在地下的资源,因为从1917年起宪法第二十七条就已把这些资源的所有权归属于国家。最后,实现支付的唯一办法是出口石油,因为墨西哥并不拥有充足的外汇来支付现金。受损公司的立场则明显不同。到行动开始,它们都拒绝接受征用行动的合法性：认为这一措施并没有服从公共利益的需要,而是一种政治伎俩。在不归还其财产的情况下,公司要求立即现金赔偿,而非石油偿还；除此之外,任何其他办法都不是征用,而是没收。当然,各国认为赔偿金也是不适宜的；所述的赔偿应包括地下的石油,这比它们的财产更有价值。由于这一切原因,它们拒绝同墨西哥政府接触,以讨论支付问题,而半信半疑地诉求于墨西哥各地方法院,要求取消征用法,同时其国家的政府不要承认征用的合法性。

美国政府的立场与各公司有些不同,表现出一定的不坚定性。罗斯福总统公开承认墨西哥有权征用石油产业,也接受赔偿金支付以地面上的财产为基础,而不包括地下贮藏物。另一方面,国务院实际上是决定执行政策的机构,它在任何时候都不承认像墨西哥所坚持的那样可以推迟10年赔偿,并要求立即支付。它从没有声明,赔偿只应包括地面上财产价值,而一般在罗斯福框定的范围内坚持更加强硬的路线。第三种立场是美国大使的,其国家利益要求以一切代价维护拉丁美洲的团结一致,因此不应向卡德纳斯施加更多压力。他认为,所遵循的路线应是迫使石油公司接受墨西哥所提出的解决办法,这样,尽早地消除和阻止德国和意大利最终利用出现在泛美体系中的裂隙。据这位大使说,对墨西哥所采取的态度将是"睦邻"之激情的证明。但是,保卫一些人的私人利益占上风,他们将使罗斯福的泛美政策破产。最终,国务院的路线得到贯彻,对墨西哥施加严厉的压力。国务卿科德尔·赫尔决心向"在墨西哥政府内的共产党人"表明:应当尊重传统国际法的准则。

从1939年3月起,华盛顿施加压力,使得墨西哥各公司作出安排,以一定的方式恢复公司原状。压力的来源是双重的:受影响的大公司和国务院。一些大公司,特别是标准石油公司、新泽西石油公司和王家荷兰壳牌石油公司企图阻止墨西哥从新近被国有化的工业中获得任何物质利益,并向它关闭世界市场。作为辅助手段,向墨西哥发起了宣传攻势,以便让公众舆论支持美国政府提供保护。最后,各公司可能鼓励了反卡德纳斯集团的颠覆计划,这些压力被部分抵消了,因为一些独立的企业,如美国的东部各州石油公司和大卫石油公司决定不听从大公司及其政府,而在欧洲销售墨西哥石油。据认为,德国和意大利及较少程度上的日本开始消费墨西哥石油。部分打破抵制的武器是其产品价格低廉和接受实物支付。尽管如此,抵制仍相当有效。1937年石油出口(相当于全部出口的18.2%)达到2 490万桶,但是1938年比例降至14.5%。到1939年最坏情况已过去;然而,恢复是缓慢的,直到1946年才恢复到1937年的生产水平。这种缓慢状况是由于下述原因造成的:因向德国和意大利出售石油,从1940年起欧洲一些国家开始敌视墨西哥,因此它丧失了轴心

第八章 ● 墨西哥革命：从武装斗争到国家的政治稳定

国的市场。然而，墨西哥国内需求持续增加，这样就吸收了石油生产的大部分。

尽管丹尼尔大使提出抗议，美国国务院还是赞助被征用企业的经济行动。首先，暂停关于贸易条约的谈判，而据推测该条约将有利于墨西哥。其次，中止购买白银。从1934年起墨西哥每年向美国出售价值3 000万美元的白银。1938年后墨西哥继续出口白银，但是比过去量少、价低。如果销售并没有像石油利益集团所希望的那样完全中止，那也是墨西哥矿产地的美国业主斡旋的结果。尽管如此，1938年的石油出口也比上年减少50%。卡德纳斯政权结束后，出口才重新增加。

美国国务院也在抵制墨西哥石油出口方面进行合作。卡德纳斯总统曾让美国了解，其政策使之寻求法西斯国家的市场，但这也是徒劳的。华盛顿不仅禁止其政府下属机构消费墨西哥石油，而且宁愿从委内瑞拉和荷兰殖民地进口。1939年11月确定能进入美国的石油份额，仅支付正常税收的一半。墨西哥实际上被排除在这个份额之外。此外，美国国务院多次向购买墨西哥石油的国家，特别是加勒比地区的国家施加压力，成功地使它们不再进口墨西哥石油。在欧洲其压力更加强大，华盛顿多次试图让在国外分销墨西哥石油的独立石油公司陷于困境。此外，否决美国私人银行向墨西哥政府或私人商号提供数笔贷款。其目的是让卡德纳斯政府处于严峻的经济形势中，以迫使它寻求有利于石油公司的处理办法，虽然这一切还没有危及到政府的稳定性和触发内战。

有段时间看来美国的目标将要达到，各石油公司可能返回墨西哥。1939年美国开始同卡德纳斯谈判处理问题的要点。卡德纳斯同石油律师唐纳德·R.里奇伯格的交谈，开始了立场对立双方的接触。当卡德纳斯希望就赔偿达成协议之时，里奇伯格只要求设定以下基础：同墨西哥政府联合在一起，组成重新开采墨西哥石油的一家或多家石油公司。在经过一系列犹豫之后，卡德纳斯接受了组建新公司的主张，但是同年末他后退了一步，而提出了各石油公司无法接受的条件：由墨西哥政府控制新的混合企业。1939年末僵局被打破，当时离开标准石油公司和王家荷兰壳牌石油公司所持路线的辛克莱集团开始同墨西哥政府长时间谈判关于接受征用而换取足够赔偿的基础。1940年5月1日同辛克莱集团签订了协定：墨西哥承诺付足总数约1 300万到1 400万美元之间的赔偿金，其中800万美元在三年内以现金支付，其余用石油支付。这样就清算了占美国石油投资40%的一批账目,占1938年3月全部征用财产的15%。赔偿费用是很高的,实际上辛莱克获得了比其设备价值更多的赔偿金;也就是说,部分赔偿了尚未开采出来的石油。但是,墨西哥这样就成功地打破了石油"统一战线",现在华盛顿已没有指责墨西哥拒绝解决问题的牢固基础。因此,卡德纳斯可以争辩说,标准石油公司和壳牌公司是苛求者。

石油冲突以及其他国际问题的最终处理,或者说,外债的偿还,被征用的土地和革命期间造成外国人利益损失的赔偿问题,在卡德纳斯政权时期尚无结果,但是已奠定了解决的基础,当时革命初期的激进主义逐渐消退。1939年开始了争夺继任总统的斗争,当时美国大使馆向其政府报告说,无论结果如何,墨西哥政治进程的激进阶段已经终结:无论是阿尔马桑还是阿维拉·卡马乔都保证回到"正常"状态。

墨西哥和美国之间主要问题的处理,卡德纳斯外交政策的核心,在1941年和1942年通过阿维拉·卡马乔得到了解决方案。在欧洲的战争和美日之间的紧张关系,导致美国寻求墨西哥的某些合作,以守卫边界和海岸线,并成功地让飞往巴拿马的美国飞机在墨西哥停留。保证某些原料的供应也是必要的。这一切都需要解决一些悬而未决的问题。1941年11月17日墨西哥和美国签订了所谓的"睦邻协定"。据此,双方同意:通过墨西哥支付4 000万美元一揽子解决美国所提的一切要求。另一方面,美国政府向墨西哥提供同样数额的贷款,用来稳定其货币。此外,重新洽谈美国财政部购买墨西哥白银问题,计划每月购进600万盎司。最后,美国同意提供另一笔2 000万美元贷款,用来恢复墨西哥的运输系统,这样更有效地向美国提供原料。

面对标准和壳牌石油公司拒绝直接同墨西哥达成协议,华盛顿开始同阿维拉·卡马乔政府会谈。虽然1938年罗斯福说过赔偿只应计算地面上的财产价值,但是国务院在不同的基础上谈判。按照其在1941年的估计,标准公司和美国其他较小公司尚未理赔的地面上财产值约6 000万到6 500万美元之间。然而,用来同墨西哥沟通的基础数字约在2 000万到1.08亿美元之间。经过漫长的谈判之后,1941年达成了正式协定,规定创立一个两国政府委员会,1942年4月17日它提出了建议。估计总数为2 400万美元;先支付1/3,其余在以后五年内偿清。在美国政府的斡旋下,标准石油公司推迟了一年才决定接受所述委员会的建议。

第八章 ● 墨西哥革命:从武装斗争到国家的政治稳定

六、城市文化的兴起与壁画派运动

如前所述,到波菲利奥·迪亚斯统治结束时,诞生于自由派浴血斗争中的一个政权的含义已发生了明显变化,同时文化表现的形式和内容也出现了嬗变。从 20 世纪前期起,墨西哥开始了所谓的对外开放的时代。这表现在力图宣扬自己"已是一个文明国家","胜任文明国家"之称号。以前已出现过改良民族主义文化名人的理想,早在迪亚斯政权初期伊格纳西奥·曼努埃尔·阿尔塔米拉诺、洛佩斯·洛佩斯、奥拉吉维尔或何塞·马蒂本人就曾坚持创作民族艺术,强调"墨西哥流派"的必要性。先前这种理想主要停留在思想意识上,但也进行过零星的实践,他们的激情也带来某些艺术成果,如:莱安德罗·伊萨基雷的绘画《拷打夸特莫克》,诺雷尼亚的雕刻《夸特莫克》。著名的风景画家何塞·玛丽亚·贝拉斯科曾经洞察入微地寻求民族主义表达方式,为此他一直创作到 1912 年,在其作品中反映了国家的各个历史里程碑,然而,他还是缺少 20 世纪初期年轻的墨西哥文化的那股激情。

而正是这批艺术家毫无困难地采纳了 19 世纪末欧洲的独特艺术样板。一些最年轻的艺术家都曾到过巴黎,或流行最后的浪漫主义和象征主义的德国城市,他们不仅吸收了那里的艺术风格,而且也学会了"放荡不羁"的生活方式。他们回到墨西哥后,就像在欧洲所做的那样,进行描绘、雕刻和绘画,同时也为咖啡馆、酒吧间、啤酒店和妓院所吸引,过着放荡的生活,这一切成为其占上风的艺术形象的源泉。《现代杂志》(正是文学的"现代主义者的房子、俱乐部和机关刊物")给他们定做了图画花边,每次都祝贺他们横渡大洋。其中最著名的人物是胡利奥·鲁埃拉斯和赫苏斯·孔特雷拉斯。画家、素描画家和雕刻家,鲁埃拉斯是象征主义艺术家的最突出代表;他的作品并不接近大洋彼岸的同时代艺术家,缺少个性、力量和精致。他吸收了当时最新的法国"新艺术",并成为这种艺术的重新解释者之一;他的绘画停留在病态的呆滞状态,在其生命的末期他创造了质量很高的雕刻品,其中最突出的是《批判》。赫苏斯·孔特雷拉斯具有相似的锐利而又脆弱的感染力;虽然其声誉远播,使之得到一些城市艺术创作任务,如瓜纳华托的"和平纪念碑",但是在其最有深度的作品中:《不管怎样》,用大理石雕刻的女性形象,这是在他丧失一只手臂的情况下创作的,集中表现了他的感情态度和艺术个性。城市文化艺术是同城市化,特别是与墨西哥城的扩展联系在一起的。墨西哥城从独立以来仍然保持着它的基本面貌,自由派胜利时人们开始推动城市改造:小教堂遭破坏;老的整套修道院被推倒,以开辟出一条道路。过去,由于资金拮据,只限于抹去殖民地时期残留的痕迹:粉刷一下火山岩砌成的墙面,或更换一下门窗的装饰。而到波菲利奥统治末期,已有能力建起新的豪华的公共建筑物,它们是当时流行于欧洲的建筑风格的折衷和混合的成果。这些民用的宏大建筑物的建筑师惯常是外国人,因为圣卡洛斯学院所培养出的人才尚未具备建造大型工程的技术素养。在这一时期阿达莫·博亚里建起了威尼斯式的饰有复杂花叶图案的邮局大厦,并开始建造宏伟的美术宫;西尔维奥·孔特里设计了交通大厦;埃米利奥·贝尔纳多设计了立法院大厦。独立纪念碑的设计方案经多次修改,最终由里瓦斯·梅尔卡多完成,这项工程在百年独立庆祝活动中象征性举行落成典礼。

  异国情调与土著风格相结合的形式特别体现在墨西哥开始积极推动的国际博览会的楼阁群体的建造方面;除了早期的民族主义萌芽之外,这些新阿兹特克式或新玛雅式楼阁设计,连同摩尔式或哥特式的楼阁一起,都可列入普遍的异国情调的名单上。一种特色淡化的新殖民风格出现在扩大或改造陈旧的巴罗克式公共建筑工程上面。在19世纪最后几十年间城市开始脱胎换骨,这种改造到20世纪初加速发展。在老城区的周围出现一批新的住宅区,它们被奇怪地命名为"拓殖地"(colonias);其中大部分建筑都是法国式的别墅;但是建造这些房屋的富人的想象力和财富优势又得到建筑师的推波助澜,这就加强了洋腔洋调,并且引进了当时建筑的新颖成分:法国的"新艺术",具有连续的曲线运动、自然形式的典型表现,并放弃古典规范,这样就产生了真正独特的建筑成果。

  在外省城市中也出现了相似的运动,虽然更加缓慢,且具有一定的保守形式;一般说来,建筑物的外表更易于适应城市格局。在世纪之交,以采矿业、商业和工业著名的一些城市(萨卡特卡斯、瓜纳华托、瓜达拉哈拉、普埃布拉、阿瓜斯卡连特斯)都出现了重大的营造活动。在各地城市的建设方面,1910年革命没有造成明显的停顿:虽然并非公共工程,但是因从农村迁到城市的人口增长,所以一如既往地持续建筑居民住宅区。而在另一些领域,特别是在绘画方面,人们很早就感觉到革新之风。

  具有政治意义的一个重要日期是1911年:圣卡洛斯学院的学生举行

第八章 墨西哥革命:从武装斗争到国家的政治稳定

长期的罢课,他们要求解除里瓦斯·梅尔卡多的院长职务。在很大程度上,学生运动是由赫拉尔多·穆里略煽动起来的,他从欧洲回国后认为有必要震撼一下墨西哥的艺术环境。从1910年起以他为首的学生要求在计划展出西班牙绘画的同时,举行墨西哥的绘画展览。学生罢课并没有带来壮观的成果,但是最终使得阿尔弗雷多·拉莫斯·马丁内斯担任领导职务,后者创办了露天绘画学校,探索新的艺术道路。在学校之外一位沉默寡言的画家华金·克劳塞尔已经标出了这条新道路,他开始创作一种本地的印象派绘画,与源于法国的作品有一定的差异,而富有鲜明的地方特色,并在自然的象征和感伤方面发生蜕变。当时,最有天赋的一批学生都已投身于政治运动中。何塞·克莱门特·奥罗斯科(1883—1949)在1914年到1915年为《先锋报》作时事漫画;戴维·阿尔法罗·西盖罗斯(1896或1898—1974)投身于革命斗争,后成为立宪军军官。与此同时,迭戈·里维拉(1886—1957)在1907年首次举办个人画展,获得韦拉克鲁斯州州长的奖学金,游学欧洲,大部分时间生活在巴黎,深受立体派和意大利文艺复兴时期绘画的影响。后来,这三位画家发起壁画派运动,用这一艺术形式宣传墨西哥革命。

20世纪前期,有位独树一帜的艺术家萨图尼诺·埃兰,他悟得了墨西哥绘画的昔日和现时革新过的一种理想:代表民族的愿望和特征。这样,埃兰把民族性放在重要的地位,让墨西哥重新理解自己,了解它同欧洲的不同和差异;这种理想在于表现自己,而不是反映旧世界。埃兰在当时已成为"现代人",他放弃了学究主

西盖罗斯的壁画:"威武的军人"

295

义,而采用常规的着色法创作自然主义绘画。实际上,埃兰代表了墨西哥艺术的新动向:在造型艺术中开始打破学究式的程式,而在形式、题材和艺术源泉方面进行更新。这样,美学的反叛和社会的革新相互呼应,从而形成了影响巨大的墨西哥壁画派的新艺术潮流。

奥罗斯科的壁画:"街垒"

20年代墨西哥的社会政治环境为壁画派运动的兴起提供了极其有利的条件。革命后第一个稳定的政权,即阿尔瓦洛·奥夫雷贡政府(1920—1924)先后任命著名作家何塞·巴斯孔塞洛斯为大学校长和新设的公共教育部长。在革命激情的鼓舞下,这位部长积极倡导创造民族新文化,这样,壁画派运动作为民族主义艺术运动的一部分,出现在墨西哥的文化舞台上。奥罗斯科认为,巴斯孔塞洛斯的崇高声誉,奥夫雷贡总统的支持,当时革命的墨西哥充满乐观主义和沸腾生活的社会环境,这些都是推动壁画派运动出现的重要因素。

巴斯孔塞洛斯邀请画家里维拉和蒙特内格罗从欧洲回国,并把公共建筑的墙壁提供给他们,为实现他的宏伟的文化发展计划,而让他们创作巨型壁画。在20世纪20年代墨西哥独特的环境中,壁画派艺术家们提出创作一种民族艺术,以新的艺术手法表现本国的社会现实。当他们声明自己是古代印第安艺术和民间手工艺的继承者时,表明这些艺术家已意识到:自己的艺术应该扎根于本国的土地上,这就是壁画派艺术发展中的一条主线。然而,这个流派所采用的技术材料和造型手法却是源于欧洲的艺术成分。20世纪初期墨西哥的政治社会进程给壁画派带来了丰富的创作题材,本国的历史与现实孕育了艺术灵感,这就使得艺术家自觉地把具体的社会问题用形象的手段表现出来。

第八章 ● 墨西哥革命：从武装斗争到国家的政治稳定

壁画派运动的主要代表是三大画家：迭戈·里维拉、何塞·克莱门特·奥罗斯科和戴维·阿尔法罗·西盖罗斯，他们以精湛的画技、崇高的思想境界，生动而形象地表现出了墨西哥艺术的感染力，他们的作品拥有深厚的历史和现实底蕴，同时富有战斗性和政治召唤力。里维拉曾在国立预科学校创作了巨幅寓言壁画，在教育部大楼作有湿壁画，在国立农业学校绘有题为《沃土》的壁画。1929年开始，一直到其晚年坚持在墨西哥城的国民宫绘制有关墨西哥历史的巨幅壁画。1930年到1934年旅居美国期间，在旧金山、底特律、纽约等地创作壁画，其中著名的作品有：《底特律的工业》和《处于十字路口的人类》，而后一幅画是为洛克菲勒中心绘制的，但因画面上出现有列宁召号无产阶级革命的形象，故被毁弃。后来，此画重绘于墨西哥城美术馆。1948年他为首都的普拉多饭店创作壁画《星期日下午的梦》，因画面上写有"上帝不存在"的文字，所以同教会发生了冲突。另一位壁画家奥罗斯科于1922年在国内开始创作壁画。1928年到1934年旅居美国期间，为当地多所学院绘制壁画，其中以加利福尼亚州波莫纳学院的《普罗米修斯》最为著名。1934年回国后，在一些公共建筑物上绘制巨幅壁

西盖罗斯的壁画："复活的夸特莫克"

画，他偏重于民族题材，描绘墨西哥文化起源和当代的革命，如《旧秩序的毁灭》、《战壕》、《劳动者》、《起义者》、《火人》、《华雷斯与改革》、《伊达尔戈和解放》；此外，还有揭露社会的阴暗面，如《基督打碎十字架》、《独裁者》。奥罗斯科在艺术上继承了巴罗克艺术风格，同时又吸收了表现派和现代版画技巧，采用了墨西哥古代印第安艺术的象征手法，从而形成了崭新的

壁画艺术风格。第三位著名的壁画家是西盖罗斯,1921年他在西班牙发表《告美洲艺术家宣言》,主张艺术家为社会服务。次年回国后,他开始为国立预科学校创作壁画《一个工人的葬礼》。1924年加入墨西哥共产党,后从事工人运动。1941年到1943年因被诬告暗杀托洛茨基而流亡阿根廷、古巴和智利。在智利他绘制了壁画《让侵略者死亡》。1944年回国后,西盖罗斯在墨西哥城美术宫创作了一系列壁画,其中最著名的作品是《新民主》。20世纪50年代他为墨西哥国立自治大学等公共建筑物绘制壁画,其中《为民族服务的大学》名闻遐迩。其壁画多以本国的历史事件和人民斗争为题材,具有鲜明的政治倾向。

墨西哥壁画派的主题思想是文化民族主义。这就是它在本国和世界上赢得声誉的重要原因。实际上,它成功地创立了一个本民族的流派,并最终发展为一种以形象的世界语言作为表现手段的墨西哥艺术流派。而这个民族主义艺术流派已成为欧美后期浪漫主义潮流中的一个里程碑。在这个意义上,它是从19世纪中期开始的漫长的艺术发展进程的最高点。

大学城建筑物的壁画

第八章 墨西哥革命：从武装斗争到国家的政治稳定

作者点评：

墨西哥革命（1910—1917）是现当代墨西哥社会政治发展进程中的一个转折点：国家从"大乱"逐步过渡到"大治"，因此在20世纪拉丁美洲大多数国家军人干政、军事政变盛行之时，墨西哥就像沙漠中的一片绿洲，长期保持着稳定的社会政治局面，为经济发展提供了必要的条件。此外，革命后墨西哥逐渐形成了一整套独特的政治结构：在有组织的农民和工人团体支持下，革命制度党长期保持其政治优势，在总统竞选中一次又一次地战胜对手，一直控制了国家政权。这个历史现象是值得人们深入探讨的。

第九章 1940—1970年：国家的稳定发展

一、从"执政协议"到社会对抗

曼努埃尔·阿维拉·卡马乔继任总统之时是革命后政权极端脆弱的时刻。1939年，卡德纳斯政府不得不对付反对其政策的保守反对派联盟，而后者的力量十分强大，借助宪法或其他手段，足以夺取政权，而这股反政府势力又是同执政党内强大的离心倾向相一致的。墨西哥革命党，就像卡德纳斯所塑造的那样，拥有合法力量通过公开表决，来决定谁将成为官方党的总统候选人。这项党内民主规定，给卡德纳斯总统留下很少的操纵空间，以阻止不同宗派之间，特别是工人部门之内残酷的争斗；在工人组织内部墨西哥劳工联合会继续争夺领导权，首先是反对老的墨西哥工人区域联合会和一些独立工会（如普埃布拉纺织业工会、铁道工会和矿业工会），其次是反对军人。结果出现了令人尴尬而又明目张胆的选举欺诈。从这个冲突过程中通过私下交易而产生的政府，不得不在回报工人要求和恢复雇主信任之间进行周旋。这两种因素的爆炸性结合给最重要的社会立法：社会保障法提供了机会，它开始了塑造墨西哥的福利国家的时代，而同时政府又致力于失衡的发展原则。

我们回顾一下任命总统候选人前夕主导的形势，就能判断这个政权的脆弱性及其对墨西哥劳工联合会支持的依赖性。在组织结构方面，官方党划分为四个部门：军人、农民、工人和"民众"（但在法律上尚无定义）；每个部门都可以合乎章程地提出自己的候选人。另一方面，反对派却没

第九章 1940—1970年：国家的稳定发展

有表现出内部裂隙。在提出两个候选人后,一批人赞同两者中更温和者安德鲁·阿尔马桑将军,因为他们认为他是一位可靠的首领,尽管他在1913年推翻马德罗政府的激烈兵变期间是维多利亚诺·乌埃尔塔的追随者。许多墨西哥人认为,阿尔马桑体现了人们要求在经受了卡德纳斯主义的社会震荡之后建立秩序和合情合理的声音,他代表了要求资本稳定、终结宗教冲突和劳工权益方面的温和改良主义。对于一些准备脱离官方党的劳工来说,阿尔马桑已作出了黄金般的许诺:创办生产合作社,提高工资,建造民众住宅、提供社会保障和瓜分利润。这份竞选纲领意在吸引多个工会的选票,特别是要吸引已脱离墨西哥劳工联合会的铁路、电力和小学教师工会。另一方面,官方党已分成三派:穆希卡、党的极左派代表和卡德纳斯的红人:桑切斯·塔皮亚,他的思想意识轮廓很模糊;而阿维拉·卡马乔将军,被大多数人认为是温和的且有节制的。

从现代墨西哥政治传统看,违反制度准则的行为始于1938年推选阿维拉·卡马乔为总统候选人的过程,这十分不同于墨西哥革命党党章所规定的程序,尽管其他候选人提出了抗议。1938年末,前总统波特斯·希尔召集的一批州长签署了一项协议,主张阻止弗朗西斯科·穆希卡将军成为候选人,认为他过分激进,而推动提名阿维拉·卡马乔。后来,在支持阿维拉·卡马乔的州长集团成员米格尔·阿莱曼的领导下,又组成了所谓的"多数派"的议员联盟。按照1985年孔特雷拉斯的材料,这两个集团代表了反对卡德纳斯主义的酋长和地主的利益。然而,他的材料过分简单而不足以支撑其假设。

在这个最初的议员联盟支持之后,1939年初墨西哥劳工联合会在其年会上也推选阿维拉·卡马乔。虽然有些学者认为这项决定含有个人因素,他们指出"劳联"的维森特·隆巴尔多·托莱达诺是阿维拉·卡马乔的个人朋友,特别是在反对军队右翼方面是坚定的政治盟友,但是更为可信的是阿维拉·卡马乔的候选人资格更接近于隆巴尔多·托莱达诺的目标:组成墨西哥劳工联合会主导下的中左联盟。另一方面,后者相信官方党候选人将会签署墨西哥革命党的六年计划,而借助该计划,墨西哥劳工联合会将拥有巨大的影响力。1939年墨西哥革命党公布的这项计划看来也确认了这一想法。它号召继续分配土地,优先将土地授予集体村社;支持国家干预经济的决定,支持在企业主抗拒的情况下实行征用政策。

然而,并不是所有的工人组织都一致支持多数派候选人的。最激进的工会（铁路、电力、纺织），面对墨西哥劳工联合会控制工人运动的企图，以逆反战略的方式支持阿尔马桑。同时，1939年一个小学教师集团从墨西哥革命国家劳工工会分裂出来，而加入墨西哥劳工联合会，以组成阿尔马桑的反对派。另一些集团也正在离弃墨西哥革命国家劳工工会；这样，到1940年这个工会实际上已成为一个垂死的组织，没有能力将选票引向被任命的官方候选人。只有农民阶层似乎有点支持阿尔马桑，或穆希卡，认为他们更接近农民的利益。墨西哥劳工联合会年会之后不久，全国农民联合会也支持阿维拉·卡马乔。总之，到举行墨西哥革命党大会时，推选阿维拉·卡马乔已是铁定的事实了。而偏向穆希卡的卡德纳斯总统在这整个过程中都保持着模糊性。被人们认为过分接近卡德纳斯的墨西哥革命党主席也被认为是谨慎撤退。

虽然解决了继任危机，但是支持阿维拉·卡马乔联盟的形成并没有消除因推选这个候选人而产生的内部分歧。在墨西哥劳工联合会，主要裂隙出现在隆巴尔多分子与温和派之间。一些人强烈地坚持六年计划，以寻求将新政府导向温和化的卡德纳斯主义。其余的人准备采取同资本更加和解的态度。阿维拉·卡马乔宣布了与墨西哥革命党所提出的观点很不同的纲领：保障私人企业、土地私有制（这一表述公开提出解散集体村社的可能性）和社会福利的重要措施；其中突出最低工资标准、利润分配、社会保障和民众住宅。每个许诺都是在财政危机和资本外逃的环境中提出的，因此对执政党来说，面对反对党，它们都是潜在的危险。换言之，由国家领导的福利思想原则取代了在六年计划中仍然写有的阶级斗争原则。除了这个妥协纲领，多数派联盟还以总统候选人的个人言论来减少资产阶级和中等阶层的担心。有人认为，政府和墨西哥劳工联合会的领导集中力量缓和1939年以来工会的骚动，将在一些心怀不满的阶层中制造政府的良好形象，而同时又不质疑工人运动的立场。但是，右派惯常把墨西哥劳工联合会，特别是隆巴尔多·托莱达诺同工会的活跃性相提并论，而同时左派则指责他们是官僚主义。

1940年7月7日举行了总统选举。尽管卡德纳斯多次作出承诺：选举将是"干净的"，但是国家和市政当权者不承认阿尔马桑的胜利。他们系统地冻结和废除反对票，必要时向持异议者开枪射击。另一方面，阿尔马桑的追随者则以其人之道还治其人之身。结果，造成大批人死亡，而大多数人死在一些大城市，在那些地方持有官方党立场者危险更大。大量

第九章 ● 1940—1970年：国家的稳定发展

谣言表明,阿尔马桑分子期待着揭露欺骗,并在失败的情况下以暴力袭击政府。尽管卡德纳斯想要遵守其承诺,但是大选之日选举的结果取决于谁能控制投票站;那里已拒绝反对派成员进入,有人已烧毁选票。只有联邦区选举过程比较"干净",这就导致官方党的失败。那个时期的一位学者简述了当时的形势:"一切忠告都是多余的,因为在选举过程中没有维持秩序的形式;官方人员已提出阻止反对派任何合法的示威游行,而后者也针锋相对。"

选民会对任何肮脏的游戏行为都视而不见,而在8月15日宣布选举合法:不能上诉的最终裁决是阿维拉·卡马乔获得3 476 641张选票;阿尔马桑,15 101;桑切斯·塔皮亚,9 840,甚至对选举情况不作任何陈述。不久之后,阿尔马桑离开了墨西哥,他期待美国的支持,或至少中立。同时,卡德纳斯重新组建军队领导集团。美国政府曾适度地了解过阿维拉·卡马乔的总统候选人资格,表示要同墨西哥新政府努力合作,同时拒绝了阿尔马桑入境签证。这样,阿维拉·卡马乔开始他的六年总统任期。

在不太令人振奋的情势下,导向左派和右派和解的全国团结的总统纲领,显示出精明的战略少于实际需要。社会政治安定应该得到恢复,在因世界大战给年轻的工业和弱小的资产阶级造成新的严峻的形势中,启动经济的资金惯于投入较少有活力的项目,它们的生产过分依赖于从美国进口的中间产品和设备。走向纲领提出的思想团结的第一步是在1941年1月,也就是在总统就任一个月刚过,把军人排除出官方党。确实,这一决定消除了阿尔马桑分子暴动的可能性,以及在官方党内军人阶层持续反对墨西哥劳工联合会的宗派斗争。而"劳联"在隆巴尔多·托莱达诺的领导下,保持了与总统及其纲领的结盟关系,公开宣布劳资联合起来反对法西斯主义和帝国主义,同时主张把阶级斗争放在为发展而斗争的后一阶段。第二步是让隆巴尔多·托莱达诺离开墨西哥劳工联合会,以使这个组织具有较温和的形象,这可能是两者达成默契的结果。"劳联"主席由菲德尔·贝拉斯克斯取而代之,但在一段时间他仍然遵循前任的路线。

墨西哥劳工联合会的阶级合作的新纲领与国家团结的总统纲领之间的交汇,在次年签署的"工人协议"达到最高点。许多工人运动史学家指出,这项协议的签订是"劳联"新领导的一个背叛,也是工人运动丧失其权利的一个证据。这种解释的基础是,工人运动为了参加反法西斯战争,而暂时放弃罢工权利。这一说法是对随后事件了解的不全面有关。事实上，最初文本的"协议"可视为工人的一个胜利。是对墨西哥劳工联合会支持阿维拉·卡马乔的一种回报，因为它并没有支持更接近工人利益的候选人。文件不限于约束罢工，而是号召在劳工力量的制度化基础上，按照三方合法原则，无论是在工厂还是在全国范围确定工业政策中，实行在劳工、资方和国家之间协商决定重大问题，三方共同走向资本主义发展。创建一个工人理事会，同资方和国家的代表一起参与拥有很大权力的全国三方委员会。同时，按照同样模式，应在各企业中组建委员会。这些委员会应分析研究利润与工资的适当比例。"协议"的设计师就是隆巴尔多·托莱达诺，而其最僵硬的反对者是雇主领导层。

对于其主角来说，"工人协议"明显是工人的巨大胜利。通过相互配合，只要每一方都准备商谈和尊重整体决定，那就能重新导向经济增长和金融稳定。劳工方面的目标是保持从1934年就获得的97%的年工资增长；而资方目标是恢复到1937年之前没有劳资冲突时的利润水平。但是，1942年经济已不存在增长周期。尽管出现没有美国产品竞争的明显优越性，但是全国经济缺少内部一体化，且依赖资本货及其他原材料的进口。结果，只有工业得到扩展，像第三世界大多数国家情况一样，同20世纪30年代相比，战争使得经济活动减少。同时，向盟国出口少量的食品，或者导向国内的黑市交易，这比加强生产能力或扩大国内市场更加有利可图。

"协议"的顺利实施取决于政府的安排：对资产阶级施加强大压力；但这正是全国团结纲领寻求避免的事情，因为当时"团结"是最紧迫的政治需要。同资本家的任何对抗都会激活反卡德纳斯的情绪。显然，对于资本家来说，"工人协议"并不构成一种义务，自然除了反对罢工的条款之外。当劳工和企业之间发生激烈冲突之时，政府当权者保持沉默，只是在劳工的最基本的宪法保障权利受到践踏时，他们才进行有利于劳工的干预。为了排除劳资双方可能的正面碰撞，让工人理事会实际停止运作，但同时制造劳工运动内部团结的形象，并给工人的不满抱怨提供论坛。另一方面，企业拒绝创建有权监督其利润和决定工资的内部三方委员会。简言之，墨西哥没有产生劳资双方共同管理的形式。

"工人协议"的失败最终深刻改变了其主角的战略。这使得有组织的工人运动分歧尖锐化，造成"工运"因摆脱对政府的依赖而趋于分裂为几

第九章 ● 1940—1970年：国家的稳定发展

个集团。面对"协议"没有实施而当权者又保持沉默,有些工会开始发动独立的罢工。"协议"签署之后,罢工数量从1942年19起,到1943年562起,1944年多达721起。墨西哥劳工联合会从内外都受到威胁。在其内部,战斗力的消沉在1941年引起了电气工作者退出,1942年铁路员工和1946年石油工人先后离开。从1941年起也引起创立一批新组织,如墨西哥工农联合会、全国保卫石油集团。在全国范围也开始怀疑墨西哥劳工联合会的体制问题,其活动分子在几个州,特别是在新莱昂、哈利斯科、格雷罗和韦拉克鲁斯受到系统的迫害。在韦拉克鲁斯,甚至迫使"劳联"解散其地方组织,以避免更多的暗杀。

"工人协议"失败后,阿维拉·卡马乔政府改变了对有组织的工人阶级的战略。随着劳工实际工资持续下降,许多工人对墨西哥劳工联合会的幻想破灭,因此政治形势变得更具爆炸性。作为回应,总统采取一种双重战略:通过一项新的劳工法,控制工人运动;此外,又大力推动一项社会保险法草案。前者,受到"劳联"支持,将罢工权利同预先通告和国家裁决束缚在一起。后者,向有组织的工人运动提供健康和事故保险,以及退休金的整套制度。

1942年9月,在智利圣地亚哥举行的泛美第一届社会保险大会上墨西哥的社会保险计划的修订文本受到吹捧。在劳工和企业界掀起有关社会保险的大会和协商的世界性浪涛之后,1942年墨西哥的有关方案提交给议会,1943年获得通过。到那时,社会保险原则已不再处于进步先锋行列,因为在拉丁美洲多个国家都已实施了。

另一方面,阿维拉·卡马乔政府又花很多精力重新构造企业的利益:将它们整合在多个集团内,让它们指派同政府交涉的正式代言人。工业公会联合会包括一些大企业;全国改造工业公会,包括中小企业;全国商会联合会包括各贸易公司。这种新结构寻求减少资本家为对付政府政策而结成共同政治阵线的危险。这种措施表明,比照对工人运动的做法,政府对资本家个人动议权,也将采取专横的同业公会式的控制。但是墨西哥资本家并没有被禁止加入墨西哥共和国雇主联合会,而从20年代起这个组织就摆脱了政府的控制,同时政府也不能强迫他们在墨西哥投资。因此,对资本实行同业公会式控制的主张,只不过是这一模式的设计者脱离现实的一种计谋。

总统为巩固现存政权而取得成功的最后一招是,让隆巴尔多·托莱达诺撤销组建一个新党的建议,和支持米格尔·阿莱曼为下届总统候选人。如何取得成功,这仍是一个谜。很有可能,由于墨西哥社会主义联盟内部分裂和墨西哥劳工联合会内隆巴尔多·托莱达诺和菲德尔·贝拉斯克斯之间开始不和,所以前者的地位被削弱,从而极端减少1946年新党竞选胜利的可能性。为了在阿莱曼周围结成修补过的联盟,1946年1月18日墨西哥革命党在形式上被解散,由革命制度党取而代之。像过去一样,虽然没有正式规定,但是加入新的官方党的各个组织应将其成员的所有选票都投给该党。但是,革命制度党的各部门不同于墨西哥革命党,它们无权独立地推举总统候选人。

曾担任韦拉克鲁斯州州长、参议员、阿维拉·卡马乔政府的内政部长的米格尔·阿莱曼,是执政的革命制度党的候选人。他于1946年就任总统。尽管其激情的演说支持工业化和经济发展,但是有的学者认为他主要还是加强不平衡的发展,同时致力于低工资和低税收,以此作为经济发展的关键条件。那个时期经济状况的分析者经常为国内产值增长数字而感到困惑。然而,国家在维护经济持久发展方面显然遇到了困难。

1946年盟国军队的需求已经消失,战争时期逃往墨西哥的外国资本大多数已撤走。此外,商业和制造业资产阶级因战争出口而壮大,他们不准备过节俭生活,而是急于购买进口的奢侈品,这就造成外汇大量流出和支付失衡。为了让外国投资返回墨西哥,新的礼品是必要的。为此政府给潜在的投资者提供了极为有利可图的整套措施:较少限制的信贷;受保护的市场(除了资本货和工业所需要的其他材料);有利于一方的技术转让合同,国家最大限度参与基础设施建设(特别是为农业出口的新资产阶级在北方修建灌溉设施)。此外,将比索贬值60%,以减轻支付平衡问题。同时,使工资减少其购买力。1945年到1948年撤出的资本到1950年已返回,它们从比索贬值中获得很大的利益,并在朝鲜战争时期因外部需求增长而推动新一轮工业扩展。

这一时期工人组织遭受的政治经济权力的系统丧失,惯常被看作是这个宏观经济进程的必然结果。然而,1946年由于贝拉斯克斯分子和隆巴尔多分子之间深刻的分歧和大量会员退出墨西哥劳工联合会,工人运动发生了分裂,但是它绝不软弱。正如一位学者所指出的:"阿维拉·卡马乔所赞助的工人阶级统一的倾向,不只是减少了各行业公会之间的问题,而且带来了新的觉悟:有必要加强相互间的联系和组织工会的架构。"

第九章 1940—1970年：国家的稳定发展

在阿维拉·卡马乔的六年任期内,执政的左派保持了可观的政治力量,尽管没有对右派作出大规模的反应。换言之,1946年墨西哥工人运动的前景尚未确定。虽然新的劳工法限制了罢工的权利,但是也缩减了资本家践踏集体合同的可能性。通过初期社会立法温和化的这些渐进变化,劳资双方学会了共处,尽管劳工丧失了购买力,但是国家对资本家也施加了限制。

米格尔·阿莱曼由于选择了完善国家团结的政策,他代表了政策连续性的总统候选人。与1940年情况不同,反对派候选人埃塞基耶尔·帕蒂利亚对于更替中的政府并不代表一种实际危险;其反教权主义的过去对他不利,无疑这削减了保守派的选票。因此,阿莱曼的竞选胜利是相对可靠的。在这种情势下,官方党由于得到全国农民联合会等工农组织的支持而得到加强,它没有必要向劳工界作出重大让步。

阿莱曼政府的头两年间,政府的倡议和劳工精英的"自愿毁灭"的决定,把墨西哥改造为社会民主国家的愿望逐渐落空。结果,有组织的工人运动的左派丧失了1940年到1946年在政府中所保持的少数派地位。许多学者对于这个结果采取宿命论的态度,他们归因于将隆巴尔多主义和其他持不同政见运动驱逐出官方党的现存职业社团主义结构,但是历史事实开辟了其他解释的途径。工人运动领导层把自己置于软弱的地位,几乎不可能对政府施加影响,由此产生了阿莱曼政府不妥协的立场。另一方面,这些行动成为创造强大的镇压机器的序幕,以保证工人运动分子的纪律和对政府的服从。

无论是对于墨西哥劳动者,还是国家经济来说,1946年标志着一种深刻变革。40年代已出现了墨西哥劳工联合会逐渐衰弱的迹象,在一些大工会中,如电气、铁路和石油工会,它的威信日益下降,而到1946年"劳联"与各工会之间的关系达到最低点。正像隆巴尔多·托莱达诺所指出的,这将增加形成中左联盟的可能性。但是,在当时这一决定有明显的两个含义:首先,拒绝"劳联"的贝拉斯克斯的一翼,结果破坏了这个机构的整体结构;其次,新联盟与政府之间公开分离的可能性。尽管在社会主义运动方面几个派别对此施加了压力,但是隆巴尔多·托莱达诺还是选择了完全支持阿莱曼的候选人资格。他还相信有可能同贝拉斯克斯一起行动,以使墨西哥劳工联合会成为其人民党的基础。实质上,他认为有可能再现1943年所发生的一切:左派和中间派的统一。但是,从二战起世界主要国家已发生了变化,这个公式已不适应现实了。在隆巴尔多阵营中墨西哥共产党的存在是其内部分裂的一个原因。最终,这便成为建立中左联盟的隆巴尔多·托莱达诺方案的最大障碍。

在1948年3月创建的工会联合会——"墨西哥工农联盟"的支持下,不顾风险于同年6月20日创建了人民党。由于阻止不了这个新党和新联合会中墨西哥劳工联合会成员的离弃,这些事件对于支持阿莱曼政府的新集团来说,具有潜在的危险性。首先,这个新组织将农民拉进自己的队伍而威胁到官方党的地位,因为农民在传统上是官方党的顺从的追随者。第二,宣布自己是和平主义者,因此厌恶冷战,但美国已使墨西哥卷入。第三,这个运动集结了力图摆脱政府控制的工会民主派和劳动者的所有力量,包括教师(他们支持全国民众组织联合会)。面对一个持不同政见者集团的持续活动,政府受到损害。在新集团得到最大的推动之前,为了自我保护,政府实施了预防性镇压。结果,1949年隆巴尔多·托莱达诺创建的墨西哥工农总联合会作为一个软弱的组织而问世,并被贴上"共产党人"的标签。劳工部拒绝承认其合法性,这样也就否定它以其组织成员的名义进行谈判的权利。1949年立法院选举中人民党遭受严重失败,这是由一场欺骗而造成的。总之,墨西哥劳工联合会的每个反对派都没有站稳脚跟。

阿莱曼政府末期,与朝鲜战争紧密相联的经济扩展已告结束。外债已可观增加,而高级官员的公开腐败几乎掏空了国库。这时他们又重新在政府中建立秩序,采取正统货币学说和伪善态度。到1953年,国家经济几乎停滞不前,正如人们所预料的,资本重新流往国外。经济衰退使得城市无产阶级经受贫困化的煎熬,这一年政府忙于应付罢工,特别是电话和铁路员工提出的罢工。

面对墨西哥经济的困境,新政府采取刺激措施,以吸引游资的流入:1954年4月将比索贬值:从8.50贬至12.50兑换1美元,冻结工资和价格。昔日行政当局设计的工会代表制度立即实施:所有的"官方"工人组织一致拥护这一措施,其中不只是包括了墨西哥劳工联合会,而且还有新组建的工农区域联合会,它在形式上包括了所有发展不佳的独立工会,但隆巴尔多的墨西哥工农总联合会除外。为了补偿政府无力控制的物价上涨,政府决定垄断主要食品菜豆和玉米的分销,从而创办了墨西哥进出口公司。

第九章 1940—1970年:国家的稳定发展

　　1956年到1958年期间继续了1954年形成的劳资调和构架,政府扮演了调解人的角色,对雇主施加压力,使之提高工资,或向雇员让步,就像教师界所发生的那样。有些分析者认为,这种倾向活跃了反对派运动,并使之合法化,同时削弱了工会的官方结构。由此推断,铁路方面的冲突显示政府的更多介入。确实,1958年铁路员工动员起来应付一切可能的结果;同样情况也发生在教师、报务员和石油工人中间。在墨西哥共和国铁路员工工会第十五届会议的倡议下,组成一个新的持不同政见者运动。其任务是在决定增加工资方面同全国执行委员会合作,从经济上进行评估。在民主推选的特别委员会宣布要求提高工资350比索之后,前者与铁路员工工会的总秘书处之间发生了冲突。工会领导向各地方秘书处指出,只要求增加200比索,并宣布解散特别委员会。然而,不是该委员会解散,而是它于5月24日在墨西哥城组织了一次集会:公开指责工会领导没有回应工人的要求。结果,铁路工人运动引起其他持不同政见者连锁反应。在首都,工人、学生和教师团结一致组织大规模的抗议活动。在普遍动员的环境中劳工和平的年代已告结束;各部门分离的行业公会原则和冲突中垂直商谈的原则已出现裂痕。经反复交涉未果后,工人开始短暂罢工。到8月,已经没有耐心的企业主集团要求"镇压非法罢工"。8月3日,秘密警察、着装警察和司法警察闯入几个持不同政见者派别的办公室,逮捕了约200名工人。指控的理由是:发现了石油工人、教师界、报务员和电气工人中持不同政见者的几个派别之间达成了相互支援的秘密协定。其明确的意图是在未来协调工人的斗争。所述的"协定"确实存在,虽然还处在商谈的初期阶段。它是官方工会结构的潜在破坏者,这是不可否认的。

　　起初,政府假装让步。只要复工,它将容许在持不同政见者工会代表和官方工会代表的监督下,组织采用无记名投票的新选举。政府也停止了警察的报复措施。在随后的选举中,德梅特里奥·巴列霍获得了59 759票,而其对手仅9票。然而,这一选举也没有使社会恢复平静。另一些集团开始骚动。在墨西哥城学生乘在公共汽车上抗议公共运输费用上涨,要求司机归市政当局管理和建立独立工会。石油工人也一直骚动不安:将官方代表撤职,而由劳工部尚不承认的当选的领导人取而代之。即将卸任的政府不是扑灭一个又一个小火苗,而是要对付燎原大火。

　　1958年12月1日阿道弗·洛佩斯·马特奥斯成为未来六年的墨西

哥总统，从上届政府起，他就以容忍工人要求及其谈判技巧而闻名，这使得一位作者断言："他强烈地想要同劳动者打成一片。"虽然他并没有简朴到那种极端的地步，但新总统宣布了在其任期内将进行重大的社会改革。在其执政的第一阶段，有人认为他的"政府是在宪法框架内极端左翼的"。然而，他的进步纲领同许多障碍相冲突：由于前政府的经济政策而日益壮大的资产阶级过分易变，且习惯于政府的纵容；被动员起来的工人组织的重要部分，威胁组成重要的运动来反对通过不民主的推选而控制官方党的原则；迅速扩展的人口需要新的就业岗位；源自美国的经济衰退抑制了墨西哥的出口，而消费品的进口替代的"顺利"阶段已告结束。此外，古巴革命的胜利唤醒了美国和墨西哥企业界反共偏执狂，因此，倾向于减轻劳动者负担的进步措施被视为类似于共产主义的阴谋。尽管存在这一切，并处在不利的条件下，浮现了墨西哥革命后历史上最繁荣和社会进步的时代，即所谓的"稳定发展"时期。这一时期依靠快速增长的外债负担，打破了通货膨胀-货币贬值的循环，经济增长暂时结束了劳资之间的零和游戏。

在洛佩斯·马特奥斯执政的头几个月，看来在当时已不可逆转的铁路员工冲突中，政府必须应对工会代表资格和资产阶级的问题，后者害怕新政府的主要倾向和面对古巴革命而神经紧张，以及墨西哥左派再生的可能性。新政府选择了弹压持不同政见的铁路员工运动，将其领导人妖魔化，同时通过增加工资和进行社会改革来扶持官方工会。此外，对外积极支持古巴革命，但在国内却抑制支持古巴革命的公开言行。在经济领域，不是期待美国经济的复苏，而是通过增加公共开支，把资金投向工业化和社会福利，从而使国家摆脱衰退。

国家干预经济的创新在于：为社会开支提供资金方面，以举借外债来取代货币扩展。实际上，形成一种机制来吸引国内储蓄，特别是合法的库存现金，规定私营银行必须将其近半资产存放在中央银行，而后者的流动资金将用于发展。此外，发行有吸引力利率的国债券，这不仅用来吸收投机资本，而且也成为国内流动性不大的中小笔存款的一部分。

在集中阐述洛佩斯·马特奥斯的行政机关改革的首创性之前，有必要回顾一下，来自下层的压力并没有随着巴列霍运动之被粉碎而消失。在拉萨罗·卡德纳斯将军的领导下，成立了全国解放运动，一个要求进行分配改革的人民权益新运动。尽管这一运动在短短的几年中已趋于消

第九章 ● 1940—1970年：国家的稳定发展

亡,但还是应回顾一下20世纪60年代初它的活动。

起初,全国解放运动包括了政权左翼的所有批评者。但是,很快显示其最初的冲力源于一些已组建的政党控制这一新组织的愿望,特别是隆巴尔多·托莱达诺的人民社会党(原名人民党)和共产党。结果这两个党都未达到目的,从而放弃了这个运动,任其分裂和组织涣散。1962年6月,全国解放运动创建不到一年之时,隆巴尔多·托莱达诺宣称,由于两者的构成深刻不同,人民社会党离开这一组织。从此以后,在其令人怀疑的借口下,称选举法禁止双重党籍,所以禁止人民社会党党员参加全国解放运动。由于全国解放运动没有登记为政党,因此这一解释是明显站不住脚的。实际上,由于全国解放运动拒绝被束缚在反对党的狭窄通道上,所以引起了隆巴尔多·托莱达诺的敌视。

洛佩斯·马特奥斯从其任职之初起就开始规划其社会改革。1959年12月修改了社会保险法,以将劳动者的新成分包括在内:农业短工、集体村社和信用社成员、个体村社人员和小农场主。在六年任期中,他将更多的土地分配给少地的农民,使之在土地改革成果方面仅次于卡德纳斯。此外,在1959年到1964年间得到墨西哥社会保险协会保护的城市人口比例几乎增加了一倍:从265.72万增至544.87万人,同时扩展医疗机构设施,如建造了墨西哥城医疗中心和瓦斯特佩克度假中心。1959年12月,社会保险也包括了国家劳动者(其中有教师界),创建国家劳动者社会保险和服务协会,是面向公共部门、与墨西哥社会保险协会相对应的机构。同一时期石油、电气和铁路员工得到了他的社会保险特别纲领的周期性改善的实惠。

在其导向宽慰全体工人的一些措施中瓜分收益占有重要地位。在其执政初期,甚至在铁路员工和教师界的罢工正在发展之时,他一直在筹划这一措施。在一个秘密委员会进行数月的法律准备后,1961年向议会提交了宪法第一百二十三条修正案,以使瓜分收益成为强制性的,当时雇主阶层对此感到吃惊,公开表示反对,并抱怨有关问题没有征询他们的意见。实际上,这一措施只相当于一项财政改革,或是较少引起不可避免的反对意见,或者像所有深刻的财政改革那样引起资本外逃。到资本家代表同意瓜分收益的确切比例之时,这项工作就一帆风顺了。因此,1963年通过了这一措施,而没有产生任何政治冲突。

洛佩斯·马特奥斯也是第一位总统把城市民众住宅提升为其执政时

期社会政策方面的一个标志。虽然过去各届政府已为私有住宅,特别是为中等阶级和官方工会高层的住宅,提供低利率贷款迈出了第一步,但是这些措施惠及的范围仍是十分有限的。虽然对墨西哥城的人口压力还处在初期阶段,但是近200万劳动者需要住房,同时还有至少400万人口居住在城市边缘地带,他们同样需要住房。

1954年12月组建了全国住房委员会,来研究各个贫困圈和不规则的移民定居问题。它的经济手段极其有限,并且制定任何可行的长期计划实际上是不现实的。洛佩斯·马特奥斯在六年执政期间的民众住宅行动主要使得公共部门的职员受益:1959年到1967年间(这包括了下届政府的头三年),国家劳动者社会保险与服务协会每年总共建造4 279套住房。此外,向中等阶级提供便利的贷款,让他们建造廉价住宅。另一方面,墨西哥社会保险协会的住房计划,作为私营企业在瓜分收益方面达成协议的一部分进行实施。在墨西哥城的几个地区建造了大型复式住宅。还在该城的中心区采取了冻结租金的政策。

总之,第二次世界大战后,为回应50年代工人动员,洛佩斯·马特奥斯政府积极推动社会改革。部分经济指数使我们了解到60年代工薪阶层中所发生的某些变化:"稳定发展"的整个时期(1960—1970)消费价格增加了34.4%,而实际工资上升了91.5%。而前十年(1950—1959)两者相应为85.2%和31.7%。

当迪亚斯·奥尔达斯总统(1964—1970)执政时,劳动阶级已从战后的削弱状态恢复过来。除非他们具有新的首创精神来淡化所述成果,那就没有理由进行更大规模的工人动员。从1964年起,稳定发展政策几乎只涉及促进资本密集型的大企业增长,而很少考虑开创新的社会改革。与此同时,政府继续给农民分配土地,这些努力的结果是减少了已出现的农村游击队运动的冲击力。在迪亚斯·奥尔达斯政府时期,随着"稳定发展"政策的局限性趋于明显,特别是无力使经济增长赶上人口增长,而又不牺牲货币的稳定性,这样政治气候逐渐黯淡。尽管1968年发生了学生暴动,但仍保持着政治安定,主要原因是组织得最好的两个从属于官方的集团:工人和教师界没有加入学生运动。

迪亚斯·奥尔达斯仍然发表稳定发展的言论,同时其成就得到其前任的肯定。但是,形势正在发生多种变化。首先,为了借助巨额外国贷款来抑制通货膨胀和保持适当速率的经济增长,国家承受了巨大的社会经

第九章 ● 1940—1970年：国家的稳定发展

济压力。结果,前届政府期间,外债已增加了150%,而现任总统又将它增加了100%,到1970年12月31日达到3 762.4亿美元。这就把墨西哥置于世界的主要债务国行列。这些债务的构成也发生很大变化。随着美国所谓的古巴对其安全威胁的严重性下降,以及古巴政治制度趋于稳定,切·格瓦拉被杀害和拉美大部分国家游击运动之被镇压,美国主导的进步联盟和其他国际机构,如泛美开发银行,提供给墨西哥社会发展的贷款急剧下降:从1962—1964年的8 900万美元,降至1964—1970年的2 510万美元。大部分贷款限于供水和排水设施建设,只有小部分用于教育和现有福利计划的扩展,如保健和住房。大笔债务的其余部分用于资本密集的企业发展计划,从而让中小企业处于经济体系的边缘。

迪亚斯·奥尔达斯执政时期,主张制度变革的社会成分及变革的性质都发生了变化。现在要求变革的不是工人或教师界,而是学生,他们成为要求权益的代言人。已经提上议事日程的是民主变革。1964年,革命制度党主席卡洛斯·马德拉索关于官方党总统候选人的选定应服从党内民主选举的尝试遭受失败。在各地方革命制度党干部的压力下,各市政府候选人的选定仍然按照传统的方法产生,此后改革者被总统立即辞退。

60年代后期学生运动兴起,他们抗议警察暴力和纪念古巴革命,从而引发了一系列严重的暴力冲突。到60年代结束时大动乱的烽火已烟消云散,同时政权已经易手。总统竞选运动中,官方党候选人开始强调政治开放的必要性,并含蓄地承认到那时这种"开放"仍是子虚乌有。因此,迪亚斯·奥尔达斯政府的弹压战术迫使政府接受政治改革的必要性。换言之,虽然从1964年起"执政协议"没有发生重大变化,但是的确改变了制度规则,按照规则在"协议"范围内提出未来的变革要求。

二、城乡社会结构的嬗变

墨西哥现代历史进程的主要特点之一便是国民产值持续和加速增长。这个经济进程又刺激了从1940年之前就已出现的另一个进程:有时无法控制的各城市中心加速增长。1940年到1970年之前,墨西哥基本上从农村社会过渡到城市社会,其中工业和服务业迅速增长。在60年代,农村人口每年以1.6%的速率增长,同时城市人口增长率为5.4%。1970年45%的人口居住在15 000人以上的居民点。无疑,墨西哥城的增长最为明显:1970年居住着全国总人口的17%,也就是说,约800万人。城市增长和工业化与普遍的人口增长同时发生。到1940年人口的增长率低于2%。但是,从此这种状况发生了急剧的变化。1940年到1950年开始升至2.7%,随后10年超过3%,在1970年达到3.5%。这一增长速率是世界上最快,在墨西哥也是史无前例的。因此在1950年到1970年期间人均产值仅增2.9%,这一比例明显低于同时期国民总产值的增长率。在国民总产值的构成中农、牧、林业活动的比重从1935年的28%降到1970年的17%;相反,制造业部门的比重从28%增至40%,第三产业的活动能力增至43%。

    现代墨西哥经济政策的总成果是工业的显著发展,但是生产活动集中在少数几个集团。1965年共有13.6万家工业企业,就业人数近150万人;但是仅占企业总数的1.5%,控制了77%的工业投资。407家大企业(占企业总数的0.3%)拥有这个部门全部投资的46%,并且提供了绝大部分工业产品。在贸易和农业部门也再现了同样现象;1960年,全部贸易商号的0.5%拥有投资的47%,非村社的农业田庄的1%包括了私有地产可耕地面积的47%。另一方面,一小批企业或个人的资本和土地集中伴随着劳动力需求的增加。1950年,工人和职员占全部劳动人口的46%,1960年升至65%。自立的小业主已不占重要地位。

    人口增长进程、国民生产中的结构变化、自立小业主重要性的丧失,再加上财政政策支持迅速发展的资本主义化进程,这一切解释了所述时期的社会特点,政治制度的创立和维持。在本节中所述时期墨西哥的阶级结构状况的量的分析是以个人收入分配为起点进行的;此外,还设定阶级和就业结构构成相应的指数,来研究所有制关系结构及其对社会的作用。仅按照墨西哥处在发展中国家行列这一事实,收入分配比在发达国家更不公平。在发达国家,国家拥有物质和技术手段及必要的政治要素,来更多地影响市场力量,并节制产生及维持经济不平等的倾向。然而,墨西哥的政治思想意识干扰了国家可能缩小生产成果分配上的不平等,使得国家难以实现公平分配。

    按照某些估计和分类,20世纪初"高等阶级"占全国人口的0.5%到1.5%之间;中等阶级不超过8%,下层阶级为总人口的90%。革命及其后的经济发展和人口增长进程引起了社会的最大易变性,结果出现了新的分层。1940年,所谓的"高级阶级"仍然仅占总人口的1%;相反,中等

第九章 1940—1970 年：国家的稳定发展

阶级增加一倍以上,达到 16%。还有些学者,利用不同的指数,而得出与上述情况一致的结论:革命后中等阶级增长了。到 60 年代,中等阶级已占总人口的 20% 到 30%;在墨西哥历史上中等阶级第一次占据重要地位。然而,这一变化过程并没有明显改变两极的相应状况:"高等阶级"和下层民众,后者处在墨西哥社会的边缘,构成了总人口的 70%。1950 年到 1960 年之间的收入分配揭示,社会结构的不公正性不仅没有减少,反而得到加强。尽管 30% 以上家庭的绝对和相对收入都有增加,但是处于最下层的 40% 民众,远没有改善自己的经济状况,相反受到了损害。而高居于社会金字塔尖的 10% 以上的家庭,吸收了可支配收入的 50% 左右。由此看来,中等阶级改善了自己的经济状况,但他们并没有损及"高等阶级"的利益,同时享有的特权也不多。有些估计更富有戏剧性。按照劳工部的资料,70 年代初,42% 的就业人口每月得到的收入低于 500 比索,同时仅 2% 的就业人口每月收入为 5 000 比索或更多。根据世界银行估计,60 年代初,墨西哥人口的 3%(但另一些估计指出不超过 10%),独占了全国财富的一半以上。

　　以上数字只是揭示了墨西哥社会的部分状况,而另一些数据能完善所述社会的全景。按照巴勃罗·贡萨雷斯·卡萨诺瓦的资料,60 年代全国约 10 万个家庭每月收入高于 1 万比索。但是,这个集团内仍然存在巨大的差别,其中仅少数人控制了经济体系的中心活动,并且得到了大部分利益。虽然这个集团中的有些成员从事商品农业,但他们在这个部门之外经济上十分强大,因为他们参与银行业、工业和商业活动。

　　这一时期的经济精英的起源是多样的。有些人的杰出成就可以追溯到波菲利奥·迪亚斯时期,特别是那时从事贸易和工业活动的一些人。他们的资本和经验没有受到革命的影响,到政治重新稳定时,他们能够在新秩序中占有一席之地。但是,革命也帮助了另一种资产阶级出现,在旧政权时他们没有根基,后来凭借同新的领导人的关系,获得了资本的初期积累,比如让他们取得合同、特许权等。随着时间的推移,逐渐出现和加强了第三个企业主集团,他们是工业增长进程本身的产物,他们同旧政权的资产阶级或新的政治集团很少有直接的联系。另一方面,中等阶级或阶层与经济同步增长,这个阶层的存在在城市特别明显。政府活动的扩展,以及大工业和第三产业的增长都是中等阶层的起源和支柱。在一段时间这个阶层的典型:自由职业者和自立小业主逐渐退居次要地位,而领取薪金者的重要性增加。

由于经济变革,工人阶级壮大了。工人主要集中在国家的中北部工业地区,这些地区提供了75%的工业产品。1940年估计工人人数接近50万;到1970年,达到200万人以上。增长速率并不很快,因为现代工业劳动力的包容量少于过去。到1970年,一个新的工业就业岗位的创造意味着平均投资25万比索。由于人口迅速增长,这种状况并不是完全消极的,因为日益资本化的一种工业没有条件吸收所有的新劳动力。"剩余"人口必须在农村或第三产业半就业。以上看法使我们有必要研究现代墨西哥的社会发展的另一个特点:边际性。劳动力成分十分复杂。一方面,拥有一个领薪金的比较有组织的阶层,有能力有效地提出某些要求,并享有合理的生活水平。这类劳动者主要集中在拥有雄厚资本的国营或私营企业。而另一方面,存在大批无组织的群众,受雇于许多小企业,他们没有能力前后一致地提出自己的要求,也没有力量来实现自己的要求。比如,1965年,仅有35.3%的工人加入了工会组织;70年代初估计提高到50%。这样,工业劳动力的一半缺少起码的手段,来捍卫和增加参与生产利益分配的权利。此外,在第三产业加入工会的职工比例很小,可以说,面对资方,劳工相对软弱:约400万雇员没有得到某种组织的保护。边际性,也就是说,无论是在农村还是在城市(后者更为明显),从实际或掩饰的失业中产生的低生产率,应归因于城市的过快增长。围绕着国家首都和其他居民中心的贫民窟表明,从很早起人口增长就超过了城市吸收可支配劳动力的经济能力。

其中,从农村向城市的巨大人口流动说明了两个社会的生活水平存在明显的差异,几乎在所有的发展中国家都有这一现象。按照某些估计,在墨西哥农业和非农业活动的平均收入的差异达到近1:6。例如,1960年仅8%的农村家庭,每月收入高于1 000比索,同时在城市这一比例为35%。除了这些数据之外,在农村社会内部也存在明显的差异。一方面,应看到,从30年代中期以来农业发展是令人满意的,但是这一直逊色于工业发展。在相应领域,从事农牧业活动的就业人口,从1950年占总人口的70%,减少到1970年50%以下,但这仍无法阻止大量就业不足的人口长久存在。据统计,1970年18岁以上的农民约有780万人;由于农业活动只能提供380万个全就业岗位,这样220万到240万人成为多余劳动力。

第九章 1940—1970年：国家的稳定发展

1940年到1950年农业人均产值每年以2.9%的速率增长,但是随后10年仅1.9%。农村地产结构并不利于解决问题。这种结构是大地产(当然,远不如革命前的那么大)和小田庄相结合,还有一大批无地农民,他们只能出卖自己的劳动力,大约有250万到350万农民。1960年,这些短工每年平均只工作100天。

从1940年起,小田庄逐渐形成一个严肃的问题。这不仅发生在村社土地上,而且也出现在私有地产上;土地的分配在私有部分比在集体村社部分执行得更加不公,但是这两部分都存在不公的问题。许多村社农民拥有的小地产满足不了自己的需要,因此他们或是将土地出租,或是用部分时间耕地,而其他时间去打短工。确实,从经济上讲,小块土地(五公顷以下)出产最多,因为农民必须密集地利用其所有的资源,但是土地面积有限使得农民经常处在不稳定状态。因此,在一个极点,农村50%的生产者仅生产全部农业产值的4%。而另一极点,仅0.5%的地产主提供了农业产值的32%。60年代,200公顷以上的地产占全国可耕地的24%。这就是大农业,它们的耕作方法已不是广种薄收,而是以先进技术为出口和城市中心从事生产;相反,大部分小农业主都依靠生存经济。

少数农民阶层摆脱不了过去的问题,他们长期处在全国文化发展进程之外,这就更突出了他们的边际性。这些农民就是不讲西班牙语的土著人核心(1960年其人口约300万),维持着特别低下的生活水平,他们同时处于现代经济发展进程之外,而采用一系列古老和独特的开发方式。随着时间的推移,通过把他们吸收到农业无产者队伍中,使之加入国家的资本主义体系中,这样,传统意义上的土著人集团正趋于消亡之中。

除了构成现代墨西哥社会结构的不同集团之间这种不平衡全貌,还应指出另一

墨西哥城的三文化广场

个因素,在很大程度上是由同一种力量造成的,这就是地区之间的不平衡。比如,60年代初墨西哥城的城市地区加上国家北部的7个州拥有总人口的30%,而提供了75%以上的工业产值。70年代初全国50%的投资集中在墨西哥谷地,同时最贫穷的9个州仅得到全部投资的5%。1956年,9个州集中了近44%的人口,每年人均收入低于4 000比索,只有41.4%的居民得到电力供应,仅6.7%的居民受到墨西哥社会保险协会的保护。另一方面,在每年人均收入6 000比索的地区,81%的居民得到电力供应,29%的人口受到墨西哥社会保险协会的保护。这就是说,所述地区集中了经济中的现代部门,同时也拥有服务业、社会保险和现代化的一切优越性。1970年,特别是农村的边际性,仍然是全国性的严重问题之一。

瓜达拉哈拉的华雷斯广场和蓝水公园

我们在描述现代墨西哥的农村社会时,不能忽视革命后延续到当代的土地改革问题,因为它是农村社会经济变革的一个重要组成部分。革命后历届政府坚持把工人运动变为一个政治要素。确实,工人得到了比农民更多的社会保险福利和更好的工资待遇,但是许多农民也得到属于自己的一块土地。对于那些扎根于土地上的人来说,也包括对墨西哥昔日的农村怀有理想主义和浪漫主义依恋之情的城市知识分子来说,土地改革的心理效果构成了用来判断革命后果的主要因素。

从1915年着手修改土地合法占有制起,各任总统都制定了土地分配纲领。据估计,在1915年到1946年期间,政府已分配了52 710 646公顷土地,占墨西哥面积的26.8%。按照各届总统任期每月分配土地的平均指数,拉萨罗·卡德纳斯执政时期分配的土地量最大,其次是洛佩斯·马特

第九章 ● 1940—1970年：国家的稳定发展

奥斯和埃米利奥·波特斯·希尔。分配土地量最小相应是贝努斯蒂亚诺·卡兰萨。

在分配土地过程中，政府曾多次宣称，可支配土地已分配完毕。卡列斯在1930年曾鼓励奥尔蒂斯·鲁维奥终结土地分配纲领，正如我们所见，阿维拉·卡马乔政府

瓜纳华托的地下街道

的土地局长、主要的卡德纳斯分子之一，席尔瓦诺·巴尔瓦·冈萨雷斯1945年指出："卡德纳斯的土地分配高速度不可能持久，因为：首先由于村庄的土地需求逐步得到满足，所以申请土地者已减少；第二，因为导向可分配土地的勘定技术任务越来越艰巨和迟缓，所以耽搁了土地行政手续；第三，由于可分配的土地数量一天天减少，直到无地可分"，因此土地分配难以为继。尽管存在所述情况，但是从1945年起却又分配了3 000万公顷以上。

尽管政府多次决定结束土地分配，但是如何解释在拉萨尔·卡德纳斯和洛佩斯·马特奥斯的主持下令人惊讶地更新了分配方案呢？人口数字为这个问题提供了线索。虽然在总人口中农业的就业人数减少，但是，特别是从1940年起绝对人口数惊人增长，因为现代医疗技术减少了死亡率。土地分配的支持者没有预料到农村人口的增加，因为20年代的问题在于让居民去拓殖一些荒无人烟的空间。这是19世纪的老问题，因此那时就有人提出，打开墨西哥的大门，让人们来开拓广大的土地。1931年，著名的人口学家希尔维托·洛约在罗马大学写道，人口的增加揭示了一个国家的伟大。由于墨西哥的内战的后果具有破坏性的一面：1910年到1920年期间从事农业的人口减少到3%，而在1920年到1930年期间也只是达到3.9%，所以洛约的论点似乎是有说服力的。表面上，没有理由不让每个人拥有自己的一块地。同时，卡德纳斯认为，打算削弱大庄园主的力量是合乎逻辑的。但是，土地改革被过分耽搁了，因为到卡德纳斯开

始执政时只有 3.9%的墨西哥国土面积用于土地分配。

尤卡坦农村妇女做饭

1940 年,当卡德纳斯停止执政时,情况发生了变化。土地分配的速率加快,革命的早期渴望已经实现。世界大战的威胁,巩固 1934 年到 1940 年卡德纳斯时期所取得成果的必要性,都促使随后的执政者遵循一条更加温和的路线。30 年代农业部门的就业人口并没有增加很多(不到 400 万),在阿维拉·卡马乔、阿莱曼和鲁伊斯·科尔蒂内斯三任总统时期土地分配持续减少。然而,人口增加进一步带来了新的压力。40 年代从事农业的人口比例出人意料地增加,达到约 480 万人;到 50 年代增加更为迅速。这样,到 1960 年约 610 万人打算通过农业生产来维持生活。30 年代期间提供通常在 12 到 25 公顷的地块,现在都被年轻的劳动者占满,一些农民只能用部分时间来耕种家庭小块土地,或者去美国打短工挣钱。显然,人口增长所造成的压力在农村越积越大。这就部分解释了洛佩斯·马特奥斯在土地分配方面努力达到卡德纳斯所取得的数量。然而,洛佩斯·马特奥斯将其精力集中在前几任总统已经决定分配的土地上。他还制定了土地分配付诸实施的其他解决方法,因为他坚持把确认土地证作为其计划的重要部分。1964 年到 1970 年,他给继任者古斯塔沃·迪亚斯·奥尔达斯留下了一个巨大的问题,因为迪亚斯·奥尔达斯必须进行抉择:或者分配土地并迅速实施,使其解决办法生效;或者被墨西哥群众谴责为"反革命分子"。然而,据当时某些人的看法,迪亚斯·奥尔达斯已谨慎地选择了遵循原有的进程,将分配牧业大地产,它们是在阿莱曼的庇护下创建的。但是,迪亚斯·奥尔达斯政府的土地局局长让人看到通过分配那些地产,

第九章 ● 1940—1970年：国家的稳定发展

墨西哥人应当明白,已没有充足的土地,来让所有的人都拥有一块可以提供良好经济成果的土地。

人们可以把土地分配视为一种政治必要性,因为如果从事农业的较高比例的人口没有获得革命的利益,那么就能预料在农村会产生种种困难,而当时的墨西哥已是大部分就业人口从事农业的国家,比如,从事农业的人口在1940年为63.4%,到1960年仍超过总人口的一半:54.1%。

至于从事农业的人口受益的比例,可以推测,由于土地所有权是不可剥夺的,还由于一些土地转变为村社所有,这样当这种权利被放弃时,或者当一名受益者死亡而又无继承人之时,才能再分配。所以很难确定受益者的人数。据估计,到1934年总共783 330人获得了政府土地纲领的某种利益,他们或是通过土地授予,或是借助确认土地证而受益。1934年,受益者总人数占农业人口的21.1%。1940年,即人口调查的一年,也是卡德纳斯停止执政之时,41.6%的农业人口受益。随后各任总统也都坚持土地分配政策,到1964年,洛佩斯·马特奥斯向304 498人授予土地,这样,累积受益者人数占同年农业人口的42.4%。简言之,尽管革命后土地分配进程已持续了半个多世纪,但是农业、农民和农村的一系列问题依然存在。我们还不能说获得土地的农民在物质上就比过去改善了,但是确实在心理上雇主和短工的旧准则已经终结。现在许多农民已成为其土地的主人。土地分配已深入到国家的边界线,并在尚未得到土地的所有农民心中,期待着总有一天他们也拥有自己的一块土地。

除了上述一系列社会问题之外,如何把土著人及其文化整合在现代墨西哥社会,也是一个重大的

尤卡坦街景:市场与教堂

社会文化课题。为了使墨西哥民族一体化和消除贫穷,只讲一种土著语言的一部分居民学会西班牙语是必要的。不会讲西班牙语使得很大一部分人在社会中处于不利的地位,因为这限制了他们参与全国性的商业和文化活动。无疑,不会讲西班牙语的土著人没有能力对付想要剥夺他们土地的那些人,他们经常成为州和市政府当权者胡作非为的牺牲品,由于他们不会用官方语言表达自己的看法,其手段十分有限,特别是因为他们难以向法院提出控告。革命后由于国家采取了必要的文化发展措施,不会讲西班牙语的土著人数在逐渐减少。例如,据1950年的资料,在金塔纳罗奥州人口中不会讲西班牙语的土著人在减少,在总人口中其比例从1940年的16.6%,减少到1950年的6.1%,但是到1960年重新升至15.1%。这一人数增加可能同有关地区人口增长有关。只讲一种土著语言的人口分布在全国近一半的行政区域。瓦哈卡一直是拥有这类人口最大比例的地区,1910年五岁以上的人口近一半人只讲土著语言,到1960年这类人口减至总人口的1/5。

三、国家保护下的工业化进程

1911年,革命结束了由旧政权主持的显著的经济变革。从此直到20世纪30年代,国民生产的构成很少有质和量的变化;国家的精力长期导向解决政治问题。卡德纳斯政府时期,尽管内外环境条件都很艰难,但是情况开始发生变化,而从1940年起变革明显增加。简言之,从此时起革命终于提出社会政治改革方案,其领导人致力于国家的崭新事业:采取一切手段推动经济增长,将在几十年时间从物质上来改变国家。从以农产品和矿产品出口为基础的经济,转变为另一种经济:供应国内市场的制造业将成为最具活力的部门,并将推动比较多样化的农牧业产品,甚至制成品的出口。1940年起墨西哥经济的变革历程,基本上是现代工业基础的发展史,带来了这种类型发展进程的各种独特后果:农业服从工业,城市化迅速增长,第三产业增加等。

墨西哥工业发端于波菲利奥·迪亚斯时期。但是,直到第二次世界大战其增长是缓慢的,且是地方性的。如果把1940年制造业生产指数确定为100,那么革命爆发之年:1910年不到43。这就是说,工业生产翻一番需要30年。但是,在1940年制造业生产的基础上再翻一番仅需要10

第九章 ● 1940—1970 年：国家的稳定发展

年时间,从此以后工业逐步加速发展;工业化是现代墨西哥社会的主导符号。1940 年之前就存在工业发展的物质基础,以及支持这一部门发展的政治意图。1941 年的"改造工业法"围绕着新生的制造业活动给予必要的保护,以让它在外国竞争的条件下生存下来,所述的法律在 1920、1926、1932 和 1939 年的各总统法令中就有直接的先例,所述法令通过财政刺激和高关税率,开始推动旨在满足国内市场的制造业结构的形成。然而,从 1940 年起墨西哥工业增长的近期原因在很大程度上却是第二次世界大战所带来的需求扩展,在 1940 年到 1945 年期间的国民生产增长的速率为 7.3%。战争明显增加了墨西哥某些产品的外部需求,同时消除了同国内市场有关的另一些领域内外国产品的竞争。显然,当卡德纳斯的政治试验终结之时,这种适宜的环境为充满信心的企业家阶层所充分利用;这种形势连同已设置但尚未充分利用的工业能力使得墨西哥经济马上应对需求的增加。已建成的工业迅速增加其生产,就如发生在钢铁、水泥和纸品工业的情况,与此同时也出现了另一些新工业,如化学工业。在墨西哥历史上制成品出口第一次达到全部出口的 25%。

20 世纪 50 年代国际上承认的一个事实是墨西哥经济已进入一个不可逆转的质变进程。但是,这种变化的初期,一些观察家还难以觉察到所述的质变。比如,二战结束时,弗兰克·坦内博认为墨西哥还不可能创建自己的工业。桑福德·莫斯克在同一时期研究工业化进程的初期进程时,下结论说,这个进程在很大程度上是偶然的,并在将来不可能保持同样的增长速率。只是到 60 年代末才出现了一种共识:墨西哥已确实进入有能力保持适宜和持续增长速率的欠发达国家行列。工业化已成为主导进程。当时没有实施阿维拉·卡马乔总统(1940—1946)经济政策指导的第二个六年计划,尽管该计划有模糊性,但是它保留了卡德纳斯主义时代反资本主义的某种色彩。墨西哥某些企业界人士在不久前仍然不参与政治冲突,但是由于国家团结的新政治路线,以及工业活动比农业开发更可靠和有利可图,所以他们毫不迟延地完全支持新的发展模式。另一方面,政府不仅放弃了过去施政方面的社会主义辞藻,而且承诺在基础设施建设方面投入更多的资金,来支持私营企业的活动,并且其财政政策决定性地将资本注入这个部门。卡德纳斯曾将联邦预算的 37.6% 用来刺激经济增长,阿维拉·卡马乔将这一比例增至 39.2%,其继任者米格尔·阿莱曼把这一比例提高到 50% 以上。此外,政府对民众阶层需求的控制与二战引起的需求所加剧的通货膨胀进程结合在一起,这一切更促使以下形势的形成:经济增长的收益主导性地转化为资本,同时大多数工人和农民的购买力维持原状,甚至某些情况下出现下降。结果,墨西哥初期的企业主阶级在二战期间借助全球需求的增加而能获得惊人的利润,同时这在很大程度上也是由于政府采取了有利于其发展的一系列经济措施。从这一时期起,尽管存在某些信任危机,但是政治和经济精英都日益汇集于一个共同的发展平台。其主要特点是:尽可能用本国产品替代进口消费品,实现农业生产的充分增长,以使之能够出口和应付人口的增长;使经济增长速率大于人口的明显增长,这样,用产生的多余资金,进行高水平的投资,同时普遍提高居民的生活水平;保持国家对基本资源和整体经济活动的控制,但是不拒绝外国资本的参与;最后,用国家资金来发展工农业基础设施。

由于世界大战,1939年到1945年期间,墨西哥的出口增加了100%。二战结束时,墨西哥银行的外汇储备总量是可观的;这样,需要大量进口资本货,才能延续这种类型的工业化。当阿维拉·卡马乔结束其总统任期时,墨西哥已呈现出城市化、工业化和"现代化"社会的某些特征。第一次以国民产值的12%以上维持投资水平;这种投资的40%是用政府资金实施的。直接投资和贷款控制使得政府逐渐主导了经济发展进程;过去外国资本占压倒性多数的状况,现在已不复存在。20世纪头几十年国内资本积累不到全部资本的一半;而从征用石油企业起情况发生了急剧的变化,外国资本居于第二位。从1940年到1970年,在墨西哥实施的全部投资的5%—8%是由外国财团直接投入的,因此,在原则上,政治精英负责发展问题,而本国私人创办企业。外国资本控制的飞地已丧失了重要性,这部分原因是政治措施所致,另一方面是矿产品的世界市场行情恶化。60年代采矿业的停滞已是一个不争的事实,因为银、铅、铜和锌的价格都很低。1940年采矿业约占国民产值的6%,1963年矿产品仅占2%。1910年到1960年之间矿产品的量和值几乎都没有发生变化,尽管经济普遍有大的增长;采矿业的唯一一个新产品是硫黄,它特别输往美国市场。

卡德纳斯之后的经济政策在有关方面取得的成就,在很大程度上归因于起初将大笔资金投向农业,因为这一部门正在取代采矿业而成为出口的主要来源,这样就能够进口工业化越来越需要的资本货。阿维拉·

第九章 ● 1940—1970年：国家的稳定发展

卡马乔时期利用国家资金修建灌溉设施的土地面积增加了一倍。有利于工业的发展模式最终有赖于土地基础。米格尔·阿莱曼总统任期内，这一战略得到了巩固。私人投资明显增长，同时国有大型工程成倍增加。灌溉设施方面的投资有利于私人农业主，而不是集体村社成员，因为政府认为前者生产率更高。50年代企业主阶层最终消除了他们对农业活动的担忧，因为所谓的农村"小地产"得到各种保障。

结果，农业生产增长，这被视为阿莱曼政府和革命后各届政府的巨大经济成就之一，虽然60年代人们开始警觉地注意到在农村对生产能力的某种疏忽。显然，如果没有充满活力的农业，这30年的工业化是不可能维持下来的。从1943年到1955年用来改善农业和灌溉设施的联邦预算比例超过总额的8%。1960年初这项开支明显减少，而到1963年又恢复到原来的水平。农牧业年增长率明显反映了这种投资的摇摆。1941年到1950年之间，年均增长率为5.5%，随后10年降至4.3%。这种增长率的下降，部分是由于其他经济部门获得了更大的关注，但是在墨西哥农业增长一直大于人口增长，而在拉丁美洲其他国家确实发生过与此相反的情况，这给其经济增长带来负面影响。

1940年之前农牧业生产的增加，特别是依靠耕地面积的增加，但此后情况发生了变化，其增长率越来越依靠耕地的单位产量的提高，部分原因是通过灌溉设施的投资取得的。产量的增加也说明了农业技术的改进，这是农牧业部调研计划和关注发展中国家食物匮乏问题的外国机构某种合作的成果。在50和60年代农业试验中心成功地改良了小麦和玉米的某些品种，这些成果由国家加以推广，并在国外也得到采用。

在历史上，墨西哥畜牧业经受了一系列高潮和衰退的周期。1940年到1950年间，由于流行口蹄疫，畜牧业经受下降周期；但是，到60年代肉类供应趋于规则化，除了国内消费增加之外，还出口到美国。由于政府实施鼓励扩展和改良畜品种的计划，畜牧业得到迅速恢复。

面对战后经济增长数字，在官方和企业界人士中间弥漫着乐观和欣快的气氛，但是在某些问题出现时人们的情绪又发生了波动。最近期的问题之一是支付平衡：战后出口需求增长不像进口那么快。1948年让比索在市场上降值：从4.85降至6.88兑1美元，但由于还没有充分纠正对外贸易逆差，1949年再次决定让货币贬值，确定8.65比索兑1美元。朝鲜战争改变了世界市场的状况，克服了墨西哥出口经济危机。1950年出口比上一年增加了28％,1951年为20％。但是,进口需求以更快的速率持续增长;因此,对外方面是墨西哥采取的增长模式最薄弱的环节之一。这并不是墨西哥国家的独特性,因为在拉美各国欠发达的经济体中在不同程度上都发生了类似的情况。正是在这个时代,由于地理因素,在美国的墨西哥劳工的旅游和汇款开始发展为外汇的另一个来源。1940年,在旅游方面,墨西哥获得5 000万美元的收入;1950年,达到2.33亿美元,相当于同年墨西哥出口商品价值近50％;到60年代增长速率趋缓,但持续不断。

到20世纪中期墨西哥已拥有有能力制定和执行信贷和财政政策的技术和官僚机构,它们在一定程度上加速了发展进程。通过各银行和各公私信贷机构所形成的整个网络,政府有关机构进行运作,它们吸收资金和分发贷款给各经济部门。在这个金融复合体内突出有两个机构:墨西哥银行和国家金融银行;在卡德纳斯执政时期后者发挥相对次要作用,此后转变为政府最重要的发展代理机构。私人银行活动必须遵循这些机构所实行的政策;同时这些机构直接接收和分发大部分国家存款,并利用外国资金来加以补充。

官方政策在金融方面履行其职责,借助有价证券市场和银行,发展了一系列机构来吸收公共存款,并将这种存款导向官方认为应当优先的部门。金融部门的资金是可观的,并且高于国民产值的增长,40年代末每年约增16％。1940年,官方信贷机构的资金为11.73亿比索,私营机构高达21.37亿比索。到1967年,它们拥有的资金总额分别为486.95亿比索和981.49亿比索。尽管比例增加,但它们维持了以下状况:当官方部门直接控制了1/3信贷时,私营银行界操纵了其余的2/3。

如前所述,第二个六年计划没有生效,经济运作没有规划。但是,政府没有放弃对市场力量作用保持某种官方控制。政府不仅通过上述的金融机构和政府各部来达到调控的目的,而且还打算为公共部门和间接为其余经济部门,创办其他专门的发展计划的机构。为此,1941年改造了全国经济委员会,次年出现了联邦经济规划委员会,其目标是近期的:协调同战争行动直接相关的活动;为了支持这一政策,又创立了促进生产协调协会。在二战结束时,为了预防将来经济分散化,1944年建立了全国和平规划委员会和全国投资委员会。但是战争一结束,大规模规划的政治决定也消失了,而实行实用主义。在特别顺应市场力量的情况下,墨西

第九章 ● 1940—1970年：国家的稳定发展

哥经济向前发展。甚至国营部门也摆脱不了这种倾向；政府的每个部、非中央统制的每家企业都拒绝在协调行动的共同努力方面进行合作，因为这可能意味着丧失其相对的自治性。一般说来，当目标只是局部的或部门性(比如，一个地区或某种生产活动)的时候，这一时期的规划努力就取得最大的成就。1958年创建了总统府秘书处，试图监督和统制官方的经济行动。这个秘书处的职能最初确定为协调、规划和修正；次年，除了受老的投资委员会同样的目标指导之外，又给这个部门增添了领导规划、投资和检查及控制。但是，官僚的离心力毫不迟延地使其最初的设想失去功效。各部的权力(如财政部)与各机构(如墨西哥银行或国家金融银行)一起，阻止总统府秘书处充当规划进程的领导中心。1962年，创建了一个新的控制中心：部际规划委员会。它是总统府默认的国家经济规划领域的各决策中心的复合体。

20世纪50年代的经济政策延续了前10年所形成的架构。在政治精英和经济精英中开始出现的共生现象有些减弱，政府试图避免行政腐败丑闻连续出现，这样在整个经济框架内政府投资比例在减少：私人企业主已经壮大。显然，通过国库国家获得的资金相对下降，相反，私有企业正在填补这个空缺，并正在增加其战略上的重要性。到那时，起源于波菲利奥·迪亚斯时期的工业核心(铁、钢、水泥、纺织、食品加工等)已经显著扩展，其中有些部门的规模已达到极限，此后它们的发展主要按照人口的自然增长而发展。同时，也存在比较现代和复杂的新的工业核心，它导向供应国内市场，如汽车和电气设备行业。并不是所有这些新的部门都一直处于边缘地位，而是拥有巨大潜力而兴盛起来的，例如，海洋资源开发计划："向海洋进军"。

1953年朝鲜战争结束时，支付平衡问题重新出现，因为已存在世界性的衰退。1954年初，决定再次将新比索贬值，确定新汇率为：1.50比索兑1美元。这只是解决了问题的一半，因为出口总值的增加是有限的，从该年的6.15亿美元，增至1958年的7.09亿美元。墨西哥出口品的世界市场价格持续降至预测的水平之下，而同时进口没有减少。贸易赤字继续增长，到1959年已达4.19亿美元。鲁伊斯·科尔蒂内斯政府末期，为了对付赤字问题，对外举借大笔债务，主要是与世界银行和进出口银行签订了借款合同。联邦政府的低收入也推动了举借外债办法的实施，因为这样国家有可能维持投资的速率，同时又不用改变税收结构，从而规避了同纳税人的对立。

　　尽管存在上述问题,但发展速率没有减缓。1958年,当洛佩斯·马特奥斯执政时,公共投资增加,但是很快出现了新的问题。这次不是国外市场的困难带来的后果,而是部分由政治危机带来的产物,部分是工业化进程第一阶段动力耗尽的结果。1960年到1961年经济衰退是由于私有部门投资减速和资本抽逃,起因是政府和某些企业界之间的分歧。随着古巴革命带来的影响和某些工人组织的造反,洛佩斯·马特奥斯政府公开决定重新确定其革命性质,以避免其政府的合法性受到怀疑。此时实施的改革计划连同政府的某些代言人和总统本人的激进言辞,使得一些大型企业不再进行大规模投资,并且撤走其部分资本。1962年末,政府不得不向私营企业作出维持现状的必要保证,以让它们继续按正常速率进行生产活动。同时,国家被迫增加投资,而不增加税收,目的是要抵消私有企业的不信任态度所引起的负面影响。

　　此前,当国有企业与私营企业之间关系出现危机和外债增长时,洛佩斯·马特奥斯突出了某些经济领域中墨西哥化的政策。在上届政府时期,某些官方代言人,甚至墨西哥的工业界,面对外国企业在墨西哥重新占有重要地位,开始表示担忧。担心几乎无限制地接受外国企业,最终会带来支付失衡的严重问题,因为它们有可能向国外汇款,同时会减少国家指导发展进程的自由。早在1944年一项总统法令授权政府,要求任何企业中本国资本比例不少于51%,这样它们才能在墨西哥运作,但政府极其谨慎地使用这一权限。起初,通过三项政策:在某些战略领域限制外国资本进入;推动创办混合资本企业,而不是外国独资公司;鼓励购买本国工业产品,来达到保持本国资本对经济进程主导的目标。政府实施了所有这些政策。首先,通过一系列法令,其目的是将大部分在外国企业手中的汽车工业(其80%的原材料是进口的),从单纯的装配厂变为真正的制造厂。为此,利用政府所拥有的一切手段:财政鼓励,进口特许权,生产份额,确定价格等,结果是有些外国企业停止经营,而另一些欧洲、美国和日本的企业则认为,墨西哥国内市场相当于牺牲品。

　　洛佩斯·马特奥斯同样实行其他一些措施。1960年颁布矿业法,据此,新的矿山经营权只授予民族资本企业,或者所述企业拥有大部分权利。当然,由于矿业活动的重要性已减弱很多,所以其后果并不明显。而政府方面购买电力生产和分销中的外国财产权更富有戏剧性。几十年前

第九章 ● 1940—1970年：国家的稳定发展

政府与外国电力公司就处于对抗状态,因为对于外国企业申请授权提高收费官方一直很反感,而随后外国公司拒绝按墨西哥总的经济增长需求而投资于电网扩展。作为这种僵局的结果,创办了联邦电力委员会,借此,国家逐步取代外国投资者,而成为电力生产者。这样,在1945年到1960年期间联邦电力委员会在其近5万千瓦最初的生产能力上增加了100多万千瓦;而最重要的私营企业:墨西哥电力公司和美洲外国电力公司的生产能力仅增加50万千瓦。

从1940年起,由于墨西哥所采取的工业化类型,要求生产最发达国家市场上所提供的相似消费品,所以外国直接投资是必需的。这是为获得生产所述产品的必要技术和资金的最便捷的方法。尽管关于外国资本是否进入经济体系中战略部门的论战在继续,但是国家只能限制外资在某些基本工业部门的活动,而开放其他部门。

虽然现代墨西哥的经济变革进程的中心发动机是私有部门,但是政治领导集团对很大部分的经济活动持续进行直接控制,这样面对国外大资产阶级日益壮大的力量,他们可以保护自己的谈判力。在很大程度上,国家的经济力量来自它可以对企业主实施财政、货币、对出口的价格控制等措施。但是,另一方面,国家也依靠直接或间接与生产过程相关联的国家组织结构来行使权力。在50和60年代这些机构成倍增加,直至超过400个单位。全国最大的11家企业都属于国家,其中有几家是真正的大贸易中心,如墨西哥石油公司。在墨西哥,国营部门的经济重要性在比实行市场经济的其他发展中国家更大。这在一定程度上是加强革命的历史需要和政治情势的产物。面对波菲利奥·迪亚斯追随者的权力和活力的丧失,新的政治领导集团决定最大限度地利用国有企业的能力来加强其权力;因此在政府内开创了十分重要的利益,它们的残存和发展取决于维持国家对生产过程的直接干预,尽管后来私有企业充满活力。由于革命进程的巩固,私有企业试图限制官方在生产领域的行动。但是,政府逐步创建了许多机构和培育了精通业务的干部,在某些领域他们等同或高于私有企业的人员,其兴趣在于保护自己的地位。无可争辩的是,尽管在1940年和1970年之间并不存在公共行政管理人员的正式团体,但是确实形成了一支在国内外高等教育机构培育出来的技术官僚队伍,他们力争让国家获得更广泛的经济权力。

二战引起的市场变化是1940年后墨西哥工业化的最重要刺激之一,

但并不是唯一的。从一开始就出现导向利用国际情势的政府政策,这样国家的行动就是使这些努力富有独特性。它寻求资金来资助私人企业主的计划,而当时后者并没有提出此种要求,但全国金融公司直接负责推动它们的发展,如墨西哥高炉公司就发生过类似的情况。到1947年,全国金融公司已在20多个部门签订了共投资约5亿比索的合同。其投资意向包括啤酒生产和旅馆业,但是它的活动中心是交通运输、钢铁、制糖和纸品生产。随着时间的推移,其资金增至300亿比索以上;同时,迫于私营企业的压力,该公司脱离同消费品生产直接相关的那些活动,并集中力量推动基础设施建设:交通、运输、电力和灌溉。

从阿维拉·卡马乔起,政府开支的40%—50%直接用于基本设施建设,其目的是支持私营企业的活动。数字表明,国家在这方面的活动是重要的。石油生产从1940年的4 450万桶提高到1970年的1.7亿桶;同一时期电力生产能力从70万千瓦增至750万千瓦;全国的公路网从1万公里增至7万公里;灌溉工程受益的公顷总数从26.7万公顷增至300万公顷等。虽然国家逐步发展了自己的能力来应付日益复杂的墨西哥经济,但革命后发展的主要经济角色和受益者是私营大企业。一方面,同政府有关系的这个集团的最重要的成员包括:源于波菲利奥·迪亚斯时期最古老的集团(曾拒绝同革命后的政府密切合作)和接受了这种合作的较弱的新资产阶级,他们之间的分歧逐渐缩小。另一方面,形成一个权力和资本集中在少数企业集团的进程,而这些集团构成了私营部分的脊柱。这些集团有相似特点,因为它们除了资本家个人领导之外,还拥有银行机构的支撑,控制大型生产和分销企业,或在某些情况下主导某些地理区域的经济,如蒙特雷集团或普埃布拉集团。但是,它们的一致形式并不重要,现实是这些集团普遍在工业、金融和商业领域拥有利益。从1940年起经济能力的集中是一个不争的事实:到1970年大约12个集团主导了工业和金融活动。

1940年到1970年期间墨西哥经济经受的最大压力主要来自外部。工业化逐渐要求越来越多的外汇,以便进口生产资料和制造业活动所需要的某些中间产品。不必要的消费品进口日益减少,到1970年几乎所有的进口相应都是生产资料,因此都是必不可少的。已不可能减少进口速率,而又不引起缺少原材料的工业生产危机。60年代初墨西哥的出口增长速率特别缓慢,总的经济形势日益严重,因为进口已超过10亿美元。

第九章 ● 1940—1970年：国家的稳定发展

这种停滞的根源在于国际市场,墨西哥传统出口品:棉花、咖啡、铜和石油产品的价格明显下降。这种国际经济形势是同趋于终结的以替代消费品进口为基础的工业化"简易"阶段的这一现实相一致的。从这个年代起,经济的增长需要日益复杂的产品生产,比如,从较简易的家用器具制造过渡到自动化器具的制造,同时进入设备制造的第一阶段。但是,这种生产需要越来越多的投资和进口。当时一些观察家认为,墨西哥经济已走进死胡同,有必要全面变革发展模式。有人提出,下一阶段或是国家负起大部分责任,或是让国内外私营企业放手干。

到60年代,墨西哥工业几乎只供应国内市场。由于高度保护和有限的生产规模,这些制成品普遍具有高于世界市场上产品的成本,但是质量较次。因此,本国的某些制成品价格比世界市场水平高出近一倍。在这种情况下墨西哥工业不可能在国外竞争。60年代末试图通过鼓励工业品出口,来改变这种状况。拉丁美洲自由贸易协会的建立给墨西哥工业制成品的出口创造了重要的条件,但是几年之后,关税优惠的谈判体制所带来的可能性是有限的,并且谈判进程几乎停滞不前。1970年墨西哥将其目光转向传统的外部市场:发展中国家的市场,但是,其出口同样面临多种困难:在发展中国家也设置了高度保护的关税壁垒。

四、冷战初期若即若离的墨美关系

从墨西哥革命到卡德纳斯政府的末期,墨西哥经受了外部的持续压力:阻止革命者试图决定性地改变外国投资者,特别是美国资本在墨西哥经济体系中的主导地位。而阿维拉·卡马乔开始处于不同的国际环境了。面对德国和日本的冲击,美国政府需要巩固拉丁美洲的共同阵线,这就使之坚持同墨西哥进行合作的精神。卡德纳斯、激进主义的消失改善了墨西哥政府同外国资本之间的关系。由于强调工业化,墨政府努力重新吸引在革命时期几乎绝迹的外国资本。然而,同过去相比,还是存在差异:这种新资本已不再进入已实现本国化的领域,尽管某些被驱逐的利益集团有段时间施加压力,要求改变这种政策。工业和基础服务业逐渐处在国家或民族资本手中;除了被卡德纳斯国有化的铁路和石油业之外,还有整个交通运输网,以及电力和石油化学生产,到20世纪70年代初几乎整个采矿业也都由本国资本控制。新的外国投资不是逐渐集中在公共服务业和面向国内市场的原料生产,而是集中在满足国内需求的制造业。

  1940年末,当卡德纳斯政权结束时,面对欧洲和亚洲的战争,墨西哥和美国可以达成一项协议,表明它们之间对抗阶段已告终结。11月两国同意了结延宕多时的由革命造成损害的全部清偿问题。墨西哥被迫支付4 000万美元,而华盛顿同意提供同样数额的贷款,以稳定比索,从而在近期内将协议付诸实施。美国财政部重新购买大量的墨西哥白银(因墨西哥征用石油企业,美国中止这种购买)。最后,墨西哥接受了第二笔贷款2 000万美元,用来恢复其运输体系,以便捷地向美国输出战争所需的原料。次年,尽管新泽西标准石油公司的领导层强烈反对,但华盛顿还是决定迈出新的一步,了结两国间存在的最后一个问题:赔偿1938年3月被征用的美国石油公司。通过由两国官方代表组成的一个委员会,来决定向美国企业支付赔偿金总数:若干年内支付2 400万美元。当时美国国务院向各石油公司通报,如不接受这一解决方案,今后就不能指望官方的援助。1943年10月标准石油公司勉强地接受了协议的条款。不久,英国人同米格尔·阿莱曼也达成了协议。

  面对美国的政策变化,墨西哥马上作出反应:在日本袭击珍珠港和德国潜艇击沉两艘墨西哥油船之后,1942年5月30日,阿维拉·卡马乔政府对轴心国宣战,6月14日签订了联合国条约。这样,在经过几十年的对立之后,墨西哥和美国变成盟友。1943年4月20日,罗斯福总统来到蒙特雷会晤阿维拉·卡马乔,这是美国总统第一次踏上墨西哥的土地;后来又多次进行了这种充满热忱的访问。墨西哥在战争中作出的贡献是象征性的,因为它只派了一个飞行中队到太平洋前线;当不允许墨空军出现在美国本土的基地时,两国并没有形成密切的合作关系。墨西哥通过各种形式获得了1 800万美元的贷款,用于其军队现代化。墨西哥对盟国事业的贡献表现在其他方面。根据1940年贸易条约,一个墨美委员会制订了生产计划,并确定了墨西哥向美国提供的原料价格,其中包括矿产品和某些农产品;还制定了一项劳工计划,以弥补美国因战争而出现农业劳动力的短缺。此外,墨西哥同意两国国民可以在另一国军队内履行其兵役,因此居住在美国的近25万墨西哥人被招募到美国军队,但只有一部分人实际参加战斗,而其余人从事后勤支持工作。

  第二次世界大战结束后,墨美的政治关系没有深刻变化,虽然形式上有点变化。面对轴心国失败后出现的国际体系两极化:以美国为首的资

第九章 1940—1970年：国家的稳定发展

本主义阵营和以苏联为首的社会主义阵营,拉丁美洲纳入美国的势力范围。在所谓的"冷战"框架内西半球的大部分国家不得不同美国的立场保持一致。墨西哥则试图在可能的情势下,对美国保持一定的距离和独立性。它认为这一政策是必要的;1910年革命后同美国连续30年的冲突,使得墨西哥历届政府采取一种民族主义立场,这最终构成其思想意识架构的中心基础之一。从1940年起,政府必须周期性地阐述这种民族主义的警惕性;当大多数拉丁美洲国家跟在美国后面亦步亦趋时,这种立场更加突出了墨西哥的独立性。墨西哥在其总政策中支持美国对付社会主义阵营,但是它没有作出任何严肃的承诺。这样,朝鲜战争时期尽管墨西哥支持美国,但是它没有派遣任何军事部队。1954年,当哈科沃·阿本斯的危地马拉民族主义政府对抗美国的公开敌视政策之时,在美国操纵的美洲国家组织加拉加斯大会上墨西哥没有加入谴责阿本斯政权的行列。此后,虽然墨西哥认为菲德尔·卡斯特罗的革命胜利后古巴政治制度是同代议制民主不相容的,但是它拒绝断绝与古巴政府的关系。1965年,当多米尼加共和国遭到美国海军陆战队的入侵之时,拉丁美洲多个国家的政府表示赞同,但是墨西哥总统公开谴责这一侵略。

二战结束后,墨西哥拒签同美国的军事协定,这就使之有段时间成为没有美国军事使团活动的唯一拉美国家。为了不完全依赖美国的来源,墨西哥军备从不同的国家获得。对于从一开始就形成冷战氛围的泛美防卫委员会,墨西哥的合作缺少热忱。在美军入侵多米尼加共和国之后,对于旨在阻止革命政权萌芽出现的一支泛美军队的组建,墨西哥是主要的反对者之一。

在冷战时期,美国似乎认识到,迫使墨西哥采取拉美其他国家所遵循的国际路线是不适宜的。华盛顿承认,为了巩固墨西哥政权的内部稳定,不应该缩减其相对独立的空间,但同时不能损害美国的利益。确实,在一定程度上墨西哥的民族主义有利于保持其国内的稳定,而同时又不真正对抗美国的国家利益。这样,在所述时期墨美之间就形成了某些学者所称的"特殊关系"。正是由于两国之间形成这种独特状况,墨西哥也就得不到美国提供给支持其政策的拉美其他国家的某种贷款或赠款,但这无损大局。

政治稳定、政府对工业化的决定性支持和扩展中的国内市场,把墨西哥变成为对外国,特别是美国投资者较有吸引力的国家。1910年,外国直接投资曾达20亿美元,但到1940年缩减到4亿多美元。10年后,外资增加了1.66亿美元,直到1965年总额达到17.25亿美元,70年代初起超过20亿美元。此外,由于在外国资本市场恢复了信用,墨西哥可从欧美私营银行获得重大贷款,这只有少数几个发展中国家才能借到。这样,贷款从40年代的零数增长到1970年的30亿美元。

如前所述,1940年起墨西哥和美国之间并非一切都是和谐的,而是存在某些龃龉。突出的摩擦点是存在领土争议问题。按照国际裁决,由于布拉沃河河道发生变化,当时必须调整一段边界,美国应将一小块狭长领土归还给墨西哥;但是仲裁后许多年,美国一直拒绝将这片名叫"埃尔查米萨尔"(El chamizal)的地块交给墨西哥,终于它成为得克萨斯州的埃尔帕索城的一部分。最后,通过1963年协定解决了这个问题,协定为几年后将这块领土归还给墨西哥奠定了基础。50年代关于捕鱼区域界限的分歧,带来一系列事件:美国渔船在墨西哥所要求的9海里专属捕鱼区内活动,被墨方捕获。1966年,在经过一系列商讨后,墨西哥和美国都同意,两者有关捕鱼权的管辖区延伸到相应海岸线外的12海里区域,因此结束了两国之间的争论。有关准许墨西哥农业劳动者去美国边境各州工作的政策,也是两国关系紧张的原因,主要因为美国雇主对墨西哥劳工采取歧视性工资待遇,以及美国工会的反对。1964年美国国会最终提出一项方案,不阻止墨西哥劳工非法进入该国,但随之带来劳工被驱逐出国和无保障的问题。到1970年,仍有两个摩擦点。一个是十分具体的,但仍未达成协议,这就是科罗拉多河水问题。河水的咸度很高,因为从1961年在希拉河流过的威尔顿-莫霍克地区开始修筑排水工程,这就给墨西哥的下加利福尼亚十分肥沃的棉花种植地带来灾难性后果。墨西哥人对于接受劣质水提出抗议,这就迫使华盛顿寻求在1970年后解决有关的技术问题。另一个摩擦点是贸易问题。墨西哥对外贸易的70%是同美国进行的,这就使得墨西哥对美方保护主义的高关税率等措施十分敏感,如对墨西哥出口的蔬菜及其生产的原料(如棉花)征收高关税。关于贸易关系问题,墨西哥力争同美国建立一种特殊关系,以使其初级产品便捷地进入美国市场,这是因为在两国贸易差额中墨西哥存在长期赤字。在两国关系的背景中,对墨西哥的经济和文化进程具有巨大影响的美国直接投资,成为一个潜在的爆炸性因素,但是两国极为谨慎地操纵,以避免对抗再现。

第九章　1940—1970年：国家的稳定发展

作者点评：

1940—1970年是墨西哥"稳定发展"时期,这主要是通过两条途径实现的:一是逐步形成了一整套基本适应于本国历史和现实的政治制度,也就是按照职业社团原则,将工人、农民、民众和军人整合在官方党——革命制度党内,这样形成了既有广泛人民群众基础,又能实行中央集权的一支政治核心力量,它有能力在一定历史时期保持国家的政治稳定,尽管在其内外经受一系列矛盾冲突,甚至经受严重的对抗。二是经济上适时地采取进口替代工业化模式,成功地实现了工业化的第一阶段:消费品制造业的创建和发展,使得工业在国内总产值的比重明显增加。然而,随着国内外政治经济形势的发展变化,在20世纪中期定型的墨西哥政治和经济模式,逐渐出现了裂痕和危机,这样到20世纪后期其政治和经济改革便成为国家生活的主旋律。

第十章 20世纪末期：发展模式的危机与转换

一、民众主义的提出与实践

20世纪70年代初，当选总统路易斯·埃切维里亚·阿尔瓦雷斯在其政府报告中提出了民众主义、工会活跃性和政府扩大国家福利的主张，尽管当时财政形势十分严峻。然而，很多人认为，新政府的政治可信度正在缩减。从选举情况看，参加选举活动的人数仅为有投票权的总人数的2/3；而其中20%的人投了反对票，还有25%的选票被宣布为废票。因此，当选总统实际上只获得近37%的选民选票。有些学者嘲讽说，现在总统职位"几乎万能的名声"取代了60年代大多数社会科学工作者所赞美的墨西哥政治"多元性"的范例。

埃切维里亚六年任期的第一年就受到美国经济衰退的影响，墨西哥正统货币派采取的应付措施是：中止外部贷款，减少支付差额赤字和紧缩预算。次年，抛开货币派学说，政府开始执行一项十分雄心勃勃的财政、结构和社会改革计划，旨在实现必要的变革，以纠正"稳定发展"模式造成的不平衡。实质上，政府试图维持60年代以来经济高增长率，同时纠正过去所产生的不平衡，由此以"均衡发展"的口号取代"稳定发展"。但这一计划是在不太适宜的时期出台的，当时正处在"滞胀"的国际环境中。当一些分析家指责政府政策不负责任之时，另一些人争辩说，这只是推迟了将于1974年开始的危机，当时无论在墨西哥还是在美国私营企业都实际停止了投资。

第十章 ● 20世纪末期：发展模式的危机与转换

政府承诺通过扩大与政府合作的部门经济活动来创造新的就业岗位，这自然也将增加公共收入。同时，将给小农业生产者提供贷款、某些减价的基本原材料、应付歉收的保险、小型灌溉工程和基本社会服务。为了增加生产和鼓励出口，将减少关税和刺激大众消费品生产。对外国所有的企业，特别是有关技术转让，将进行严格的立法。还有，在欠发达地区建立新的工厂。将教育事业、社会和健康保险扩展到大多数居民中。这整个社会经济改革的奠基石是财政改革。然而，在同资本家尖锐对立之后，1972年这一改革陡然而止，因为整个计划除了债务增加之外，毫无财政基础。

在政治改革中心，联邦执行委员会作出安排：同政坛几个主角展开"公开对话"。除了准许反对党在议会中有最小比例代表之外，这一政策导致政府鼓励组成独立工会，使官方工会民主化，从而引起官方工会领导人的不满。埃切维里亚抛弃了过去政府的要求：在合法条件下举行工会选举，总统本人说："如果一个工会的执行委员会的选举进程是反民主的，那么我们如何谈论墨西哥民主呢？"为回应这个意外的号召，出现了数量空前的一大批独立工会。同时，老工会的领导层结构开始出现"磨损"的迹象。比如，墨西哥铁路员工工会因过去屈服过官方，在1971年创建了"铁路工会运动"，它同隶属于墨西哥劳工联合会的官方工会发生公开冲突，后者曾在1959年将其独立工会分子清洗出去。同样，教师界创建了全国教育工作者协调会，作为对官方的全国教育工作者工会的民主抉择。

当这种工会数量的增加造成了相互间没有牢固联系的许多较小组织之时，政府既可以保持其民主的立场，又能保持其控制。这些受到政府的支持（或至少容忍的）工会，构成了对菲德尔·贝拉斯克斯权势的一种战略抵消力，而他并不赞同总统关于民主和社会改革的观点。同时，政府又不能容许丧失官方工会的所有支持。

当通货膨胀随着经济衰退而来之时，这种脆弱的平衡处于危险的境地。在电力部门重新出现了墨西哥工会运动中官方和"民主"倾向之间悬而未决的旧冲突。此外，这一冲突又引发了其他各部门的相似冲突。1960年外国电力公司实现国有化之后，这个工业部门曾保持着国有化之前就已分裂的工会结构：隶属于墨西哥劳工联合会的墨西哥共和国全国相似和联系电力工会，和以民主派领导为首的墨西哥共和国电力工作者工会分享工会代表权。此外，较小规模的墨西哥电力工作者工会则处在这种争斗之外,它代表了中央照明和电力公司的劳动者,该单位直到1974年被国有化之前一直是外国资本所有制。1966年和1969年,前两个工会和联邦电力委员会之间两次签订了协议,保证了工会代表权的多元性,尽管这个部门已被国有化。政府发挥双重作用:一方面扶持工会民主派,另一方面又保持官方工人组织的政治支持来源,它支持墨西哥共和国全国相似和联系电力工会变为这个部门劳动者的唯一代表的雄心。而人数较少的墨西哥共和国电力工作者工会自然抗拒导向前者领导的一切图谋,它坚持保证自己存在的1969年协议。1970年冲突尖锐化了。后者公开指责联邦电力委员会耍花招,寻求整合两个工会而损害工会民主。这一指控并不是没有根据,因为1972年应前者的要求联邦协调和仲裁委员会提出主张,两个工会应该合并,而电力工作者工会已不代表其会员。这样,所述工会宣布罢工,并组织大规模进军活动,抗议践踏1969年协议。从50年代末不幸的铁路员工罢工以来,其他多个工业部门的,包括几个温和的工会第一次在40多个城市参加了有组织的抗议进军。

在一种公开的政治场合政府不可能公开拒绝电力工作者工会的要求。通过调解,组建了一个新的完整工会:墨西哥共和国电力工作者统一工会,不经选举,产生了两个对立组织执行机构的各半代表成员。有人推测,如果摆脱这些协议,那么"全国相似和联系电力工会"的人数优势最终会侵蚀掉电力工作者工会的支撑基础。然而,同这种期望相反,以拉斐尔·加尔万为首的民主派倾向在统一后赢得了阵地。

当官方工会与独立工会之间冲突公开爆发之时,另一些非工人阶层也开始动荡起来,特别是包括学者在内的墨西哥国立自治大学的全体人员,组成了后由其他大部分大学所效仿的自己的工会。1972年,一个独立的工会铁路工会运动强行占据了铁路员工工会领导者的办公室,并将其人员逐出。但是军队立即将新的代表驱逐出去。后来作为向造反者让步的一个姿态,政府任命戈麦斯·塞佩达为该重建工会的首领。此人虽然无条件地服从政府,但是至少他过去曾是个民主派积极分子。次年,组建一个新的"民主"工会联合会:革命联合运动,它聚集了各大学教职员、中小学教师、电话接线员、纺织、钢铁、石油、铁路和啤酒业劳动者。这一切事件都为一份激进的日报《至上报》忠实地记载下来,很快它成为政府泄怒的目标。

为了争取工人对其改革计划的支持,政府宣布创建一个住宅基金会:

第十章 20世纪末期:发展模式的危机与转换

全国劳动者住宅基金会,按照运用于社会保险和利益均分的三方原则,由雇主、劳工和政府整体管理和提供资金。政府在财政改革问题上失败之后,雇主的好感代表了政府的部分胜利。另一方面,私营企业很少为工资单上增加5%负责。就像工业协会联合会的一位发言人所公开宣称的那样,这个5%很容易转嫁给消费者。同要求雇主提供资金的总数相比,政府认为,新的立法只是小事一桩。此外,建筑行业也正在准备从这一措施中受益。

为工会驯服的基础提供这种新的酬报来源,给墨西哥劳工联合会收复某些阵地带来了黄金时机:只要它能成功地控制这个新的机构,那就只让它自己的会员受益。但是,总统不是把住宅基金会交给墨西哥劳工联合会管理,而是任命勤恳而清廉的专家治国论者赫苏斯·席尔瓦·埃尔索格来领导这个机构。此人立即按照必要的准则着手分配住宅,并避开由墨西哥劳工联合会所施加的微妙压力,如破坏在建的工程。这样,有人认为墨西哥劳工联合会与总统府之间存在鸿沟。同时,全国劳动者住宅基金会计划没有顾及最贫穷的劳动者需要。其最初计划指数:预计约40%的经费用于高档新住宅;但是,实际情况与此相反,80%—85%的预算用于豪华、昂贵的新住宅建设。这个业绩是对总统公开宣布的不太现实的目标:在其六年任期内建造30万套住宅,作出具体的回答。实际上,建成的住宅对于大多数劳动者来说过分昂贵,因为他们每月只能挣得到1到1.5份最低工资。

埃切维里亚六年任期内社会开支并不局限在工人运动方面,因此不能认为所述时期进行的一切改革都是从政治上寻求回应工人运动而施加的压力。城市贫民也试图分得一杯羹:他们创设了自己的住宅基金会:全国社区发展协会和土地占有调整委员会,后者的创建是为了让不规则的城市移民定居地的土地占有合法化。中等阶层也通过国家劳动者社会服务与保险协会住宅基金会,获得了有限的住宅计划。但是,从住宅计划的最终结果看,工人运动是最大的受益者:四年期间全国劳动者住宅基金会建造了154 626套住房;国家劳动者社会服务与保险协会住宅基金会,14 655套和全国社区发展协会,约2.8万套。

中等阶层也从全国改善教育水平的广泛运动中受益,借此,在1970—1976年期间国家职员增加了一倍。增长数的一半是由于基础教育扩展(据统计,有1 500万儿童受教育),着眼于大学教育的需要而创设了技术学校的广泛网络。此外,1972年准许国家职员每周工作40小时,而其余劳动者没有得到这一待遇。国营日用品公司销售低成本食品,也有助于减缓通货膨胀对城市中下层民众的负面影响。

1973年政府通过"社会同情"计划,试图将部分农村居民和城市贫民包括在社会保险体系中。所述人口的40%应得到用于养老金和残废抚恤金基金的资助,但是所述资金已用来弥补保健计划的赤字。不同的主角都坚持反对这项计划:官方工人组织认为其特权受到威胁;社会保险专家质疑这项措施的常识;而雇主阶层普遍反对埃切维里亚政府的社会改革。自然"社会同情"计划就是把医疗服务和医药购买扩展到非墨西哥社会保险协会和国家劳动者服务与保险协会的成员,特别是农村地区的部分居民。实际上,其配套措施是有限的:按照可能是夸大的数字,只有190万人享受这一计划的待遇。连同当时保健医疗部设施很差的保健事业,这一改革使得保健覆盖面在农村扩大了两倍。据非政府专家更保守的估计,约70万人受益。存在医疗设施的地方普遍提供保健服务事业(主要是城市地区),就是1974年已经立法的计划生育服务和医院急救服务。

尽管实施了这些改革,但是从1972年起罢工次数持续增加,而1974年达到顶峰,当时通货膨胀率达到最高点:25%。基本食品价格:菜豆和玉米饼增加了50%,而超过了1973年批准的20%的工资增长。这样,出现了劳工抗议的新浪潮。墨西哥共和国电气工作者统一工会再次占据了1975年各家报纸的头条新闻的位置,它发表了瓜达拉哈拉宣言,回顾了50年代末铁路员工运动的情况。强调工会独立和民主的这项宣言要求增加工资;长期"机动比率",就是按照通货膨胀率来调整工资;社会保险和民众住宅的最大福利,公共运输的市政所有制;土地集体化和规划;贷款国有化和征用帝国主义的外国企业。无疑,电气工作者统一工会的领导人拉斐尔·加尔万正踏上一个崎岖不平的领域。几个月之后,召开工会的特别会议,以驱逐民主派领导者。后来,民主派倾向的几个突出成员被辞退,并受到敌视。但他们还是能以一次全国罢工来回应,最后政府不得不出动军队加以镇压。1977年,他们甚至紧挨着总统府搭起帐篷,准备长期斗争,但马上被警察驱散。同一时期,《至上报》的调门也超过了政府所能容忍的限度,但是在其执行委员会受到武装人员的非法袭击,并由政府所挑选的代表取而代之后,它变成为政府话语的忠实接收者。

第十章 ● 20世纪末期：发展模式的危机与转换

但是，全国劳动者住宅基金会和努力降低食品价格及维持最低工资水平的行动都不足以阻止1972年掀起的工会抗议的浪潮，当时通货膨胀开始吞噬越来越多的劳动者的收入。因此，政府努力保护受雇者，使之不受通货膨胀的影响，其目的是要利用受雇者作为对付企业界反对派的政治筹码，但是没有取得成功。实际上，从1974年起政府必须对付同时出现的资本家反对派，他们将其资金大量输出；政府还得应付官方工会领导人，他们感到自己经受了工会民主政策的背叛。

最后，政府还必须对付独立工人工会本身的反对，它们招兵买马的最大源泉是号召人们关注劳动者经济状况的恶化和官方的墨西哥劳工联合会无所作为。甚至，农民也开始骚动。一些人主张，在北方有灌溉的富庶地区通过武装斗争和夺占土地来表达他们的反对立场。同往常一样，全国农民联合会很少采取行动或要求社会改革。对这一组织，只能期待它在总统继任选举中给官方党——革命制度党投赞成票。

埃切维里亚政府的社会经济政策的负面后果是深化了发展主义理论的危机。从1971年到1975年，联邦开支几乎增加了三倍，从410亿比索升至1 450亿比索，同时赤字从4.8亿比索增至42亿比索。国际贸易方面，支付差额赤字从9.06亿比索升至40亿比索。出口增长了，但是进口增长更快。

1976年，人口净增长为3.5%，超过了2%的国内总产值的增长。埃切维里亚政府决定在财政悬崖上勒住其飞奔的马车。它实施稳定计划，包括缩减信贷和通货。尽管采取了这些措施，由通货膨胀和政治动乱造成的投机环境引起了资本外逃，据估计，1976年约40亿美元流向国外。同年8月比索贬值，从1.50比索兑1美元，贬至20.60兑1。在贬值后几小时墨西哥城的各个商店和商场将其货物价格增加了20%—40%。

埃切维里亚政府的最后五个月极其动荡不安。在下任总统候选人名字泄露后，软弱的政府无力实施物价冻结，因此商人们赶紧贴上新的标价单，以抵消贬值的后果。包括大多数工会的劳工大会要求增加工资65%，但实际上只获得10%，这还被确定为工资增加的最高点。与此同时，还流传令人震惊的谣言：可能发生旨在延长埃切维里亚总统任期的军事政变。居民们赶紧抢购超市的食品。取代了媒体正常渠道的这些谣言，又被总统府对某些人搅乱的严厉指控而加剧。结果，谣言又加速了资金外逃，从而在10月31日引起比索第二次贬值：26.50比索兑1美元。

11月,政府宣布征用北部10万公顷水浇地,用于土地分配;而其中部分土地已被无地农民强行占据,据谣传这是由政府暗中煽动起来的。因此,大小地产主举行暴动。政府声明对这些毫无根据的谣言和诬陷感到愤怒。

尽管其社会改革的配套措施遭到反对,然而,我们可以得出以下结论:埃切维里亚执政时期社会立法方面取得了重大进展,但是也付出了相当大的经济代价;大部分社会改革触及官方党中可塑性不大的成分:工人运动,因为它们仍然是最能动摇政权的力量。但是,现在政治舞台上已不只是劳工演独角戏了。政府有必要修正它同学生、知识分子和中等阶层的关系,这就导致埃切维里亚总统让政治体制激发工人运动的积极性。然而,全国人民组织联合会也出现了问题。虽然它的创建是要抵消工会运动的内部分裂,但是联合会自身也表现出有能力单独撼动政权:现在它也拥有教师、银行职员、卫生工作者和其他服务部门的职工,他们都不易受控制。埃切维里亚政府的最后一年,政府同墨西哥劳工联合会言归于好,特别是在透露其总部看好的何塞·洛佩斯·波尔蒂略成为总统候选人后,两者关系修复。

二、从稳定政策到经济石油化

1976—1982年波尔蒂略总统执政时期可划分为两个阶段:第一,1977年到1979年,以稳定和财政紧缩为特征。第二,1980年到1982年,出现债务危机和经济石油化。所述时期,国际石油价格再次提高,将墨西哥推向疯狂的负债竞赛,从而使其经济处于破产的边缘。1982年8月,偿还债务不得不中止,而美元储备几乎耗尽。

1976年12月1日,当新总统执政时,墨西哥面临着严重的政治和经济危机。由于一系列的政治因素,在全国各个社会阶层中产生了深刻的信任危机:企业界不信任墨西哥比索,并为其财产而担心。同样,劳动者和城市贫民也产生不信任感,因为高通货膨胀率使其生活水平下降。此外,知识分子远没有达到他们的梦想:一个更加民主的墨西哥。洛佩斯·波尔蒂略政府认为,最紧急的措施就是重建政府与私有企业之间的关系,消除劳动者、中等阶层和农民的抗议声浪,以及修复已被严重损坏的国家在国际信贷方面的状况。尽管出现前景暗淡的开端,但是新政府还是给

第十章　20世纪末期：发展模式的危机与转换

人们带来了变革的新希望。在其就职演说中,新总统想要修复同所有人,特别是同资本家的关系;同时也要改善同官方工人运动的关系。通过回避已玷污的农民民众主义目标,他提到"处于社会边缘的人们",他们的不幸使之流下了眼泪,因此他希望带领农村居民前进。政府提出了新的格言"促进生产联盟"。全国将致力于生产率、良好组织和财政紧缩,同时不忘限制工资,在名义上这一切都是服务于国家经济的。

在总统就职的第二天,证券交易所行情再次上涨,企业主重新将

社会保险的扩展

其美元兑换成比索,现在比索增值了一倍。新总统给比索戴上橄榄枝环:除了将增加工资限制在10%的最高点之外,"促进生产联盟"意味着企业主将继续接受国家补贴,政府将"忽视"土地改革的某些方面,如将多块小土地整合在一起的非法性。与此同时,企业应该以最大的效率生产,提供更多的就业岗位。各工会接受了增加工资10%这一准则,并赞同总统第一个报告中所倡导的牺牲精神。此外,通过全国规划衰退地区和社会边缘人群之总协调委员会,政府向农村贫困人口承诺推动一项新计划,用来改善他们农业生产的能力。但是,在这一阶段所述计划只不过是一个诺言。

由国际货币基金组织安排的新的一揽子经济政策,用来对付严重的财政信用问题,它寻求减少通货膨胀,恢复对外贸易平衡和增加经济增长率及就业岗位,但在信贷和工资收缩的格局中后两者可预期的前景是暗淡的。通过预算紧缩和最大的管理效率,公共开支必须收紧,希望把公共赤字限制在国内总产值的2.5%,而不是8%。政府规划头两年"稳定"经济,以便以后开始无通货膨胀的经济增长。事实上,第一阶段减少为一年,就跃进到第二阶段。从1978年起政府就开始执行以更多债务为基础的高增长计划,各国际银行在墨西哥新近探明蕴藏有巨大石油资源的基础上,提供大量贷款。在这一狂乱历程的末期,政府的赤字达到国内总产

值的15%。

为实现稳定,同时执行恢复社会安定的初期计划,政府采取的战略开始把权力归还给官方工会,因此有可能暂时控制以通货膨胀为代价的工资要求;其次,试图重新引导70年代独立工会运动所展开的政治斗争,以使工会脱离这种斗争;最后,通过非集权化,削弱最有问题的工会的权力结构。头两条战略特别用来引导工人运动,而第三条是针对教师界的,因为这个群体迅速变为墨西哥职业社团合作主义的最大威胁,它比工人运动更难对付。

实现劳动保险

为了加强官方工会,洛佩斯·波尔蒂略政府利用老的方法:给在地方行政部门和国会的劳工阶层增加支配权;给予四个地方领导职位(纳雅里特、克雷塔罗、萨卡特卡斯和塔毛利帕斯)和多个议会两院席位。还创建一个金融机构:工人银行,它的管理权掌握在墨西哥劳工联合会成员手中。借助所述银行,这些人可以奖励工人遵守党纪,以及改善他们自己及其最亲近者的财政地位。为换取劳工联合会重新支持政府,给予该工人组织的最重要让步和最高奖赏,就是让它控制全国劳动者住宅基金会,而在埃切维里亚执政时期菲德尔·贝拉斯克斯一直为所述的控制权而斗争。就在新总统执政的第一天,从1972年起就按照客观需要的准则给住宅建设拨款的计算机神秘地被损坏。几个星期后,全国劳动者住宅基金会内部的一次清洗行动扫除了工会民主派的领导,由墨西哥劳工联合会控制的人员取而代之。同时,新领导宣布一项"外部促进"政策,以取代直接建设的政策。这一切就意味着现在将工程委托给私营建筑公司,而其大部分是工会领导集团经营的企业;同时,全国劳动者住宅基金会变成为提供资金的机构。墨西哥劳工联合会最终成功地控制了这个强有力的工具,它有能力保证其队伍内的纪律,并使独立工会边

第十章 20世纪末期：发展模式的危机与转换

缘化。从此以后,官方的劳工运动都属于墨西哥劳工联合会,只有小部分秘密地属于某个独立工会。

为了阻止工人运动内部的民主浪潮,政府的第二个战略是自相矛盾地向竞选对手许诺政治改革。借助这一改革,把独立工会交给左翼党派,但是后者尚未解决好自己内部的组织问题。相反,由国家行动党代表的右翼反对派,比左派组织得更好,因此,在竞选活动中他们更有可能取得好的结果。

通过对反对派进行新的制度化,各左派政党(其中一些政党,特别是共产党,已丧失了注册权)可以自由行动,为了招募新党员而展开活动。同人们所期待的情况相反,左翼成功地组建了以墨西哥统一社会党为代表的统一阵线。但是,这个新阵线与独立工会的竞选目标是否相容,情况尚不明朗。正如人们所见,工人运动的政治行动惯常聚焦于最眼前的权益,只是在最广泛的政治领域例外,它同墨西哥统一社会党结成联盟,但是没有许诺保证满足其主张。实际上,统一社会党纲领很少同工会利益有关。无论是统一社会党还是革命工会运动(独立工会的最高机构)都对其内部民主或基层的具体关怀缺乏兴趣。这同最具代表性的劳动者组织(如无产者运动)的状况大相径庭。有些学者对墨西哥工人运动作了研究之后,指出墨西哥劳动者远不是轻视政治或对政治持冷漠态度,但他们最关心的是满足其具体要求。

更能削弱工会民主派的最后一项措施是限制独立工会的数量。现存的工会没有受到迫害,但是借助"不承认"更多的工会注册申请者的政治特权来阻止新工会的出现。但是,在墨西哥国立自治大学劳动者工会——新的国立大学工会组建过程中这一战略遭到失败。面对学生、职员和教师支持特赦和释放政治犯的呼声,政府选择了承认这个新的工会。总的来看,独立工会的扩展已告结束。

某些学者认为,这些年间在纺织、大众汽车、冶金、水泥等行业劳资冲突是在稳定政策的影响下包括官方工会在内的工人运动趋于激进化的迹象。然而,在大多数情况中由于按照官方规定的最高点逐步增加工资,这些冲突得到了化解。但是,存在两个例外:卫生部医生的罢工和教师界的罢工。这两个部门受到最初预算缩减的影响最大。

但是,教师比工人更难以驾驭,因为他们的工资微薄,经常寅吃卯粮。由前政府煽起的内部争斗造成其领导者走马灯似的更换,因此他们的目标难以达到。以洪吉图·巴里奥斯为首的全国教育工作者工会的新领导,同样是个苛求者,因为他必须在基层建立起他的可信性。从1976年竞选运动初期起,全国教育工作者工会要求给教师创建一个新的教育周期——建立"国家教育大学",巴里奥斯将之作为竞选诺言而取得了成功。人们推测,所述大学将给教师提供提高工资的手段,给工会领导者提供恢复其支配权的基础,因为这种权力已受到其队伍内部持异议者的民主派运动的威胁。然而,"国家教育大学"远没有对工会或在基层行业合作主义纪律方面树立政府的控制权,这样,围绕着"国家教育大学"应该如何定位问题,全国教育工作者工会领导人和公共教育部之间展开了斗争。前者希望这所大学成为教师广泛接受高等教育的机构,这样通过形成取得更高工资的固定履历,来认可所有的教师(也就是说,事实上是由一个行会控制的社会福利);然而,公共教育部的高层寻求制定由政府控制的学术方案,设计为提高教师远低于国际准则的学术能力。这又带来双重方案:一方面,将是一所"开放的大学",接纳大多数教师;另一方面,是更富有学术性的大学,导向培养专家治国论基础上的一批教师精英。

然而,这一方案并没有马上增加教师的工资。随后,全国教育工作者工会经受了一次严重的内部危机,这是因为受到通货膨胀的影响,以及公共教育部分散权力政策的冲击,所述政策是用来分化工会捣乱者的另一项专家治国论计划。联邦教育向国家教育转变的进程引起了混乱,其眼前的后果是延缓了工资支付。在这个冲突的形势下在恰帕斯州出现了一个新的民主派教师运动;其成员重视政府的话语:把权力分散化说成是走向民主的一步。特别是在谈判增加工资和福利及要求准时支付工资方面,他们要求地方工会拥有更大的自主权。这个地区性运动很快转变为全国性的:1979年12月举办了教育工作者和民主组织的第一次全国讨论会。在其活动的第二天,大会创建了全国教育工作者协调委员会;教师界的民主运动从政府所设计的战略中崛起。为了平息这个富有战斗性的阶层,教师的工资得到可观的提高,这样形势趋于平静。

洛佩斯·波尔蒂略执政中期,在影响工人运动的政策方面出现了少许变化:为了避免同工会公开对抗,工资的最高点逐步而有节制地提高。虽然1980年墨西哥已公开宣布是一个富国,但是来自石油的大部分新收入,又投资于石油工业的现代化。1980年到1982年期间国家对社会改革的兴趣集中在:通过补贴小农业生产者,特别是借助导向食品自给自足

第十章　20世纪末期：发展模式的危机与转换

的墨西哥食品体系，使农村居民得到某些新的利益。上届政府已开始在小范围的农村地区提供基本医疗服务，现在加以扩展，在全国各地设立了3 000个农村医疗站和许多农村医院。

但是，这些改革不应当视为压力下的结果。全国规划衰退地区和社会边缘人群之总协调委员会的保健制度只施惠于患病的农民。某些情况下，已创设了农民小企业网的国营人民日用品公司和全国规划衰退地区和社会边缘人群之总协调委员会的计划，为农民的地方组织提供了发展机会。

当包括在工资合同中的社会福利增加之时，努力抵消限制最高工资的行动揭示了政府避免同工人运动和大学工会发生冲突的战略。虽然限制增加工资，但特别是在与政府合作的企业和跨国公司各种福利都在增加。国家劳动者社会服务与保险协会、墨西哥社会保险协会、财政部和墨西哥国立自治大学向其成员提供所有东西，从马铃薯到电冰箱，在特别商店它们的成员可免付15%新的增值税，但这一切销售加重了政府的财政负担。在已生效的一揽子财政改革中，政府没有注意给最低收入的群体解除付税义务。在社会利益分配不平等的状况中失去利益者是国营中小企业的职工，他们不得不满足于毫无补偿手段的工资最高点。城市贫民也处在失利者队伍内，他们支付增值税，吃力地承受因全国商会联合会的压力而决定放开受控制的140种商品价格的负担。

在教师界不能避免冲突。教师界民主派运动像燎原大火蔓延到全国，达到20个州的教师中。它们组织了大规模行动，如1980年5月在墨西哥城举行了2万名瓦哈卡教师的示威游行，并且威胁动员联邦区教师参加。全国教育工作者协调委员会——持不同政见者运动的协调会也组织了几次全国性讨论会，统一了这些地方和地区基层的运动。国家以行政干扰、神秘暗杀和大批解雇示威游行的教师作为回应。其中最能说明问题的是：将4万名教师停职，他们都参加了抗议暗杀全国教育工作者协调委员会领导人米斯拉埃尔·努涅斯·阿科斯塔的示威游行。面对这一训斥，他们组织更多的进军和抗议活动，此后公共教育部同持不同政见者达成临时交易：给予他们在全国教育工作者工会执行委员会中五个职位，并承诺停止报复。还通过增加工资平息了事态，这正是发生在米格尔·德拉马德里竞选总统之时，他的当选更多取决于人数众多的教师界的支持。

到洛佩斯·波尔蒂略执政末期，城市贫民也开始组织起来。一系列要素：从急速上涨的生活费用和膨胀的产业税到以墨西哥城管理者开始大规模拆除房屋为代表的对住宅的威胁,以及创建革命制度党控制下的居民委员会,为1980年5月全国城市民众运动协调委员会的创建开辟了道路,这是一个独立的城市民间组织。1982年5月,当通货膨胀和失业折磨国家之时,该组织发动"市民罢市"并同多个民主派工会和农民集团组成联盟。但是,在洛佩斯·波尔蒂略执政时期这个运动与各工会组成的统一阵线的威胁没有形成。

洛佩斯·波尔蒂略执政的最后几个月也经受了震动。虽然大多数分析家和当时政府的发言人都指出国际石油价格的下降是1981年引起资本抽逃的主要原因,但是另一些人却归咎于所宣布的经济政策与实际配套措施之间不协调性带来的不可靠环境。比如,尽管宣布1981年公共开支缩减4%,1982年为8%,但是公共资金继续以同样的速率流动。同时,在总统作出"像一只狗一样"守护比索的承诺后不到24小时,比索就已贬值。在墨西哥银行行长编写的一份文件中宣布反对控制兑换外汇,但是其公布一周不到就实行所述的措施。将银行的美元储蓄强制兑换为比索,是造成恐慌的政策另一例,它不仅使投资者,而且也使小储户感到惊恐,他们在几十年间曾一直相信政府有能力支付国内债务。但是,政府通过秘密筹谋,于1982年9月1日突然宣布银行国有化,这也是出乎大多数人意料的事件。

尽管发生经济混乱和政治改革,国家的政治时刻表没有发生变化。1982年,革命制度党的候选人米格尔·德拉马德里·乌尔塔多当选总统。大多数有组织的集团认为,他是个陌生者,接受财政部门专家治国论传统的熏陶。无疑,他的主要任务是稳定墨西哥动荡的经济,限制工资和紧缩财政预算。

三、近期经济调整计划

对于大多数墨西哥人来说,以石油为基础的发展主义显著失败是十分突然和可怕的,就像三年后震撼墨西哥的地震灾变一样。很多人都相信墨西哥能成功地获得天佑,化凶为吉,但是1982年后的一系列事件还是构成了凶兆:资本以空前的规模外逃;为将比索兑换为美元,人们在银行排起了长队;货币贬值,一泻千里;商业中心的物价几乎每天扶摇直上;公众指控电影中的坏人:"内格罗·杜拉索"(在现实中是洛佩斯·波尔蒂

第十章 ● 20世纪末期:发展模式的危机与转换

略的小学同学、警察首领);此外,墨西哥石油公司的领导人,直到洛佩斯·波尔蒂略本人,都被指控偷盗满载的油船;特别是上台的总统勾画了不太乐观的前景。有位学者对那个时期的状况作了描述:"同1940年起墨西哥所持有的持续经济增长、信任的情感和政治灵活性完全相反,现在看来已进入这样一个时代:经济不稳定、制度僵硬、个人和机构的前景不确定性、国家与社会之间传统关系的腐蚀,从1940年起就支撑这种发展模式的精英之间共识的瓦解。"

虽然这一断言夸大了墨西哥政治导向方面精英的分量,但是却忠实地反映了各种制度的脆弱性和旧方法解决新问题的无能力,而所述的制度和方法曾用来调控40年代以来的国家缓慢变革。

这一时期出现了一系列新的压力,它们导向改变革命后形成的执政协议。从1982年到1988年,在国际力量的外部压力下,国家采取措施抵消了近25年实际工资的一切进展,并缩减了社会开支。另一方面,危机的整体后果刺激了通过灵活协调而出现的各地城市运动的多样性,但是并没有明显动员工人积极参与。1988年,各个持不同政见的工会参与了不满现实的运动。

累及80年代其余时期的1982年危机的规模是空前的。这一年,当国际银行停止向墨西哥提供信贷时,国家不得不每年支付133亿美元债务,相当于墨西哥出口的47.5%。经济增长率从8%降至0.5%,通货膨胀达到60%。公共部门的全部赤字达到国内总产值的18%,应偿还外债为876亿美元。

1982年12月,当新政府上台时,制订了近期经济调整计划,这是一项受到国际货币基金组织监督的三年稳定计划。提出这项计划的官方文件指出墨西哥危机的四个原因:1.生产体系的低效率;2.产出不足和外汇利用不合理;3.国内储蓄匮乏;4.经济增长进程中产生的社会不平等。实际上,这是对一个自诩为"良好行政"的历史样板的政府的严厉责备。为取得必要的贷款,以偿还债务,政府向国际货币基金组织作出承诺,减少公共财政赤字:1983年为国内总产值的8.5%,1984年为5.5%和1985年为3.5%。这种递减只能通过增加税收和公共服务业价格实现,但是为了保护低收入群体和鼓励投资,公共服务业价格都一直保持低水平。这两项措施必然会在短期内引起通货膨胀。由于在墨西哥有避税的传统,公共收入只能来自易于控制的渠道:首先,拥有高于最低工资的少数职员阶层,特别是中等阶层;第二,销售税,其主要负担落在城市贫民身上。这两个群体在80年代为革命制度党的竞选对手增添了许多力量,他们选择了表达其不满的政治势力中不同的派别。

人们曾期待1983年通货膨胀减至55%;但是,按照官方统计,达到80%,同时经济增长率为−5.5%。民众不满情绪开始露头。1983年5月和6月在初步忍受了紧缩措施之后,墨西哥劳工联合会和劳工大会威胁举行总罢工。政府的回应是公开的责骂和同当时更为驯服的墨西哥工人地区联合会和工农革命联合会进行公开的沟通交流。然而,工人运动已不再是民众行动的主要舞台。由于失业增加和非正规经济高涨,越来越多地承受家庭负担的妇女开始发挥中心作用,民众对工资的要求转变为更廉价的日用品和服务事业的要求。

墨西哥食品体系

上届政府的最后一年间,墨西哥已出现了多个民众运动的行动相互联系的协调和组织活动。最突出的是教师界的全国教育工作者协调委员会、城市民众运动的全国城市民众运动协调委员会和农民的阿亚拉计划全国协调委员会。第一个组织从其1979年创建起就代表了持不同政见的教师界。米格尔·德拉马德里执政时期,组成了全国捍卫工资与反贫困阵线。早在1980年5月各居民区委员会联合创建了全国城市民众运动协调委员会,通过集体努力来解决城市居民最迫切的问题:住宅和基本服务事业(供水、排水、供电等)。

1983年10月,各协调委员会联合组织了一次市民罢市,近200万市民参加。这次示威活动促使劳工大会更新了它的同年末的主张:停止征收增值税(此时此刻国家财政收入绝对需要此税);冻结墨西哥城的房租;每季度商谈劳动合同。当时,政府的指责并不激烈,而是作出了象征性让步:停止提高运输费,采取一项新法令使房租的增加低于通货膨胀率。这项措施的眼前后果是墨西哥城的租

第十章 ● 20世纪末期:发展模式的危机与转换

房合同几乎消失,同时出租的住宅更加紧缺,因为业主决定保护其房产。主要要求:每六个月商谈工资合同,这没有得到满足,因为其后果将是高通货膨胀率。另一方面,只要工人运动所施加压力过大,那么政府就会选择颁布一项紧急增加工资法令。显然,这也会造成同样的后果,但是可以避免将工资与通货膨胀率合法地联系在一起。这样,工资持续落后于通货膨胀,不现实地期待需求的收缩会抑制通货膨胀,但这是不可行的,因为报酬差的工作会变成为墨西哥的主要比较优势。

1984年也是民众举行严重抗议的一年。墨西哥劳工联合会威胁说,如果不增加工资,就举行总罢工。这种威胁又得到许多运动组织的支持。同年6月。举行了第二次市民罢市,约50万人参加。此后,由于其内部宗派主义,政府对个别活动分子的镇压和感到自己处在局外的左翼政党的干扰,各协调委员会已无力联合起来举行新的市民罢市活动。很快,墨西哥劳工联合会重新采取攻势,提出选维持稳定的政策:按照物价指数调整工资,食品企业国有化(其中许多是跨国公司)和更大的一揽子社会措施。总之,要求政府抛弃一切财政学识,并停止偿还债务。

同1983年极为强硬的态度相反,米格尔·德拉马德里以缓和的态度来回应稳定政策,并提出新的承诺。1984年最后三个月和1985年初(各州选举年),通过增加公共开支来推动经济的短暂恢复。总统甚至想要宣布紧缩政策结束。这种紧缩的暂时减弱的眼前后果是更大的通货膨胀,另一波资本外逃和新的经济紧缩,此外国际货币基金组织当局告诫总统谨慎行事。因此,8月预算作了更多的裁减。9月,地震悲剧再一次缩减了经济恢复的希望。自然灾害使得政府短暂地瘫痪,并恢复了民众的集体行动,但现在是为了拯救生命。尽管在这场悲剧时期居民经常受到警察和军队的不利干扰,但是他们组织起来抢救受难者,运输伤员、捐赠和分配食品及药物。一些基层组织,如全国城市民众运动协调委员会,变为地震遇难者的代言人,它们积极同政府商谈被毁坏房屋的重建和居民重新安置。尽管预算极其有限,它们的要求在政府的议事日程中得到优先受理,因为具有合理性而不可能受到轻视。同时,政府也不允许灾民同其他不满分子联合在一起。事实上,已建立一个组织:灾民统一协调委员会,它迫使当局将它作为商谈的代理人:利用政府某些可行的安排,而迫使当局面对民众动员和组织而放弃其自己的重建方案,并承认民众运动所提出的其他方案是可供选择的。1985年末,由于原先的价格战略崩溃,通货膨胀在持续,衰退在加重。

　　随后缓慢重建的几年对各民众阶层的状况没有带来明显的改善。石油的国际价格继续滑坡,而通货膨胀毫无下降迹象。1982年到1988年之间,人均国内总产值下降15％。同时,这整个时期,公共投资减少50％以上,私人投资下降15％,尽管在1986年到1988年间后者有小幅增长:3.3％。1986年预算再次削减,但仍没有抵消石油收入损失578％。食品补贴缩减80％:主食玉米饼价格增加140％;与此同时,主要为了让冷饮业受益,维持了蔗糖的补贴。汽油价格涨了一倍,地铁收费从1比索涨至20比索。通货膨胀如脱缰之马,达到了三位数。除了这些新记录,1986年末财政赤字占国内总产值的12.4％。国营企业,墨西哥石油公司、国营日用品公司和联邦电力委员会,开始推迟向供货商付款。公共部门实际上处在破产状态。

　　米格尔·德拉马德里执政以来,社会不满情绪不断增长,1988年夏以选民反抗斗争的爆发达到顶点。为了理解这个突然事件以及政府与从属社团组织之间的关系变化,我们有必要概述有关严格的紧缩措施的社会反响,它们打击了已经贫困化的各个阶级,主要是劳动者、中等阶层、城市贫民和农民。

　　一般说来,关于社会状况的整体资料不充足,因为它们将社会范畴内部的不平等平均化,例如:男女之间,过去的职员、就业不足者和公开失业者之间,城乡之间等,在墨西哥这些成分之间的差别一直是十分明显的。但是,这些资料提供了80年代期间墨西哥大多数居民的经济状况下降的大致深度。如果我们以1980年作为基础年(指数为100),那么到1987年工资下降到43。同一时期,保健的总支出从100降到88.27。据估计,1963年到1977年按照购买生活必需品的标准指数,必要的最低工资数从3.4减至1.6。从1978年到1982年,经济状况比较稳定,但是从1982年以来,这个数字持续增加,1987年必要的最低工资数达到3.3。

　　1987年9月15日,卡洛斯·萨利纳斯·德戈尔塔里作为革命制度党的总统候选人浮出水面两个月之后,米格尔·德拉马德里宣布新的一揽子经济措施:"经济支援协议",用来抑制通货膨胀。其主张是把有关工资、冻结物价和控制比索兑美元的下滑比率的措施联系在一起。总统宣布,通过这项政策,最晚到1988年12月,政权交接之时,墨西哥将重新保持价格稳定和经济增长。这一预言取决于工人的态度,他们是否愿意作出必要的牺牲。在宣布"经济支援协议"时,经济形势预示到1988年通货

第十章 ● 20世纪末期:发展模式的危机与转换

膨胀率将达到135％,是墨西哥革命后的最高点;公共赤字将占国内总产值的18.5％。从1982年起,金融部门专家就不赞成对经济危机的最好补救办法是休克或非休克疗法,控制兑换或自由兑换,等等。抛出"经济支援协议"的决定切断了分裂政府精英队伍的症结。

当时还没有一位分析家十分接近于权力中心来报道在采取这项决定之前进行过何种交易,或不同的政治角色在其制定过程中发挥何种作用,但是人们已经知道,从危机初期起冻结物价曾是工人运动和城市民众组织(各协调委员会)长期坚持的主张。此外,墨西哥劳工联合会曾威胁号召在1988年1月1日举行总罢工,除非同意增加基本工资。总统选举前夕,特别是当候选人还不是工人运动所青睐的对象时,任何人都不能无视所述的主张。然而,不只是劳动者和城市民众得益于这些措施,而且受邀组成监督"经济支援协议"的配套措施委员会的企业主精英,也因此渴望进入政府。虽然起初这个集团的几个成员曾提出这个协议的几方面问题,但是他们整体都赞同所述的协议。另一方面,政府认为在把企业主包括进来时,由此会带来其经济决定权的部分丧失,从而过多地抵消了过去削弱企业主反对派的措施。为了弥补这一损失,后来政府指望企业主积极参与反通货膨胀的斗争,而不是过去刺激他们到国外投资。最后,国际信贷提供者有理由欢迎这项措施。

1988年3月,选举开始之前,通货膨胀已明显缩减,因此官方宣布"经济支援协议"已取得成功。4月,所述协议成为一项长期强制性手段,并更名为"经济稳定与增长协议"。结果,通过利用新的货币稳定性和极为有利可图的利润率:约45％到57％之间,"燕子式"的资本又返回。此时此刻,国家行动党已不再是墨西哥大资本的代言人,现在它与中等阶层之间的保守派联盟有可能提前实现。

尽管"经济支援协议"已迅速取得成功,但是现在已不可能维持政治和平了。1988年总统竞选运动是阿维拉·卡马乔以来动乱最为严重的一次,这对大多数墨西哥政治生活的观察家来说是出乎意外的。这次竞选活动为选举欺骗所玷污,现在面对广大民众阶层:无论是政治领域的左派还是右派,选举结果缺少合法性。1982年、1985年和1986年的各州、市政府选举已揭示了国家行动党所领导的保守反对派的政治动员力量,自从官方党:革命制度党内的改革派和几个左派政党之间实现了联合,左翼中心新的政治主角:全国民主阵线登上了政治舞台。这个阵线的领导人是传奇人物拉萨罗·卡德纳斯将军之子、夸特莫克·卡德纳斯,刹那间他征服了挤满墨西哥城索卡洛广场的民众,这是反对派候选人第一次受到如此广泛的欢迎。对于官方党来说这个新的抉择比国家行动党的威胁更大,因为,在所有的从属集团都感到被政府遗弃之时,所述人物代表了一个"叛逆"的集团追求社会正义的官方思想意识,他有能力复活革命理想。同时,新阵线方面确定的经济目标和政策的模糊性也迎合了墨西哥广泛民众阶层渴望变革的愿望,他们已克服了职业社团主义秩序所施加的一切障碍。他博得了新的城市运动、持不同政见的工人运动、教师、农民、学生、职业者和知识分子的好感。

1988年总统竞选运动代表了一个关键转折点。卡洛斯·萨利纳斯·德戈尔塔里获得了50.71%的全国选票,输掉了大城市(墨西哥城、瓜达拉哈拉和蒙特雷);在众议院官方党的四个候选人都被反对派候选人击败。据官方统计,夸特莫克·卡德纳斯获得30%的选票,同时国家行动党的曼努埃尔·克劳塞尔为16.2%。这个投票结果已揭示了职业社团手段对从属阶层控制的失败:在各城市,旧的选举机器已没落,不得不借助选举欺诈而取胜。因此,1988年出现了过去由职业社团渠道流露出的各部门不满情绪转化为直接和普遍的反对态度。最后,1988年表明,为接受这次选举失败,官方党干部尚未作好思想和行动方面的准备。

在长时间推迟宣布选举结果和在反对派的抗议声中,卡洛斯·萨利纳斯·德戈尔塔里被宣布为胜利者。在分析研究了选举后,指控欺诈的选民会不得不对选举结果作出抉择:或是接受或是以民主的名义反叛。但是,在最初号召公民不服从之后不久,政治激昂情绪便缓和下来。对于这种情绪的突然转变,可以作出两种解释:第一,各反对党的联合开始丧失其内聚力,这正是发生在投票之后。因为在政府采取的经济决定中大资本为其新的角色所吸引,所以不再支持国家行动党;与此同时,全国民主阵线无论是其内部因素还是由于政府决定解散这个联盟,它的脆弱的组织基础已受到威胁。第二,主要原因是当选总统的决定,他以解散这个联盟来回答几乎以其职位为代价的要求。

四、奇迹与海市蜃楼之间的成就

在特别不利的情势下,1988年12月1日,卡洛斯·萨利纳斯·德戈

第十章 20世纪末期:发展模式的危机与转换

尔塔里上台执政。虽然通过严格实施经济稳定与增长协议,已明显降低了通货膨胀率,但是经济继续衰退。估计为1 070亿美元的外债,对国家财政能力施加了极大的压力。始于1979年并在德拉马德里执政时期继续进行的尝试:通过有限的政治改革,保持官方党的主导权,已产生了预期的成果。这带来了新的政治主角,他们有潜在的能力威胁政权;也加强了远超出原先考虑到的其他政治要素。结果,大多数革命制度党组织受到了政治领域中两翼的逼迫,这对新政府的政治变革造成了对立的压力。

在企业主、中等阶层和民众阶层的各种要求表面上不可调和的交汇中,出现了政治改良主义、经济新自由主义和社会救助主义十分独特的结合。其中第一个要素试图破坏政治现实中职业社团主义基础,而把官方党变成更有能力回应民众要求的一支核心力量;第二个是选择各区域间的自由贸易;第三个,通过社会福利改造计划来恢复民众联盟。

如果德拉马德里总统时期缺少十分明确的政治经济方向,那么萨利纳斯政府的一系列行动就明确导向一定的目标。政治方面,萨利纳斯执政的第一年几乎只用来破坏或分化最突出的敌人:左派联盟、保守反对派和不服从的职业社团首领。在经济方面,使得"经济稳定和增长协议"增强和制度化,并重新谈判外债。在社会方面,提出支援主张,但只是给从前两届政府继承下来的全国规划衰退地区和社会边缘人群之总协调委员会的计划起个新名称。

从其执政的第二年起,萨利纳斯的最大努力集中在把墨西哥经济重新导向国外,并在出售先前给予补贴的国营企业的基础上产生预算存款。这项新的收入来源全部用于支援计划,其政治成果体现在1991年立法机构选举中革命制度党的胜利。从这些选举起,萨利纳斯政策的最突出点是重新构造支持政府的基础,并排除经济自由主义改革的各种障碍。

两个主要反对派基地的清除又辅之以几个规划好的步骤。第一,获胜政党采取一系列新的选举法封堵了1988年竞选活动中出现的组成选举联盟的未来可能性。新卡德纳斯主义,如果想要在官方容忍的一个反对党的掩护下生存下来,那就必须说服全国民主阵线的参加者、所有左翼政党都退出舞台,这几乎是不可能实现的任务,因为在它们内部都存在严重对立的老传统。还应当赢得年轻的城市运动的参加者——城市民众的坚定不移的忠诚。由于全国民主阵线解散,夸特莫克·卡德纳斯通过创建民主革命党,试图重组左派联盟。一开始,民主革命党在可供选择的方案中,或建成一个人民运动党,或采取关注赢得竞选的一个政党的更传统架构。卡德纳斯及其党员选择了后者,这样他们疏远了1988年曾支持他们的民众运动的领导者。而这些领导者后来都从全国支援计划中受益,因此他们的态度只限于表达对现实的不满。结果,民主革命党很快丧失了竞选推动力,从而变成官方容忍的、政治上软弱的另一个反对党。

第二个步骤是剥夺庸碌的或离经叛道的工会领导人的权力:华金·加利西亚,石油工会的一个有抵触情绪的首领,他自夸曾给卡德纳斯的竞选活动捐款;洪吉图·巴里奥斯,教师工会的一个严厉的头头,他无力抑制其工会内的"民主倾向"。在持续了一个月的教师罢工后,1989年4月同意给教师工会增加工资。另一方面,墨西哥劳工联合会也被剥夺了很多权力,而工农革命联合会得到支持。

第三个步骤是同经济稳定的近期目标相一致的,在于将"经济稳定与增长协议"制度化,这相当于正式让大企业参与政府的决策。结果,企业主阶层的立场,分为两种倾向:一部分人坚持1988年国家行动党所标明的不同政见的路线,另一部分人宁愿在国家机器内部商谈问题。结果,国家行动党开始降低挑战的调门,几个月之后它将失败;当时国家行动党前总统候选人曼努埃尔·克劳塞尔拒绝接受萨利纳斯胜利的合法性而遭遇"致命事故"。

最后,萨利纳斯政府以重开债务谈判而结束了他的第一年任期,只是缩减了70亿美元资金,但是每年1.5万亿比索的债务转变为30年期债券。

至于"全国团结支援计划",在其总统就职演说中就已宣布的一项基本计划,在这第一阶段只是把分散的开支转变为国家预算的不同项目。然而,从一开始"全国团结支援计划"就占据了政府方案中的中心位置。此外,他重新构建民众支持政府的意愿,就是利用慈善式的关心可能比过去的实际努力更加适宜,因为这只是致力于最必要的和较少官僚化的工作方面。

总统权力一旦巩固,并为稳定经济而取得了"经济稳定和增长协议"的成就,萨利纳斯政府就全面提出其任期内关键的两项计划:开放关税和"全国团结支援计划",后者作为所述开放社会的矫正药方。前一计划落实为同美国与加拿大的漫长而复杂的谈判,目的是签订北美自由贸易协定和谈判墨西哥加入经济合作与发展组织。同时后一计划为前者作

第十章 20世纪末期：发展模式的危机与转换

准备。

总统就职演说把"全国团结支援计划"确定为向贫穷开战的计划，但是一些学者认为从所述视角看，这一计划是失败的。首先，远没有集中必要力量来减少贫困：对贫民和土著人，既没有通过直接捐助，也没有创造就业岗位来保障他们的最低生活水平，而在基本设施工程上其资金就支出了40%以上，但某些工程同低收入居民毫无关系。这样，只有15%用于能为贫穷居民创造就业岗位的生产方案。实际上，据一位学者估计，如果1990年由"全国团结支援计划"将其资金分配给贫民，那么他们的收入就可以超过贫困线。因此，毫不奇怪，萨利纳斯执政时期贫困人口的比例是增加而不是减少了，1989年到1992年，从64%增至66%。与此同时，正式就业停滞不前，而非正规就业杂乱无章，这表明墨西哥生产机构为在国际竞争环境中运作尚未做好准备：在1989年到1993年间正式就业人数仅50万人，同时非正规就业却吸纳了393万人。然而，如果考虑到通过不同于过去类型的社会改革而达到未经宣布的重建支持政府队伍的目标，那么"全国团结支援计划"是一个成就。在这个意义上，所述计划可视为国家对1988年竞选挑战的回答，这一挑战揭示了经历漫长政治危机时期之后民众对官方党支持的脆弱性。

从1990年起，"全国团结支援计划"，作为一种社会参与的十分新颖的公式，进行更广泛的社会支援活动。它向城市贫民窟提供城市服务事业（供水、排水、供电和修筑道路等），而过去是由公共工程和交通部负责的；从墨西哥社会保险协会和全国规划衰退地区和社会边缘人群之总协调委员会的计划继承下来初级医疗保健中心和农村医院；取代农村银行而向农村村社提供贷款。除了这些基本计划之外，还增加了其他新的计划，如：以最少的基金但具有重要的政治意义，作为中小学奖学金；向小企业、妇女群体提供财政援助等。然而，"全国团结支援计划"只不过是一个社会系列计划。无疑，由于进行了很大的革新，它在城市贫民中产生了巨大的政治成果，受益人有可能积极参与这一切计划。最后，设计了与政治和预算有关的政治形式：穷人应该信任所有的政府计划（这样来减轻预算压力），使他们感觉到经济重建的积极方面。

与此相比较，在1988年后民主革命党所提供的东西不多。1988年曾经短暂刺激过民众的一些要求现在正由政府加以实施。因此，离经叛道者被再次导向社会改革。但是，如同过去一样，这种改革也输掉了政治资源和威胁政治现状的组织架构。所述改革将再次帮助职业社团联盟摆脱这一危机吗?萨利纳斯给出的答案再次回避了笔直的路线。通过采取一种直接的民众主义新风格,政府解散了全国民众组织联合会,而将"全国团结支援计划"的组织机构提升为部级单位。在官方党内,维持职业社团主义的工人部门,尽管老的工会"恐龙"已经明显地退隐:首先,他们已丧失了在国会中享有特权的代表权;在一定程度上,在竞选诺言的基础上官方党直接推举候选人的影响下,老的工人部门已为政府机器所取代。第二,它们已处在劳工政治的边缘,因为其中间人的作用已被总统与每个专业工会之间的直接商谈所取代。增加工资同生产率增长捆绑在一起,这样就有利于最有活力的经济部门的劳动者不受通货膨胀的困扰。至于农村居民,他们保持对全国农民联合会的忠诚。当时,并不急于取代这个组织,同时农业部门改革的后果并没有产生比政府更强有力的政治势力。这个巨大试验的激烈考验是1991年立法机构的选举,结果革命制度党获胜,而民主革命党和国家行动党遭到排斥。这样,墨西哥革命制度党一党执政体制在延续,尽管经受了一定的修改。

  1991年末,虽然墨西哥加入北美自由贸易区的谈判正在进行中,但是它进入这个新的经济集团已是确定无疑的了。因此,萨利纳斯政府提出的政治经济目标即将达到。1992年,"全国团结支援计划"达到最高点,其开支为49.725亿1988年新比索,约占国内总产值的1.08%。革命制度党在4月的立法机构选举中重新确立了它的统治地位。但是,在墨西哥经济变革中缺少一个关键要素;从新自由主义观点看,就是有必要消除受到1917年宪法第二十七条保护的村社农民阶层所代表的障碍。1991年11月,也就是在农民全部投了革命制度党的支持票几个月之后,废除了第二十七条,而第一次允许出租和出售村社土地。然而,村社作为实际存在的一种单位,它更接近于现代的合作社形式,而不是像过去那样受全国农民联合会支配的一名代表领导的单位。

  由于受到来自政治领域中右翼的其他社会压力,1992年1月修改了宪法第一百三十条,它曾禁止僧侣和其他宗教人士参与政治活动。在关于公共教育的第三条中还写进了宪法保障"信仰自由"的内容,这是天主教中等阶级的一个古老的要求。通过这些行动,萨利纳斯政府将官方党的支持基础移向右翼,而他的主要竞争对手国家行动党,正是处在这个地位。加上对民主革命党进行非官方的、系统的弹压,这些措施的目标就是

第十章 ● 20世纪末期:发展模式的危机与转换

保障革命制度党在1994年不再面对类似于1988年的政治情势。为了应付有朝一日农民将摈弃官方党的可能性,1993年1月政府宣布了直接支援农村计划,这着眼于:一旦北美自由贸易协定开始运作,就通过直接补贴玉米生产者,来获得农民的支持。

1994年前夕,卡洛斯·萨利纳斯·德戈尔塔里可以为其执政时期的成就而自豪。他已保证稳定货币,并且使通货膨胀率降到一位数。在同邻国海关联盟相联系的政策保护下,他向世界经济开放墨西哥边界,很快就吸引了足够的外国投资来抵消一开始就呈现出来的国际收支不平衡。通过重建革命制度党同民众基层及中等阶级的联盟,而同时系统削弱这些集团政治参与的传统手段,来防止政治多元化的危险性。他找到了一名接班人,后者是贸易新的合伙人和国际贷款机构都接受的人选,同时此人也准备继续萨利纳斯的事业。因此,人们并没有看到官方党的重大失误和不可靠性。1994年夏季立法院和总统选举是在本国和国际的严格监督条件下进行的。由于这些理由,记载于当代回忆录上的一切梗概都回避了1994年各种事件,当然1928年也是例外,当时由于阿尔瓦罗·奥夫雷贡被暗杀,卡列斯政府的幸存也是有疑问的。

1994年是个多事之秋。1月1日墨西哥加入的北美自由贸易协定正式生效。但是,就在同一天,墨西哥南部恰帕斯州发生了印第安人武装暴动,这揭示了国家存在着深层次的政治、经济和社会问题。此外,随着总统选举日期的临近,官方党和政府内权力斗争日趋激化。3月革命制度党总统候选人科洛西奥被暗杀。7月该党总书记马谢乌又被暗杀。这样,国家政局动荡不安,大选形势扑朔迷离。这一切又给经济带来十分不利的后果:大量外国资本抽逃,造成金融市场动荡,同时政府又没有及时提出对策,从而为新一轮危机准备了温床。

在8月的总统选举中,革命制度党的总统候选人埃内斯托·塞迪略虽然得票数居第一位,但是仅占48.77%。国家行动党候选人居第二位,占25.94%。民主革命党候选人居第三位,占16.60%。

五、世纪末的危机与改革

1994年末政治经济危机的乌云笼罩着墨西哥。正是在这种逆境中塞迪略上台执政。实际上,选举前后,官方党内外已危机四伏,特别是革命制度党的社会基础:职业社团机构已受到严重削弱,官方工会——墨西哥劳工联合会日趋式微;官方农会——全国农民联合会的影响下降;而革命制度党民众部的唯一组织:全国民众组织联合会(后更名为领土与公民运动)的实际作用十分有限。与此同时,在经济领域金融危机像瘟疫一样迅速蔓延。1994年12月19日,政府宣布比索贬值15%,1988年新比索与美元的汇率从3.46兑1美元降到4兑1。短短的几天内全国出现抢购美元的风潮,仅12月21日就有25亿美元流往国外。22日政府宣布实行浮动汇率制。几天时间,比索大幅贬值,27日5.65比索兑1美元,跌幅为63%。墨西哥的国际储备从1994年初的280亿美元,缩减到年末的60亿美元。同年资金外逃234亿美元。这样,墨西哥无法支付1995年初到期的巨额短期债务。这场金融危机给墨西哥经济带来灾难性后果:1995年国内总产值下降了6.9%,通货膨胀高达52%,大量企业倒闭,失业人数增加。据墨国家统计局统计,公开失业率已由1994年12月末的3.2%升至1995年7月末的7.1%,公开失业人口达250万,加上半失业人口,两者高达1054万。由于这场危机给墨西哥社会和经济带来火辣辣的滋味,故人们谑称它有墨西哥的特产龙舌兰酒"特吉拉效应"。简言之,塞迪略执政伊始,便面临着伊于胡底的危机,他不得不采取措施,推行改革。

1995年初严重的金融经济危机和社会状况恶化,引起了民众的强烈不满,该年前七个月已发生1143起反对政府的经济社会政策的示威游行,民众要求增加工资和就业,抑制物价上涨。为了缓和眼前的社会矛盾冲突,塞迪略政府首先制定并实施紧急就业计划,在城乡创造新的临时就业岗位。1995年政府投入17亿新比索(6新比索约合1美元),执行城市紧急就业计划;投入3亿新比索实施维修农村道路计划,共创造临时就业岗位71万个。扩大失业者和在职工人培训规模,其目标是让70万人重新就业。其次,资助和扶持中小企业,增强其活力,以创造更多的长期就业岗位。再次,推动农村社会经济改革,使得政府与农民建立长期稳定的关系。政府向咖啡种植者和干旱地区提供资金援助,同时为帮助贫困地区农民,拨款6.5亿新比索,使350万人受益。第四,政府紧急补贴和救济贫困家庭。实施了家庭食品和营养计划,玉米饼补贴计划,牛奶供应社会计划,向约400万户贫困家庭提供救济,为550万儿童提供免费牛奶。

除此之外,塞迪略政府在总结过去经验教训的基础上,开始调整国家

第十章 20世纪末期：发展模式的危机与转换

整体发展战略。1995年5月末颁布的《1995—2000年国家发展规划》和9月1日塞迪略总统所作的第一个国情咨文集中阐述了新政府的社会经济发展战略。针对过去的某些严重失误，塞迪略提出了改革新思路。第一，由于过去忽略了经济与社会的均衡发展，造成了社会两极分化和矛盾激化，所以新政府必须采取切实可行的措施推进社会发展，实现社会公正。主要"强调扩大就业（每年创造100万个就业岗位），发展教育，加强计划生育，改革社会保障体系（保证国家的两大社会保险机构不实行私有化），改革社会保险、退休养老、医疗保险制度，解决住房问题，维护土著人权益，改善印第安人聚居区的社会经济条件等"。规划还特别指出"克服贫困化是当务之急"。第二，由于墨西哥三个产业发展极不平衡，特别是农业发展严重滞后，因此总统决定调整经济结构，特别是加强农业发展。为此，在1995年7月准备成立农业内阁部际委员会，制定农业发展规划。与此同时，仍然坚持发展外向型经济，改善进出口结构，从而消除贸易和国际收支逆差。"在克服金融危机的基础上，进一步完成过去10年推行的结构改革。"因此，新政府开始完善金融体制，以建立有效的管理和监控机制，使得银行汇票体系具有"抗灾"能力。第三，提出持续、稳定、均衡的经济增长，今后六年的年均增长率设定为6%。第四，特别强调国内积累，减少对外部资金的过分依赖，明确指出，"国内储蓄是国家发展资金的主要基础，外部资金起补充作用"。为提高国民的储蓄率，政府采取一些鼓励措施，同时对金融、储蓄、信贷、投资、税收体制进行一系列改革。

通过一系列的调整和改革，墨西哥经济逐步克服了1994年到1996年金融危机所造成的严重后果，恢复和增强了银行的活力。如前所述，比索危机曾使整个金融业变得十分脆弱，这不仅增加了银行的资金成本，而且也削弱了债务人的支付能力，因此政府采取一系列措施，增加对银行界和债务人的援助。据估计，到1999年末，与援助计划有关的债务增至占国内总产值的14.3%。为了增强银行掌握清偿能力，1998年12月批准了金融部门的一揽子改革措施，如：建立银行储蓄保护协会，以进行与援助有关的资产出售。还取消了对金融机构中外国资产的限制，制定有关存款保障的措施，解决债务还本付息方面的法律问题。此外，还加强了各种预防性措施，减少了坏账。2000年4月议会还通过了一项有关破产和贷款担保的新法律，以此作为加强信贷活动的法律依据。

尽管政府通过延长偿还期、减少还本付息额和债务本金等办法而实行帮助债务人的办法,但是在1999年初到期贷款仍是银行系统的主要问题。同年1月至9月,帮助债务人的《终点》计划提供了三类贷款:农业贷款、抵押贷款和向中小企业的贷款,同时对到期未还债务的本金打了45%到60%的折扣。据墨西哥《至上报》(2000年7月24日)的资料,近100万债务人参与了这个计划,这使到期债款明显减少。通过一系列措施,到1999年末到期贷款的实际数额已减少了30%。此外,由于《商业竞争法》和各种担保规定的实施,所以回收到期贷款的法律程序加速。简言之,新的法律框架为债权人提供了更有力的贷款保障,这不仅有利于减少债务的拖欠,而且最终有助于银行贷款的周转。

1994年危机爆发后,塞迪略政府还采取一系列措施,增加各经济部门开放的广度和深度,使之更具市场竞争力。随着运输和能源等部分公共服务部门的开放,以及保障某些存在垄断的行业中的有效竞争和调节机制的发展,经济私有化进程不断深化。通过改革,公共部门在一定程度上与生产活动脱钩,这就产生了有利于民众的某些结果,如价格下降、消费品种类增加和服务质量提高。

此外,塞迪略政府还极力创造有利于企业发展的知识环境,主要注意传播新技术和改善人力资源。据估计,1997年墨西哥在研究和开发方面的全部费用仅占国内总产值的0.4%不到,比经济合作组织国家的平均水平低很多。而90年代初起,外国直接投资对新技术的传播发挥了积极作用。特别是北美自由贸易协定生效后,很多外资收购墨西哥企业或加强已有企业的生产能力,或建立一些新企业。在1993年到1995年在墨的外国企业带来了很多新技术。另一方面,墨国内进行的研究和开发活动在很大程度上是依靠政府的,这样民族企业的研发经费严重不足。为了促进对知识的投资和加强技术革新能力,政府在1999年颁布了《促进科研法》,其目的是改善国家的干预活动,促进公共和私人机构之间的知识传播,提供财政鼓励。同时,采取措施提高人力资源的质量。

为了增加生产和就业持续增长的潜力,政府加大了教育方面的资金投入,90年代后期,无论是其占国内总产值的比重,还是每个学生的平均费用,都达到了历史的最高水平。特别是在基础教育方面,所有质量指数都有增长。中等教育,特别是技术和职业教育有了很大提高。此外,政府制定了两项专门提高小型企业劳动者水平的计划:向失业者和下岗职工提供短期奖学金和给他们上课;向微型和中小企业提供金融和技术支持。

第十章 20世纪末期:发展模式的危机与转换

所述时期,政府与企业界合作发展国家培训准则和认定体系,这是向培训制度现代化迈出的决定性一步。经过五年的实践,各种规则和资格最终确定下来,并建立了证明劳动者和职业学校毕业生能力的机制。由于获得资格证书恰当地反映了生产部门的需求,新的体制增加了劳动力的流动性,并有助于更有效地使用他们。

1996年社会部门签订了一项协议,确定"新劳动文化"的定义,它强调,必须坚持劳务市场的灵活性,以便适应经济中的各种突然变化,同时也规定了雇主对劳动者的责任,比如提供培训的机会等。学者认为,这一协议为劳务市场的结构分析和机制规定打下基础。为国家经济的合理有序的运作创造了必要条件。

通过这一系列的调整改革措施,塞迪略政府逐步克服了金融危机,使得墨西哥"经济进入了近70年来最好的时期"。到2000年中期其国内总产值连续18个季度持续增长,通货膨胀从1995年的52%降至1999年的12.3%。这样,到20世纪末,墨西哥经济终于渡过了难关,而进入增长期。

如前所述,90年代中期,正当金融危机爆发并造成严重的经济后果之时,塞迪略政府又面临着一连串的社会和政治危机:南方土著农民暴动、革命制度党内部矛盾激化,其执政党地位受到反对党的严重挑战,墨西哥革命后形成的一党执政的政治体制已受到威胁。面对这一严峻形势,塞迪略继续推行政治民主化,以实现政治安定的局面。

在社会政治方面,塞迪略上台伊始,首先面临如何平息恰帕斯州农民暴动的棘手问题。1994年1月1日自称萨帕塔民族解放军的一支由印第安农民组成的武装力量突然占领南部恰帕斯州的一些城镇,向政府军宣战。当时的萨利纳斯政府曾试图进行武力镇压,但是这支农民军退到与危地马拉接壤的拉坎多纳山林地带据守。尽管政府军拥有现代化重武器,可是山高林密无法施展,这样政府方面不得不与农民军谈判,但是没有取得成果。

塞迪略执政后,一直谋求政府同农民军直接对话和谈判来解决争端,但是后者没有做出回应。1995年2月8日警方在墨西哥城和韦拉克鲁州查获农民军的两个秘密武器库,并逮捕其八名成员。因此,塞迪略指责这支农民军是一个企图以武力夺取政权的游击队组织。虽然政府坚持原则对话和谈判的立场,但是这个武装组织却在策划新的更大的暴力行动,威胁着恰帕斯州的安定与和平,破坏那里的经济与社会环境,所以政府对此不能再无动于衷,而必须采取强硬措施。

此后,政府军在恰帕斯州展开行动,并收复由农民军控制的一些城镇。随着军事行动的进展,政府军开始逼近农民军据守的拉坎多纳地区,对后者形成合围之势。另一方面,应墨政府的请求,危地马拉政府已调动万余兵力封锁了同墨接壤的边界地区,切断了农民军可能的退路。1994年12月11日,墨警方已抓获了两名农民军领导者及其一批成员。但是,政府军并没有达到消灭这支农民军的目的,而是维持了时打时谈的局面。到1995年9月5日,墨政府同农民军的代表在恰帕斯州的拉腊因萨尔镇举行的第六轮谈判出现了转机。为了打破僵局,政府方面提出了一个新的谈判框架:一是在印第安人的权利与文化、民族与公正、福利和发展三个专题方面设立九个工作组,就引发恰帕斯州暴力冲突的根源进行讨论;二是暂停此前争论不休的和平对话基本原则的谈判。经过谈判,双方就设立专题工作组问题达成协议:同意10月1日先组成以印第安人的权利和文化为专题的工作组;在一个专题的谈判完成后,再依次进行下一个专题的谈判,直到完成所有专题的谈判。经过11个月的紧张谈判,1996年2月墨政府与农民军签署了第一个有关土著人权利和文化协议。据此,重新建立政府同全国1 500万土著人的社会契约,以便保障农民军提出的政治、经济和社会权利。但是,所述协议并没有真正实现政府与农民军之间的和解。萨帕塔游击队认为,政府缺乏解决冲突的诚意,因此于1996年8月29日中断了谈判。

此后,游击队和一些政治组织加强谴责政府军干预恰帕斯州,以及革命制度党的准军事组织的暴力行为。同时萨帕塔民族解放军宣布,准备协同其他组织建立萨帕塔民族解放阵线,以便通过政治与和平手段来继续争取自己权益的斗争。1997年9月,萨帕塔民族解放军利用第二届全国土著人大会召开之际,组织了上千人参加的向首都进军,并在墨西哥城召开大会,宣布成立萨帕塔民族解放阵线。据认为,它是游击队的政治组织,其目的是公开参加国家的政治生活。同时,萨帕塔民族解放军还提出恢复谈判的一系列要求,包括政府停止在恰帕斯州的军事化,全面落实已达成的和平协议,等等。但因与政府的立场相距较远,所以被政府拒绝。此外,1996年中期在格雷罗州出现另一支农民武装组织人民革命军,声称要用武装斗争推翻政府,但是它的影响相对有限。简言之,游击队组织

第十章 20世纪末期:发展模式的危机与转换

的出现表明了农村地区的贫困化造成了日益严重的社会问题。

90年代中期,在经济危机爆发和社会矛盾尖锐化之时,革命制度党内部争夺权力的斗争也空前激化,同时腐败日趋严重,这造成官方党内部分裂,党的声望下降。1994年3月23日革命制度党总统候选人科洛西奥遇刺身亡;9月28日该党总书记鲁伊斯·马谢乌在首都又被暗杀,所述的两起案件表明该党内部的派别斗争已白热化。据调查,后一命案的主谋是前总统卡洛斯·萨利纳斯的哥哥劳尔·萨利纳斯。这揭示了执政的革命制度党内部冲突已达到了极点。

实际上,在20世纪末期墨西哥政治制度变革的过程中逐步形成的政治力量多极化已打破了安定的局面。三支主要政治力量不仅在近几次总统竞选中已显露了它们的巨大压力,而且各自内部的政治分歧也成为国家的不稳定因素。如前所述,在革命制度党内为争夺其总统候选人的提名而出现破裂的危险。同时,民主革命党也不得不承认在选择其最高领导人的过程中有不干净行为,其总统候选人的提名造成了它的几名创始人之间的分裂。这一切因素造成了世纪末墨西哥政坛变幻莫测。

1997年正是其政治体制发展进程中的一个转折点。该年7月6日是下届大选前最重要的一次中期选举。在选举中,革命制度党不仅丧失了首都所在的联邦区长官和两个州的州长职位,而且失去了在国家众议院里的多数,在其500个席位之中,革命制度党仅得239席,比上届减少61席,而反对党共获261席,成为多数派。在反对党中,民主革命党成为大赢家:其领导人小卡德纳斯夺得了联邦区长官职位,在众议院由上届的64席增加到125席,从第三大党上升为第二大党。而主要受到大企业主和中等阶层支持的国家行动党在众议院的席位从上届的126席降到121席。但是它在州政府选举中又获得了两个州长职位,这样该党已掌握了6个州的政府。如从经济角度看,联邦区(首都)和所述6个州中的4个州是墨西哥的主要经济生产区。所述的七个联邦单位约占全国总人口一半以上,占国内总产值的2/3以上。此外,从地方权力结构看,在全国2378个市中,革命制度党掌权的有1720个,国家行动党执政的有336个,民主革命党执政的市为312个,其他党10个。这样,国家行动党和民主革命党控制了648个市,其中居民占总人口的53%。

中期选举的结果给墨西哥政局的发展带来很多变数,正如当时新华社记者所分析的,"执政60余年的革命制度党有史以来第一次失去对国会的绝对控制，使该党及塞迪略政府处于一种困难的窘境。也使墨未来的政治局势变得更加复杂，更加扑朔迷离"，因为各反对党已联合起来，共同对付革命制度党。从当时众议院的组成起，各主要政党之间和每个党的内部，以及立法权和行政权之间占主导的压力，经历了新平衡的形成过程。这一切编织成为墨西哥政治变革的全景。

90年代后期，各州和市政府层面权力的加强，以及各地方和联邦政府之间更加平衡关系的形成也是所述变革的标志之一。这一进程是在各种压力下推进的，比如，公共信贷和财政部与几个州政府之间关于财政参与和转账的争论，就表明了地方压力的增大。无论是在行政责任还是在公共资源方面，坚持进一步地方分权的联邦主义，加强了各州和市政府几乎自主地日益增多地参与国际层面的活动。参与境外活动的主要刺激因素是生产过程的全球化和随后为吸引投资和创造就业而展开的竞争。大部分联邦单位都设立了促进对外，特别是对美国贸易的办公室，它们为吸引投资者而展开真正的竞争。许多州的州长惯常主持对外企业办事处，或签订各种协定合同。1999年墨西哥23名州级官员赴美国进行工作访问，而美国九名州长率领商务代表团到墨西哥访问。联邦政府以关于商定条约的法令规章为基础来规范这些"机构之间协定"的签署。它们的注册，特别是其签署者承诺的执行的困难构成了通常由联邦政府垄断的条件下一批新角色带来的问题。

同美国接壤的边境地区一些州和地方政府已发展了一套机构体制并巩固了它们的国际实践。在这种性质的实践中最老的论坛是索诺拉与亚利桑那委员会，其中两个单位已将其双边对话与合作制度化。墨美边境地区具有不同于两国其余地区的特点；它们的自然环境和巨大活力给双边的州和地方当局带来了相互接触的要求，以便满足其往来的特殊需要。这样，出现了边境州长会议，边境诉讼代理人会议和边境市长会议。从1993年起，由于北美自由贸易协定的谈判和两国间相互依赖性的增长，加强了两国间的这些倾向。因此，形成了海湾各州州长会议，还推动两国州商务代表办事处的设立。

政治格局的变化在某些情况下也反映到对外活动方面。1999年6月，众议院差一点拒绝总统出国对巴西进行国事访问和参加里约集团首脑会议。同年12月2日塞迪略总统被迫推迟了对华盛顿的工作访问。在公布这项决定的政府公报中，总统府指出国家行动党和民主革命党的

第十章 20世纪末期：发展模式的危机与转换

议员团求助于"缓办程序"，并将其投票同工作访问无关的其他问题的解决联系在一起。所述情况表明主要反对党，已有足够力量掣肘政府的内外政策。

这样，到了2000年大选的时候，执政党与反对党之间的力量对比进一步变化，此消彼长，后者已积累了足够的力量夺取总统宝座。与此同时，尽管塞迪略政府克服了1994—1995年的经济危机，并使经济形势好转，但是还有一系列社会问题，如贫困、文盲、游击队、贩毒活动严重困扰着墨西哥人。

塞迪略执政时期经济成就斐然：墨西哥年人均收入从1995年的2 300美元提高到2000年的5 300美元，但是其社会仍然存在着严重的不平等状况。据官方的统计，近300个家族控制着国内总产值的一半，而1 500多万人（约占总人口的18%）则生活在贫困线以下。此外，与六年前一样，文盲率仍然在10%以上，平均入学率几乎与七年前一样。特别是在各大城市郊区、农村和土著村社长期存在着不平等和贫困现象，那里的居民很少得到经济增长的实惠，这可能是墨西哥各种武装暴动的重要原因。1994年1月出现的萨帕塔民族解放军一直坚持下来，并揭露政府在恰帕斯大搞军事化和增加准军事力量，但政府予以否认。所述时期，另一个严重的社会问题是贩毒。据非官方估计，来自中南美洲一半以上的毒品都是经过墨西哥运往美国的。据调查，贩毒分子介入墨西哥政界，比如金塔纳罗奥州州长马里奥·比利亚努埃，因涉嫌毒品而受通缉。此外，墨西哥一直解决不了非法移民美国的问题。据墨美边境地区的各民间组织估计，每年约有150多万墨西哥人和中美洲国家的居民设法偷渡美国，而其中有数百人为此送命。显然，这些长期悬而未决的社会问题困扰着革命制度党，并使之在2000年的大选中丢失很多选票。

作者点评：

20世纪末是墨西哥现当代史的一个转折点：传统的政治模式——一党长期执政的总统制逐渐失去活力，在内外各种因素的冲击下，执政长达71年之久的革命制度党终于在2000年大选中失败，从而丧失了政权。与此同时，传统的经济发展模式——替代进口的工业化也在20世纪70年代耗尽了动力，因此墨西哥不得不探索新的发展道路，最终以经济新自由主义模式取而代之。

笔者认为，虽然传统的政治和经济模式已走到了尽头，但是它们在墨西哥却树立了相应的历史功勋：革命制度党的执政长期保持了国家政局的稳定，消除了拉美其他国家经常发生的军人政变和政治动乱的隐患。另一方面，替代进口的工业化推动墨西哥完成了工业化的第一阶段的任务，在较长时期内使得经济保持了较高的增长率，提升了国家的综合实力。因此，当传统的模式完成了它们相应的使命而退出历史舞台之时，我们应当辩证地、历史地给予恰当的评价。

第十一章 21 世纪初政权更迭与历史传承

一、2000 年大选与政治格局变化

20 世纪末期,墨西哥政坛的各种力量已发生明显的消长,革命制度党一党独大的政治局面趋于消失,取而代之的是三党争雄的格局:革命制度党、国家行动党、民主革命党都有能力问鼎国家政权。正是在这一政治背景下,墨西哥迎来了新世纪的第一次大选。

2000 年的大选,包括选举总统、128 名参议员和 500 名众议员,联邦区(即首都墨西哥城)长官(即市长)、联邦区议会 66 名议员和联邦区 16 个区的区长,7 个州的州长、州议会议员和州所辖各市的市长,共计 1 426 个职位。

这次大选共有 11 个政党的 6 名候选人参加。大选前,11 个政党向联邦选举委员会进行了合法登记,分别是:革命制度党、国家行动党、民主革命党、劳工党、墨西哥绿色生态党、民主汇合党、墨西哥真正革命党、社会联盟党、社会民主全国政党、民族主义社会党、民主中心党。

在大选中,这 11 个政党单独或者联合提名了 6 位候选人:

国家行动党的候选人比森特·福克斯·克萨达,由国家行动党和墨西哥绿色生态党联合组成的变革联盟提名,他曾是墨西哥联邦众议员、瓜那华托州州长。

革命制度党的候选人弗朗西斯科·拉瓦斯蒂达·奥乔亚,由革命制度党提名为总统候选人。拉瓦斯蒂达曾先后任墨西哥能源部、矿业和工

业部部长,驻葡萄牙大使,农业部和内务部部长。

民主革命党的候选人夸特莫克·卡德纳斯·索洛萨那,由民主革命党、劳工党、社会联盟党、民族主义社会党和民主汇合党等5个党组成的墨西哥联盟提名。

夸特莫克·卡德纳斯原为革命制度党党员,1986年同革命制度党前主席波菲利奥·穆尼奥斯·莱多共同成立了"民主潮流派",1987年被开除出党。1988年1月,"民主潮流派"同其他13个左翼组织成立全国民主阵线,同年卡德纳斯作为该阵线的提名候选人参加了墨西哥总统选举。1989年5月6日,全国民主阵线同其他10个左翼组织组成民主革命党。1994年,卡德纳斯作为民主革命党的候选人又参加了第二次墨西哥总统选举。他还曾任土改部部长、参议员、米却肯州州长、联邦区长官(即墨西哥城的市长),是前总统拉萨罗·卡德纳斯的儿子。

社会民主全国政党的候选人希尔韦托·林孔·加利亚多,是社会民主全国政党的领导人,曾两次当选联邦众议员。曾经是墨西哥共产党、民主革命党党员。

民主中心党的候选人曼努埃尔·卡马乔·索利斯,原是革命制度党党员,1995年退党,1999年建立了民主中心党,任该党领导人。他曾任城市发展和生态部部长、联邦区长官。卡马乔也曾经担任墨西哥政府和恰帕斯运动和谈的代表。

最后一位是墨西哥真正革命党的候选人波菲利奥·穆尼奥斯·莱多。穆尼奥斯原是革命制度党的党员,曾任该党主席。后同卡德纳斯共同组建了民主革命党,曾任该党主席,后退党。穆尼奥斯曾任劳工部部长、公共教育部部长,以及联邦参议员和众议员。

据分析,在这6位候选人中,只有革命制度党候选人弗朗西斯科·拉瓦斯蒂达·奥乔亚、变革联盟候选人福克斯和民主革命党的候选人卡德纳斯具有问鼎总统宝座的实力。

然而,对于连续执政长达71年之久的革命制度党内部来说,2000年的总统候选人的产生也意味着一次巨大的转折。其总统候选人一直由"党内推举",也就是革命制度党的实际领导人来确定下一任的总统候选人。由于几十年来该党的总统候选人都一直毫无例外地最后当选为总统,这种实际上由上届总统"任命"下届总统的现象在墨西哥已经存在几十年之久了。

第十一章 21世纪初政权更迭与历史传承

1996年,总统埃内斯托·塞迪略·庞塞·德昂内同几个主要反对党达成协议,其中一条规定:总统,即革命制度党总统不再指定官方党的下届总统候选人。1999年6月,革命制度党的全国代表大会通过了塞迪略总统的提议,决定通过全国范围内举行初选的办法来推举党的总统候选人,投票的人不但包括革命制度党的党员,还包括所有拥有选举权的墨西哥公民。这标志着墨西哥几十年的权力继承与转移机制宣告终结。

值得注意的是时任内政部长的拉瓦斯蒂达也完全支持这一改变,他曾经表示,"要以一千万个指头代替一个指头"。

革命制度党初选的候选人有4位,分别是内政部部长拉瓦斯蒂达、塔巴斯科州前州长罗伯托·马德拉索、前内政部部长和普埃布拉州前州长曼努埃尔·巴尔莱特,革命制度党前主席温贝托·罗克。

在初选之前,革命制度党在全国设置了6万多个投票站,派遣了45万名工作人员和监督员。在初选中,革命制度党的4个候选人进行了激烈的竞争,互相攻击,给最后的大选造成了不良影响。

最后,在1999年11月7日的初选中,革命制度党的总统候选人现任内政部长拉瓦斯蒂达在总计300个选区中,赢得了272个选区,获得了胜利,成为该党的总统候选人。

变革联盟的候选人、国家行动党的比森特·福克斯,时年58岁,出生在墨西哥首都的一个农场主家庭,父亲是爱尔兰后裔,母亲是西班牙后裔,在9个孩子中排行第二。他童年和少年时期主要是在墨西哥中部地区的瓜那华托州的一个庄园里渡过的。1960年,福克斯到墨西哥城的伊比利亚美洲大学攻读企业管理专业,1964年毕业后到美国哈佛大学学习,拿到了高级经理的证书。同年年底被可口可乐公司录用,成为一名推销员。五年后,他被召回首都担任销售经理,直至1975年出任可口可乐墨西哥与中美洲公司的总裁。

1979年,留恋家乡生活的福克斯回到了他的庄园,同友人创办了"福克斯集团",从事墨西哥牛仔靴和农牧产品的制造与加工。1982年3月,对政治逐渐感兴趣的福克斯加入墨西哥最大的反对党国家行动党。1988年7月,福克斯竞选联邦参议员成功。1995年,他又竞选成功瓜那华托州州长,在任期间,努力工作,大胆改革,使得瓜那华托州经济发展迅速,超越全国平均水平,成为墨西哥第五大经济强州。1997年7月,福克斯被国家行动党和绿色生态党组成的墨西哥变革联盟推举为总统候选人,参加2000年大选。福克斯身高近两米,喜欢北方牛仔打扮,20岁时和一个名叫莉莲的姑娘结婚,1992年两人离婚后他未再娶,婚后没有生育,但收养了两儿两女。

在选举过程中,福克斯渴望社会变革,但又希望社会稳定,提出新政党、新面孔、新主张的口号来吸引选民,同时提出了建立"社会安全与公正"、"无人凌驾于法律之上"的社会,"实行私有化但同时应该发挥国家在市场经济中的作用"的新主张。福克斯也表示将保证新政府实行多党制,这赢得了知识分子的支持,消除了他们的疑虑。

同时福克斯发挥自己的优势,物色了优秀的工商界人士参加自己的总统竞选班子或顾问,这样他让竞选充满了"社会性"、"公正性"和"商业性",这些措施也赢得了选民的认同和拥护。

投票前夕,墨西哥真正革命党候选人穆尼奥斯宣布退出总统竞选,支持福克斯竞选总统,但该党仍宣布继续参加竞选。

2000年7月2日,墨西哥大选在基本平静的气氛中进行。选举结果是,反对党国家行动党和绿色生态党组成的变革联盟总统候选人,国家行动党的比森特·福克斯赢得了选举。他获得15 988 740票,占总投票数的42.52%。革命制度党总统候选人拉瓦斯蒂获得了13 576 385票,占总投票数的36.1%,比福克斯少了241.2万多票,6.42个百分点。由民主革命党和劳工党等5个政党组成的墨西哥联盟总统候选人卡德纳斯获得了6 259 048票,占总投票数的16.64%,位居第三。同时在2000年墨西哥参议院和众议院的选举中,国家行动党和墨西哥绿色生态党组成的变革联盟也获得了胜利,但是对革命制度党的优势并不大。两个竞选阵营各自获得30%多的选票,而居第三位的由5个政党组成的墨西哥联盟只获得了不到20%的选票,其他政党只获得了不到8%的选票。

但是就各政党在2000年选举中所获得的参议院和众议院席位来说,革命制度党依然获得了对其主要竞争对手国家行动党的优势,尽管优势并不大。在墨西哥参议院选举中,革命制度党获得了60席,居第一位;国家行动党获得了46席,居第二位;民主革命党获得了15席,居第三位。在众议院选举中,革命制度党获得了211席,居第一位;国家行动党获得了207席;民主革命党获得了51席,居第三位。

在2000年各州州长的选举中,革命制度党依然保持了较大优势。到2000年7月底,在全国31个州当中,革命制度党在20个州获得了胜利。

第十一章 ● 21世纪初政权更迭与历史传承

国家行动党在7个州获得了胜利,而民主革命党获得了4个州的胜利。在最重要的联邦区长官选举中,也就是墨西哥城市长的选举中,民主革命党候选人,原该党主席洛佩斯·奥夫拉多尔以33.44%选票,击败了变革联盟(获得了32.98%的选票),也同时击败了革命制度党(获得了22.4%的选票),当选为联邦区长官,从而使得民主革命党再次保持了这一重要职位。在福克斯的家乡瓜那华托州,国家行动党候选人战胜了革命制度党,也再次获得了州长职位。国家行动党获得了56.19%选票,而革命制度党只获得了33.79%的选票。在莫雷洛斯州的选举中,革命制度党也败给了国家行动党,失去了原来的州长职位。革命制度党只获得了其中26.86%的选票,而国家行动党获得了56.19%的选票。在州府和市政选举中,到2000年7月2日,在9个州的421个市举行了市长选举,国家行动党获得了其中54%的市长职位。

在墨西哥现代史上2000年大选中,革命制度党第一次落败,而由反对党国家行动党和墨西哥绿色生态党组成的变革联盟的总统候选人国家行动党的比森特·福克斯获得了胜利,这结束了革命制度党长达71年的统治,具有重要意义。

在这次选举中,国家行动党无疑是最大的赢家。它的力量明显增强,除了获得总统职位,还获得了7个州州长的职位,46.88%的州首府职位和全国63.7%的市长职位。国家行动党已经成为墨西哥政治与社会最大和核心的力量。然而,该党尽管在2000年大选中获得了胜利,但是其优势与第一大反对党革命制度党相比并不大,且它在众议院和参议院中还稍微落后,因此这对于它以后的执政,将是一个掣肘因素,后来的政局发展也证明了这一看法。

革命制度党在这次大选中落败,失去了总统职位,在州和地方的选举中也遭受了许多挫折。这样71年来它第一次沦为在野党。但是,革命制度党仍然获得了全国31个州中20个州的州长职位,获得了28.13%的州首府职位和36.10%的市长职位。同时在参议院和众议院中的选举中,革命制度党仍然获得了相当大的成功,在获得的参议院和众议院席位上,仍然超过了国家行动党。因此,革命制度党作为墨西哥最大的反对党,它和执政党国家行动党的差距很小,甚至在参众两院中还略微占有优势。伴随着墨西哥政治格局的逐渐变化,议会在政治生活中的地位和作用已经逐渐加大,对总统的权力形成了相当大的制约。由此看来,革命制度党仍然是墨西哥政治和社会生活的中坚力量。

民主革命党在这次大选中,也获得了相当的成功。它获得了全国31个州中的4个州的州长职位,获得了25%的州首府的职位和全国30%的市长职位。同时,在参议院和众议院中也获得了相当多席位,以及获得了最重要的墨西哥联邦区长官的职位。因此,同其他小党相比,民主革命党优势明显,成为当之无愧的墨西哥第三大党,但是和其他两个大党国家行动党和革命制度党相比,仍然有相当大的差距。总的来说,2000年大选后的墨西哥政局,三个政党:国家行动党、革命制度党和民主革命党呈现出了三足鼎立的局面。

二、三足鼎立的政党格局

2000年7月2日晚10时左右,墨西哥总统塞迪略发表电视讲话,承认福克斯当选新一任墨西哥总统,并且表示将"透明地、干净利落地、有效地"移交权力。晚11时左右,革命制度党候选人拉瓦斯蒂达也发表讲话,表示尊重选民的选择,承认了福克斯当选新一任总统的大选结果。

革命制度党的大选失败不可避免地在党内掀起了轩然大波。塞迪略受到了指责,有人认为不应如此迅速地承认大选失败,塞迪略发表电视讲话前,联邦选举委员会还未公布大选结果。大部分革命制度党党员也认为大选失败,塞迪略应负主要责任。墨西哥《每日报》估计,每10个党员中,有8人这样认为。甚至有人认为塞迪略是出卖革命制度党的叛徒。

大选的失败,导致了革命制度党面临分裂的危险。2000年7月3日,大选刚结束不久,革命制度党便召开了全国执行委员会的扩大会议。会议就党的领导层的调整展开了激烈的争论。党主席杜尔塞·玛利亚·绍里和全国执行委员会全体会员提出了辞职。革命制度党的一些州长和老党员提出让马德拉索出任主席,也有人提名巴特莱担任党主席。

同年7月11日,塞迪略总统召集21位革命制度党的州长开会,决定由革命制度党的15位前任主席组成顾问委员会,并由绍里兼任顾问委员会主席。结果,14名革命制度党的州长表示支持,7位州长表示反对。9月9日,革命制度党召开了一次全国论坛,讨论"革命制度党该怎么办"。党主席绍里表示:革命制度党不会离去,不会消失,将继续为民主而战斗。11月20日,革命制度党又举行纪念墨西哥革命爆发90周年的大

第十一章 ● 21世纪初政权更迭与历史传承

会,并召开了思想和政治分析全国会议。2001年2月16日,革命制度党在墨西哥州伊斯塔帕召开了党的第四十次全国政治委员会全体会议,绍里获得了80%的赞成票,继续担任主席。11月17日,革命制度党召开了党的第十八次代表大会,就如何选举党的主席通过了决议。

民主革命党在2000年的大选中,虽然没有获得总统职位,同国家行动党和革命制度党相比,在各方面还有很大差距,但也获得了相当的成功,牢固树立了第三大党的地位,这样在墨西哥政治格局中形成了三足鼎立的局面。

民主革命党来源复杂,成分多样,政治主张也不一样,主要来自两类组织,其一是主张社会公平进步的民族主义政党和组织,另外是主张社会主义的政党和组织,但总体来说,是一个左派政党组织。

1987年,由于夸特莫克·卡德纳斯和革命制度党前主席穆尼奥斯·莱多等一些革命制度党知名人士对当时的总统德拉马德里实行的新自由主义政策和党内的专制与腐败不满,成立了民主潮流派。该派主张在党内进行民主改革,总统候选人应由党内民主选举产生,而不是由总统指定等。由此,他和莱多等一批革命制度党党员同年8月被开除出党。

1988年,卡德纳斯作为全国民主阵线和社会党组成的选举联盟的总统候选人参加了当年总统大选,没有获得成功。他获得了30.59%的选票,居第二位。革命制度党的总统候选人卡洛斯·萨利纳斯虽然赢得了总统选举,然而只获得了50.71%选票,这在革命制度党的历史上是很低的得票数。并且,革命制度党在这次选举中被指责舞弊,选举当天,统计选票的计算机系统突然失灵。因此,革命制度党在墨西哥政坛的优势和统治地位,遭受了很大质疑、挫折和挑战。

在2000年的大选中,卡德纳斯所在的民主革命党和劳工党、社会联盟党、民族社会主义党、民主汇合党等5个党共同组成了墨西哥联盟来参加大选,但是再次失败。这使得民主革命党内部产生了很大分歧。虽然卡德纳斯依然保持着很大影响,但其连续三次竞选总统的失败,引起了党内许多人士的不满。

这次大选之后,民主革命党召开了中央执行委员会全会,全会通过了《关于目前形势和2000年7月2日大选的报告和分析》的文件,承认了民主革命党在这次大选中的失利,总结了失利的教训。文件认为失利的主要原因首先是党内矛盾和分歧太大,在对待一些问题上,如对大学生罢课,党内意见不一致,影响了党的行动能力;其次,原民主革命党的主席穆尼奥斯·莱多因为未获得本党总统候选人的提名,于1999年3月退党,影响了党的竞选活动;最后,在2000年的大选中,民主革命党同劳工党、社会联盟党、民主社会党、民主汇合党多达5个党组成了竞选联盟,本身策略不当。这些党派主张不一,策略各异,代表着不同的利益和理论观点,使得民主革命党因此显得定位不清,影响了在选民中的形象和地位,导致了大选的失败。民主革命党总结上述教训和经验,认为今后党的内部应该加强团结,明确党自身的定位是一个左派党,将党建设成为一个新的建设性的反对派。

2001年4月,民主革命党召开了党的第六次全国代表大会,主席阿玛丽亚在会上表示要对党进行"彻底的改革",要将民主革命党建设成为一个"现代化的、负责的、有能力统治墨西哥的左派政党"。

卡德纳斯则在这次大会中指出:民主革命党现在的主要敌人已经不是革命制度党,而是国家行动党。这个观点,在以后的墨西哥政治发展进程中,使得该党的左派特点更加鲜明。

民主革命党"六大"最后通过的党纲指出:党的基本目标是建立一个拥有社会平等、民族独立的民主社会和建立一个社会民主和法制的国家。民主革命党的这次大会虽然取得了一些成果,但是在一些根本问题上未能获得一致。2002年3月17日,民主革命党举行了党内选举。墨西哥前联邦区长官及墨西哥国立自治大学经济学教授罗萨里奥·罗夫莱斯女士取代阿玛丽亚担任民主革命党的主席。该党大约拥有200万党员,在联邦区(首都墨西哥城)和其他4个州执政。民主革命党是否能在墨西哥政坛上重整旗鼓,真正达到和其他两个党国家行动党和革命制度党势均力敌,甚至取得优势,2003年的中期选举是一个考验。

现在让我们看一下2000年大选后,新执政的国家行动党的概貌。国家行动党成立于1939年9月,是墨西哥历史上少有的建党历史超过60年的党,在墨西哥只有两个,另一个就是执政长达71年的革命制度党。国家行动党,作为最主要的反对党,一直是墨西哥的第二大党,是革命制度党主要的竞争对手,虽然并不构成实质性和真正的威胁。其主要创始人和首任主席是墨西哥国立自治大学校长曼努埃尔·戈麦斯·莫林。莫林认为墨西哥的民主,不能依靠一次选举或依靠一个人来完成,需要在墨西哥形成一种民主的文化。

第十一章 21世纪初政权更迭与历史传承

国家行动党创建之初,针对30年代拉萨罗·卡德纳斯政府时期较为激进的民族主义革命政策,提出了"民族重建"的口号,主张在平等的条件下,通过民主竞争,来建立政治组织,反对革命制度党的一党制和垄断国家政权;主张通过民主选举,建立民主的全国政府;主张维护人权、保护私有制、实行市场经济;同时也反对当时盛行的考迪罗主义和个人独裁。国家行动党在当时主要的支持力量是新兴的中等阶级,特别是以蒙特雷财团为代表的企业家,以及天主教的主要派别。该党直到1952年才首次单独参加竞选,并一直持续到1988年。同时,党内在20世纪70年代初分成的两派:传统派(或理论派)和新派,代表新兴企业家和中等阶级。

在1988年的大选中,国家行动党得票占第三位,仅次于执政党革命制度党和民主革命党,同时国家行动党内部的新派逐渐占了优势。90年代以后,其力量逐渐增强,该党先后控制了下加利福尼亚、奇瓦瓦、瓜那华托和哈利斯科等一些重要的州,以及蒙特雷、梅里达、华雷斯、莫雷西亚等重要的城市。同时国家行动党在总统选举中的得票和所占议院席位也在稳步增加。1982年,该党总统候选人得票率是15.69%,1988年增加到17.07%,1994年达到26.69%,2000年获得了42.52%。1994年,国家行动党在众议院选举中,已经获得了119席,三年后的中期选举中,增加到122席,最后在2000年的大选中,获得了207席;在参议院选举中,1994年该党获得了26席,1997年中期选举中增加到33席,2000年大选中,最终获得了46席。由于赢得2000年大选的胜利,国家行动党已经成为拥有大约570 279名党员的执政党。但是,由于其在参议院和众议院中仍然不占统治地位,以及国家行动党同总统福克斯之间比较松散的关系,该党仍然需要继续进行自身的改革,协调各方面关系,例如,修改党的基本原则,党内产生候选人和领导人的方法与程序等。2002年,国家行动党进行了党内选举,布拉沃·梅纳再次当选为主席,9月中旬,国家行动党召开了第四十五次全国代表大会。

如前所述,福克斯总统和国家行动党的关系并不像之前革命制度党同总统的关系那样密切,福克斯在党内不是领袖,不占主导地位。虽然福克斯以国家行动党候选人的身份参加了2000年大选,但是其当选主要依靠的是"福克斯朋友"这个组织的帮助,而不是国家行动党本身。在之后的实际政治运行过程中,事实也证明了这种关系。对福克斯总统提出的许多政策建议,如财税改革方案,议会中的国家行动党议员,多有保留,并未完全支持。正如该党主席布拉沃·梅纳所说的那样,国家行动党和福克斯之间是"民主的联系"。

福克斯总统

福克斯当选后,于2000年11月22日公布了第一批内阁成员的名单。和以往历届总统不同的是,福克斯分批公布了其内阁名单,而不是像以往那样一次性公布。从其内阁组成的特点看,除了上述的成分多样,不限于执政党国家行动党成员以外,还有"经济内阁"的特点。在这个经济内阁中,专门新设立了一个总统公共事务顾问,负责协调政府的经济事务和经济政策。爱德华多·索霍被任命担任这一职位,由于他的权限要高于其他部长,因此被称为"超级部长"。之后福克斯还任命了其他三位"超级部长",负责国家政治、国家安全和法律事务。福克斯政府还将原负责经济事务的"贸易和工业发展部"改名为"经济部",将原来的"农业、牧业和农村发展部"改为"农业部",将"环境、自然资源和渔业部"改为"环境部"等。

福克斯政府任命卡斯塔涅达为外交部长,他在接受任命后表示:墨西哥外交工作的中心任务不限于维护国家主权和安全,经济发展也应该是外交的重要组成部分。外交应该成为促进和支持墨西哥经济和社会发展任务的强有力杠杆。这位外交部长表示,外交部应帮助墨西哥企业家扩大出口、吸引投资、支持艺术家和作家传播墨西哥文化,特别是帮助在国外的墨西哥移民。墨西哥的移民问题是一个长期以来需要重视和加以解决的棘手问题,为此福克斯政府新设立了一个"北部边境移民事务总干事",表明政府决心维护墨西哥移民,特别是在美国的墨西哥移民的利益

第十一章 21世纪初政权更迭与历史传承

和权益。墨西哥北部同美国接壤,两国边境线长达 3 000 公里,大量墨西哥移民前往美国,包括大量非法移民,据估计,到 21 世纪初,在美国的墨西哥移民,包括合法移民和非法移民,共有 1 800 万之多。这些众多的墨西哥移民每年给墨西哥汇回多达几十亿美元,这成为国家重要的资金来源。虽然这些墨西哥移民作为廉价劳动力为美国经济发展作出了贡献,但是权益经常得不到保障,非法移民也引起了美国的不满,成为墨美外交摩擦的重要方面。

福克斯内阁的另一个特点是许多成员有企业家的背景,如农业部长哈维尔·乌萨韦亚加在墨西哥被称为"蒜王";财政部长弗朗西斯科·希尔·迪亚斯曾是墨西哥阿班特尔长途电话公司的董事长。福克斯从做可口可乐公司的推销员干起,直至做到总裁并建立自己的企业,这种背景也深深影响了福克斯的执政风格,重视经济发展,重视"推销",形成了其鲜明特色之一。

福克斯当选总统后,在举行正式就职仪式前,便大力开展"经贸外交"和"引资外交"。2000 年 10 月,他再次访问美国,参加《财富》杂志举办的美国 500 家企业负责人大会。在企业论坛会上,福克斯表示:墨西哥政府是个商业政府,我是来这里做生意的。并且,他向美国企业家呼吁:到新的墨西哥来做生意吧。

福克斯就任总统不久去法国访问,也谢绝了游览巴黎风光,而是集中精力会见了法国 20 多位企业家,向他们介绍墨西哥的投资条件和优惠条件,欢迎他们去墨西哥投资办厂。就职当天,在会见中国特使科技部部长朱丽兰时,他也强调欢迎中国企业家到墨西哥投资,加强墨西哥和中国的经济贸易往来。

福克斯总统执政后,另外一个特点是树立"亲民"形象,注意解决墨西哥社会长期受关注的问题,如贫困化、腐败和贩毒问题等。

福克斯担任总统后不久,自己出资在其庄园里办了一个电台,取名"福克斯直播,福克斯与您在一起",总统本人亲自做这个电台的主持人。电台主要介绍总统的活动,以及对内阁成员的采访,更重要的是提供给普通民众直接同福克斯总统本人对话交流的机会,这种方式受到了普通民众的欢迎,也树立了福克斯政府和他本人的亲民形象。

福克斯总统针对社会贫困化现象严重的现实,积极采取各种措施,来表明政府和其本人对解决这个问题的态度和决心。例如,福克斯就职不久,便和街头流浪儿童共进早餐,此后倡议建立一家面包厂为他们提供就业机会。福克斯本人没有生育子女,他收养的4个子女,也都是孤儿。

福克斯也非常关注腐败问题。据墨西哥媒体报道,墨西哥的腐败程度位居世界第六。福克斯就任不久,就召开了墨西哥联邦政府部际反腐败大会,提交了自己的财产申报清单,并且带头和社会各界签署了反腐败公约。福克斯上述的行动,使得他与墨西哥革命以前的政府和总统有了很大区别,展示了新一届政府的新气象,使得其政府和本人在初期赢得了公众的好感,福克斯的支持率也有很大的提高。

新政府上台以来,除了上述的新气象之外,墨西哥政治制度和行政模式也发生了显著变化。

首先,议会不再是总统的橡皮图章。在前福克斯政府时代,总统由革命制度党内产生,而同时该党也在上议院和下议院占绝对统治地位。这样,该党的总统可以较为自由地行使其权力,推行自己的各项方针政策。

而福克斯政府却面临着完全相反的政治格局和府院关系(总统府和参众两院)。福克斯所在的国家行动党在大选中虽然获得了总统选举的胜利,但是在参议院和众议院选举中并未取得优势。因此,福克斯可以被形容为某种意义上的"瘸鸭总统"。如果福克斯政府想通过任何议案,必须联合其他两个大党的一个,这种三足鼎立的局面在墨西哥历史上是很少出现过的,特别是在革命制度党执政的71年里。这的确给福克斯政府带来了许多限制和掣肘。

显然,墨西哥的议会在政治制度中的地位和作用也加强了,任何重大的改革措施和行动必须经过议会的批准。其关系正如福克斯总统本人所称的那样:总统提建议,议会作决定。2000年,福克斯总统和财政部长为了使得2001年的预算草案得到通过,不得不同议会中的各个党派的议员进行讨论、对话,最后得到议会的一致通过。但是对于福克斯总统提出的财税改革方案,议会一直未取得一致意见,直到2001年年底,才仅仅通过了议案的部分,对原来的取消对药品和食品的免税,不得不应议员的要求进行修改。2002年4月,参议院以71∶41的投票结果,否决了福克斯总统访问美国的计划,理由是福克斯总统没能保护好在美国的墨西哥侨民利益。这在墨西哥历史上是很少见的事情。

其次,总统和执政党不再是合二为一的政治关系。在革命制度党执政时期,也就是2000年大选之前的71年里,总统同时也是党的最高领袖,拥有很大的权力和地位。由上届总统指派下任革命制度党的总统候选人,也就是实际上的下任总统的做法,突出体现了总统同官方党的这种密不可分的关系。革命制度党作为执政党,同时是官方党和政府党,垄断着政府的各项职位,联邦政府的成员都是革命制度党的党员。在革命制度党长达71年的执政时期,唯一的例外是在革命制度党执政后期的塞迪略政府时期,国家行动党党员安东尼奥·洛萨诺·格拉西亚曾经担任总检察长。这已经是20世纪90年代末的事情了。

福克斯当选总统后,同国家行动党的关系有所改善,但是在许多问题上存在分歧。同时,在议会中,国家行动党并不是完全支持福克斯总统的政策。正如国家行动党在众议院的党团主席费利佩·卡尔德龙所说,国家行动党议会党团既不是为福克斯也不是为政府效劳的。

同时,福克斯政府的成员也不只是局限于国家行动党之内。在福克斯政府的29名成员之中,国家行动党党员仅有6名部长,来自"福克斯之友"的福克斯竞选组织拥有5名政府成员,还有国家行动党的竞争对手革命制度党的党员3名,其他是7名无党派人士,3名军人,甚至还有一名共产党党员,而且是非常重要的外长职位,他就是外长豪尔赫·卡斯塔涅达。在福克斯政府的15名内阁成员中,反对党革命制度党的人数达到6名,超过了执政党国家行动党,还有1名是民主革命党的成员,其余来自"福克斯之友"的组织和无党派人士。

此外福克斯政府成员的另一个特点是大部分来自总统家乡瓜那华托州,还有不少成员都和福克斯总统一样有着企业家背景。因此新政府的成员有很强的福克斯个人关系色彩,执政党的党派色彩非常淡化,这同先前革命制度党执政时期极强的党派色彩形成了鲜明对照。

再次,墨西哥政局出现了三足鼎立的政党格局。2000年大选之前,墨西哥也存在着其他政党,但革命制度党作为执政党、官方党和政府党,一直占有绝对优势,连续执政长达71年之久。在历次大选中,革命制度党的总统候选人都毫无悬念地当选总统,其他政党仅是陪衬而已。

2000年大选之后,国家行动党成为执政党,而革命制度党首次成为反对党,第三大党民主革命力量也有所削弱。但是作为执政党的国家行动党,没有成为以前革命制度党那种意义上的官方党和政府党,同时在墨西哥众议院和参议院也没有形成优势地位。因此在墨西哥政局中,出现了较为明显的三足鼎立的局面。在这三足中,国家行动党和革命制度党基本上势均力敌,国家行动党获得了总统职位,但在议会两院中稍处劣势。革命制度党虽然沦为在野党,但是在议会两院和地方上势力依然很强,是国家行动党强有力的竞争者。民主革命党相比上述两党实力最弱,但是远远超过其他小党,也控制着诸如联邦区长官(墨西哥城市长)等重要地方职位,因此毫无疑问是第三大党。

墨西哥政坛这种三足鼎立的格局,在2003年7月中期选举之后,依然没有改变。并且民主革命党在中期选举后,其影响力和地位稳步增长,民主革命党的联邦区长官也成为2006年墨西哥总统选举的强有力候选者,民意支持率也持续走高。

2003年7月,墨西哥进行了中期选举,选举众议院全部500名议员,6个州的州长和几百个地方议席和市长。这次选举有11个政党取得了登记资格,是墨西哥历史上参加政党最多的一次,但也是投票率最低的一次选举,只有41.8%的选民参加了选举,同时还有95万多张废票,占投票总数的3.74%。在这次中期选举中,依然在三个主要政党之间展开竞争。革命制度党首次通过内部选举,产生了党主席,而以前是总统提名和同意的。另外革命制度党首次采取了政党结盟选举的措施。在2000年曾和国家行动党一起联合竞选的墨西哥绿色生态党,这次和革命制度党在全国97个选区组成了竞选联盟。

在众议院选举中,执政党国家行动党获得了30.64%选票,获得了151席,比先前的205席,少了54席;革命制度党获得了36.4%的选票,众议院席位由207席增至222席;民主革命党获得了17.66%的选票,获得了95席,比以前的54席增加了41席。此外,绿色生态党获得了3.79%的选票,劳工党获得了2.4%的选票,民主汇合党获得了2.27%的选票,其他少于2%得票率的小政党则按照墨西哥法律,失去了登记资格。

在全国6个州的州长选举中,主要在国家行动党与革命制度党之间展开竞争。经过激烈角逐,革命制度党获得了较大胜利,赢得了6个州中的4个州的州长职位,分别是索诺拉、坎佩切、科利马和新莱昂;国家行动党获得了克雷塔罗和圣路易斯波托西的两个州长职位。

在地方议会和市长选举中,革命制度党在城市居民中获得了较大优势;国家行动党在农村地区得到了很大支持;而民主革命党则依然控制着联邦区,也就是首都墨西哥城地区。

这次选举,再次确认了2000年大选所形成的三足鼎立的政党格局。

第十一章 ● 21世纪初政权更迭与历史传承

和2000年大选有所不同的是,三个大党的力量彼此又有所消长。

首先,国家行动党在这次中期选举中,属于失利的一方。在众议院的选举中,议席比2000年大选减少了很多;6个州的州长竞选只获得了2个州的州长职位;此前支持国家行动党的城市居民、专业人士和政府雇员等转而支持革命制度党。这反映了墨西哥民众对国家行动党执政以来的状况持有失望态度。

执政党失败的原因,主要是经济低靡,增长乏力,同福克斯当初竞选时的许诺相差甚远。福克斯竞选时曾经许诺经济增长率要达到7%,但是执政第一年为负增长-0.9%,第二年为正0.9%,第三年好一些为1.5%,但离福克斯计划的3%也还有相当大的差距;除了经济增长乏力之外,许多社会问题也没有解决,如消除腐败,改变贫困化,还有印第安人的萨帕塔解放军僵局等问题。福克斯在竞选时曾经开玩笑许诺说15分钟解决萨帕塔解放军问题,然而事实证明这一问题非常复杂,很难在短期内解决。在外交方面,美国"9·11"事件之后,对美关系冷淡下来,没能解决墨西哥民众最为关心的墨西哥在美非法移民合法化的问题;另外福克斯和国家行动党的主席布拉沃·梅纳之间存在矛盾,以及他本人对国家行动党态度冷淡,这样没能将他个人的声望转化为民众对党的支持。

革命制度党在这次选举中,应该说取得了一定的胜利。在众议院选举中,获得了更多的席位;6个州长中获得了4个州长职位,这样就得到了全国31个州和首都联邦区中的20个州的州长职位。革命制度党通过这次中期选举,部分夺回了2000年大选失去的阵地,重新巩固了自己在墨西哥政党格局中的最大反对党的地位。

革命制度党能够取得一定胜利的原因:一方面是由于国家行动党政府的政绩不佳,另一方面也是由于革命制度党总结了2000年大选失败的教训,在2001年革命制度党"十八大"上,重新制定了新的党章、纲领和战略,弥补了由于竞选失败而造成的内部分裂。2002年,选举原塔巴斯科州州长为新的党主席,从而为以后重新赢得选举胜利打下了良好基础。

民主革命党也是这次墨西哥中期选举的赢家。由于2000年大选的失利,民主革命党在众议院的席位从126席减少到51席,一度被外界认为是一个"失去效能"的政党。但是通过这次中期选举,重新获得了95席,摆脱了不利的局面。

民主革命党也总结了2000年大选失败的教训,在2001年4月召开了党的"六大",重新确定了其在墨西哥政治格局中的左派政党的定位,同时是"现代化的、负责的、有能力统治墨西哥"的左派政党,并且重新选举了前首都联邦区的长官,罗萨里奥·罗夫莱斯为新的党主席;通过这些措施,民主革命党重新改变了其在三足鼎立的政党格局中偏弱的局面。

更为重要的是,从大选后的发展情势来看,民主革命党控制的首都联邦区,其长官安德莱斯·曼纽尔·洛佩斯·奥夫拉多尔,成为2006年墨西哥总统竞选的有力竞争者。福克斯总统的国家行动党越来越把奥夫拉多尔当作主要的竞争对手,而不是革命制度党。

总的来说,2003年的中期选举,巩固了2000年大选以来所形成的三足鼎立的政党格局,先前失利的革命制度党和民主革命党这一次都部分地赢回了失地,进一步巩固了自己主要反对党的地位。而执政党国家行动党则稍稍失利,但是依然处在较有利的位置上,为2006年总统大选准备了一定条件。革命制度党在议会中抵制福克斯政府的许多议案,背负上了阻碍改革的名声,也面临着如何协调在议会中的行动,以便为2006年总统大选做好充分的准备。

中期选举也表明墨西哥在2000年摆脱了革命制度党一党执政后,基本上实现了政权更迭的平稳过渡,基本上保持了政局的稳定,这在拉丁美洲政坛上,应该称得上是难能可贵的。

选举后,福克斯政府依然面临着议会中执政党占少数的局面,这将影响政府进一步推进一些改革措施,怎样协调总统和议会的关系问题。由于执政党未能占据议会多数席位,政府提交的税收、劳工、能源等重要改革法案无一获议会通过。福克斯政府执政以来,对内主张实施"新联邦主义",积极倡导政治体制和政府机构改革,推动恰帕斯州和谈进程,加强社会治安。

三、新政府经济政策的延续与革新

福克斯总统执政后和前几任革命制度党的总统相比,经济发展的主导思想既有延续性又有一定的变革。

新政府于2000年开始执政后,继续遵循经济对外开放、进行市场化经济改革的方向,同时也继续履行前几届政府同国际金融经济机构和各国政府签订的各项协议。在坚持所谓的新自由主义发展模式方面,福克

第十一章 ● 21世纪初政权更迭与历史传承

斯政府和其前任并无实质差别,尽管福克斯总统本人似乎并不认同"新自由主义"这种名称。总统本人强调,他并不是新自由主义者,他虽然信奉市场经济,信奉"企业哲学和经理纪律",但是同时主张应该对财富进行公平分配,不应该让市场支配和控制一切,福克斯说:"因此,我是反对新自由主义的。"

福克斯政府上台后不久,就颁布了《2001—2006年全国发展计划》和《2001年经济政策总则》。前者比较集中地体现了福克斯政府的经济发展政策的总体方向和战略,即在保持低通货膨胀率的基础上维持较高的经济增长率。为达到这个目标,福克斯政府采取了税收改革,平衡预算、打击偷漏税等措施,以实现增加财政收入,减少支出,保持财政平衡;同时收缩银根,减少货币流通量,以控制通货膨胀;同时加强了对金融体系的监控,保证在经济增长下降的情况下,宏观经济形势的稳定等。这种思路也基本上延续了前几届政府的基本政策。当然存在这种政策延续性的同时,福克斯政府同其前届政府在一些具体政策上也有所不同,主要表现在以下几个方面:

第一,私有化进程加速。福克斯在就职演说中,表示将不对墨西哥石油公司和墨西哥联邦电力委员会等国有企业进行完全的私有化改革,但是将鼓励本国和外国的投资者在墨西哥石油业和电力业进行投资。2001年2月中旬,福克斯总统同意让一些企业家参加墨西哥石油公司的管理委员会,这4位企业家分别是墨西哥电话公司的总裁、墨西哥水泥公司的总裁、普尔萨尔公司的总裁以及百事可乐饮料公司的总裁。2001年,总统将墨西哥两家航空公司、墨西哥城国际机场、部分墨西哥贸易银行的股份、伊达尔戈保险公司、20个港务局、墨西哥西北部的铁路、墨西哥铁路运输集团、墨西哥山谷铁路局和南方铁路局等都实行了私有化。这些私有化措施,引起了反对党的激烈反对,但是墨西哥的私有化进程继续推行。

第二,进行全面的财税改革。福克斯政府在2001年3月向墨西哥议会提交了进行全面财税改革的议案,目的是增加税收,同时使得税制更加公正合理。增加税收,是因为墨西哥的税收收入比例较低,只占国内生产总值的11.2%,低于拉美国家的平均水平,约18%至21%,远低于发达国家的30%的水平;同时福克斯政府试图统一税制,取消对食品和药品的免税,也取消对农牧业和运输企业的简化税制等。这些措施遭到反对党的抵制,议会对此也争论不休,结果未能全部通过,只是在2001年年底，通过了对奢侈品进行征税的方案。2003年11月27日，由于对福克斯政府取消对食品和药品免税的政策不满，8万多民众在墨西哥城的中央广场举行游行示威，抗议福克斯政府的这些措施。

第三，支持中小企业的发展。福克斯政府上台后，认识到如果想促进经济发展，扩大就业，改善民众的生活水平，促进和扶持中小企业甚至微型企业的发展是非常重要的。因此福克斯政府专门在经济部中设立了中小企业局，由一位副部长主管该局的工作。并且福克斯政府还制定了一项促进中小型企业发展的计划，并专门拨款5亿比索进行扶持。同时制定了另一项支持微型企业的计划，也拨了2亿比索进行支持。通过这些计划，中小企业和微型企业能够得到必要的资金帮助，以及一些必要的技术帮助，有助于促进墨西哥经济的发展和就业。

通过上述各项经济政策和措施，上任之初的福克斯政府雄心勃勃，提出墨西哥2001年的经济增长率要达到4.5%，但是该年经济增长率却是负数，这是墨西哥摆脱1994年金融危机以来，自1996年多年连续增长之后第一次出现负增长。1996年至2000年，年均增长率为5.4%。其原因当然和2001年总体经济形势恶化有关，特别是美国"9·11"事件的影响下，导致美国经济不景气有关，因为加入北美自由贸易区的墨西哥实际上已经非常依赖它的北方邻国，特别是北部边境的墨西哥客户工业区，更是直接依赖美国的市场和技术。从某种意义上来说，21世纪初的墨西哥经济实际是北美经济体的一部分，而不再是拉美经济体的成员了。

虽然2001年墨西哥经济出现了负增长，但是福克斯政府控制通货膨胀率，保持宏观经济形势稳定的努力，却取得了某种程度的成功。全年的通货膨胀率保持在7%，和2000年基本持平；新国库券利率基本保持在平均利率8.6%；汇率也基本保持稳定，比索对美元依然保持在93比索兑1美元的水平上。

2002年福克斯政府提出的经济发展目标仅为2%，但是最后仅仅增长了0.9%。这毕竟扭转了前一年和2002年上半年负增长的状况。同时这一年的墨西哥财政状况保持了较好的状况，财政盈余达到111亿比索；财政赤字大幅减少。其原因是这一时期的国际市场石油价格开始大幅度提高，这对于石油出口收入占全部出口额35%的墨西哥来说，是一个巨大的收入来源。

2002年墨西哥能够保持这样的略微增长已经是难能可贵的了。大

第十一章 21世纪初政权更迭与历史传承

多数拉美国家在这一时期由于受到阿根廷金融危机的影响,经济都出现了下滑的时候,墨西哥经济基本保持了稳定。从中也可以看出,随着墨西哥加入北美自由贸易区和对美国经济依赖的日渐加深,墨西哥经济更多的是受到美国的影响,而不是拉美国家,特别是南美国家的影响。墨西哥接近90%的出口都是面向美国市场的,因此美国的经济缓慢复苏有助于墨西哥经济的恢复和发展。

2003年,墨西哥政府在向国会提交的经济计划中确定,该年实现经济增长率为3%,通货膨胀率保持在3%以内,经常项目赤字占国内总产值的比重控制在2.8%,但最后墨西哥实际经济增长率仅为1.5%。

2004年,伴随着世界经济和美国经济复苏加快,特别是国际原油市场价格迅速蹿升,以及国际市场初级产品由于中国强劲需求的影响,拉美经济在2004年出现了1980年以来最快的发展速度,达到5.5%。尽管墨西哥的经济增长率也首次摆脱了前几年低靡不前的困境,2004年经济增长率达到4.1%,但是相比同年拉美国家平均5.5%的增长率来说,以及阿根廷8.2%和巴西5.2%,甚至委内瑞拉高达18%的经济增长率来说,墨西哥的经济增长显得不够强劲。经济虽然增长强劲,但是失业率却有所上升,2004年失业率达到3.7%,高于2003年3.3%的水平。国内需求和国际商品价格的攀升也导致消费品价格指数上升,全年基本通货膨胀率为3.5%—3.8%。全年共吸收了166亿美元的外国直接投资,其中金融服务业吸收的投资约占30%,其主要外资来源国是美国,约占48%,其次是西班牙,约占35%。

2005年,墨西哥增长速度放缓,增长率为3%,比去年下降1.4%。私人消费和投资分别增长4%和7%,但是外贸对增长率的贡献降低,减少1.1%。主要原因是墨西哥对主要贸易伙伴美国的出口增速放缓,墨西哥产品竞争力减弱是出口放缓的重要原因。服务业是墨西哥最具活力的部门,全年增长约4%。工业和农业增长都不理想。通货膨胀得到有效控制,全年为3.3%。由于石油收入增长,2005年墨西哥公共财政状况良好,增加了1 672亿比索的收入。自2005年6月,墨西哥中央银行开始放弃紧缩的货币政策,多次下调银行隔夜拆借利率,至年底已经降至8.25%。

2006年1—6月,墨西哥经济继续强劲增长,比上年同期增长5.1%。国内需求和投资快速增长。海外需求中,制造业出口特别是汽车类出口增长较快。上半年制造业增长 5.4%，而 2005 年全年仅增长 1.2%。上半年通货膨胀状况良好，核心通货膨胀率接近 3%，这为墨西哥提供了宽松的货币政策空间。墨西哥中央银行虽然声称继续维持 7% 的利率水平不变，但是不排除进一步降低利率。

石油一直是墨西哥的主要出口商品，石油出口收入也是其最重要的公共财政收入来源。2006 年下半年，墨西哥最大的油田坎塔烈产量下降，而其产量占到墨西哥 2005 年石油产量的 60%。墨西哥每天原油产量约为 180 万桶，8 月份下降到 160 万桶，但是由于近期石油价格的上涨，石油收入并未明显下降。

据墨西哥商业和工业发展部统计，2006 年 1—6 月墨西哥进出口贸易总额达到 2 449 亿美元，其中出口额 1 228 亿美元，进口额为 1 221 亿美元，实现贸易顺差约 6 亿美元，而 2005 年同期为逆差 25 亿美元。美国仍然是墨西哥最主要的出口市场。1—6 月份墨对美出口 1 046 亿美元，占墨西哥出口总额的 85%，比上年同期增长 20%。上半年墨西哥制造类产品在美国市场上，在经过连续三年下降后，开始出现回升，这是令墨西哥经济界感到振奋的消息。加拿大、欧盟国家中的西班牙、德国等依次是墨西哥第二、第三和第四大出口市场，但占的份额都不大。加拿大占其出口额的 1.9%，仅有 23 亿美元。对西班牙的出口增长较快，超过了德国位居第三。墨西哥的进口最大来源国依然是美国，但市场份额下降，上半年从美国进口 641 亿美元，占墨进口总额的 52%，比上年同期下降 1 个百分点。同时，来自中国和韩国的进口增长速度加快。上半年分别从中国和韩国进口 107 亿美元和 45 亿美元，所占比重从 2005 年同期的 8% 和 2.9%，上升到 8.8% 和 3.7%。墨西哥出口商品主要是机电产品、矿物燃料和车辆及其配件，上述三类产品占其出口额的 68%。进口商品没有发生大的变化，主要是机电产品、运输设备、金属及其制品、塑料和橡胶制品等，上述产品占其进口额的 65%。

墨西哥经济在 1994 年 12 月金融危机之后，陷入严重衰退，后在美国和国际金融机构的支持下，实施了一系列改革，1996 年经济复苏，之后开始稳步增长，1996 年至 2000 年，平均增速超过 6%。福克斯政府上台后，实行务实的渐进经济政策，强化宏观经济调控，推进金融改革，扶持中小企业发展。受"9·11"事件影响，2001—2003 年，其经济开始低靡。2004 年开始，伴随着美国和世界经济的影响，经济开始恢复性增长，至 2006 年经济已经恢复以前的增长势头,但是也面临着许多困难。特别是国际原油市场的不稳定,以及2006年大选造成的政局不稳定,都使得其经济陷入新的不稳定局面。

墨西哥是一个中等发达水平的发展中国家,工业门类齐全,石化、能源、冶金和制造业较发达。工业从业人员达到815万(2000年)。墨也是农业大国,加入北美自由贸易区后,农业受到冲击。农村人口2 500万,约占全国人口的25%。主要农产品是玉米、高粱、小麦、大豆、棉花等。其中玉米的地位最为重要,2004年年产1.92亿吨。剑麻产量位居世界前列。90年代以来,服务业发展迅速,2002年其产值占国内生产总值的69%。墨西哥资源丰富,是能源和矿产生产大国。截至2004年,已探明石油储量480亿桶,居世界第九位。2001年白银产量303吨,位居世界第一位。天青石、铋和萤石产量占世界第二位,砷、镉产量居世界第三位。按照2004年国际货币基金组织的统计数据,墨西哥的国内生产总值为6 764亿美元,位居拉美第一位和世界第十一位。人均国内生产总值6 419美元。

四、贫困化的顽症与扶贫政策

墨西哥虽然通过二战后的进口替代工业化的内向型发展战略,初步实现了工业化,但是总的来说,墨西哥仍然是一个发展中国家。特别是经过了20世纪80年代初和90年代中期的金融危机,墨西哥的社会问题,特别是贫困化问题日益突出。按照联合国拉美经委会的2000年报告,墨西哥的贫困人口比例在1998年仍然达到了38%。而据世界银行在1999年的报告,墨西哥的贫困人口约有3 840万,占墨西哥全部9 600万人口的40%,赤贫人口达到1 430万,约占总人口的14.9%。按照福克斯政府在2002年9月1日的国情咨文,墨西哥现有5 400万穷人;而据某些墨西哥学者的估计,1996年墨西哥79%的人口,7 360万人口是穷人,多达38%的人口,约3 800万人处于赤贫状态。因此,无论从哪种角度来讲,墨西哥的贫困问题都到了极其严重的地步,面对这一情况,福克斯政府强调要重视解决贫困化问题。

过去,为了解决日益严重的贫困化问题,墨西哥的几个前任总统也启动了多项计划来解决这一问题。例如,萨利纳斯总统在1988年曾经推出了"全国团结支援计划",主要帮助农民、印第安人和城市贫民,应对1982

年墨西哥金融危机后贫困化现象加重的情况。这个计划实施,的确在一定程度上缓和了贫困状况,有利于稳定社会,但是未能从根本上解决问题,而且由于实施过程中出现了许多问题,如贪污腐败和资金使用不当等问题,这导致了民众的不满和抗议,甚至在某些地方出现了武装起义。

塞迪略政府,恰逢1994年墨西哥金融危机,贫困化状况进一步加重,政府继续推动实施"团结支援计划",也取得了一些成效。在此基础上,塞迪略政府在1997年8月6日推出了"教育、卫生和食品计划",试图通过向贫困居民提供食品、医疗服务和接受教育,来改善贫困居民的状况。这项计划改变了以往扶贫资金导向机构和地方政府的做法,而是直接发放到贫困户家庭本身。甚至该计划还专门规定每个受益家庭每月90比索的基本食品补助应该由家庭主妇来领取,以防止男主人领取补助后,不买食品而用来酗酒和买烟。这项计划取得了一定效果,但是受益面有限,在墨西哥3 800多万赤贫人口中,只有大约610万得到了这项计划的救助;此外这项计划针对家庭提供了现金和实物补贴,可以直接让贫困家庭得益,但是由于不再针对落后地区的生产进行支持,因此显得治标不治本,不能从根本上解决贫困问题。

福克斯政府继承了前任政府的扶贫政策,继续实施塞迪略政府的"教育、卫生和食品计划",取得了一定的成效。但是上任后不久,福克斯政府也推出了自己的两个计划:"普埃布拉—巴拿马计划"和"2001—2006年扶贫计划"。

2001年3月,福克斯政府正式推出了"普埃布拉—巴拿马计划",简称"3P"计划(此计划的西班牙文首个字母的缩写)。其主要目的是推动墨西哥南部普埃布拉等9个州和以巴拿马为代表的中美洲7个国家的扶贫开发计划,促进这些地区的经济发展。墨西哥南部和东南部的普埃布拉、韦拉克鲁斯、恰帕斯、尤卡坦等9个州,是墨西哥最不发达和贫困的地区,约有2 720万人口,占全国9 700万人口的约25%,人均收入只有墨西哥北部地区的一半。同时这一地区也是全国印第安人聚居的地区,约有全墨西哥74%的印第安人口,是墨西哥最贫困的地区,也是社会矛盾比较激化的地区。恰帕斯州印第安人农民起义就发生在这一地区。同时,和墨西哥这一地区相邻的中美洲7国:巴拿马、危地马拉、伯利兹、尼加拉瓜、洪都拉斯、萨尔瓦多和哥斯达黎加也是拉美欠发达的地区。这一计划目的是通过国际合作,促进这一地区的发展;主要措施是全面发展基

第十一章 21世纪初政权更迭与历史传承

础设施、加强教育、医疗服务和改善住房条件等,通过开发当地丰富的自然资源、提高生产力水平和效率,同时保护当地环境,促进经济可持续发展,以及保护和尊重当地印第安人的文化传统和权利等。2002年7月27日,墨西哥和中美洲国家在墨西哥的梅里达召开会议,对"普埃布拉—巴拿马计划"的实施情况进行了评估,并积极筹措实施该计划的所需资金。

2001年12月6日,福克斯政府又提出了"2001—2006年扶贫计划",也被称为"一项与你共处的任务",这项计划同时宣告其前任塞迪略政府的"教育、卫生和食品计划"的结束。福克斯政府的这项扶贫新计划,比上述塞迪略政府的计划所包括的范围更广,食品、教育、卫生、医疗、住房、生产、环境保护、基础设施等各个方面。福克斯本人也强调,其社会政策要从提供救助为主转向社会公正、解决深层次的贫困根源等。2002年,福克斯在其第二个国情咨文中总结了这一扶贫计划的进展情况和取得的成就。这些成就包括在教育方面新建了4 000所学校,17%的学生享受了助学金,新建了75万个教室,10万个学校图书馆,1 103个阅览室;在卫生方面,提高了医疗水平、扩大了医疗的服务面,流行性疾病发病率大大减少;在食品方面,向500万儿童提供了营养奶等;在就业方面,向约100万户家庭和小企业提供了资助或贷款;为160万贫困家庭提供了补助;同时墨西哥政府还向贫困家庭提供了30万份资助,向40万个城乡家庭发放了住房产权证;支持中小企业发展,向21万多家中小企业提供了资助;在帮助印第安人方面,资助印第安人居民和村社的资金从以前的110亿比索增加到150亿比索,有效改善了印第安人的卫生和营养水平等。

综上所述,我们可以看到,福克斯政府执政后,在继承前任政府的扶贫措施基础上,实施了自己的新的政策和措施,也取得了一定效果,但贫困现象依然很严重,甚至按照反对党的说法,贫困化现象反倒有所增加。

在福克斯执政时期,由于印第安人贫困问题依然存在,农村的社会矛盾尖锐化,因此萨帕塔武装起义仍然陷于僵局。2001年,印第安人大约有1 200万,约占全国人口的12%。其余大部分是印欧混血种人,也就是梅斯蒂索人,还有少量的白人和黑人。

墨西哥所谓印第安人问题,从表面上看是一个怎样解决印第安人贫困化的问题,但实际上是印第安人怎样维护他们的政治、经济和社会权利与利益,争取种族平等的问题,可以称得上是一个由来已久的历史问题,伴随着墨西哥这个国家的诞生和成长一直持续到现代社会。

1910年的墨西哥革命,制定了著名的1917年宪法,在宪法中明确保障印第安人村社所有制的形式,但是这些政策也未能得到较好的落实。

随着革命后局势的稳定,执政的革命制度党开始制定对印第安人的政策。这一政策便是一体化,"一体化的最终目的,就是通过在全国所有民族,印第安人和混血种人中反复宣传祖国感情,以取得相互理解和确立密切关系,使建造包括所有墨西哥人在内的一体化国民的思想收到实效","这一政策所要达到的最终目标……是生活在国家领土上的不同民族形成为一国国民"。

此外,1940年成立了国家印第安人事务署,1948年改为全国印第安研究所。这个研究所既负责印第安人的研究工作,又负责制定有关墨西哥印第安人的政策措施,还负责指导这些政策的实施,实际上是政府针对印第安人的行政机构,但本身又没有相应的行政执行权力。它在各州印第安人聚居区设立了100多个印第安人协调中心,试验和推行各种计划,如发展经济、推行双语教学等,借此实施民族一体化的政策。

墨西哥针对印第安人的一体化政策,在提高印第安人的生活水平和提高印第安人的地位方面收效并不大。同时,由于未能很好保障印第安人的各项权利和利益,印第安人依然落后于社会整体的发展水平。印第安人赖以生存以及保持民族文化传统的村社制度,却受到越来越严重的土地兼并的威胁。特别是1992年,萨利纳斯政府修改了土地法,允许土地自由买卖,致使印第安人村社的解体现象更加严重,同时侵犯印第安人权益的现象日益增多。

这种情况终于在1994年导致了恰帕斯州印第安农民发动起义,成立了"萨帕塔民族解放军"。起义爆发后,墨西哥政府试图用武力来解决恰帕斯的冲突,虽然政府军在各方面占有优势,但始终不能彻底消灭萨帕塔武装。此后,政府与游击队经过多轮谈判,终于在1996年2月16日,双方签署了《关于印第安民族权利和文化的协议》,即《圣安德列斯协议》,政府承认印第安人的自治权利和使用本民族语言和文化的权利,以及其他经济、政治和社会权利。但是,由于墨西哥政府未能很好履行这个协议,导致双方的谈判在1996年8月中断后一直未能恢复。

2000年12月1日福克斯就职后,决心解决恰帕斯冲突,从而实现和平。第二天,萨帕塔解放军向福克斯政府提出了进行和谈的三项条件:政府军撤出在冲突地区的7个军事据点;释放被政府关押的100多个萨帕塔解放军战士和一些支持者;用法律保护印第安人的民族权利和文化。

2002年1月12日,政府军撤出了在冲突地区的3个军事据点,释放了17个萨帕塔解放军战士,并将墨西哥议会"和睦与和平委员会"拟定的有关印第安人民族权利和文化的草案提交给议会。

萨帕塔解放军对福克斯政府的这种行动表示了认可,但认为做得还不够,要求完全满足上述的三个条件。同年3月22日,萨帕塔解放军24位领导人率领代表团来到墨西哥城,同议会的"和睦与和平委员会"举行了对话,此后又同福克斯政府负责和平谈判的阿尔瓦雷斯进行了谈判,但是拒绝同福克斯总统本人进行对话。3月底,代表团返回了恰帕斯。

2001年4月,参议院对"和睦与和平委员会"拟定的草案进行了修改,并一致通过了这项议案。此后,众议院和墨西哥其他各州也相继通过了这项议案。民主革命党和劳工党的议员表示反对,包括恰帕斯州在内9个州的州议会也没能通过这一法案。同年8月15日,这一法案经福克斯总统签署后正式生效。

这项议案承认印第安人有自治的权利,但是修正案并未说明如何保障这些权利的落实,并且将这些权利限制在印第安人所在的地方当局来行使,未说明在全国境内怎样保护印第安人的各项权利,同时要求印第安人享有这些权利的同时,要尊重他人的权利,包括土地和资产。这也就是说,反对印第安人通过暴力和其他手段来获得以前印第安人失去的村社土地。

2001年4月30日,萨帕塔解放军发表了由副司令马科斯签署的公报,拒绝了这个议案,认为这个议案违反了《圣安德列斯协议》的精神,也与"和睦与和平委员会"先前提出的草案不符。2003年7月,萨帕塔解放军又接连发表了10份公报,要求福克斯政府恢复《圣安德列斯协议》。表示如果政府不接受,他们将中断与政府的谈判和接触,不参加选举进程,继续坚持他们自己的立场和斗争。

到21世纪初,萨帕塔武装控制着恰帕斯州的许多地方,而政府军无法用武力完全消灭他们,福克斯政府面对这一僵局,似乎也无能为力,"墨西哥政府似乎已经无所作为,既不和萨帕塔武装对抗,也不和他们谈判"。

五、以经济为中心的全方位外交活动

福克斯就任总统以后,持续推进墨西哥外交政策的调整,同时又维持了一定的连续性和稳定性。众所周知,墨西哥自1910年革命以来,其对外政策的基本内容是墨西哥宪法中所强调的"不干涉内政、民族自决"和"埃斯特拉达主义"。这种外交政策的重点和目的在于维护国家主权,防止外国干涉本国内政,是一种民族主义色彩很浓的外交政策。在历史上,墨西哥不断受到外国,特别是其北方邻国的干涉入侵,甚至割让了一半以上的领土给了美国。墨西哥的近现代史决定了其外交政策是维护主权至上,民族主义色彩浓厚。1910年墨西哥革命后上台的革命制度党,在执政的大部分时间里,一直采取了这种民族主义的外交政策,直至20世纪80年代后期。1982年的墨西哥经济危机,使得革命制度党实行的进口替代工业化发展模式难以为继,迫使它转而采取对外经济开放战略,这必然带来外交政策的新变化。同时,墨西哥的政治社会转型也要求转变外交政策,其重要转折点是萨利纳斯政府在1994年加入北美自由贸易区。从此,外交政策开始出现了两个重要的趋向,其一是注重外交为经济发展服务;其二是,不断改善墨美关系。这两个变化是相互依存和促进的,因为要促进经济对外开放和发展,美国显然是墨西哥最近和最合适的伙伴。在塞迪略政府时期,随着北美自由贸易区的发展,这两个变化日趋明显。福克斯执政后,基本上保持了这两个特点,并且予以发扬光大,积极加强同美国的良好关系,促进经济外交的开展;同时积极推动和世界上其他国家和地区的友好关系,促进互相的经贸交流;开始注意在国际社会中维护民主与人权。

首先,福克斯政府更加重视与美国的良好关系。福克斯执政后,墨美关系更加密切,福克斯甚至希望同美国结成像欧盟那样的"北美战略和军事联盟"。

2000年8月,福克斯还未就职,就访问了美国。次年3月和5月,福克斯对美国进行了工作访问,接着又在9月对美国进行了国事访问,成为小布什总统就任以来,首个来访的外国元首。

同样,2001年刚就任不久的布什总统,也在就任后的首次出国访问中来到墨西哥。这对于美国总统是不同寻常的,因为按照惯例,美国新任总统最先访问的国家一般是加拿大。出生于西部得克萨斯州的美国布什总统似乎对一身牛仔打扮的福克斯总统怀有特殊的好感。

墨美关系如此密切,在两国关系史上是很少见的。福克斯向美国提出了开放边界和自由移民的建议,虽然美国没有完全同意,但也作出了一

第十一章 21世纪初政权更迭与历史传承

定让步。

"9·11"事件发生后,福克斯政府积极支持美国的反对恐怖主义的斗争。美国把哥伦比亚的"革命武装力量"与"民族解放军"定性为恐怖组织,墨西哥为了表示支持,于2002年4月决定关闭哥伦比亚革命武装力量在墨西哥城1992年建立的办事处。

2002年3月21日,在墨西哥蒙特雷市召开的联合国发展筹资会议上,福克斯政府要求前来参加会议的古巴领导人卡斯特罗,不要发言点名批评美国和布什,并且要求卡斯特罗在布什来到蒙特雷参加会议之前,提前离开会场。这在墨美关系史上是很少见的现象,因为墨西哥是长期以来和古巴保持较为友好关系的少数拉美国家之一,这当然引起了古巴的强烈不满,墨古关系也因此急剧恶化。

布什总统出席完这次会议后,随即顺访了墨西哥城,发表了联合声明,并且达成了两项协议:《墨美边境同盟》和《墨美争取繁荣同盟》。根据这两个协议,墨美加强了在边境地区的安全合作,美国也将帮助墨西哥开发落后地区等。美墨关系在此时达到了"历史最高水平",布什甚至称在美国的对外关系中,"没有比同墨西哥的关系更为重要的关系了"。

当然福克斯有限的亲美立场在国内也受到了很多批评,认为他不顾墨西哥的国家利益而屈从于美国的国家战略。2002年4月,墨西哥议会甚至否决了他出访美国的计划。2003年初,墨西哥外长卡斯塔涅达不得不辞职。

实际上,由于"9·11"事件的影响,美国大部分的外交注意力转向了反对恐怖主义,转向了中东地区和其他热点地区。此外,为了对付恐怖分子,美国更加注意限制移民的进入,以便维护国内安全。这就导致美国反倒收紧了移民政策,这自然使得墨西哥政府很难争取在美墨西哥非法移民合法化问题上取得进展,和获得美国的让步。

除了最为棘手的移民问题之外,墨美在贸易、扫毒和环保等问题上也存在不少分歧和矛盾。2002年5月13日,布什签署了增加美国农产品补贴的法案,这引起了墨西哥的不满。同年,美国处死了旅美墨西哥人苏亚雷斯,又引起了墨西哥的不满,福克斯取消了对美国的工作访问。同年9月6日,墨西哥宣布退出美洲共同防御条约,美国对此表示"失望"。

2003年3月,美国对伊拉克发动了战争。在伊拉克问题上,时任联合国安理会成员的墨西哥,坚持两个主张:反对战争,主张在联合国安理会框架内解决问题;同时要求伊拉克萨达姆政权执行联合国安理会1441号决议,解除武装,因此不支持美国、英国和西班牙等国提出的草案和修正案,坚持通过外交途径来解决这些问题。最后,在国际压力下,美国不得不放弃了在联合国安理会表决这一草案的计划。对于墨西哥的反对态度,美国公开表示非常失望。而福克斯在伊拉克战争爆发的前夜,也表示永远主张和平。

墨美关系因为伊拉克战争暂时陷入了低潮期。但是美国作为墨西哥最重要的邻国和贸易依赖对象,墨西哥需要同美国维持良好的关系;同时美国也需要在移民、扫毒和边境安全上获得墨西哥的合作。

伊拉克战争后,墨美关系得到改善。2003年11月,福克斯更换了对美国持批评态度的墨西哥驻联合国大使。2004年1月7日,美国总统在白宫发表讲话,建议针对在美国的移民修改有关政策,有条件地给予在美国的墨西哥非法移民以合法身份,墨西哥政府表示欢迎。同年,3月5日,福克斯总统对美国进行了访问,就移民问题与美国总统布什又举行了会谈。2005年3月23日,美国总统布什和墨西哥总统福克斯、加拿大总理马丁在美国得克萨斯州布什的德克劳福德牧场举行了会晤,就许多关切的双边问题进行了讨论。

布什政府试图提出一个临时的外籍工人的计划来解决美国境内的墨西哥非法劳工问题,但是这个方案受各种条件的限制,还难以很快有结果。在这次会晤中,美国试图推进三国的进一步合作。面对中国、印度经济的崛起以及欧盟力量的进一步扩大,北美自由贸易区的经济面临着巨大的竞争压力。美国试图促进北美自由贸易区进一步融合,成为类似欧盟的经济共同体,也被称为"北美自由贸易区的第二加强版",但是这些长期目标很难在短期内实现。

近期内,美国关心的是加强边境安全,禁止非法移民的进入,据估计,21世纪初,在美国的墨西哥非法移民有600万人,每年仍然有50万非法移民进入美国。而墨西哥关心的问题是怎样维护移民的合法权利和移民自由化。双方在这些方面难以取得共识。

因此,福克斯执政后的墨美关系明显呈现出了先热后冷的波动状态。执政之初,福克斯和小布什都试图推进双边关系,并在2002年联合国筹资发展会议后达到高潮,但是伴随着伊拉克战争和移民问题上出现难以弥合的分歧,两国关系处在不是很和谐的状况。

第十一章 ● 21世纪初政权更迭与历史传承

美国固然是墨西哥最重要的外交对象,但是墨西哥也努力保持同世界其他国家和国际组织的友好关系,并参与各种国际组织的活动。同以往注重维护国家主权的外交活动相比,福克斯政府的外交活动更加注重加强经济关系,以促进墨西哥的经济发展为重要目的。

福克斯总统刚上任不久,便开始遍访美洲和西欧国家和世界上其他国家,在这些访问中,福克斯除了会见这些国家的领导人以外,大部分时间都用在了向这些国家的企业界人士介绍墨西哥的情况,鼓励他们加强与墨西哥的经贸往来和加强向墨西哥的投资。福克斯政府在外交部新设立了对外经济关系局,专门由一名副部长来主管,也体现了福克斯对经济外交的重视。这是墨西哥外交活动的一个重大改变。

墨西哥还积极地主办或参加了许多国际组织和会议,既使墨西哥更多地参与国际事务,提高了墨西哥国际地位,也促进了墨西哥的经济贸易发展。2001年1月,福克斯参加了在瑞士达沃斯举行的世界经济论坛,并且访问了瑞士、德国和意大利。然后,又访问了美国、加拿大等国家。2002年3月,墨西哥在北部重要城市蒙特雷主办了联合国发展与筹资会议,最后会议通过了《蒙特雷共识》,强调要加强发达国家与发展中国家的经济合作。2003年9月,墨西哥在坎昆举办世界贸易组织第五次部长会议。这些都体现了经贸外交在墨西哥外交上占有越来越重要的地位。2004年1月,美洲国家首脑特别会议在墨西哥的蒙特雷举行,除了古巴以外美洲34个国家的元首或政府首脑出席了会议,会议围绕经济均衡增长、社会发展以及民主政府等议题进行了讨论,会议通过了《新莱昂宣言》。同年2月,34个美洲国家在墨西哥的普埃布拉市举行了美洲自由贸易区谈判委员会会议,结果会议不欢而散。美国指责南方共同市场国家在农业补贴问题上缺乏灵活性,而南方共同市场国家则不愿意签订对农业没有好处的协议。

墨西哥同时还加强了同拉丁美洲国家的关系,特别是经贸关系的往来。墨西哥作为一个拉丁美洲国家,当然特别注意同拉美和加勒比国家的关系。墨西哥在加入北美自由贸易区之后,从经济上来说,已经是北美经济区的一部分,而不是拉丁美洲经济区的一部分。但是墨西哥作为一个拉丁美洲国家不可能忽视与拉美各国的关系。如前所述,2001年3月,福克斯政府提出了"普埃布拉—巴拿马计划",主要是促进墨西哥南部比较落后的普埃布拉等9个州和同样在拉丁美洲欠发达的7个中美洲国家经济发展。这个计划是墨西哥和中美洲国家进行合作的一个具体步骤,说明了墨西哥重视同其南部邻国的经济合作和友好关系的开展。2002年4月,福克斯总统参加了在哥斯达黎加首都圣何塞举行的第十六次里约集团首脑会议。同年6月27日,墨西哥主办了在梅里达市举行的墨西哥和中美洲7国首脑会议,与会8国领导人主要就一年来的"普埃布拉—巴拿马计划"的实施情况进行了评估,以进一步推动该地区的一体化进程和可持续发展过程。2004年,墨西哥、委内瑞拉、哥伦比亚3国外长在哥伦比亚首都签署条约,确定2011年正式启动3国自由贸易区。

  墨西哥同欧盟的经贸关系虽然不能与北美地区相比,但是福克斯政府也努力加强双方的贸易往来和友好关系。墨西哥于1997年和欧盟签订了自由贸易协议《经济联盟政治协调与合作协议》,该协议于2000年11月生效,促进了双方的出口,但是欧盟在墨西哥的出口中所占份额依然很少,只有0.7%。2002年5月,福克斯总统参加了在马德里举行的第二次欧洲拉美首脑会议,这促进了包括墨西哥在内的拉美国家加强同欧洲的关系和合作。2004年5月28日,拉美和加勒比—欧盟首脑会议在墨西哥的瓜达拉哈拉闭幕,会议通过了《瓜达拉哈拉宣言》,强调要推进多边主义,加强联合国的作用。

  亚太地区,包括中国,也是墨西哥近年来积极开展经贸外交的侧重点。虽然亚太地区对墨西哥的经贸关系的重要性还远远比不上北美地区和拉美地区,但是亚太地区是当今世界上经济最具活力和增长最快的地区,对墨西哥的经济发展自然具有重要的意义。2001年6月,福克斯总统访问了中国、韩国和日本。在访问中国时,福克斯表示,墨中两国不是竞争对手,而是合作伙伴。同年9月13日,中墨签署了关于中国加入世界贸易组织的双边协议,墨是最后一个同中国签署双边协议的世贸成员国,说明两国的经贸关系还需多方面互相协调。同年10月,福克斯到中国上海参加了第九次亚太经合组织领导人非正式会议。2002年10月,墨西哥主办在洛斯卡沃斯举行的第十次亚太经合组织领导人非正式会议。2003年10月,福克斯参加了在泰国举行的第十一次亚太经合组织领导人非正式会议。2004年8月,中国—墨西哥政府间常设委员会建立。中国外长李肇星和墨西哥外长德韦斯签署了《中墨关于成立两国常设委员会的谅解备忘录》。同年8月,墨西哥外长对中国进行了正式访问,胡锦涛主席会见了德韦斯外长及其率领的代表团。同年11月,福克斯参加了亚太经合组织在智利首都圣地亚哥举行的领导人非正式会议。墨西哥加强了同拉丁美洲国家、欧盟地区和亚太地区国家的联系,特别注重同这些地区的国家加强经贸关系。

墨西哥在传统外交上奉行不干涉别国内政的原则,当然更反对别国干涉本国的内政。在福克斯政府对待萨帕塔解放军的问题上,就体现了墨西哥反对别国和国际社会干涉本国内政的原则。

但是,福克斯政府在外交上越来越把维护民主和人权作为墨西哥外交的重要内容。这种外交的趋向,突出地表现在墨西哥同古巴的关系上。墨西哥长时期同古巴保持着良好的关系,即使在冷战时期也是这样。古巴领导人卡斯特罗在革命成功之前,曾在墨西哥组织和训练游击队员,并从墨西哥出发,乘坐"格拉玛"号前往古巴,从而发动了革命。2002年2月,福克斯访问古巴,同外长卡斯塔涅达一起专门会见了古巴持不同政见者的领导人,以表示支持古巴的民主进程。同年4月,在日内瓦举行的联合国第五十八届人权委员会会议上,墨西哥投票支持由乌拉圭提出的谴责古巴人权的议案。而在此之前,墨西哥对此类反古议案一向都是不支持的,而是采取弃权的立场。墨西哥的这种转变,使得古巴强烈不满。2003年11月,墨古外长在玻利维亚会晤,两国关系稍稍得到改善。2004年5月,由于卡斯特罗在五一节上对墨西哥在人权会议上投票支持反古议案不满,批评了墨西哥的外交政策。墨西哥宣布召回驻古巴大使,将两国关系降为代办级,并宣布古巴驻墨西哥大使和参赞为不受欢迎的人,要求他们在48小时内离境。同年7月,墨西哥和古巴政府同意恢复大使级外交关系,从而结束了为期两个月的两国外交危机。古巴外长罗克和墨西哥外长德韦斯在哈瓦那举行了会谈,会议取得了一定进展。

综上所述,福克斯政府的外交基本上延续了前几任墨西哥政府的外交政策,但也作了部分调整:在注意维护国家主权的基础上,加强对美友好关系,注重经贸外交,同时关注维护民主和人权。

六、福克斯政府时期的中墨关系

墨西哥是较早和中华人民共和国建交的拉丁美洲国家。1971年10月5日,当时的总统埃切维利亚在二十六届联合国大会上声明:中国的"主权和领土完整在法律上不可分割"。是年,联大通过决议,承认了中华人民共和国在联合国的地位后,墨西哥于10月25日当晚发表声明,承认中华人民共和国为"中国唯一的合法代表"。11月6日,墨西哥政府主动与台湾当局断绝了所谓"外交关系"。1972年2月14日,中国驻联合国代表黄华与墨西哥代表在纽约签署了两国建交公报。同年5月,墨西哥驻华使馆在北京设立。6月,我国驻墨西哥使馆在墨西哥城设立。

两国建交后不久,埃切维利亚总统就在1973年4月率领庞大的代表团访问中国。以后历届墨西哥总统:波尔蒂略(1978年)、德拉马德里(1986年)、萨利纳斯(1993年)、塞迪略(1996年)都先后访问了中国。1981年,中国总理首次访问了墨西哥。此后杨尚昆主席(1990年)、朱镕基副总理(1993年)、李鹏总理(1997年)、当时的中共政治局常委胡锦涛(1997年)也相继访问了墨西哥。1997年11月30日至12月3日,江泽民主席访问墨西哥,对发展双边关系提出了几点建议:加强高层往来,促进政治合作;支持平等互利,推动经贸交流;深化友好内涵,开展全面合作;在国际事务中相互密切配合和支持。塞迪略总统同意江泽民主席的意见,认为同中国发展更为密切的关系对墨西哥来说具有战略意义。

中墨两国建交后,在国际事务中保持着良好关系。在历届联合国人权会议上,墨西哥均对涉华动议投弃权票。在台湾问题上,墨西哥历届政府都坚持奉行"一个中国"政策。福克斯就任总统以后,曾明确表示:墨西哥在任何情况下都恪守不与台湾发展官方关系的立场。

福克斯就职后不久,2001年6月6日,对中国进行了首次友好访问。他首先出席了在北京中华世纪坛举行的"神秘的玛雅"展览会,并表示:2000年在墨西哥的"西安兵马俑"展和这次玛雅展览会,体现了两国都有着悠久的历史和文化传统,都是继承了古老的原始文明的国家。福克斯在和江泽民主席的会谈中说:他的政府继续坚持一个中国的政策,愿与中国在人权问题上合作,重视在各个领域展开互利合作关系。

经贸关系是两国最感兴趣的问题,福克斯表示墨中两国不是竞争对手,而是很好的合作伙伴,墨西哥支持中国加入世界贸易组织。然而,墨西哥是世贸组织成员国中最后一个与中国达成协议的国家。墨西哥担心中国的轻工业产品,特别是制鞋业和纺织业的竞争。墨西哥对进口的中国产品课以重税,同时要求中国比照和美国和欧盟的双边协议,对墨西哥开放市场。由于大选的原因,两国的谈判一度推迟。2001年6月6日,墨西哥经济部长德韦斯在福克斯访问前夕,宣布将就中国参加世界贸易

第十一章 ● 21世纪初政权更迭与历史传承

组织恢复会谈。7月27日,德尔贝斯与中国外经贸部部长石广生举行会谈,并表示墨西哥支持中国加入世界贸易组织,两国之间遗留问题不会影响中国加入世贸的进程。外经贸部首席谈判代表龙永图也表示,中国入世大局已定,这是最后一次努力。日内瓦时间9月13日,中国与墨西哥结束了双边谈判,中国驻日内瓦大使沙祖康与墨西哥驻世贸组织大使佩雷斯·墨塔签署了双边协议。墨塔大使表示,这是一个历史性时刻。双边协议的签订,充分说明了墨西哥政府发展中墨经贸关系的良好愿望,两国经贸关系将会因此得到良好发展。

福克斯总统在2001年10月,再次访问中国,参加在上海举行的亚太经合组织第九次领导人非正式会议。同年,墨西哥三大政党国家行动党、革命制度党和民主革命党的主席也应邀访华。中墨两国领导人之间的互访频繁,这在拉美国家中较为突出。福克斯总统在一年内两次访问中国,更是给人留下了深刻印象。2002年是墨西哥与中国建交三十周年,两国的友好关系进一步发展。卡斯塔涅达外长在接受中国记者采访时说,墨西哥支持中国加入世界贸易组织,而中国也支持墨西哥成为联合国安理会常任理事国。墨中两国将在政治、经济领域发展更为密切的合作关系,在打击有组织犯罪、反对腐败、反对歧视、消除贫困等一系列国际问题上一定能够达成共识、密切合作。2003年12月12日,中国总理温家宝访问墨西哥,与福克斯总统举行会谈,双方正式宣布中墨建立战略伙伴关系。两国领导人一致同意成立两国政府间常设委员会,落实双方达成的共识,进一步加强政府、议会、政党和民间的交流与合作,并加强在国际事务中的磋商与多边合作。温家宝还表示,中国政府积极鼓励有实力、信誉好的企业到墨西哥投资办厂,也欢迎墨西哥企业到中国投资。中方正积极考虑将墨西哥列为中国公民的旅游目的地国。中墨战略伙伴关系的建立,标志着中墨两国友好关系不断深化的重要标志,为双方两国在各个领域的进一步交往和合作奠定了良好基础。当然,中墨两国各自情况不同,所谓战略合作更多的是强调经贸方面的合作。

2004年,中墨两国成立了常设委员会,落实了温家宝总理在访墨期间所达成的协议,为两国全面推进战略合作伙伴关系迈出了重要步伐。同年,胡锦涛主席访问了巴西、智利、阿根廷和古巴等拉美四国。中国和南美洲国家因为贸易结构的关系,互补性更强,南美国家的铁矿石、铜和农林产品等大量出口到中国,中国和这些南美国家的关系进入了一个快速发展的新阶段。同时,这使得中墨关系的发展有了紧迫感,需要进一步加快步伐。

2005年1月23日,国家副主席曾庆红访问了墨西哥。这样,在短短几个月的时间里,中国领导人接连访问了拉美几个重要的大国,包括墨西哥。曾庆红指出,今天的中墨关系充满活力。双方相互信任加深,各领域合作富有成果,在国际事务中合作良好。墨西哥已经成为中国在拉美最重要的政治、经贸合作伙伴之一,中国对两国关系的发展感到满意。曾庆红还强调,充实和深化中墨战略伙伴关系,双方应该保持政府、议会和政党之间的高层交往,加强两国常设委员会指导和协调两国全面合作的作用,制定扩大投资和贸易的具体措施,改善贸易结构,加强在联合国、世界贸易组织、亚太经合组织、美洲国家组织等国际和地区组织中的磋商和合作。福克斯赞同曾庆红的建议,表示高度重视对华关系,继续坚定奉行一个中国的政策,支持中国政府"和平统一、一国两制"解决台湾问题的方针,理解中方反"台独"特别立法的宗旨。双方同意在两国经贸高级工作组内成立贸易和投资促进、贸易体制分析、贸易统计和产业政策小组,全面分析两国经贸状况,进一步推动经贸领域的合作。双方签署了关于司法协助条约、旅游实施方案备忘录、植物卫生检疫议定书等7项文件。2005年5月11日,全国政协主席贾庆林访问墨西哥。他说,目前中墨关系处于历史上的最好时期。中国全国政协愿与墨西哥议会建立密切联系,加强多层次交流。墨西哥参议院议长费尔南德斯说,墨中两国领导人近年来交往密切,双边关系保持着良好的发展势头,两国在经贸等领域的合作取得了较大进展。中国的经济发展成绩斐然,令人钦佩。墨西哥和其他拉美国家一样,重视进一步发展对华关系,墨中在经贸方面各有优势,互补性强,可互相帮助,加强合作。

胡锦涛主席在2005年7月7日,出席了在英格兰鹰谷举行的八国集团对话会。集体会晤了包括墨西哥总统福克斯在内的5个发展中国家领导人。9月12日,胡锦涛访问了墨西哥,这是中国国家主席时隔8年后再度访问墨西哥,也是继胡锦涛2004年访问拉美4国后,对拉美国家进行的一次重要访问。胡锦涛在墨西哥参议院发表了题为《加强互利合作,促进共同发展》的演讲,并指出,为促进两国关系的发展,应该切实把握好两国战略合作的发展方向,落实两国领导人达成的共识,共同推进双方在双边和多边领域的合作。两国政府间常设委员会应该抓紧研究制定共同

第十一章 ● 21世纪初政权更迭与历史传承

行动计划,进一步加强这一机制的作用,推进双方各领域的战略合作。积极构筑好两国经贸互利合作的平台,落实双方已签署的各项合作协议。中墨各具特色的发展道路,各自拥有的经济活力和巨大市场潜力,为两国在经贸合作中发挥优势、互利互惠、取长补短开辟了广阔空间。中国市场的大门是向墨西哥敞开的。中国政府支持本国企业扩大进口墨西哥产品,赞同两国政府有关部门通过谈判尽早签署投资保护协定。我们愿同墨方一道努力,推动两国经贸合作向多元化方向发展,实现优势互补。精心培育好中墨长期友好合作的社会基础,加强两国各领域各层次的交流,进一步增进两国人民的相互了解和友谊。两国应该加强在科技、文化教育、医疗卫生、体育、旅游等领域的合作,鼓励两国文化团体、民间团体、高等院校、科研单位加强人员和信息交流,让中墨友好之花更加绚丽多彩。这次访问期间,中墨双方签署了避免双重征税和防止偷税漏税协定、中国在墨西哥设立文化中心的谅解备忘录、植物检疫合作协定、社会发展合作协议、墨西哥葡萄输华和中国梨输墨的植物检疫议定书、矿业领域合作谅解备忘录等多项合作文件,为两国互利合作增添了新的实质内容,注入了新的活力。在和胡锦涛的会谈中,福克斯引用"海内存知己,天涯若比邻"的中国古诗对其访问表示热烈欢迎。胡锦涛也在墨西哥参议院的演讲中,引用墨西哥著名诗人帕斯的名言:"江水滔滔,奔流不息,百折不回,终归大海。"他表示深信,只要顺应时代潮流、遵从人民意愿,我们两国就一定能够同世界各国一道走向互利共赢、实现共同繁荣。

2006年2月24日,墨西哥总统在蒙特雷会见了在当地出席联合国教科文组织第六届9个发展中人口大国全民教育大会开幕式的中国国务委员陈至立。开幕式上,福克斯总统和陈至立共同出席了孔子学院的谅解备忘录签字仪式。这些孔子学院分别在墨西哥国立自治大学、新莱昂自治大学、瓜达拉哈拉大学和尤卡坦大学建立。福克斯总统对中国在墨西哥建立孔子文化学院表示赞赏,也愿意帮助中方培养西班牙语人才。5月17日,中国外长李肇星率领代表团出席中国—墨西哥政府间第二次政府间常设委员会第二次会议。福克斯总统接见了他,并说,墨中两国是重要合作伙伴,不是竞争对手。19日,李肇星外长与墨西哥外长德尔贝斯共同签署了委员会《共同行动计划》等合作文件。两国外长都一致表示,将一道落实这个计划和其他会议成果,推动两国合作健康、持续、深入发展,以造福两国人民,促进南南合作和世界共同发展。9月18日,在纽约出席第六十一届联合国大会的李肇星外长出席了中国、印度、巴西、南非、墨西哥5国外长会议。李肇星在会见德尔贝斯时,德尔贝斯希望加强两国能源合作,李肇星表示赞同,双方对两国全面战略伙伴关系的发展感到满意。11月29日,李肇星外长应约与德尔贝斯外长通电话,就深化中墨战略合作伙伴关系和落实两国常设委员会《2006—2010年共同行动计划》等问题交换了意见。11月30日,中国外交部副部长武大伟与墨西哥驻华大使李子文在北京交换2005年1月24日在墨西哥城签署的《中华人民共和国和墨西哥合众国关于刑事司法协助的条例》文本。

12月1日,中国政府特使,交通部部长李盛霖也应邀出席卡尔德龙总统的就职仪式。2日,卡尔德龙在会见李盛霖时说,墨中双边关系尤其是经贸关系有着巨大的潜力,并表示愿意推动墨中两国在经贸领域的交流与合作。他强调,墨西哥新政府将延续历届政府的对华政策,继续致力于两国战略伙伴关系的不断扩大和深化。

在经贸关系方面,墨西哥是中国在拉美的主要贸易伙伴之一。1972年建交时,双边贸易额只有1 299万美元,1991年增加到2.25亿美元。2000年两国贸易额上升到18.236美元,中国向墨西哥出口13.353亿美元,从墨西哥进口4.883亿美元。墨西哥成为中国在拉美的第三大贸易伙伴。2001年,中墨贸易额增加到25.5亿美元,其中中国出口17.9亿美元,进口7.61亿美元。2003年两国贸易额据墨西哥方面的数据,已经快速增长到99亿美元,其中中国出口94亿美元,进口4.6亿美元。这一年,中国首次超过日本,成为墨西哥的第二大进口来源国,仅次于美国。但据中国海关统计,2003年中墨贸易额为50亿美元,比2002年增长25%,其中中国出口33亿美元,进口17亿美元。

2004年,中国已经是墨西哥的第二大贸易伙伴,仅次于美国。同时中国也是墨西哥全球第二大进口来源地、全球第十五大出口市场和亚洲第二大出口市场。按照中国海关的数据,两国贸易额为71亿美元,墨西哥是中国在拉美和加勒比地区的最大贸易伙伴。但是据按照墨方的统计数据,2004年,仅墨西哥与中国的逆差就达到140亿美元,同比增长56%。2005年,中墨贸易继续快速发展。墨西哥对中国的出口增长迅速。中国成为仅次于美国的墨西哥第二大贸易伙伴,第二大进口来源国。超过其北美自由贸易区的合作伙伴加拿大,超过拉丁美洲国家,也超过了一度是墨西哥第二大贸易伙伴的日本。据墨西哥的统计数据,2005年中墨双边贸易额为187亿美元,其中墨西哥向中国出口11.34亿美元,同比增长1.4倍。进口176.31亿美元,同比增长21.8%。墨西哥对中国的贸易逆差增加到164.97亿美元。据中国海关的数据,2005年双边贸易额为77亿美元,中国出口为55亿美元,进口22亿美元,同比分别增长9.2%、11.4%和4%。2006年1至6月份,双边贸易额为48亿美元,中国出口37亿美元,进口11亿美元。

从进出口商品结构来看,双方具有一定的互补性,但是从贸易统计数字看,竞争和摩擦也相当明显。2005年墨西哥对中国的出口增速强劲,出口商品结构也发生了变化。机械、铜、有机化学品、钢铁、矿砂为主要出口商品,分别占总出口的25.9%、12.9%、9.2%、9.0%、9.0%。其中铜废碎料、精炼铜和铜合金等增幅较大。同年,墨西哥从中国的进口主要商品是电子和机械,分别进口70亿美元和45亿美元,占进口总额的40%和25%,其他进口商品还包括钢铁制品、钢铁、照相及电影用品、橡胶及其制品等。这些进口商品虽然占的比重较小,但是增长幅度很大,增幅都超过50%以上。2005年墨西哥从中国进口十大商品中,自动数据处理设备及零件、打字机及其他办公机械零件虽然呈现下降势头,但是在墨西哥市场的占有率仍然高于排名第二位的美国10%左右。集成电路及微电子组件虽然是中国向墨西哥出口的主要产品,但其在墨西哥市场的地位并不突出,美国和其他亚洲国家的产品占有主导地位。

中国在对墨贸易中,处于明显的顺差地位。据墨方统计,1993年至2002年的10年里,中国向墨西哥出口增长16倍,年均增长30%。同期日本向墨出口年均增长92%。随着中墨贸易额的不断增长,墨西哥对中国的逆差也同步增加。2005年,中国在墨西哥进口国中排名第二,仅次于美国。中国在墨西哥的逆差来源国中排名第一位。造成这种状况的原因是中国的出口优势主要集中在电子产品、劳动密集型的纺织产品等,这些商品在成本及价格上相比墨西哥国内产品占有优势。墨西哥的优势主要在于矿产品、石油制品和劳动密集型产品。墨西哥是非欧佩克成员国之外的世界三大石油出口国之一,但是墨西哥的石油出口能力主要面向美国,向中国的出口能力还不足。而墨西哥的劳动密集型产品主要销往美国,相对中国类似产品,并没有什么优势。两国在出口商品结构中存在雷同和竞争的地方,而互补性的一面还发挥得不够。墨西哥如果加强石油和矿产品的出口,将会有助于改善其逆差地位。

中国虽然和墨西哥建立了战略伙伴关系,但是在经贸领域还有许多问题需要解决。福克斯政府上台伊始,就面临着和中国的世贸谈判问题。墨西哥最后一个和中国就入世签订协定,并不是偶然的现象,而是墨西哥担心一旦向中国开放市场,就会面临中国商品的巨大压力。1993年4月,墨西哥就曾经突然宣布对中国10大类别的4 000多种商品进行反倾销调查,涉及商品约占当时中国对墨西哥出口额的75%,其中的鞋类税率高达1 000%。如此高的税率,这在世界上也是不多见的。21世纪初,墨西哥对中国1 300多种产品征收了反倾销税,许多税收额度都超过了100%,例如鞋类进口税高达1 105%,服装高达500%,布料300%。墨西哥承诺在中国入世6年后,取消违反世贸组织有关规定的反倾销措施。

墨西哥和中国的贸易摩擦还体现在对外出口市场上,尤其是美国市场。中墨同属发展中国家,都在劳动力密集型产业上具有出口优势,美国都是两国最重要的出口市场之一。美墨签订北美自由贸易区协议(1994年生效)后,墨产品大量出口到美国。中国在2001年加入世界贸易组织后,对美出口也大量增加。墨西哥在美国市场上的商品占有率长期以来领先于中国。2000年,中国出口商品在美国占据8%的市场份额,墨西哥占11%左右。2005年,墨西哥的市场份额减少到10%,而中国的市场份额增加到14%,超过了墨西哥。2005年,中国是美国的第三大贸易伙伴,排在加拿大和墨西哥之后。但是中国对美国的出口超过墨西哥,排在第二位。

墨西哥在2001年和2004年,分别与欧盟和日本签订了双边自由贸易协定,这使得墨西哥成为唯一和美国、欧盟、日本等世界三大经济体都签有自由贸易协定的国家。但是墨西哥和中国这个世界上发展最快的发展中国家还没有展开自由贸易的谈判。

墨西哥和中国在投资领域的合作在福克斯政府时期也有很大发展。墨西哥是中国在拉美地区的第三大投资国。截至2005年底,在墨中资企业49家,中方实际投资1.67亿美元。在墨主要投资和承包项目有:新天国际经济技术合作公司农业综合开发项目、华源集团10万锭棉纺厂项目、中国石油天然气集团公司三维地震勘探及其后续项目、TTE公司彩电生产项目等。墨西哥在华投资项目72个,协议金额1.24亿美元,实际投资4 102万美元。

中墨两国的贸易统计数据存在很大差异,特别是中国对墨西哥的出

第十一章 21世纪初政权更迭与历史传承

口数字,有些年份相差两三倍还多。这反映了中墨经贸关系中的另外一个不和谐因素,那就是非法渠道的存在。墨西哥本国政府鼓励转口贸易和客户加工工业,即"临时进口计划",在无需缴纳关税的情况下,可以直接进入墨西哥市场。因此,在墨西哥对中国商品征收重税,而中国商品物美价廉的情况下,通过这种方式进口中国商品就成为墨进口商和一些不法分子的生财之道。其次,许多中国出口到墨西哥的商品都是经过第三国,例如美国和中美洲国家,出口到墨西哥,或者直接更换产地证和商标后引进墨西哥市场,目的是为了逃避墨西哥的进口限制,享受北美自由贸易区的许多优惠。另外,就是直接将中国廉价的纺织、服装、鞋和玩具类产品走私到墨西哥,牟取巨额不法利润。产生上述几种现象的根源在于墨西哥对中国商品的进口限制和高关税。

在文化交流方面,墨西哥是拉美国家中和中国进行文化交流较多的国家。中国是具有几千年文明史的国家,在古代一直是东亚地区的文明中心。墨西哥是美洲印第安文明的发源地之一,玛雅文明、阿兹特克文明具有悠久的历史和灿烂的文化成果。而近代以来,都具有类似的反对外来侵略、争取民族独立的革命传统。2000年9月,《帝王时期的中国:西安王朝》大型文物展在墨西哥数十个州、市举行。2001年《玛雅文明展》在广州、西安、北京和上海展出。同年4月26日,中国西藏对外文化交流代表团在墨西哥城举行报告会,介绍西藏最近50年来的发展成就。2002年,中国在墨西哥举办了"中国文化周"活动,展示中国的传统文化和世界遗产的保护情况。2003年4月23日,第二届"中国文化周"在墨西哥参议院开幕,当天还举行了《20世纪中国最重要的100项考古发现》图片展。文化周还举行了墨西哥与中国双边关系史、中华人民共和国的政治制度、中国文化、中国对外政策等专题的报告会,并在议会电视台播放关于中国的纪录片。

2006年中墨之间的文化交流活动更加广泛和频繁。1月16日,中国青海民族文化艺术展在墨西哥城开幕,展出了民间剪纸、刺绣、唐卡等民间工艺品,以及青海的风光图片。6月27日,中国美术馆和墨西哥驻华大使馆联合主办墨西哥文化艺术展。该展览由三个部分组成:墨西哥绘画:从壁画三杰到当代展、墨西哥现代建筑展和墨西哥当代陶艺展。此外,还在上海、广州举行了一系列文物、艺术作品展。9月28日,墨西哥驻华商务处在北京举行了龙舌兰酒中国文化节。来自墨西哥龙舌兰酒企业向中国介绍自己的产品和龙舌兰酒文化。11月3日至11日,上海国际艺术节与墨西哥国家文化艺术理事会共同举办墨西哥文化周,推出了五台风格迥异、非常具有墨西哥风情的演出。

2004年11月22日,中国国家汉语推广领导小组办公室与墨西哥华夏中国文化学院、墨西哥国立自治大学和墨西哥奇瓦瓦州自治大学正式签订协议成立孔子学院,再加上8月已签约的蒙特雷科技大学和11月24日签约的尤卡坦大学,墨西哥成立五家孔子学院。这标志着中墨文化交流进入了一个新的历史时期。

七、2006年大选及其纷争

2000年大选后,墨西哥的政治格局形成了"三足鼎立"的局面。2006年大选的形势依然如此。有所不同的是,新兴的国家行动党作为执政党力量不断壮大,已经成为墨西哥政坛最重要的力量。左翼的民主革命党近几年来异军突起,影响力日渐扩大,成为左派力量的代表。而原来的执政党革命制度党,自从2000年大选失败后,缺乏具有吸引力的明确的政策和纲领,影响力和作用不断减小。

2006年7月2日,墨西哥举行大选,7 130万登记选民将选出新一届总统及500名联邦众议员和128名联邦参议员。这次总统选举,舆论认为是墨西哥有史以来竞争最为激烈和悬念最大的一次。

国家行动党的总统候选人费利佩·卡尔德龙,曾任福克斯政府的能源部长。卡尔德龙是美国哈佛大学的硕士毕业生,被认为是亲美的右派人士。他主张延续福克斯政府的执政思路,保持经济的稳定发展,吸引外国投资,扩大北美自由贸易区的成果。通过促进就业,来解决墨西哥的贫困问题。他的这些主张受到了墨西哥企业界、知识界和中等阶层的支持。

革命制度党和绿色生态联盟共同推举的总统候选人为罗伯特·马德拉索。他曾经担任过联邦众议员和参议员,2002年当选为革命制度党主席。主张实行中间路线,进行财税改革,加强国家基础设施,改善社会治安,打击犯罪等。这些主张获得了一些中间选民的认可。

民主革命党、劳动党和民主汇合党组成竞选联盟,推举前墨西哥城市长洛佩斯·奥夫拉多尔为总统候选人。他提出了"以穷人为中心"的口号,主张采取更加倾向穷人的政策。墨西哥是世界上贫富差距最大的国

第十一章 21世纪初政权更迭与历史传承

家之一,贫困人口占总人口的一半以上。他主张改变新自由主义的经济政策,重新谈判北美自由贸易协定,墨西哥应该坚决维护自己的利益,不应成为北方邻国的附属。奥夫拉多尔被认为是墨西哥左翼政党的代表人物,最有希望获得这次总统竞选的胜利。

奥夫拉多尔毕业于墨西哥国立自治大学,1988年加入初建不久的民主革命党。1996年他领导了塔巴斯科州农民封锁石油公司的示威活动,获得了民众的好评。同年6月当选为民主革命党主席。在他任党主席的三年里,民主革命党获得了长足发展。2000年,他辞去党主席,竞选墨西哥城市长并获胜。墨西哥城市长地位和权力都非常重要,是仅次于总统的重要政治人物。他上任后,勤奋工作,廉洁奉公,给市民留下了深刻印象。他在施政期间,注意兼顾各阶层的利益,尤其采取了许多措施来帮助社会下层人士,例如修建铁路和经济适用房,帮助许多居民区通水、通电以及整修道路,补助伤残人士、单身母亲和70岁以上的老人等。舆论认为他将是2006年墨西哥总统的热门人选。但是2004年发生的"录像带丑闻"使得他的个人形象受到很大损害。是年3月,墨西哥电视台播放了墨西哥城财政局长古斯塔沃·庞塞在美国赌城拉斯维加斯进行豪赌的录像带,此后又播放了墨西哥城市议会民主革命党领导人雷涅·贝哈拉诺在某富商办公室收受钱财的录像带。奥夫拉多尔迅速采取措施,解除了庞塞的职务。贝哈拉诺也被迫辞去党内职务。他怀疑并指责墨西哥联邦政府和美国政府合作,阴谋破坏他的个人形象,阻止他代表的左派力量上台执政。2005年,墨西哥政府又对他提出诉讼,认为2001年奥夫拉多尔下令侵占私人土地修建通往医院的市政道路,法院下令其立即停工,但他不予理睬达11个月之久,已构成滥用职权罪。国会以此理由剥夺了他的司法豁免权,将其移交司法机关。如被判有罪,他将失去参加2006年总统选举的资格。这引起了奥夫拉多尔支持者的强烈不满,并在4月24日引发了墨西哥历史上最大的和平游行。最后,总统福克斯和他进行对话,并承诺保留其参加大选的资格。

大选前的最后一次民意调查结果显示,民主革命党总统候选人奥夫拉多尔以微弱优势领先执政党国家行动党的卡尔德龙,而革命制度党的候选人马德拉索排在第三。7月2日,投票工作开始,一直持续到当日18时。在稍后统计出的300万张选票中,卡尔德龙获得了37.1%的选票,奥夫拉多尔得票率为36.1%,两者之间的得票数相差只有30多万张。

由于两人所获选票过于接近,墨西哥联邦选举委员会主席乌加尔德当晚11点钟在电视讲话中宣布,暂不宣布获胜者,大选官方结果推迟到7月5日重新计票后宣布。随后,奥夫拉多尔和卡尔德龙都迫不及待地向其支持者宣布,自己获胜了。卡尔德龙更是毫不犹豫地宣称:毫无疑问,我们已经赢得了此次总统大选。7月3日凌晨2点,联邦选举委员会公布了98.45%投票站的初步统计结果。卡尔德龙得票率为36.38%,仅以一个百分点领先奥夫拉多尔。这样的结果马上遭到了奥夫拉多尔的质疑,他要求"一张张"地重新计票,否则拒绝承认联邦选举委员会出示的大选结果。其发言人更是声称,投票出现了违规操作,至少有350万张选票被"遗弃"。7月4日,奥夫拉多尔的支持者来到联邦选举委员会门口游行,抗议大选过程中存在舞弊行为。卡尔德龙则希望联邦选举委员会能尽快宣布大选获胜方。现任总统福克斯通过电视讲话要求各政党和全国人民耐心等待选举委员会的最终结果,并共同维护信任和平静的选举气氛。

7月5日早晨8点,墨西哥300个选区同时开始重新计票,形势又发生了戏剧性的变化。在统计到一半选票时,奥夫拉多尔得票率领先卡尔德龙2.33%。截至当地时间晚上9点,在已经统计的86%的投票点中,奥夫拉多尔以36.45%的得票率领先于卡尔德龙1.6%。联邦选举委员会主席乌加尔德表示,一旦计票结束,委员会将会宣布大选的获胜者,任何党派都无权在此之前宣布自己胜出。任何一方如果对选举结果不满,可以在8月31日前向联邦选举委员会提出申诉。7月6日清晨,当选票统计进行到最后几个小时后,局势又发生了重大变化。卡尔德龙以35.85%的选票率反超奥夫拉多尔,优势仅为0.51%。墨西哥联邦选举委员会宣布暂时不公布选举结果。奥夫拉多尔随即在即日早晨8点举行新闻发布会,声明表示不接受此结果。卡尔德龙与其支持者则当即举行庆祝会,同时指责奥夫拉多尔煽动社会冲突。最后官方的统计结果显示,国家行动党总统候选人卡尔德龙以0.58%的微弱优势战胜民主革命党候选人奥夫拉多尔。

奥夫拉多尔坚称选举存在舞弊,并向联邦选举法院提出上诉,要求全面重新计票。但法院仅同意重新统计部分选票。随后,奥夫拉多尔的支持者开始在墨西哥城中心商业区的主要街道和广场上搭建帐篷,抗议卡尔德龙获胜,要求对全部选票进行重新统计。7月份,奥夫拉多尔发动了三次较大规模的游行示威。7月16日的游行中示威者达到了110多万

第十一章 21世纪初政权更迭与历史传承

人。7月31日,奥夫拉多尔号召举行"社会和平抗争"以抗议选举舞弊。奥夫拉多尔的支持者占领了墨西哥城的主干道,包括有墨西哥"香榭丽舍大道"之称的市中心著名大道"改革大道"。墨西哥城的交通陷入一片混乱。卡尔德龙认为他"干净地赢得了选举",反对重新计票。他说:那些搞不定选票箱的人,总是想尽办法搞定街道。8月5日,联邦选举法院拒绝了奥夫拉多尔提出的重新清点所有选票的要求,仅同意清点9%投票站的选票。8月9日,部分选票的统计工作展开。13万个投票点中,将有11 839个在士兵和电子设备监控下,并在5个政党代表的监督下再次统计选票。在墨西哥城第十二选区,计票人员花费了近一个多小时才统计清楚28包选票。发现少计卡尔德龙1票,另外更正无效选票5张,而不是先前统计的7张。国家行动党声称,各处重新计票过程中均未发现严重差错。欧盟派出的监督员安东尼奥·雷斯在接受墨西哥通讯社采访时说,重新计票与原先统计结果只存在微小差异。当天,抗议者聚集在墨西哥几家外资银行门口,封锁入口达几个小时。他们在墨西哥国家银行门口悬挂起红白绿三色组成的横幅。这三种颜色是墨西哥国旗的颜色。墨西哥国家银行是本土银行,已经被花旗银行收购。这被看作墨西哥进行自由市场改革的标志。抗议者还封锁了墨西哥商业银行,它是西班牙毕尔巴鄂的比斯开银行旗下的银行。9月1日,100多名以民主革命党为主的左翼反对党议员占据了演讲台,阻止总统福克斯发表其任期内的最后一次年度国情咨文,这在墨西哥历史上是首次。这也说明了这次选举造成了墨西哥政局很大的混乱。

9月5日,墨西哥联邦选举法院宣布,执政的国家行动党总统候选人费利佩·卡尔德龙以领先民主革命党总统候选人洛佩斯·奥夫拉多尔0.56%的优势当选为下一届总统。这样7月2日举行的墨西哥有史以来最激烈的总统选举终于有了结果。卡尔德龙于12月1日宣誓就职。但是奥夫拉多尔在当天宣布拒绝承认和接受联邦选举法院宣布的结果,并威胁成立与卡尔德龙"平行的政府"与他抗衡。9月16日,是墨西哥的独立日。在墨西哥城市中心的宪法广场,奥夫拉多尔在这一天宣布成立"全国民主大会"。大约100多万民众聚集在广场,一致举手拒绝承认卡尔德龙为总统,并宣布奥夫拉多尔为"合法总统"。会议还决定,继续进行"和平不抵抗运动",包括在12月1日卡尔德龙宣誓就职之日,组织一系列抵制活动。大会商定,下一次全国民主大会将于2007年3月21日举行。

11月20日是墨西哥的革命日,奥夫拉多尔在墨西哥宪法广场向数万名支持者宣布正式就任"合法总统",并宣布成立12个人组成的"影子内阁"。正式宣誓就职并组建内阁。当然这个内阁没有执法和收税的权力,主要依靠捐赠来实行自己的计划。这也是墨西哥现代史上第二次出现"影子内阁"。1988年,民主革命党创始人卡德纳斯在大选中败给了革命制度党候选人萨利纳斯,卡德纳斯之后宣布成立"影子内阁"。

12月1日上午,费利佩·卡尔德龙在议会大厦宣誓就职,成为墨西哥第六十五任总统。前总统福克斯则在1日凌晨零时在总统府松林别墅提前向卡尔德龙移交了总统权力。从11月28日起,民主革命党议员们就开始和国家行动党的议员们争夺众议院的讲台,试图阻止就职仪式。就职仪式前一小时,议员们互相之间叫骂、殴斗,甚至互相打耳光。卡尔德龙不得不悄悄地从一扇黑色小门中进入议会大厅。在卡尔德龙宣誓期间,国家行动党的议员和反对党民主革命党的议员占领了议会主席台,双方用条幅、口号互相攻击。就职仪式只持续了5分钟。来自100多个国家的元首或政府首脑出席了就职仪式,中国政府特使、交通部部长李盛霖也应邀出席。随后,卡尔德龙前往国家音乐厅发表施政演说。他呼吁各政党抛弃分歧,通过对话共同解决墨西哥现存的问题。他表示向犯罪和社会治安问题宣战,保障公民的安全,他还承诺发展经济,逐步消灭贫困现象。他将自己称为"就业总统",承诺创造更多的就业机会。他说,移民使我们的家庭分离。我将寻找更多对墨西哥的投资,这样大家就不用去美国找工作了。当天,十天前自封的总统奥夫拉多尔召集了数万支持他的民众,在墨西哥城市中心的索卡洛广场举行"和平抗议伪总统就职"的活动,并发表了措辞激烈的演说,坚称决不接受选举舞弊造成的结果。他说:我不会尊敬一个小偷,这是我一直以来对他的称呼。数万人的游行队伍沿着墨西哥著名的改革大道前进,抗议卡尔德龙"窃取"总统宝座。

卡尔德龙1962年8月18日出生于墨西哥米却肯州莫雷亚市。1987年在墨西哥城法律学院获法学学士学位。此后,他又攻读了墨西哥理工自治大学经济学硕士学位。他的父亲路易斯·卡尔德龙是目前的执政党国家行动党的创始人之一。他的妻子玛格丽特·萨瓦拉也是墨西哥政坛人物,是墨西哥的联邦众议员。因此他走上从政道路,在许多人看来理所当然。1991年至1994年,卡尔德龙加入了国家行动党并当选为墨西哥联邦众议员。此后八年间,卡尔德龙历任国家行动党青年团书记、国家行

第十一章 21世纪初政权更迭与历史传承

动党全国执行委员会书记和国家行动党总书记,达到了其政治生涯的一个高峰。2000年,卡尔德龙在美国哈佛大学获得公共管理学硕士学位以后,他开始转型扮演政府管理者的角色。2003年2月卡尔德龙被福克斯任命为墨西哥国家发展银行行长,同年9月,又被任命为墨西哥能源部长。2005年12月4日,卡尔德龙被国家行动党正式确认为2006年大选的总统候选人。

卡尔德龙被认为是另一个"福克斯",其竞选纲领紧跟福克斯路线,国内外政策和福克斯没有大的区别。他主张维持现有的新自由主义改革模式,大力引进外资,开放国内市场。维持现有的金融体系、削减通货膨胀、消除财政赤字。这些政策受到了墨西哥工商界人士的欢迎。同时,为了和左翼候选人的纲领相抗衡,争取中下层民众,他也提出了解决贫困问题,向儿童、印第安原住民等弱势群体提供免费医疗保健等政策。他还游说工商界,希望通过减免一年税收来换取他们增加青年岗位。卡尔德龙在对外政策上也延续了福克斯的路线,特别是在移民问题上。

但是,面对左翼政党和民众的压力,卡尔德龙如果完全继承福克斯的路线,也会面临很大困难。在竞选中,墨西哥社会左右的分界非常明显,左翼力量深受中下层民众的拥护。如果上台后,忽视这种力量,将会使整个社会分裂,加剧社会的动荡不安。卡尔德龙上台后,迅速向左倾斜,采取了左翼对手的许多政策。首先他削减了他自己和高级官员10%的薪水,并许诺这些钱将投入到社会福利项目中去。重新编制预算,大幅减少其本人办公室和内政部门的开支,增加社会医疗和社会保障的资金。12月7日,在其第一次出外视察中,他高度关注一些贫困州的问题。许诺将投入更多的资金给墨西哥最贫困的100个镇。他声称,缩小贫富差距是他首要的任务。这听起来更像是他的左派对手奥夫拉多尔的言论。

刚上台不久的卡尔德龙还面临着另外一个棘手问题。2006年5月22日,距墨西哥城东南方约520公里的瓦哈卡州首府瓦哈卡市的教师们发动罢课,占据市中心广场进行抗议活动,要求加薪。这样的抗议活动据说已有20多年的历史,那年夏天,教师们都要举行活动,要求提高工资,改善教学条件。活动一般持续几个星期后,双方达成妥协而结束。6月14日,瓦哈卡州州长鲁伊斯动用州警察,向教师们的抗议营地发动突然袭击,把数千名教师驱赶走。警察并向人群开枪,据称打死了2名示威者,6人失踪,92人受伤,1名孕妇流产。后来,示威群众重新占领了广场,在街头也爆发了大规模的游行示威。工会组织、马克思主义政党、印第安人团体和其他劳工阶级组织都接连加入了这种运动。教师要求涨工资的要求也进一步成为要求州长下台的"倒鲁"全民运动。墨西哥内政部次长查维斯在11月27日表示,以政治对话与谈判解决这场冲突的手段正在告罄,政府正在考虑动用公安部队。

瓦哈卡州的问题反映了墨西哥社会所面临的典型问题。瓦哈卡州历来是一个比较贫穷的南方州,和北方靠近美国的北部州相比,这里的工资是全国最低的。儿童死亡率很高,文盲率是全国的两倍。许多瓦哈卡州的居民不惜冒着生命危险北上,偷越边境到美国谋生。瓦哈卡州所在的墨西哥南部也是印第安人聚居的地方。临近的恰帕斯州就是维护印第安人利益而进行武装斗争的萨帕塔民族解放军的大本营。这里也是反对全球化斗争最激烈的地方。瓦哈卡市老城中心的麦当劳饭店就被作为资本主义全球化的象征而被抵制。在墨西哥内部也存在"南北矛盾"。北部靠近美国的州,经济发达,从北美自由贸易区、全球化以及新自由主义发展模式中获益较多,因此支持右翼的国家行动党。而南部州相对比较贫困,受全球化和自由贸易的压力较大,因此比较偏向左翼政党。此外,瓦哈卡州也存在着严重的腐败问题,特别是政治腐败。2004年,当时一位州长竞选人演出了一场被刺闹剧,企图获得更多选民支持。他的继承人,也就是现在的州长则在当时的选举中,眼看就要败北,却通过计票中电脑失灵来操纵选举,最后电脑修复后,这位州长顺利当选。如此种种非民主的政党腐败行为,再加上北美自由贸易区未给南部州的穷人带来好处,这就引起了人们的厌恶和反抗。瓦哈卡州的事件就是一个典型例子。

福克斯政府被认为是过于软弱和犹豫,没能用强硬手段解决社会骚乱和抗议活动。高大魁梧、充满西部牛仔活力的福克斯没有树立起一个强有力的领导人形象。外表文弱、文质彬彬的卡尔德龙上台后,马上就面临解决这一瓦哈卡州事件的问题,这对他的个人执政能力是一个考验。对于许多墨西哥人来说,逮捕瓦哈卡州抗议活动领导人索萨固然有助于解决这一持续几个月之久的事件,也可以表明卡尔德龙将是一个铁腕的强有力的领导人,但是他也需要采取行动来解决向人群开枪的凶手的问题,毕竟他们应该对至少12名抗议者和记者之死负责。

卡尔德龙还需要采取措施来解决国内工商界的利益平衡问题。在其第一次讲话中,卡尔德龙强调需要克服经济发展的障碍,通过合理竞争而

第十一章 21世纪初政权更迭与历史传承

不是垄断特权来获得竞争优势。许多分析家认为,这主要是指那些墨西哥的垄断集团和卡特尔不合理地推动了从电话电讯服务到水泥等商品成本的上升。这也突出说明了墨西哥以前的所谓"新自由主义"改革并不彻底,许多不符合市场经济公平竞争的法则还未真正得到改变。

卡尔德龙为弥合左右翼意识形态的分歧,采取了许多其左翼竞选对手奥夫拉多尔提出的纲领、政策,但是他又否认这是试图迎合左派,认为这是承认和响应人民的迫切要求和呼声。美国《外交事务》杂志的一位西班牙语编辑罗萨那·福恩德斯说,他正在仔细倾听,他并不是对人民的呼声充耳不闻,而是在对人民的要求作出回应。

作者点评:

2000年墨西哥大选中,反对党国家行动党的候选人福克斯击败了革命制度党的候选人,首次赢得了总统大选,并不是一场突如其来的剧变,而是墨西哥自20世纪80年代以来经济和政治变革的必然结果。

墨西哥走向成熟民主的道路依然是不平坦的。政党政治的一些固有缺陷,例如互相拆台、政治恶斗等,都表现得很明显。2006年大选的混乱局面突出表明了民主道路不是一蹴而就的事情,如何解决政党合法竞争、社会团结的问题,都需要进一步努力和探索。

福克斯政府上台后,基本上延续了前几任政府的经济和外交政策,并没有实质的改变。在经济上,延续了所谓新自由主义的市场经济开放模式。但是,这种经济发展模式,其潜力是有限的,最终需要其国内市场和自身经济技术能力的提高,才能可持续地高速发展。同时过度依赖北美,尤其是美国的市场,一旦美国经济不景气,其经济势必受到巨大影响。

福克斯政府的外交也基本上沿袭了前几届政府的政策和思路,那就是全方位的对外开放战略,特别注重全方位的经贸外交。其外交的另外一个特点是将民主和人权列入了外交的重要内容,这在传统上对坚持民族自决和不干涉内政的墨西哥来说,无疑是一个重大的改变。此届政府时期墨美关系是基本平稳发展的,但时有涟漪。例如,由于移民问题未能得到较好解决,两国发生龃龉。

(本章撰稿人:朱鸿博)

参考书目

1) Centro de Estudio Históricos del Colegio de México, Historia general de México. Tomo 1, 2. El Colegio de México. 1981.
2) Luis Weckmann, La Herencia Medieval de México. Tomo 1, 2. El Colegio de México. 1984.
3) Sylvanus G. Morley, La Civilización Maya. Revisado por George W. Brainerd. Fondo de Cultura Económica, México. 1983.
4) george G. Vaillant, La Civilización Azteca. Origen, Grandeza, y Decadencia. Nueva edición revisada por Suzannan B. Vaillant. Fondo de Cultura Económica, México. 1983.
5) Jose Manuel Lozano Fuentes, Historia de la Cultura. CIA. Editorial Continental, S. A. de C. V., México. 1983.
6) Stanley J. Stein, Barbara H. Stein, La Herencia Colonial de América Latina. Siglo Veintiuno Editores, México. 1984.
7) Rodolfo Puiggros, La España que Conquistó al Nuevo Mundo. Costa-Amic Editores, S. A. México. 1976.
8) Enrique Florescano, Ensayos sobre el Desarrollo Económico de México y América Latina (1500—1975). Fondo de Cultura Económica, México. 1979.
9) Ricaurte Soler, Idea y Cuestión Nacional Latinoaméricas. De la Independencia a la Emergencia del Imperialismo. Siglo Veintiuno, México. 1980.
10) Demetrio Boersner, Relaciones Internacionales de América Latina. Nueva Sociedad/Editorial Nueva Imagen, México. 1982.

11) Marcello Carmagnani, Estado y Sociedad en América Latina. 1850—1930. Crítica Grupo editorial Grijalbo, Barcelona. 1984.
12) Grigulevich, La Iglesia Católica y el Movimiento de Liberación en América Latina. Editorial Progreso, 1984. Impresoen la URSS.
13) James W. Wilkie, La Revolución Mexicana. Gasto Federal y Cambio Social. Fondo de Cultura Economica/Economia Latinoamericana. Mexico. 1987.
14) Viviane Brachet-Marquez, El Pacto de Dominación. Estado, clase y reforma social en México (1910—1995). El Colegio de Mexico. 1996.
15) México en elUmbral del Milenio. Centro de Estudios Sociológicos, El Colegio de México. 1997.
16) Roberta Lajous Vargas compiladora, Los retos de la Política Exterior de México en el siglo XXI. SRE, México. 2000.
17) Joseph S. Tulchin, *Mexico's Politics and Society in Transition*, Lynne Kienner Publishers Inc, 2003.
18) Daniel Levy and Gabriel Szekely, *Paradoxes of Stability and Change*, Bouler, Colorador: Westview Press, 1983.
19) Armand B. Peschard-Sverdrup, *Forecasting Mexico's democratic transition: scenarios for policymakers*, Washington, D. C.: CSIS, 2003.
20) Beer, Caroline C., *Electoral competition and institutional change in Mexico*, Notre Dame, Ind.: University of Notre Dame Press, 2003.
21) Jorge I. Domínguez, Michael Shifter., *Constructing democratic govemance in Latin America*, Baltimore: Johns Hopkins University Press, 2003.
22) Nancy Neiman Auerbach., *States, banks, and markets: Mexico's path to financial liberalization in comparative perspective*, Boulder, Colo.: Westview Press, 2001.
23) Kingsolver, Ann E., *NAFTA stories: fears and hopes in Mexico and the United States*, Boulder, Co.: Lynne Rienner Publishers, 2001.

24) Santín Quiroz, Osvaldo. , *The political economy of Mexico's financial reform*, Aldershot; Burlington, USA: Ashgate, 2001.

25) Poitras, Guy E. , *Inventing North America: Canada, Mexico, and the United States*, Boulder: Lynne Rienner Publishers, 2001.

26) Marcelo M. Giugale and Steven B. Webb. , Achievements and challenges of fiscal decentralization: lessons from Mexico, Washington, D. C. : World Bank, 2000.

27) Ugalde, Luis Carlos. , *The Mexican congress: old player, new power/ Luis Carlos Ugalde*, Washington, D. C. : CSIS Press, 2000.

28) Weintraub, Sidney, *Financial decision-making in Mexico: to bet a nation*, Houndmills, Basingstoke, Hampshire: Macmillan, 2000.

29) James F. Hollifield and Calvin Jillson, *Pathways to democracy: the political economy of democratic transitions*, New York: Routledge, 2000.

30) Howard Handelman and Mark Tessler, *Democracy and its limits: lessons from Asia, Latin America, and the Middle East*, Notre Dame, Ind. : University of Notre Dame Press, 1999.

31) Jorge I. Domâinguez and Alejandro Poirâe. , Toward Mexico's democratization: parties, campaigns, elections, and public opinion, New York: Routledge, 1999.

32) Hogenboom, Barbara. , *Mexico and the NAFTA environment debate: the transnational politics of economic integration*, Utrecht, the Netherlands: International Books, 1998.

33) Michael S. Werner, *Encyclopedia of Mexico: history, society & culture*, Chicago: Fitzroy Dearborn Publishers, 1997.

34) Peter Standish, *Hispanic culture of Mexico, Central America, and the Caribbean*, Detroit, MI: Gale, 1996.

35) Riordan Roett. , *The Mexican peso crisis: international perspectives*, Boulder, Colo. : Lynne Rienner Publishers, 1996.

36) Roderic Ai Camp. , *Polling for democracy: public opinion and political liberalization in Mexico*, Wilmington, Del. : SR Books, 1996.

37) George W. Grayson. , *The North American Free Trade Agreement:*

regional community and the new world order, Lanham, Md.: University Press of America; [Charlottesville, VA]: Miller Center, University of Virginia, 1995.

38) Kevin J. Middlebrook., *The paradox of revolution: labor, the state, and authoritarianism in Mexico*, Baltimore: Johns Hopkins University Press, 1995.

39) Miguel âAngel Centeno., Democracy within reason: technocratic revolution in Mexico, University Park, Pa.: Pennsylvania State University Press, 1994.

40) Leslie Alan Glick., *Understanding the North American Free Trade Agreement: legal and business consequences of NAFTA*, Deventer; Boston: Kluwer Law and Taxation Publishers, 1994.

41) Ross Hassig., *Mexico and the Spanish conquest*, London; New York: Longman, 1993.

42) K Fatemi and D. Salvatore., *The North American Free Trade Agreement*, [Oxford, England]: Pergamon; Tarrytown, N.Y., USA: Elsevier Science Inc., 1994.

43) Ruth Berins Collier., *The contradictory alliance: state-labor relations and regime change in Mexico*, [Berkeley]: International and Area Studies, University of California at Berkeley, 1992.

44) Arthur Morris and Stella Lowder., *Decentralization in Latin America: an evaluation*, New York: Praeger, 1992.

45) Ann Lucas de Rouffignac., *The contemporary peasantry in Mexico: a class analysis*, New York: Praeger, 1985.

46) [美]艾·巴·托马斯:《拉丁美洲史》,商务印书馆1973年版。

47) [英]莱斯利·贝瑟尔主编:《剑桥拉丁美洲史》第一、三、五卷,经济管理出版社,社会科学文献出版社,1995年,1994年,1992年。

48) 江时学主编:《2004—2005年拉丁美洲和加勒比发展报告》,No.4,社会科学文献出版社。

49) 徐世澄:《墨西哥政治经济改革及模式转换》,世界知识出版社2004年版。

图书在版编目(CIP)数据

墨西哥通史/刘文龙著. —上海：上海社会科学院出版社，2013
（世界历史文化丛书）
ISBN 978-7-5520-0461-8

Ⅰ.①墨… Ⅱ.①刘… Ⅲ.①墨西哥—历史 Ⅳ.①K731.0

中国版本图书馆 CIP 数据核字(2013)第 274828 号

墨西哥通史

作　　者：	刘文龙
丛书策划：	张广勇
责任编辑：	张广勇
封面设计：	闵　敏
出版发行：	上海社会科学院出版社
	上海淮海中路 622 弄 7 号　电话63315947　邮编200020
	http://www.sassp.org.cn　E-mail: sassp@sass.org.cn
照　　排：	南京理工出版信息技术有限公司
印　　刷：	上海颛辉印刷厂有限公司
开　　本：	710×1010 毫米　1/16
印　　张：	26.5
插　　页：	2
字　　数：	420 千字
版　　次：	2014 年 1 月第 1 版　2021 年 7 月第 3 次印刷

ISBN 978-7-5520-0461-8/K·227　　　定价：60.00 元

版权所有　翻印必究